长三角地区
能源与低碳转型研究

Research on Energy and Low Carbon Transition in
Yangtze River Delta Region

单胜道 毕晓航 王志荣 薛奕曦 等◎著

科学出版社
北京

图书在版编目(CIP)数据

长三角地区能源与低碳转型研究 / 单胜道等著. —北京：科学出版社，2013.6

ISBN 978-7-03-037727-2

Ⅰ. ①长… Ⅱ. ①单… Ⅲ. ①长江三角洲–能源管理–研究 ②长江三角洲–区域经济发展–研究 Ⅳ. ①F127.5

中国版本图书馆 CIP 数据核字（2013）第 120591 号

责任编辑：牛 玲 张翠霞 / 责任校对：胡小洁
责任印制：李 彤 / 封面设计：无极书装

科学出版社 出版
北京东黄城根北街 16 号
邮政编码：100717
http://www.sciencep.com

北京凌奇印刷有限责任公司 印刷
科学出版社发行 各地新华书店经销

*

2013 年 7 月第 一 版　 开本：B5（720×1000）
2022 年 1 月第四次印刷　 印张：21 1/2
字数：400 000

定价：98.00 元
（如有印装质量问题，我社负责调换）

序　言

2012年7月23日，胡锦涛同志在中央党校省部级主要领导干部专题研讨班开班式上发表重要讲话。他指出，推进生态文明建设，是涉及生产方式和生活方式根本性变革的战略任务，必须把生态文明建设的理念、原则、目标等深刻融入和全面贯穿到我国经济、政治、文化、社会建设的各方面和全过程，坚持节约资源和保护环境的基本国策，着力推进绿色发展、循环发展、低碳发展，为人民创造良好的生产生活环境。

发展低碳经济是人类社会继农业文明、工业文明之后的又一次重大进步，其实质是能源高效利用和清洁能源开发。我国政府高度重视能源问题，在发展经济的同时，大力发展可再生能源和新能源，努力提高能源利用率。同时，在开展清洁能源发展机制项目、增强森林储碳能力、强化应对气候变化的政策法规等方面取得了显著成效，为能源可持续利用和控制温室气体排放做出了积极贡献。2010年我国一次能源生产总量达到29.9亿吨标准煤，稳居世界第一能源生产大国，能源自给率始终保持在90%左右。电力装机翻倍增长，居世界第二，电网总规模居世界第一；国家石油储备一期工程建成投运，二期工程开工建设。能源结构不断优化，科技装备水平快速提升，节能环保成效明显，国际合作取得重大进展，能源行业管理得到加强。在肯定成绩的同时，也应该看到，我国能源发展还存在不少问题，主要体现在：能源消费增长过快，保障安全供应的压力依然较大；传统能源资源约束日益显现，环境约束和应对气候变化压力增大；能源结构调整进展缓慢，相关体制改革亟待深化等。

"十二五"时期,我国能源发展既面临很多战略机遇,也面临不少风险挑战。从战略机遇看,和平、发展、合作仍将是当今世界发展的主流,世界主要发达国家能源需求趋于稳定;我国经济发展方式转变进一步加快,为我国能源发展提供了有利条件。从风险挑战来看,国际金融危机造成的世界经济不确定性仍然较大,保障能源安全面临新挑战,节能减排和应对气候变化的压力与日俱增,能源发展不平衡、不协调等问题也日渐突出,这些问题在一定程度上增加了我国能源发展的风险。因此,"十二五"时期,必须全面认识和深刻把握国内外形势变化的特点和规律,统筹能源与经济社会发展,统筹能源资源开发利用与生态环境建设,加快转变能源发展方式,更加重视能源供需双向调节、科技创新驱动、低碳能源开发利用,以及能源产业协同融合发展,从根本上提升能源发展的质量和效益,全面推动能源协调可持续发展,走出一条具有中国特色的低碳发展之路。

"十一五"时期,通过采取经济、法律等政策措施,推进结构调整,转变增长方式,节约能源,发展可再生能源,实施生态建设工程,控制人口增长等,我国节能减排取得明显成效,全国单位国内生产总值(GDP)能耗降低19.1%,二氧化硫(SO_2)、化学需氧量(chemical oxygen demand, COD)排放总量分别下降14.29%和12.45%,基本实现了"十一五"规划纲要确定的约束性目标,扭转了"十五"后期单位国内生产总值能耗和主要污染物排放总量大幅上升的趋势,为保持经济平稳较快发展提供了有力支撑,为应对全球气候变化做出了重要贡献,也为实现"十二五"节能减排目标奠定了坚实基础。"十二五"时期,我国发展仍处于可以大有作为的重要战略机遇期。随着工业化、城市化进程的加快和消费结构的持续升级,我国能源需求呈刚性增长趋势。受国内资源保障能力和环境容量制约以及全球性能源安全和应对气候变化影响,"十二五"时期我国节能减排形势依然十分严峻,特别是我国节能减排工作还存在责任落实不到位、基础工作薄弱、激励约束机制不健全、监管不力等问题。因此,"十二五"期间,我国必须形成加快转变经济发展方式的倒逼机制,大幅度提高能源利用效率,建立健全激励和约束机制,确保到 2015 年实现单位 GDP 能耗比 2010 年下降 16%,COD、SO_2 排放总量减少 8%,氨氮(NH_3-N)、氮氧化物(NO_x)排放总量减少 10% 的约束性目标。

由于自然、社会、历史等原因,我国区域经济社会发展不平衡的现象依然存在。因此,我国的低碳转型应立足本国国情和发展阶段,逐步推进。当前,以西部大开发、东北振兴、中部崛起、东部加快发展为主体的区域发展总体战略逐步成型。其中,长江三角洲地区(以下简称"长三角地区")作为我国综合实力最强的区域,在社会主义现代化建设全局中具有重要的战略地位和突出的带动作用。改革开放以来,长三角地区经济社会发展取得了举世瞩目的巨大成就,已成为全国发展基础最好、体制环境最优、整体竞争力最强的地区之一,具有在高起点上加快发展的优势和机遇。当前,长三角地区处于转型升级的关键时期,从实施国家区域发展总体战略和应对国际经济危机出发,必须进一步增强综合竞争力和可持续发展能力。然而,作为我国高耗能行业分布最密集的区域之一,长三角地区经济和社会发展受到能源资源保障和区域环境容量的制约,已有的发展模式已经不可持续,低碳转型成为必然选择。2011 年 8 月,国务院印发《"十二五"节能减排综合性工作方案》,作为我国推进"十二五"节能减排工作的纲领性文件。该方案明确提出,长三角地区两省一市"十二五"期间的单位 GDP 能耗降低率要达到 18%,节能任务在全国最艰巨,节能减排面临严峻挑战。低碳转型既是应对气候变化、减少二氧化碳(CO_2)排放的核心对策,也是长三角地区突破资源环境的瓶颈性制约,实现可持续发展的内在需求。

单胜道等同志所著的《长三角地区能源与低碳转型研究》是一部务实的作品,该书以能源、低碳经济、转型管理等理论为基础,通过实地调研,获取长三角地区两省一市能源与低碳转型的大量资料。借鉴欧美等发达国家和地区及新兴经济体国家的低碳发展实践与创新,提出我国低碳转型的对策建议。该书还在国内率先运用转型管理理论对长三角地区能源与低碳转型进行分析,并在此基础上提出长三角地区能源转型路径及相关建议,为我国低碳转型研究提供新视角。

《长三角地区能源与低碳转型研究》的付梓,是一件很有意义和令人鼓舞的事情。该书不仅有助于我们理清长三角地区低碳转型思路,为我国其他地区制定低碳转型路径提供有益借鉴,从而将我国区域低碳转型研究引向深入,同时也可为长三角地区两省一市政府有关部门提供决策参考。

遵嘱是为序。

冯之浚
2012 年 9 月 5 日于北京

前　言

在全球气候变暖、化石能源稀缺及碳减排压力的促使下，发展低碳经济已成为社会共识。长三角地区作为我国综合实力最强的区域，在国家建设全局中具有重要的战略地位和突出的带动作用。在转型升级的关键时期，迫于经济增长与节能减排的双重压力，现有的发展模式已经不可维持，低碳转型成为必然选择。低碳转型不仅是解决长三角地区经济、环境和资源瓶颈，实现区域可持续发展的必由之路，同时也是长三角地区抢占未来经济制高点，增强区域竞争优势的有效途径。

本书以国家"十二五"绿色发展目标和《"十二五"节能减排综合性工作方案》、《节能减排"十二五"规划》、《进一步推进长江三角洲地区改革开放和经济社会发展的指导意见》、《长江三角洲地区区域规划》及《长江三角洲地区环境保护合作协议》为指导，以长三角地区区域经济一体化和转型升级为背景，以能源、低碳经济、转型管理与低碳转型理论为基础，对长三角地区能源与低碳转型进行研究，深入分析长三角地区能源转型路径，提出长三角地区低碳转型的对策建议。同时，借鉴国外低碳发展的成功经验，为我国低碳转型提供对策建议。

本书分理论研究篇、现状调查篇、对策建议篇和案例分析篇4部分共13章。理论研究篇包括第一、第二和第三章。第一章首先介绍能源与低碳能源的内涵，然后讨论能源效率（简称"能效"）及其评价指标，最后介绍能源-经济-环境（3E）系统模型与分类。第二章主要论述低碳经济的内涵、分析模型及评价指标体系。第三章主要介绍转型理论和转型管理理论的基本内容，并阐述低碳转型面临的机遇与挑战。现状调查篇包括第四、第五、第六章。分别对上海市、浙江省、江苏省"十一五"节能减排成效，以及"十二五"节能减排形势进行分析，并对其能源消费与碳排放进行测度，总结评价其低碳发展实践与创新。对策建议篇包括第七、第八、第九和第十章。第七章主要介绍英国、美国、欧盟、日本及新兴经济体国家的低碳发展实践与创新，并分析其对我国低碳转型的启示。第八章聚焦我国低碳发展实践与创新，分别从低碳产业、低碳技术、低碳城市三个方面总结分析我国低碳发展实践与创新，并结合国情提出我国低碳转型的对策建议。第九章基于转型管理理论，重点介绍多层次视角（multi-level perspective，MLP）分析框架及转型类型，并运用多层次视角分析框架对长三角地区能源转型进行详细分析。第十章首先分析长三角地区能源与低碳转型的现实基础，然后提出长三角地区能源转型路径与低碳转型的对策建议，最后以浙江省为例，对农村能源生态建设问题与对策进行分析。案例分析篇包括第十一、第十二和第十三章，分别对上海市、浙江省、江苏省低碳发展的典型案例进行剖析。此外，本书还在附录部分提供了长三角地区居民低碳生活调查问卷与结果，以及我国与长三角地区能源、低碳领域的数据图表，供有兴趣的读者，特别是能源领域的工作者和科研人员进行查阅参考。

作　者

2012 年 8 月

目　　录

序言/i

前言/v

第一篇　理论研究篇

第一章　能源理论 ………………………………………………………… 3
第一节　能源与低碳能源的内涵 ………………………………………… 3
第二节　能源效率及其评价指标 ………………………………………… 9
第三节　3E系统理论 …………………………………………………… 15

第二章　低碳经济理论 …………………………………………………… 22
第一节　低碳经济的内涵 ………………………………………………… 22
第二节　低碳经济分析模型 ……………………………………………… 29
第三节　低碳经济评价指标体系 ………………………………………… 31

第三章　转型和低碳转型理论 …………………………………………… 37
第一节　转型理论及其分析框架 ………………………………………… 37
第二节　转型管理理论及其周期模型 …………………………………… 44
第三节　低碳转型的机遇与挑战 ………………………………………… 52

第二篇　现状调查篇

第四章　上海市能源节约与低碳发展现状分析 ………………………… 61
第一节　上海市"十一五"期间节能减排状况分析 …………………… 62
第二节　上海市"十二五"期间节能减排形势分析 …………………… 67
第三节　上海市能源利用状况与碳排放分析 …………………………… 73
第四节　上海市低碳发展实践与创新 …………………………………… 78

第五章　浙江省能源节约与低碳发展现状分析 ·············· 84
第一节　浙江省"十一五"节能减排状况分析 ·············· 85
第二节　浙江省"十二五"时期节能减排形势分析 ·············· 95
第三节　浙江省能源利用状况与碳排放分析 ·············· 104
第四节　浙江省低碳发展实践与创新 ·············· 116

第六章　江苏省能源节约与低碳发展现状分析 ·············· 127
第一节　江苏省"十一五"节能减排状况分析 ·············· 127
第二节　江苏省"十二五"时期节能减排形势分析 ·············· 131
第三节　江苏省能源利用状况与碳排放分析 ·············· 138
第四节　江苏省低碳发展实践与创新 ·············· 142

第三篇　对策建议篇

第七章　国外低碳发展实践与创新 ·············· 151
第一节　英国——低碳经济先行者 ·············· 151
第二节　美国——新能源促进低碳转型 ·············· 156
第三节　欧盟——低碳发展引领"后工业革命" ·············· 159
第四节　日本——全面建设低碳社会 ·············· 163
第五节　新兴经济体低碳发展实践与创新 ·············· 168
第六节　国外低碳发展实践与创新对我国的启示 ·············· 173

第八章　我国低碳发展实践与创新 ·············· 175
第一节　我国低碳产业发展实践与创新 ·············· 175
第二节　我国低碳技术发展实践与创新 ·············· 185
第三节　我国低碳城市发展实践与创新 ·············· 191
第四节　我国低碳转型的对策建议 ·············· 194

第九章　长三角地区能源转型分析 ·············· 198
第一节　MLP 的分析框架及转型类型 ·············· 198
第二节　场景层分析 ·············· 200
第三节　社会技术域分析 ·············· 202
第四节　小生境层分析 ·············· 207

第十章　长三角地区能源与低碳转型路径分析与对策建议 ·············· 220
第一节　长三角地区能源与低碳转型的现实基础 ·············· 220

第二节　长三角地区能源转型的路径分析 …………………………… 227
　　第三节　长三角地区低碳转型的对策建议 …………………………… 240
　　第四节　长三角地区农村能源生态建设问题与对策——以浙江省
　　　　　　为例 ……………………………………………………………… 243

第四篇　案例分析篇

第十一章　上海市低碳发展的典型案例 ……………………………………… 253
　　第一节　陈家镇低碳国际生态社区规划实践与模式 ………………… 253
　　第二节　临港产业区创建低碳发展示范区 …………………………… 258

第十二章　浙江省低碳发展的典型案例 ……………………………………… 263
　　第一节　杭州市积极推进"六位一体"低碳城市建设 ……………… 263
　　第二节　钱江经济开发区着力构建低碳科技城 ……………………… 272
　　第三节　庆元县打造全国首个"低碳经济示范县" ………………… 277

第十三章　江苏省低碳发展的典型案例 ……………………………………… 284
　　第一节　无锡市全力打造低碳城市 …………………………………… 284
　　第二节　武进高新区打造江苏省首家低碳示范区 …………………… 292
　　第三节　金坛市以低碳产业为支柱的低碳发展之路 ………………… 301

主要参考文献 ……………………………………………………………………… 307
附录一　长三角地区居民低碳生活调查问卷与结果 …………………………… 315
附录二　能源领域相关附表 ……………………………………………………… 320
附录三　能源领域相关附图 ……………………………………………………… 324
后记 ………………………………………………………………………………… 330

第一篇　理论研究篇

第一章 能源理论

第一节 能源与低碳能源的内涵

一、能源的定义

"能源"这一术语通常与"能源资源"通用,但尚未开采出的能源资源只能称为资源,而不属于能源的范畴。能源是整个人类社会发展和经济增长的驱动力,是人类社会赖以生存的最重要的物质基础之一。

目前,关于能源的定义多种多样,尚未形成统一认识。《科学技术百科全书》的定义为"能源是可从其获得热、光和动力之类能量的资源";《日本大百科全书》将能源定义为"在各种生产活动中,我们利用热能、机械能、光能、电能等来做功,可用来作为此类能量源泉的自然界中的各种载体";英国《不列颠百科全书》指出"能源是可从其获得热、光和动力之类能量的资源";中国《能源词典》(第二版)对能源的解释为"能源是可以直接或通过转换提供人类所需的有用能的资源"(穆献中等,2009)。

综上所述,能源以多种形式出现,且可以相互转换,通常是指可产生各种能量(如热量、光能和电能等)或可做功的物质的总称。

二、能源的分类

能源种类有很多,目前,分类也尚未统一。随着科技的进步和经济的发展,人类会不断开发出更多的新型能源,以满足经济发展与人类生存的需求。依据不同的划分方式,能源可分为以下不同类型(表1-1)。

表1-1　能源分类表

能源分类			可再生能源	不可再生能源
一次能源	常规能源	商品能源	水力（大型） 核能（增殖堆） 地热	化石燃料（煤、油、天然气）核能
		传统能源 （非商品能源）	生物质能（薪柴秸秆、粪便等） 太阳能（自然干燥等） 水力（水车等） 风力（风车、风帆等） 畜力	
	非常规能源	新能源	生物质能（燃料作物制沼气、酒精等） 太阳能（收集器、光电池） 水力（小水电等） 风力（风力机等） 海洋能 地热能	
二次能源	电力、煤炭、沼气、汽油、柴油、煤油、重油等油制品、蒸汽、热水、压缩空气、氢能等			

资料来源：邱大雄（1995）

1. 按能源的物质属性分类

（1）煤炭。煤炭是埋藏在地下的古代植物经过复杂的物理化学和生物化学变化逐渐形成的固体可燃物质，是18世纪以来人类社会使用的主要能源之一。煤炭主要包括褐煤、烟煤、无烟煤、半无烟煤等。虽然煤炭的重要地位目前已被石油代替，但其仍然是人类社会无法替代的重要能源之一。

（2）石油。石油又称原油，是从地下深处开采的棕黑色可燃黏稠液体，常呈黑褐色。其实质是不同烃类的混合物，包括烷烃、环烷烃、芳香烃，能从中提取汽油、煤油、柴油、润滑油、石蜡、沥青等。目前，石油是世界上最重要的动力燃料与化工原料。

（3）天然气。从广义的定义来看，天然气是指自然界中天然存在的所有气体，包括大气圈、生物圈、水圈和岩石圈中各种自然形成的气体。而从狭义的定义来看，是指天然蕴藏于地层中的烃类和非烃类气体的混合气态化石燃料，主要存在于油田气、煤层气、气田气和生物生成气中。天然气燃烧后无废渣、废气产生，具有使用安全、热值高、清洁等特点（周万青，2009）。

（4）太阳能。太阳能一般指太阳光的辐射能量。太阳能是地球上所有能量的来源，如风能、化学能、水的势能等。太阳能的主要利用形式有太阳能的光电转换、光热转换和光化学转换三种方式。利用太阳能的方法主要有太阳能电池和太阳能热水器等。

（5）风能。风能是地球表面大量空气流动所产生的动能，具有可再生、永不枯竭、无污染等特点，综合社会效益高。风力发电是当前人类利用风能最常见的形式。目前，风电技术开发较为成熟、成本较低廉，对交通不便、远离主干电网的岛屿及偏远地区尤为重要。

（6）水能。水能是一种可再生能源，属于常规能源、一次能源，也是清洁能源和绿色能源，指水体的动能、势能和压力能等能量资源。广义的水能资源包括河流水能、潮汐能、海流能、波浪能等能量资源；狭义的水能资源指河流的水能资源（周万青，2009）。

（7）核能。核能是核裂变能的简称，是来自原子核中的能量，通过转化其质量获得从原子核中释放的能量。核能的获得途径主要有两种，即重核裂变与轻核聚变，核聚变要比核裂变释放出更多的能量。

（8）生物质能。生物质能是太阳能以化学能形式贮存在生物质中的能量形式，包括所有的动植物和微生物。生物质能来源于绿色植物的光合作用，属于可再生能源，也是唯一的一种可再生碳源，可以转化为常规的固态、液态和气态燃料。

（9）海洋能。海洋能指蕴藏于海水中的各种能量，属于可再生能源，包括潮汐能、海流能、波浪能、海水盐度差能、海水温差能等。海洋能具有可再生性和不污染环境等优点，是亟待开发利用且极具战略意义的新能源。

（10）地热能。地热能属于可再生能源，其来自地球内部的熔岩，并以热力形式存在，其能量能引致火山爆发及地震。通过地下水的流动和熔岩涌至离地面1~5千米的地壳，热力得以被转送至较接近地面的地方。地热能的利用可分为地热发电和直接利用两大类。

（11）氢能。氢能是氢的化学能，是通过氢气和氧气反应所产生的能量，是未来能源结构中最具发展潜力的清洁能源之一。氢能的优点是燃烧热值高，产物是水。因此，是世界上最干净的能源。

（12）油页岩。油页岩又称油母页岩，是由生物的残体混同泥沙变成的一种高矿物质的腐泥煤，为低热值固态化石燃料。油页岩是人造石油的重要原料，经低温干馏可得页岩油、页岩半焦和干馏气。油页岩与石油、天然气一样属于不可再生资源。

2. 按能源的开发转换性分类

（1）一次能源。自然界现成存在、可直接取得而又不改变其基本形态的能源称为一次能源，或称为初级能源，如流过水坝的水、采出的原煤、原油、天然气和天然铀矿等。

（2）二次能源。一次能源经加工或转换而成另一种形态的能源产品称为二次能源，也叫次级能源（邱大雄，1995）。能源转换不可避免地会有转换损失，但二次能源的终端利用效率较高，也更为清洁和便利。

3. 按能源的再生性分类

（1）可再生能源。《中华人民共和国可再生能源法》规定，可再生能源是指风能、太阳能、水能、生物质能、地热能、海洋能等非化石能源。简而言之，可再生能源指各类取之不尽的能源，在自然界中可以不断再生和持续利用。

（2）不可再生能源。经过亿万年形成的、短期内无法恢复的能源称为不可再生能源。它包括原煤、原油、天然气、油页岩、油砂矿、煤层气等。随着大规模开采，不可再生能源的储量会越来越少（邱大雄，1995）。

4. 按能源的流通性分类

（1）商品能源。商品能源是指可以进入市场进行买卖的能源，目前商品能源主要有煤炭、石油、天然气、水电和核电 5 种。

（2）非商品能源。非商品能源是指那些不进入市场流通的能源，在发展中国家的农村地区的能源供应占有很大比例，如某些传统能源，秸秆、薪柴、牲畜粪便等。虽然有时也在当地市场上流通，但规模较小，一般不将其列入正式商品，属于非商品能源。

5. 按能源的利用规模分类

（1）常规能源。可以大规模生产和广泛利用的一次能源，又称传统能源，如煤炭、石油、天然气、水能和核能，是推动人类社会发展和进步的主要能源。常规能源一般在技术上比较成熟，已被人类广泛利用，在生产和生活中起着重要作用。

（2）新能源。新能源又称非常规能源，一般是指尚未被人类大规模利用，有待进一步开发利用的能源。《牛津词典》将新能源定义为太阳能、风能、生物质能、地热能、水能和海洋能，以及由可再生能源衍生出来的生物燃料和氢所产生的能量。联合国开发计划署（UNDP）把新能源分为大中型水电、新可再生能源和传统生物质能三大类。其中新可再生能源主要包括小水电、太阳能、风能、现代生物质能、地热能、海洋能（潮汐能）等。

三、低碳能源的概念界定

低碳能源是伴随低碳经济而出现的一个新概念,是与传统含碳的化石能源相对应的能源形式(表1-2)。到目前为止,世界上还没有公认的关于低碳能源的定义,比较普遍的观点是:低碳能源狭义上指不含碳或者含碳量较少的能源,如风能、太阳能与核能等;广义上包含适应人类可持续发展的、环境友好的、可以缓解温室气体排放造成的气候问题的能源形式(林伯强,2011)。

表1-2 低碳能源与传统能源比较(不包括传统能源的低碳化)

对比项目	传统能源	低碳能源
主要能源种类	煤炭、石油、天然气	风能、太阳能、生物质能、水能、核能、地热能
排放物	CO_2、CO、SO_2、NO_x、悬浮颗粒	无排放或者核废料
能量来源	烃及烃的衍生物	直接来自太阳能、水的势能、核燃料(铀)、地球内部热能

资料来源:林伯强(2011)

四、常见的低碳能源利用形式

1. 太阳能发电

(1)太阳能热发电。太阳能热发电又被称为聚焦型太阳能热发电(concentrating solar power,CSP)。与传统热电厂相似,太阳能热发电也是通过聚焦能量,对水进行加热产生高温高压的蒸汽以驱动汽轮机进行发电。与传统热电厂不同的是,太阳能热发电是通过反射镜以聚焦方式将太阳能直射光聚焦起来以获得能量,并通过导热介质传递能量。与风能发电和太阳能光伏发电输出的不稳定性相比,具有储热装置的太阳能热发电可以获得更稳定的电能。

(2)太阳能光伏发电。光伏发电是根据光生伏打效应原理,利用太阳电池将太阳光能直接转化为电能。光伏发电系统主要由太阳电池板(组件)、控制器和逆变器三大部分组成。与太阳能热发电系统相比,光伏发电利用半导体的光生伏打效应将光直接转化为电能,可有效降低对水资源的消耗。但光伏发电不具备存储功能,具有不连续性和不可预测性的特点。与太阳能热发电相比,光伏发电的成本较高(林伯强,2011)。

(3)其他形式。除用于太阳能热发电和太阳能光伏发电以外,太阳能的利用形式还包括太阳能热水器、太阳能水泵、太阳能干燥、太阳能灶、太阳能制冷与空调等。其中太阳能热水器、太阳能制冷与空调应用最为广泛。

2. 水力发电

水力发电是现代水能的主要利用方式，利用河流、湖泊等上下游的落差，由水能带动水轮机转动，进而带动发电机产生电能。

水电站有多种分类方式，按照集中落差的方式可以分为堤坝式、引水式、混合式、潮汐式和抽水蓄能式。按照调节能力，可以分为抽水蓄能电站和径流电站。按照水头①高低可分为高水头、中水头和低水头电站（林伯强，2011）。

3. 风力发电

风能的利用主要体现在风力发电，风力发电是除水力发电以外，目前全世界应用最广泛的可再生发电资源。风力发电与风速的关系最为密切，一般可用于风力发电的风速范围为15~90千米/小时。启动风速、额定风速和关机风速是风电机组的三个重要参数。当风速达到启动风速以后，风机开始转动，风的动能经由与转子相连的发电机转化为电能。风电机组达到额定负荷工作的风速称为额定风速。当风速超过关机风速以后，风机将停止转动，以免风机转动过快而受损。

4. 生物质能

生物质能是太阳能以化学能的形式贮存在生物中的一种能量形式，由光合作用而产生。在各种可再生能源中，生物质能是唯一的碳基能源。理论上讲，由于生物质所含碳元素来自光合作用的固碳，生物质能也可以被认为是一种接近零排放或低排放的能源。

（1）生物质能发电。生物质发电是指利用生物质所具有的生物质能进行发电。按照技术类型，生物质能发电可分为直接燃烧发电和气化发电。直接燃烧发电是将生物质作为燃料直接燃烧，加热水产生蒸汽以推动蒸汽轮机和发电机发电。目前，直接燃烧较多的生物质为木材、甘蔗渣、稻壳、秸秆等。生物质气化发电是将生物质气化为可燃气体，燃烧以驱动燃气轮机发电。除了单一的生物质燃烧发电以外，生物质燃料还可与煤等化石燃料混合燃烧发电。生物质与煤混合燃烧也可分为直接混燃与气化混燃两种方式。

（2）生物质能燃料。生物质能可以转换成固体、气体、液体燃料，可对石油、天然气等燃料进行直接替代。生物质能燃料是低碳能源里较特殊的一种，属于"合成体能源"。生物质能燃料分为生物柴油和生物乙醇。生物柴油由植物油

---

① 电力术语，指任意断面处单位质量水的能量除以重力加速度。

与醇类的醋化反应得到；生物乙醇由植物中的糖发酵得到。生物柴油的来源较广泛，包括油料作物、家禽的脂肪和从餐馆回收的食用油等；生物乙醇多以淀粉类植物为原料。

5. 核能发电

核能的主要利用方式为核能发电，核能发电是利用核反应堆中核燃料裂变①或聚变产生的能量，以水蒸气等媒介带动汽轮机产生电力。核能的能量密度极高，1千克铀裂变释放的能量相当于2400吨标准煤完全燃烧释放的能量。民用的核电站虽然仅使用铀含量3%的低浓度铀，但从资源使用量上仍远低于传统的化石能源电站。100万千瓦压水堆核电站一年需要低浓度铀燃料约28吨，而同样功率的燃煤电站一年需要300万~400万吨原煤。核裂变不产生温室气体，而且比风力发电和太阳能发电产生的电量稳定，但核原料具有放射性且能量巨大，因此核能发电的安全性要求极高。

第二节 能源效率及其评价指标

一、能源效率的定义

20世纪中后期，特别是70年代的两次中东石油危机爆发以后，国际社会普遍开始使用能源效率（energy efficiency）一词。世界能源委员会在1995年把能源效率定义为"减少提供同等能源服务的能源投入"。一个国家的综合能源效率指标是指每增加单位GDP所引致的能源需求，即单位产值能耗。部门能源效率指标分为经济指标和物理指标，前者为单位产值能耗，后者在工业部门为单位产品能耗，在服务业和建筑业为人均能耗和单位面积能耗（王庆一，2002）。这是能源效率的一般性定义，用数学表达式可表述为

$$能源效率 = \frac{某一生产过程的有用产出}{该生产过程的能源投入} \quad (式1\text{-}1)$$

1996年，帕特森（Patterson）在世界能源委员会定义的基础上，对能源效率做出了明确定义：能源效率就是用较少的能源生产同样数量的服务或有用的产出。1997年，博舍别叶夫（Bosseboeuf）等进一步拓展了能源效率的内涵：经济上的能源效率指用相同或更少的能源获得更多产出或更好的服务；技术经济上的能源效率则指通过技术进步、生活方式的转变和管理水平的提升等，从而减少对

---

① 重核裂变的燃料一般包括铀235、铀238和钚239，轻核裂变的燃料一般是氢的同位素氘和氚。

特定能源的使用。

由于理论界和实践界对能源效率的定义尚未达成共识，由此也衍生出对能源效率的不同诠释，主要包括：第一，能源生产率（energy productivity），即广义能源效率，是指生产过程中产出与所需能源投入之间的比率；第二，能源经济效率（energy economic efficiency），也称能源强度（energy intensity），是指单位经济量（或实物量、服务量）产出所消耗的能源量；第三，能源技术效率（energy technical efficiency），又称能源系统效率（energy systematic efficiency），是指通过能源使用所得到的有效能与实际输入的能源量之比，是中间环节效率与终端利用效率的乘积；第四，能源经济效率和能源技术效率的综合效率（李峻等，2010）。

二、能源效率的评价指标

能源效率指标的基本任务是后果评估、目标评价和在同等群体中的相对形势评估，通过比较过去和未来的趋势，得出现在所处的形势，同时促进更有效率的技术和工序方法的推广。通过对能源效率指标的构建，比较类似的能源消费过程并去除外部影响，静态分析可以确定相应的改进潜力。

（一）能源效率指标的经典分类

能源效率指标总体可分为描述性指标和解释性指标。描述性指标主要描述能源效率的现状和进展，通常是历史的时间序列，单位能耗就是一个描述性指标。解释性指标能解释能源效率形势和进展的因素、时间序列的差异，以及能源消费演化中能源效率的角色，尤其是明确技术进步、结构变化、行为变化等各自的角色。解释性指标可以直接来自其他指标，也可以选择合理的新指标，但通常不容易从统计资料中得到。

1997年，国际能源署（International Energy Agency，IEA）提出了一个能源效率指标金字塔，从金字塔顶部向下逐步分解，以说明能源效率指标概念。帕特森（1996）将能源效率指标分为热力学（thermodynamic）指标、物理热力学（physical-thermodynamic）指标、经济热力学（economic-thermodynamic）指标、经济（economic）指标四类。其中，最常见的是经济热力学指标。这些指标尽管在计算上较为方便可行，但对于如何界定能源投入和有用的产出，以及如何界定真实的能源投入等问题，尚存在一定争议。此外，全球化生产分工可能导致各国真实能源消费数量产生偏误，且对如何测度能源真实产出也存在争议（魏楚等，2009）。需要指出的是，环境（environmental）指标有时也被用作能源效率的第五类指标。

1. 热力学能源效率指标

热力学能源效率指标是目前衡量能源效率最常见的方法。使用这类指标的优点在于状态功能（state function）过程上的计算。这种计算是唯一且客观的测量方法。任意一项物理条件的改变所导致的结果都在状态功能的相对变数中被测量出来，但有时状态功能并非是唯一的。

（1）能源效率第一定律（first law energy efficiency）

衡量热力效率或称热焓（enthalpic）效率，主要在于测量投入和产出过程热值效率的条件。热效率指标常用于有用的产出，其表达式如下

$$E_{\Delta H} = \frac{\Delta H_{out}}{\Delta H_{in}} \quad (式1-2)$$

其中，$E_{\Delta H}$为热效率；ΔH_{out}为产出过程中有用的能源产出数量；ΔH_{in}为所有能源投入与生产过程的总量。在任何转换过程，能源不能被创造或破坏，遵循能量守恒定律，所以称为能源效率第一定律。

（2）能源效率第二定律（second law energy efficiency）

用ΔH衡量能源，无法区分能源品质的高低。第一定律并未考虑投入和有用产出的能源品质，若二者品质不同，则对其进行比较是没有意义的，而第二定律认为能源的品质在不可逆的过程中一定会降低，较有用的、高品质的能会变为无用的、低品质的能。而对于能源效率则可以借助于转换ΔH_{in}达到能源品质的测量。利用吉布斯自由能（Gibbs free energy）[①]变动衡量相对能源投入品质，在此过程中会产生固定的深度和压力，可以表述为

$$\Delta G = \Delta H - T\Delta S \quad (式1-3)$$

其中，ΔG表示吉布斯自由能变动；ΔH表示热能变化；T表示温度；ΔS表示熵。吉布斯自由能变动可作为恒温、恒压过程自发与平衡的判据。

能源效率第二定律可以表述为

$$\rho = \frac{E_{\Delta H(actual)}}{E_{\Delta H(ideal)}} \quad (式1-4)$$

其中，ρ表示特定时间的能源效率；$E_{\Delta H(actual)}$表示实际热效率；$E_{\Delta H(ideal)}$表示理想状态下的热效率，因此，当$\rho = 1$时，表示能源效率达到最佳状态（徐国泉，2008）。

[①] 吉布斯自由能又叫吉布斯函数，是热力学中一个重要的参量，由美国著名数学物理学家、数学化学家吉布斯于1876年提出。

2. 物理热力学能源效率指标

传统的热力学能源效率指标的最大缺陷在于未能涵盖最终使用者服务的需求。因此，物理热力学能源效率指标将传统的热力学能源效率指标的产出项改成"物理单位"，即能源消费者实际上所反映的能源需求。以运输能源效率为例，所谓货物运输，是将货物的重量（吨）乘以将货物移动的距离（千米），由此可以将运输能源效率的计算公式表示如下

$$运输能源效率 = \frac{产出(吨 \cdot 千米)}{能源投入(\Delta H)} \qquad (式1-5)$$

上述表达式除了能客观地测量出传统热力学能源效率指标所表现的数值外，还能具体反映出终端消费者的实际需求。混合模式的物理热力学能源效率指标可用来表现不同产业部门所定义产出的能源效率指标。不同形态的物理热力学能源效率指标应该能具体反映出特定形态的能源消费方式。例如，住宅部门的能源主要用于取暖、照明等，可以采用"能源投入/使用面积"的测算方法。而对于多数工业来说，其产品可以用质量或体积等相关指标来表示。

3. 经济热力学能源效率指标

经济热力学能源效率指标是一种混合性指标，用传统的热力学单位来衡量能源的投入，而生产的服务（产出）按照市场价格计算。该指标可用于测量不同层次的经济活动效率，包括微观的生产以及宏观的产业部门甚至国家层面。因此，该指标在能源经济学中更为常用。它有两种表达方式，即能源强度和能源生产率。

（1）能源强度

能源强度是最为常用的一种能源效率的指标，指单位 GDP 的能源消费量，衡量的是一个经济体的能源利用效率。能源强度的变化将在很大程度上影响能源消费量的变化。其数学表达式为

$$能源强度 = \frac{能源投入}{产出} \qquad (式1-6)$$

能源投入（能源消费总量）可以分为直接能源投入和间接能源投入，而在按产业部门计算时，一般都要同时考虑。在国家的层面上，常用 GDP 表示产出。这一指标的缺点是没有考虑技术上的问题，不能测量潜在的能源技术效率。一些其他因素，如部门结构的变化、能源同劳动之间的替代、能源投入结构的变化等都能改变能源强度值，但这些因素对于能源技术效率并没有什么影响。除此之外，在进行跨国比较时还存在一些方法问题。例如，通常使用汇率法来计算

GDP，但该方法并未考虑到不同国家间的购买力问题。因此有学者认为，在进行跨国比较时，应该使用购买力平价（purchasing power party，PPP）法来对GDP进行等值处理。

（2）能源生产率

能源生产率数学表达式为

$$能源生产率 = \frac{产出}{能源投入} \quad （式1-7）$$

能源生产率与能源效率呈倒数关系，其指标值越大，表示同样的能源投入得到的产出越大。美国国会联合经济委员会（Joint Economic Committee of the US Congress）认为，能源生产率是对传统资本生产率和劳动生产率分析的一种补充，但对于考察能源在经济中的作用更有效。通过能源生产率结合劳动生产率、资本生产率的考察，可以发现能源同其他投入要素之间是补充关系还是替代关系。

4. 经济能源效率指标

经济能源效率指标是根据投入能源的市场价值与产出的市场价值来进行测量的。其数学表达式为

$$能源效率 = \frac{能源投入的市场价值}{产出的市场价值} \quad （式1-8）$$

"能源投入的市场价值/GDP"同"能源投入/GDP"相比，更能准确地反映能源效率，并且还可以提供能源价格信息，从而反映出对能源的供需变化。

经济热力学能源效率指标以市场价格来衡量产出，用热力学单位来衡量能源的投入，这种混合的指标容易引起争论。因此，经济能源效率指标的产出和投入都以市场价值来衡量，经济生产活动和能源使用相关，而能源的供给和需求决定能源的价格。

5. 环境能源效率指标

以上四类指标都是基于能源的有效利用而建立的，目的是说明能源提供终端消费者有效服务的效率。而环境能源效率指标则是为了说明能源消费给环境带来的危害程度，即主要测量能源消耗所产生的特殊排放物。环境能源效率指标可以表示为两种形式。

（1）能源排放因子

$$能源排放因子 = \frac{污染物排放}{能源投入} \quad （式1-9）$$

不同能源的排放因子是不同的，对同一类能源，可以通过技术进步或创新来降低其排放因子。因此，该指标能够体现技术进步对污染减排的作用。

(2) 单位产出排放

$$单位产出排放 = \frac{污染物排放}{产出} \qquad (式1\text{-}10)$$

为了降低单位产出的排放，可以通过改变能源结构，用清洁能源来替代矿石燃料（徐国泉，2008）。

上述各类能源效率指标，具有各自的理论基础和适用范围。任何单一指标都不可能完整地反映能源效率水平。无论哪种指标，在进行横向或纵向比较时，都要求尽可能统一数据口径。在多数研究中，对能源效率指标绝对值的关注较少；更关注的是能源效率横向或纵向比较，以及不同主体能源效率的差距、变化方向和速度等（魏一鸣等，2010）。能源效率评价方法主要有单要素能源效率评价法和全要素能源效率评价法，常用的能源效率评价方法有比值分析法、生产函数法、数据包络分析法、生态足迹分析法和能值分析法等。

（二）国外代表性能源指标体系

世界能源理事会（World Energy Council，WEC）、国际原子能机构（International Atomic Energy Agency，IAEA）等国际机构，以及英国、欧盟先后开发出各具特色的能源消耗评价指标体系，用于对能源效率及其可持续发展能力进行测度与评估（周伏秋，2006）。这些指标体系在实践中得到了很好的运用。

1. 世界能源理事会能源指标体系

该指标体系主要用于能源效率和节能政策的国际比较研究。其框架为单层设计，共分为6大类44项指标。第1类为关键指标，主要在宏观层面对能源效率及CO_2排放进行测度；第2~4类为部门指标，用于测度各个部门的能源效率与CO_2排放状况；第5类是能源转化指标，用于测度能源转换过程中的效率与损耗；第6类是其他能源利用技术与实践指标，用于对主要能源外的其他能源利用状况进行测度。

2. 国际原子能机构能源指标体系

从1999年开始，国际原子能机构带领许多国家和机构开展了衡量能源可持续发展的指标研究。研究工作包括定义相关能源指标、开发执行框架、测试其可行性等。最终构建了一套包含41项指标的能源可持续发展指标体系。该指标体系主要用于识别与可持续能源发展有关的主要问题，其目的是为成员国的政策制定者提供能源、经济和环境及社会方面的数据与信息，以便进行对比、趋势分析，以及内部政策评价。包括23项核心指标和18项一般指标，框架为单层设计。其构建思路为：首先，识别与可持续能源发展有关的主要问题和参数；其次，在与能源有关的重要参数之间，确定内在因果关系，并将之与一整套潜在的改善能源部门发展的可持续性政策联系起来；最后，构建一套适当的指标，衡量能源部门有关参数的变化情况。

3. 欧盟能源指标体系

欧盟对能源效率指标的研究始于1992年，并且于1993年联合法国环境及能源管理署、欧盟15国及挪威的国家能源效率机构共同组建了欧洲的能源效率机构网络，同时建立了一个共同的数据库——能源消耗统计数据库，用来检测欧盟27个国家及挪威和克罗地亚的能源效率状况、变化趋势，以及进行能源效率的国际比较。该指标体系包括6类宏观性指标，用于评价和反映一个国家、一个行业的能源效率，分别为能源强度（与能源消费和宏观经济变化相关）、单位能耗（实物指标的单位产量的能源消耗）、能效指数（用于对某一行业能源效率趋势进行总体评估，按各子行业指标的加权平均计算，其值降低意味着能源效率的提高）、调整指标（用于进行国际比较，该类指标试图调和国与国之间在产业结构、气候等方面存在的差异）、扩散指标（用于监测节能技术和设备的推广应用情况）、目标指标（旨在提供参考值，表明一个国家可能达到的能效目标或提高能效的潜力，用于和能源效率水平最高的国家进行比较）。此外，考虑到全球气候变化问题，该指标体系还补充进一类CO_2指标。

4. 英国能源指标体系

该指标体系框架采用自上而下的分层设计，具体分为三个层级。第一层为主要指标，包括低碳、可靠性、竞争力、燃料贫困4项指标。它们分别对应于《能源白皮书》中提出的四大能源发展目标。第二层为支持指标，共有28项，分别用于支持和具体说明上述4项主要指标。第三层为背景性指标，分为12个条目，每个条目下有若干项指标，用于细化和补充说明上述支持指标。该指标体系综合反映了能源生产、加工转换、消费等各个方面，具有较好的系统性和指导性，其设计思路与理念具有重要的参考价值。该指标体系的3个层次结构能将大量分散的指标和数据有效地组织起来，通过加权计算等处理最后得出4项关键指标，从而与英国《能源白皮书》的4项目标有效结合起来（郑江绥，2010）。

第三节　3E系统理论

一、3E系统的含义

早期的研究人员主要利用经济学理论方法分别对能源、环境问题进行研究，从而形成了以能源-经济、经济-环境二元系统为对象的研究体系，并形成了两门交叉学科——能源经济学和环境经济学。但随着二元系统研究的不断深入，研究人员发现，如果不把环境作为一个重要因素引入能源和经济二元体系研究，不把经济作为一个重要因素引入能源和环境二元体系研究，不把能源作为一个重要因素引入经济和环境二元体系研究，就很难开展更加全面、深入、系统的研究工作。

20世纪80年代以后，世界上众多能源机构和环保机构开始合作构建能源（energy）-经济（economy）-环境（environment）三元系统的研究框架，并对其综合平衡和协调发展的问题进行研究。能源、经济、环境三者形成了一个既相互独立又相互作用的系统，被学术界称为能源-经济-环境系统（简称"3E系统"）。3E系统的目的是通过改善服务设施的效率实现降低造价及减轻环境压力的双重功效。随着综合能源安全观（能源安全、经济增长、环境保护）的提出，能源发展战略的内容由过去主要关注能源系统的供需平衡，转向关注能源、经济和环境的协调发展，以确保长期的可持续能源发展，建立可持续的能源系统（杨文培等，2007）。

二、3E系统的特征

3E系统是结构与功能统一、开放的动态复杂系统，包括能源、经济和环境三个子系统。3E系统以能源开发利用为支撑，实现经济可持续发展和环境不断改善的目标。三个子系统可以看成是同一个平面上相互依赖和相互影响的个体，需要均衡协调发展，才能实现3E系统整体效益的最大化，在实现能源高效利用的同时，最大限度地保护环境。

和谐的3E系统具有以下特征：①整体性。3E系统不是能源、环境和经济三个子系统简单的线性组合，该复合系统的整体功能远远超过各个要素的功能之和。②动态性。3E系统不是静态的，而是动态的。首先，不同系统内的各组成要素不是一成不变的；其次，系统之间相互影响、相互制约的发展关系也是不断变化的。③自组织性。系统结构中各个组成部分存在着互相协调的能力，一个和谐的3E系统也是能够自我调节的，它既具有自身调整的能力，又具有独立整合的能动性，推动3E系统向协调有序的方向发展（吕连宏等，2009）。

三、3E系统的构建及分类

1. 3E系统模型的构建

3E系统是具有特定功能的、开放复杂的系统，各个子系统之间有着密切的相互联系。一方面，经济系统向能源系统提出对能源的需求，能源系统向经济系统供应所需的能源；另一方面，能源系统的活动向经济系统提出对经济产品的需求，经济系统依靠自己的活动向能源系统供应产品。在构建该系统时，需要综合考虑能源开发与利用过程中与经济、社会、技术及环境之间的关系，研究各因素之间的联系与影响，将各因素所形成的有机整体，看做一个完整并处于运动和变化之中的复杂系统（关华，2011）。国外对3E系统的研究和构建最初主要是为了对能源生产和消费过程中资源浪费、环境污染情况进行有效的测算，从而为能源战略调整和政策制定提供决策依据。因此，国内外学者对3E系统的研究主要体现在3E系统模型的建立上。

20世纪70年代中期，由于中东石油危机的影响，一系列能源规划及能源供应与需求预测模型应运而生，较有代表性的有MARKAL模型、EFOM模型及MEDEE模型等。

进入20世纪80年代中期，随着第二次石油危机的结束，气候变化问题继而成为各国关注的焦点。因此，环境安全领域的研究逐渐增多。这一时期比较有代表性的模型有AIM模型、LEAP（long-range energy alternatives planning system）模型和EFOM-ENV模型等。

20世纪90年代以后，伴随着世界经济的高速增长，各国对能源的需求量急剧增加，世界的焦点已从单一的能源问题转变为多个重点领域（能源经济、能源环境、能源技术、能源安全）。这一时期的能源模型多为3E模型、CGE（computational general equilibrium）模型和MESSAGE模型等（魏一鸣等，2005）。这一阶段的模型多为综合性模型，其中综合评价模型（integrated assessment model）是目前中外学者倡导的一种常用的低碳经济评价方法。该模型从与低碳经济有关的社会经济整体机制入手，综合包括自然和社会科学相关的理论、方法及其技术手段而构造，能够对CO_2等温室气体的排放（或减排）对策进行综合评价。模型的运算规模都比较庞大，需要采用计算机进行模拟运算。最早的全球变暖模型是诺德豪斯（Nordhaus）在1991年提出的，在此基础上发展而来的DICE模型具有广泛的影响力。目前，约有20个开发和使用较活跃的模型。在我国，具有代表性的有清华大学核能与新能源技术研究院开发的I/O-INET模型等（李鹏等，2012）。这些模型被广泛应用于能源消费、低碳发展、气候政策等研究领域。

2. 3E模型的分类及特征

目前，国际社会存在各种各样的3E模型，内容涵盖诸多领域，但国际上对3E模型的分类尚未统一，表1-3给出了常见的几种划分方法及其代表性模型的基本特征。

表1-3 国际主要3E模型的分类及特征

分类依据	类别	代表模型	研究目标	时间跨度
按研究内容	能源–经济模型	MACRO	能源经济	长期
	能源–环境模型	AIM	能源消费、能源环境	长期
	能源–经济–环境模型	3Es-Model	能源经济、环境、政策	长期
	综合模型	IIASA-WEC E3	能源技术、经济、政策	长期
按研究方法	能源仿真模型	POLES	能源经济	长期
	能源优化模型	MESSAGE	能源技术、经济、政策	长期
	能源均衡模型	CGE	能源经济、环境	中期
	能源投入产出模型	HERMES	能源经济	长期
按模型功能	能源供应模型	PRIMES	能源经济、环境、技术	长期
	能源需求模型	MEDEE	能源技术、经济	长期
	能源技术模型	ERIS	能源技术、能源发电	—
按研究范围	全球能源模型	IIASA-WEC E3	能源技术、经济、政策	长期
	区域能源模型	GEM-E3	能源经济、环境	长期
	国家能源模型	NEMS	能源经济、环境、政策	中期
	部门能源模型	LEAP	能源经济、环境	长期
按建模方法	自顶向下模型	CGE	能源经济、环境	中期
	自底向上模型	MARKAL	能源技术、环境	长期
	混合能源模型	NEMS	能源经济、环境、政策	中期

资料来源：魏一鸣等（2005）。

3. 典型3E模型介绍

（1）CGE模型。CGE模型是可计算的一般均衡模型，其理论基础是瓦尔拉斯（Walras）提出的一般均衡理论。世界上第一个CGE模型是由挪威经济学家约翰森（Johansen）于1960年创立的，其在3E模型中的应用始于20世纪80年代末期，主要用以模拟能源、环境与经济之间的互动关系及影响。现在世界上许多国家都建立了自己的CGE模型，这些模型在能源贸易、能源环境及税收政策分析方面显示出较强的优越性（魏一鸣等，2005）。因为能源政策通常与经济系统的许多方面相关，如价格、产量、收入及其分配、消费行为、政策手段等，所以对能源政策的分析需要一个连贯且系统的工具。CGE模型正好符合建模者的此类要求，能够较好地描述经济体的复杂性，分析能源政策的经济影响和环境影响。因此，在3E系统理论的分析中，CGE模型得到了广泛的应用。但CGE模型分析得到的未来趋势基本是对现有发展趋势的外推，模型预测结果的可信度一般较差（张树伟，2010）。

（2）MARKAL模型。MARKAL模型（market allocation of technologies model）

是一种综合型能源系统优化模型，在满足给定能源需求量和污染物排放量的约束条件下，确定出能够使能源系统成本最小化的一次能源供应结构和用能技术结构。由于 MARKAL 模型是能源系统模型，所以主要用于研究国家级或地区级的能源规划和政策分析。20 世纪 70 年代末、80 年代初，国际能源机构的能源技术系统分析方案（energy technology systems analysis programme，ETSAP）开始研究 MARKAL 模型，经过近 20 年的发展，MARKAL 模型已被全球 37 个国家的 77 个研究机构广泛应用。MARKAL 模型的研究方法主要是混合整数规划法和多目标规划理论，一般包括费用函数、斜率函数、安全函数、核能函数、化石能函数等，其约束方程共有 21 类（魏一鸣等，2005）。

（3）MOP 模型。多目标规划（multi-objective programming，MOP）模型是指利用数学规划方法，将分析者所设定的不同目标以及现实经济系统中的各种限制，采用不同的决策方式，求出一组供决策者参考的非劣解（non-inferior solution）。多目标最优化思想，最早是在 1896 年由法国经济学家帕累托（Pareto）提出来的。多目标规划模型强调目标选择的弹性与可行方案间的替代性，使决策者在政策选择上有较大的弹性和回转空间。它可以同时考虑并解决多个目标间相互冲突的问题，并可处理优先次序不同的目标最优化问题。多目标规划模型用途相当广泛，3E 系统建模只是它的用途之一（邓玉勇等，2006）。

（4）LEAP 模型。LEAP 模型即长期能源可替代规划系统模型，是由瑞典斯德哥尔摩环境研究所及美国波士顿大学开发的一个能源-环境模型。它包括能源供应、能源加工转换、终端能源需求等环节。该模型主要用于国家和城市中长期能源环境规划，可以用来预测在不同驱动因素的影响下，全社会中长期的能源供应与需求，并计算能源在流通和消费过程中的大气污染物及温室气体排放量。LEAP 模型包括两个模块，一个是终端能源需求分析模块，另一个是能源转换分析模块。LEAP 模型属于技术模型范畴，并不带有优化功能，适用于情景核算与结果分析（张树伟，2010）。LEAP 模型的突出优点是数据比较透明，对输入数据的要求非常灵活。用户可以根据所研究问题的特点和数据的可获得情况，选择输入数据的形式和数量。LEAP 模型还支持多区域低碳情景建模，每一个区域都视为一个单独的独体进行数据输入和建模。LEAP 模型不仅可以对单个区域进行建模和计算，而且也可以对相关区域进行综合分析。

（5）NEMS 模型。NEMS（national energy modeling system）模型是由美国能源部（Department of Energy，DOE）下属的能源信息管理局（Energy Information Administration，EIA）于 1993 年开发的能源经济区域模型。目的是通过模拟美国能源市场来规划能源、经济、环境和安全因素对美国的影响。模型中所有的规划都是基于不同的能源政策和对能源市场不同的假设。模型反映了能源生产、进口、转化、消费和能源价格之间的内在联系，同时考虑了对宏观经济和金融因素的假设、世界能源市场、资源的有效性和成本、技术选择的标准和成本、能源技术的特征及人口等因素的影响，主要采用线性规划等研究方法。NEMS 模型由 4 个供应模块、2 个转化模块、4 个最终需求模块、1 个宏观经济模块、1 个世界能源市场模块和 1 个集成模块组成。其中，既有自顶向下的宏观经济模块，又有自底向上的能源供应、需求模块。模型中的集成模块主要负责各模块之间的供需平衡和数据传递（魏一鸣等，2005）。

其他有代表性的模型还有美国麻省理工学院于 1996 年研究开发的气体污染物 EPPA（emissions prediction and policy analysis）模型；德国斯图加特研究所 IER 于 1993 年研究开发的 IKARUS 模型，欧盟 TEEM 计划的 JOULE-Ⅲ 研究组开发的 PRIMES 模型，国际应用系统分析研究所和世界能源理事会开发的 IIASA-WEC E3 模型，以及 IEA 于 1993 年研究开发的 WEM 模型。

四、3E 模型与方法的局限性

1. 建模方法存在局限性

自上而下模型的最上端以生产函数连接能源投入与经济产出，生产函数的设定用来反映生产要素之间的替代关系，并根据"能源-经济-环境"的设定关系，分析能源消费对经济增长和环境变化的影响问题。这种建模方法的不足之处在于对资源生产和利用技术的描述比较抽象，资源消耗变化的原因不够明确。自下而上模型从工程角度出发，对于能源使用技术与成本信息的叙述非常详细。分析逻辑是通过预测技术创新或新能源的使用，导致技术及成本结构的变化，来对具有成本优势的能源技术进行选择。分析逻辑在评估资源生产技术的替代效应上具有较高的可信度，但是它忽略了对一般经济和非技术市场要素的反馈。

2. 模型缺乏普遍性

目前的 3E 模型普遍有所侧重，很多模型缺少能源、经济和环境所涉及的各子系统的内在相互渗透、相互制约关系的综合研究。即使考虑了能源、经济和环境三个系统之间的相互影响，在实际操作中也往往侧重于其中某一个或某两个系统。例如，我国现有的大多数研究中没有考虑不同地区、不同阶段和不同层次的需要，特别是还未形成系统可行的具有普遍指导意义的分析方法及其评价体系，缺乏可将能源、经济、环境三个不同系统等值折算到一个统一系统内的方法，特别是缺乏应用 3E 分析方法对我国进行区划研究的成果。

3. 数据采集要求较高

目前，应用比较广泛的 3E 模型在分析计算时需要大量连续的数据。不同国家的经济核算体系存在差异，例如，我国的统计系统经历了由物质产品核算体系（MPS）到国民核算体系（SNA）的巨大变化，加上环保工作起步相对较晚，导致一些长期连续的能源、经济和环境统计数据难以获得。此外，改革开放以来，我国经济社会发生了翻天覆地的变化，经济体系经历巨大转型，单纯依靠计量经济学模型很难对此进行详细描述（邓玉勇，2006）。

第二章 低碳经济理论

第一节 低碳经济的内涵

一、低碳经济产生的背景

气候变化是国际社会普遍关注的问题，也是人类当前面临的最严重的挑战之一。气候变化问题的提出源自科学观测与认知的不断深化。从20世纪70年代开始，国际上关于温室效应和全球变暖的学术研究受到广泛关注。气候变化问题首先是由国际自然科学界提出并推动的，其中起核心作用的是政府间气候变化专门委员会（Intergovernmental Panel on Climate Change，IPCC）[①]。到20世纪80年代，应对气候变化已成为政治家、专家学者、企业人士、非政府组织及各类媒体的热门话题。然而，国际社会对气候变化的诸多问题一直存在争议，鉴于此，在20世纪80年代中后期，美国国家科学院对此问题进行了较为全面、客观的梳理。美国国家科学院的研究和观点引起了国际社会的广泛关注，尤其是得到了联合国等国际机构的高度重视（潘家华，2010）。

低碳经济（low-carbon economy）的提出，直接源于国际社会对全球气候变化的关注，这一术语最早可追溯至1992年的《联合国气候变化框架公约》和1997年的《京都议定书》，其首次出现于官方文件，则是在2003年英国时任首相布莱尔发布的《能源白皮书——我们未来的能源：创建低碳经济》[②]（简称《能源白皮书》）中。在《能源白皮书》中，低碳经济被描述为低碳发展、低碳

---

① IPCC 是世界气象组织（World Meteorological Organization，WMO）和联合国环境规划署（UNEP）于1988年联合建立的政府间机构，其主要任务是对气候变化科学知识的现状，气候变化对社会、经济的潜在影响，以及适应和减缓气候变化的可能对策进行科学评估。IPCC 于1990、1995、2001和2007年先后发布了四次评估报告。

② DTI（Department of Trade and Industry）. 2003. Energy White Paper: Our Energy Future—Create a Low Carbon Economy. London: TSO. http://fire.pppl.gov/uk_energy_whitepaper_feb03.pdf。

产业、低碳技术和低碳生活等一类经济形态的总称。

2006年10月，由英国政府推出的世界银行前首席经济学家斯特恩（Stern）牵头的《斯特恩报告》中指出，如果在未来几十年不能及时采取行动，全球每年因气候变化所导致的损失将占GDP的5%~20%，若及时采取有力措施，每年的损失可控制在全球GDP的1%左右。

2007年，IPCC第四次评估报告发布以后，其所包含的科学结论已经成为当今国际社会的主流话语：人类必须一致行动应对气候变化带来的挑战，越早采取行动越经济可行。该报告特别指出，全球未来温室气体的排放情况取决于发展路径的选择（薛睿，2011）。

二、世界低碳经济发展历程

低碳经济理念引发了各国以低碳发展应对气候变化的信心和兴趣。2007年，旨在鼓励发展低碳能源技术的欧盟能源技术战略计划通过。2008年1月，欧盟委员会（European Commission）制定了欧盟能源气候一揽子计划，并于同年12月通过。

美国于1990年实施《清洁空气法》，于2005年通过《能源政策法》。2007年2月，美国参议院提出《低碳经济法案》。2007年11月，美国进步中心（Center for American Progress，CAP）为政府提出《渐进增长、促进美国向低碳经济转型》的报告，构成了当时美国政府应对气候变化的政策基础。2007年12月，美国参议院通过《气候安全法案》。2009年6月，美国众议院通过《清洁能源安全法案》，这是一部在美国历史上第一次提出限制其温室气体排放的法案，是一部综合性能源法案，对改变美国能源结构意义重大。

1997年，日本作为《京都议定书》的发起国和倡导国，投入巨资开发利用太阳能、风能、光能、氢能和燃料电池等替代能源和可再生能源，并积极开发潮汐能、水能、地热能等方面的研究。2008年1月，日本时任首相福田康夫首份施政报告中的主要议题之一为全球气候变暖。2008年6月，福田康夫发表题为《低碳社会与日本》的讲话，倡导建立低碳社会。

作为负责任的大国，我国在应对全球气候变化方面已采取积极措施。2006年，中华人民共和国科学技术部（简称"科技部"）、中华人民共和国国家发展和改革委员会（简称"国家发改委"）、中国气象局、国家环境保护总局等六部委联合发布《气候变化国家评估报告》。2007年6月，中国发布《中国应对气候变化国家方案》，提出建立低排放社会。2007年12月，《中国的能源状况与政策》白皮书发布，将可再生能源列为国家未来能源发展的重要部分。2007年9

月,国家主席胡锦涛在亚太经济合作组织(Asia-Pacific Economic Cooperation, APEC)15 国领导人会议上,明确提出发展低碳经济(薛睿,2011)。2009 年 9 月 22 日,国家主席胡锦涛在联合国气候变化大会开幕式上,发表了题为《携手应对气候变化挑战》的重要讲话,明确表示中国将继续坚定不移地为应对气候变化做出切实努力,同时强调中国将积极发展低碳经济。2011 年 11 月 22 日发布的《中国应对气候变化的政策与行动》白皮书提出,我国将研究制定专门的应对气候变化的法律,并根据应对气候变化工作的需要,对相关法律、法规、规章、标准等做出修订。

2007 年 12 月 3 日,联合国气候变化大会在印度尼西亚巴厘岛举行,制定了举世瞩目的"巴厘岛路线图"。随后,应对气候变化国际行动不断走向深入,低碳经济发展道路在国际上越来越受到关注。2009~2011 年,联合国气候变化大会分别在丹麦的哥本哈根、墨西哥的坎昆和南非的德班召开(表 2-1)。经过各方的磋商和共同努力,与会各国在一些关键问题上达成了共识,有力地促进了各国低碳经济的发展。

表 2-1 国际重大气候谈判

年份	地点	成果
1992	巴西里约热内卢	《联合国气候变化框架公约》
1997	日本京都	《京都议定书》
2007	印度尼西亚巴厘岛	"巴厘岛路线图"
2009	丹麦哥本哈根	《哥本哈根协议》
2010	墨西哥坎昆	《坎昆协议》
2011	南非德班	"德班一揽子方案"*

* "德班一揽子方案"包括建立"德班增强行动平台特设工作组",对《京都议定书》第二承诺期做出安排,同时宣布启动旨在帮助发展中国家应对气候变化的绿色气候基金

2012 年 5 月 25 日,联合国首轮气候变化谈判在德国波恩闭幕[①]。经过近两周的艰难谈判,2011 年德班气候大会确立的"德班增强行动平台特设工作组"最终达成谈判议程,并确定了主席团成员,进一步促进了全球在应对气候变化方面的合作与交流。

---

① 波恩会议于 2012 年 5 月 14 日至 25 日举行,是 2011 年德班大会后的第一轮正式谈判,共有来自 180 多个国家和地区的近 3000 名政府、公益组织和企业代表与会。

三、低碳经济的概念与内涵

1. 低碳经济的概念

低碳经济这一名词提出后,世界各国的政府机构、科研单位及社会团体等纷纷将目光投向低碳经济。然而,在英国的《能源白皮书》中并没有给出这一新名词的确切定义及相关界定标准。对于低碳经济是一种经济形态还是一种发展模式,或是二者兼而有之,学术界和各国政府也未形成明确共识。现将国内外较有代表性的定义总结如下(表2-2)。

表2-2 国内外有关低碳经济的定义

提出者(时间)	定义
庄贵阳(2005年)	低碳经济是通过技术和制度创新,从根本上改变人类对化石能源的依赖,减少以CO_2为表征的温室气体排放,走以低能耗、低排放、低污染为特征的可持续发展道路。低碳经济的实质是能源效率和清洁能源结构问题,核心是能源技术创新和制度创新,目标是减缓气候变化和促进人类的可持续发展
鲍健强等(2008年)	低碳经济就是以低能耗、低污染、低排放为基础的经济模式,或是含碳燃料所排放的CO_2显著降低的经济。表面上低碳经济是为减少温室气体排放所做努力的结果,但实质是能源高效利用、清洁利用和低碳或无碳能源开发,是经济发展方式、能源消费方式、人类生活方式的一次新变革,它加速推动了建立在化石燃料(能源)基础之上的现代工业文明向生态文明的转变
鲁宾斯德(2008年)	低碳经济是一种正在兴起的经济模式,其核心是在市场机制基础上,通过制度框架和政策措施的制定和创新,推动提高能效技术、节约能源技术、可再生能源技术和温室气体减排技术的开发和运用,促进整个社会经济朝向高效能、低能耗和低碳排放的模式转型
付允等(2008年)	低碳经济是一种以低能耗、低污染、低排放和高效能、高效率、高效益为基础,以低碳发展为发展方向,以节能减排为发展方式,以碳中和技术为发展方法的绿色经济发展模式
中国环境与发展国际合作委员会(2009年)	低碳经济是一个新的经济、技术和社会体系,与传统经济体系相比在生产和消费中能够节省能源,减少温室气体排放,同时还能保持经济和社会发展的势头
冯之浚(2009年)	低碳经济是低碳发展、低碳产业、低碳技术和低碳生活等一类经济活动的总称,其基本特征是低能耗、低排放、低污染,基本要求是应对碳基能源对于气候变暖的影响,基本目的是实现经济社会的可持续发展

续表

提出者（时间）	定义
牛文元等（2009年）	低碳经济是绿色生态经济，是低碳产业、低碳技术、低碳生活和低碳发展等经济形态的总称，低碳经济的实质在于提升能源的高效利用、推行区域的清洁发展、促进产品的低碳开发和维持全球的生态平衡
潘家华等（2010年）	低碳经济是指在一定碳排放约束下，碳生产力和人文发展均达到一定水平的一种经济形态，旨在实现控制温室气体排放的全球共同愿景。低碳经济概念具有三个核心特征，即低碳排放、高碳生产力和阶段性
查尔斯·利维（2010年）	低碳经济被认为是支持CO_2减排的一系列活动的总称。例如，更有效地使用化石燃料、防止或消除CO_2排放、支持向更低的碳强度运作转型等活动
袁男优（2010年）	低碳经济是一种以低能耗、低污染、低排放为特点的发展模式，是以应对气候变化、保障能源安全、促进经济社会可持续发展有机结合为目的的规制世界发展格局的新规则。低碳经济具有经济性、技术性和目标性三大特征。低碳经济由低碳技术、低碳能源、低碳产业、低碳城市和低碳管理五个要素构成

资料来源：根据相关文献整理而成

上述概念均在某种程度上把握到了低碳经济的基本特性，即经济性、技术性和目标性。经济性是指在不降低人们生活条件和福利水平的前提下，按照市场机制来发展低碳经济；技术性是指通过技术进步，提高能源效率和降低温室气体排放强度；目标性是指发展低碳经济的目标是将温室气体的浓度保持在相对稳定水平上，使气候变化对人类的影响降至最低（胡大立等，2010）。

2. 低碳经济的内涵

低碳经济是通过低碳技术创新和经济制度变迁，实现人类经济社会可持续发展的一种新型经济发展模式。低碳经济的内涵可以概括为以下四个方面。

（1）低碳经济的目标是减缓气候变化和实现可持续发展。工业革命以来，煤炭、石油和天然气等化石燃料的使用使人类社会的生产力大大提高，与此同时也引起全球气候变暖等一系列问题。化石燃料燃烧时会释放CO_2，产生温室效应，由此会产生一系列严重的后果。可持续发展是以保护自然资源环境为基础，以激励经济发展为条件，以改善和提高人类生活质量为目标的发展理论和战略。低碳经济是实现可持续发展的重要途径，发展低碳经济的主要目标就是减缓气候变化和实现可持续发展。

（2）低碳经济的实质是能源转型。发展低碳经济实质上是对现代经济进行一次深刻的能源转型。而未来能源转型的基本目标是努力推进两个根本转变：一是由以高碳能源为基础的不可持续发展，向以低碳与无碳能源为基础的可持续发展的转变;二是由高碳型黑色能源消费结构,向低碳与无碳型清洁能源消费结构的转变。

(3) 低碳经济的关键是技术创新和制度创新。低碳经济不仅是能效的提高,而且是整个产品的生产体系、生产过程、生产方式的改变,必须由技术来支撑。低碳经济发展模式下的新兴产业革命将会引致各国的生产力革新到一个新的水准,那么,必然要求相应的生产关系即各种制度条件与之相适应。因此,对现有制度进行创新,使低碳经济发展模式下的生产关系适应生产力发展水平就显得尤为重要和紧迫。

(4) 低碳经济是一种新型经济发展模式。在工业社会发展初期,能源消费主要以煤炭、石油和天然气等高碳能源为主,这种经济发展模式称为高碳经济。高碳经济作为传统经济增长模式,通过资源的高投入来获得高产出,其最终目标是经济的增长、人民生活水平的提高与财富的增加。而低碳经济是以能源的高效利用和清洁开发为基础,以低能耗、低污染和低排放为基本特征的经济发展模式。

高碳是工业文明的特征,低碳是生态文明的特征。低碳经济要求经济系统从高碳走向低碳。低碳经济与高碳经济的区别主要体现在产业结构、能源结构、生产和消费机制等方面(表2-3)。

表2-3 低碳经济与高碳经济的比较

比较项目	高碳经济	低碳经济
资源的利用状况	高开采、低利用	低开采、高利用
废物排放及对环境的影响	高排放、污染环境	低排放、保护环境
追求的目标	经济利益	经济利益与环境利益、可持续发展
经济增长方式	粗放型	集约型
环境治理方式	末端治理	全过程控制

资料来源:刘春玲(2011)

低碳经济对气候系统意味着减少温室气体的排放,减缓气候变化对人类的影响;低碳经济对能源系统意味着减少化石能源消费,提高能源利用效率。低碳经济并不是一个抽象的概念,应当在一个具体的社会经济背景下,基于特定的社会经济发展阶段、资源禀赋、科技水平和创新能力,对低碳经济做出界定,并确定最终发展目标。

四、低碳经济的主要内容

低碳经济发展模式以技术创新和政策措施为支撑,以低碳产业链的构建为途径，其核心前提是经济的稳步增长，最终目标是实现生态环境和社会经济的协调发展。总体而言，低碳经济的发展主要体现在能源、产业、技术和政策等方面。

1. 低碳能源

低碳能源指高能效、低能耗、低污染和低碳排放的能源，包括可再生能源、核能和清洁煤，其中可再生能源包括太阳能、风能、水能、海洋能、地热能及生物质能等。低碳能源是低碳经济的初始环节，发展低碳经济的重要途径之一就是要改变现有的能源结构，加速从碳基能源向低碳能源转变，使现有的高碳能源结构逐渐向低碳能源结构转变。一方面，大力推广使用现有技术可控的低碳能源；另一方面，大力推进科技创新，积极开发高效、经济、实用的低碳能源新技术，并将其转化成实际生产力。未来能源发展的方向是清洁、高效、多元和可持续。

2. 低碳产业

低碳产业是低碳经济发展的载体。经济结构影响能源消耗，优化产业结构是发展低碳经济的重要途径。低碳产业发展模式就是按照低碳经济发展理念，对现有产业结构进行改造，加速产业结构优化与升级。根据产业结构的宏观构成，以及不同产业结构、能源消耗和碳排放的关系，构建低碳产业链，实现产业结构低碳化发展。低碳产业包含两类：①具备低能耗、低排放特征的产业类型；②以低碳技术为载体的产业类型，如新能源产业等。

3. 低碳技术

低碳技术也称清洁能源技术，主要指能提高能源效率，优化能源结构的主导技术。低碳技术可分为减碳技术、零碳化技术和去碳化技术，包括核能、水能、风能、太阳能等清洁能源的开发利用，还包括生物质能技术、清洁煤技术（clean coal technology，CCT）[①]、整体煤气化联合循环发电系统（integrated gasification combined cycle，IGCC）[②]、油气资源和煤层气的勘探开发技术、碳捕捉与封存（carbon capture and storage，CCS）技术等能够有效控制温室气体排放的技术。低碳技术是实现低碳能源、低碳产出、低碳消费及低碳社会的支撑和保障。

---

① 清洁煤技术是指在煤炭从开发到利用全过程中，旨在减少污染排放与提高利用效率的加工、燃烧、转化和污染控制等新技术的总称。主要包括直接烧煤洁净技术和煤转化为洁净燃料技术。

② 整体煤气化联合循环发电系统是将煤气化技术和高效的联合循环相结合的先进动力系统。由两大部分组成：煤的气化与净化部分和燃气-蒸汽联合循环发电部分。

4. 低碳政策

低碳政策是低碳经济发展的保障，主要包括低碳发展目标的确定、法律法规的完善、体制机制的革新等。具体的低碳政策包括开发可再生能源、清洁能源的低碳能源政策，提高能源效率、降低 CO_2 排放量的低碳技术政策，降低高碳产业比例、调整产业结构的低碳产业政策，以及倡导"绿色消费"、转变生活方式的低碳消费政策等。其中以新能源的开发利用和低碳技术的创新为最主要的政策工具（胡大立等，2010）。

第二节 低碳经济分析模型

由于气候变化所产生的影响具有很强的不确定性，对温室气体减排造成的经济损失进行定量分析具有很大难度。因此，低碳经济领域的大量研究都集中在 CO_2 排放分析模型、CO_2 减排成本估计模型及政策评估模型等方面，这些模型构成了低碳经济分析的经典框架。

一、CO_2 排放分析模型

20 世纪 80 年代以来，国内外研究人员相继开发了许多模型用以定量分析 CO_2 的排放，其中 Kaya 恒等式是应用最广泛的模型之一。Kaya 恒等式是由日本学者 Yoichi Kaya (1989) 在 IPCC 的一次研讨会上提出的。Kaya 恒等式在经济、政策和人口等因素与人类活动的 CO_2 排放之间建立了联系，其表达式为

$$CO_2 = \frac{CO_2}{PE} \times \frac{PE}{GDP} \times \frac{GDP}{POP} \times POP$$
$$= C_i \times E_i \times Y_i \times P_i \qquad (式2\text{-}1)$$

其中，CO_2、PE、GDP 和 POP 分别代表 CO_2 排放量、一次能源消费总量、国内生产总值及国内人口总量。

Kaya 恒等式揭示了 CO_2 排放的影响因素：C_i 表示单位能源消耗的 CO_2 排放强度，由能源消费结构决定，能源种类的不同决定了单位能源消耗的 CO_2 排放量不同；E_i 表示单位 GDP 消耗的能源用量，即能源强度，与经济结构、能源利用效率密切相关；Y_i 表示人均 GDP，反映社会平均生活水平和宏观经济运行情况，对于发展中国家而言，人均 GDP 越高，高碳消费模式造成的 CO_2 排放量就越高；P_i 表示社会总人口，体现人口规模对于碳排放总量的影响。

二、CO_2 减排成本评估模型

1. 投入-产出模型

投入-产出（input-output，I-O）模型以总需求作为已知，利用几组联立方程组将经济部门间的复杂关系表示出来，适用于分析采取某种行动后对各部门的影响结果。I-O 模型利用投入-产出表，可以全面计算出任何一种产品在其生产过程中直接或间接的碳排放，体现了国民经济各部门之间在生产中发生的直接和间接的联系。

20 世纪 60 年代，国际上开始对国际贸易框架下出口国的能源消耗及环境影响问题进行研究，目前已经形成较为成熟的研究方法和体系，相关的分析模型及软件也较为成熟，发达国家的数据统计体系也较为完善，研究所需的投入-产出表及其他相关数据的可获得性及确定性都较高。相比而言，当前对国际贸易框架下出口国环境排放尤其是 CO_2 排放的研究居多，而对能源消耗的研究较少（雷仲敏等，2011）。从计算方法涵盖范围的完整性来讲，采用 I-O 模型是目前能够全面计算进出口贸易中内含能源消耗量的最佳方法。需要指出的是，数据的不准确性可能导致模型结果的偏差，以及该模型假设在各种燃料之间以及燃料和其他投入之间不能相互替代。因此，I-O 模型更适合作短期分析，而不适合作长期分析（蒋金荷等，2010）。

2. CGE 模型

CGE 模型基于微观经济学原理，能够模拟不同行业或部门之间复杂的、基于市场的相互作用关系，其特点是在模型中引入"均衡"和"市场"的概念，模拟生产要素市场、产品市场和资本市场等关系。CGE 模型经过 30 多年的发展，已在世界上得到了广泛的应用，并逐渐发展成为应用经济学的一个分支。这类模型的优点是对经济系统的描述比较详细，一个典型的 CGE 模型可以用一组方程来描述供给、需求及市场关系，并且还可以模拟碳税等政策对经济活动的影响。但此类模型不能对能源系统作详细的描述，从而不能了解减排技术选择的细节。CGE 模型的成功之处在于它在经济的各个组成部分之间建立起数量联系，能够考察来自经济某一部分的扰动对经济另一部分的影响，超越了 I-O 模型。

三、政策评估模型

从模型研究的方法论角度，对减排政策的评估总体上存在两种分析方法：自

顶向下模型（top-down model）和自底向上模型（bottom-up model）。自顶向下模型以经济学模型为出发点，以能源价格和经济弹性为主要的经济指数，集中表现它们与能源消费和能源生产之间的关系，主要适用于宏观经济分析和能源政策规划方面的研究。其典型代表是 CGE 模型和宏观计量经济模型等。自底向上模型以能源消费和能源生产过程中所使用的技术为基础进行详细描述和仿真，并以能源消费和生产方式为主进行供需预测及环境影响分析。对各种技术工艺流程有比较详细的描述，能清晰地说明资源消耗变化及其成本变化原因。其典型代表有 MARKAL 模型、LEAP 模型，以及动态优化模型、仿真模型、部门预测模型等。

尽管这两类模型存在差别，但也存在共同点，并且具有一定的互补关系，整合两类模型优点的混合模型（hybrid model）成为评估 CO_2 减排技术的发展趋势。总体而言，两类模型的整合思路一般有 3 种：①在自底向上模型中添加简化的宏观经济模块；②在自顶向下模型中对能源部门的生产采用技术产出组合方式进行描述；③构建混合模型将两类模型通过变量进行连接。对于不同模型的连接方式，目前有两种：硬连接和软连接。在硬连接中，模型间的信息处理和交互均通过程序完成，在模型重叠的部分往往采用新算法，以确保结果的一致性；在软连接中，模型之间的信息传递和控制往往由模型使用者完成，使用者通过改变模型输入使得结果趋同，一般只能得到近似一致（蒋金荷等，2010）。

第三节 低碳经济评价指标体系

随着低碳经济的发展，相关评价理论和方法也相继出现，但目前的研究还比较分散，没有形成系统的理论。构建低碳经济评价指标体系不仅能够为全面、准确地考察低碳经济发展状况和变化规律提供衡量标准和依据，而且能够综合反映低碳经济发展的效率、状态、效果，实时、量化、动态地分析评价低碳经济发展，系统地体现低碳经济在不同维度上存在的发展差异。

一、低碳经济评价指标体系构建原则

1. 系统性与层次性相结合原则

对低碳经济进行评价，不仅要能全面反映低碳经济发展的各个方面，又要避免指标之间的重叠性，因此应追求评价指标体系的系统总体最优或满意。为实现低碳经济系统最优或满意，应根据结构特征将系统划分为若干层次，并对指标进行分类，使指标体系结构清楚，便于使用。

2. 全面性和典型性相结合原则

低碳经济作为一个有机整体，是多种因素综合作用的结果。因此，指标体系应能够完整反映其发展现状，从不同角度反映出被评价系统的主要特征。同时，指标的选取不宜过多，要具有代表性，能够准确反映和评价低碳经济发展水平各个方面的特征。避免选择意义相近、重复的指标，确保指标体系简洁易用。

3. 动态性和稳定性相结合原则

低碳经济的发展过程是动态的，因此其指标体系应具有动态可比和横向可比的功能。动态可比是指低碳经济发展水平在时间序列上的动态比较；横向可比是指不同地区在同一时间截面上的综合评价排序比较，用以描述低碳经济发展水平的不平衡程度。在可比性原则要求下，统计指标的选择应涵义明确、口径一致，与国际惯例接轨并符合国内现行统计制度的要求，以保证统计数据的稳定性。

4. 可行性与科学性相结合原则

低碳经济评价指标不仅要能对低碳经济系统各层次和各环节进行系统总结，科学地揭示其性质和特点等内在规律，还需达到简繁适中、简便可行的要求。各项评价指标及其相应的计算也要力求标准化和规范化。确保能够反映低碳经济发展现状和体现其特征的指标能被合理纳入，以体现评价指标的科学性和可行性（胡大立等，2010）。

二、低碳经济评价指标体系构建框架

对低碳经济评价指标体系的构建，大多参考了可持续发展指标体系的研究成果。其中联合国可持续发展委员会提出的"驱动力—状态—响应"概念模型最具权威性，成为众多学者构建低碳经济评价指标体系的基本框架。该机构以欧洲环境组织开发的"驱动力—状态—响应"概念模型为基本框架，结合联合国《21世纪议程》提出的发展目标，推出了包括社会（41个）、经济（23个）、环境（55个）和制度（15个）四大评估系统134项指标的可持续发展指标体系。该指标体系逻辑性较强，充分表明了环境在可持续发展中的重要作用，还借鉴了一些国际组织和非政府组织的经验。有16个国家（包括中国）自愿参与测试该体系建立的指标，为其进一步发展提供了重要的实践基础。该指标体系的不足之处是环境指标占的比例较大，对衡量可持续发展的整体状况有一定的片面性。

联合国统计局也创建了一个由88项指标构成的评价指标体系框架，主要涉及社会经济活动事件、影响与结果和对影响的响应等方面，清晰地反映了指标之间的关系；联合国环境问题科学委员会和联合国环境规划署根据人类活动和环境相互作用的概念模型，从环境、自然资源、自然系统、废气和水污染4个方面，构建了25项指标，并根据指标的当前值和目标值赋予了指标各自的权值。此外，丹麦、芬兰、德国、瑞典、瑞士、欧盟等国家和地区也都从各个不同的角度提出过各自的指标体系。

我国在实践中广泛应用的评价指标体系，一种是利用层次分析法（analytic hierarchy process，AHP）将所选取的指标指数化，赋予权重后进行加总，然后对评价值按照从大到小进行排序；另一种是为各指标设定不同的阈值（目标值），以是否达到阈值为评价标准。付加锋等（2010）在研究探讨低碳经济的概念和核心要素的基础上，构建了以可持续发展框架下的低碳经济发展水平为目标层，包括低碳产出、低碳消费、低碳资源、低碳政策和低碳环境5个维度、14项指标的多层次评价指标体系（表2-4）。该指标体系能够较为全面地反映出低碳经济发展水平，同时考虑到了我国的实际情况，因此具有较高的参考价值。

表2-4 低碳经济发展水平的衡量指标体系

准则层	序号	指标层	计算说明	指标方向
低碳产出指标	1	碳生产力	GDP/碳排放量	+
	2	能源加工转换效率	能源投入量/能源产出量	+
低碳消费指标	3	居民消费碳排放	碳排放量/居民消费支出	−
	4	政府消费碳排放	碳排放量/政府消费支出	−
低碳资源指标	5	零碳能源比例	零碳能源消费量/能源消费量	+
	6	能源碳排放系数	碳排放量/能源消费量	−
	7	碳汇密度	碳汇量/面积	+
低碳政策指标	8	低碳经济发展规划	有或无	+
	9	碳排放监测、统计和监管体系	有或无	+
	10	公众低碳经济知识普及程度	普及程度/%	+
	11	环保节能标准执行率	执行程度/%	+
	12	碳税政策	有或无	+
低碳环境指标	13	废弃物碳排放强度	废弃物碳排放量/废弃物产生量	−
	14	工业三废处理指数	处理率/%	+

资料来源：付加锋等（2010）

综合国内外研究来看，目前已有的低碳经济评价指标体系大多对资源和环境的指标研究相对较多，以经济社会为基础的综合性指标体系研究相对较少；对自然资源和生态环境等"硬"因素的分析较多，对社会意识和文化传统等"软"因素的分析较少；对定量的分析较多，以人为主的定性分析较少。因此，对低碳经济评价指标体系的研究仍处于不断完善的过程中。

三、低碳经济的评价方法

目前，针对低碳经济发展水平的综合评价方法主要有两种：一是物质流分析（material flow analysis，MFA）法，二是指标综合评价法。

（一）物质流分析法

物质流分析是基于物质流核算来评估物质使用效率的方法。它对经济-环境系统中物质的投入和产出进行量化分析，同时建立物质投入和产出的账户，通过物理单位（吨）对物质从采掘、生产、转换、消费、循环使用到最终处置进行结算，其分析的物质可以是元素、原材料、产品，也可以是固体废弃物，以及向大气、水体排放的污染物等。

物质流分析主要衡量的是经济社会活动的物质投入、产出和物质利用效率。具体表现在两个层面：第一，微观层面的物质流分析首先将系统界定在一定地理区域内，然后统计出系统的所有输入、输出物流和通过物流的路径和数量，进而建立起某一地理区域内经济活动和环境影响之间的定量关系。第二，宏观层面上的物质流分析通过对投入到区域内的物质进行全过程追踪考察，可准确掌握区域内输入、输出的物质流规模和种类，有效调控经济系统与生态环境间物质的流动方向和流量，进而达到减少资源投入，提高资源利用效率，减少废物排放的目的。

（二）指标综合评价法

指标综合评价法往往通过对单项指标加权，并综合集成，形成对低碳发展程度的综合得分，以区分多个区域（或经济体）的等级次序，同时，这一方法也可对单项指标进行判定，但在确定指标权重时存在一定的主观性。以下将对该方法进行解释说明。

1. 指标正向化和无量纲化处理

在构建的评价指标中，由于指标数值和方向不同，必须进行指标的正向化和无量纲化处理。

逆向指标采用倒数变换法进行正向化处理（式2-2），通过数值处理能体现出指标的数值越大，低碳经济发展水平就越高。

$$x^* = \frac{1}{x} \qquad \text{（式2-2）}$$

其中，x 为逆向指标原始数值；x^* 为该指标的正向化指标值。

对于指标的量纲化处理，采用归一化方法对指标进行无量纲化处理（式2-3）。

$$x = \frac{x^* - x^*_{min}}{x^* - x^*_{max}} \qquad \text{（式2-3）}$$

其中，x 为归一化后的指标数值；x^* 为所有（含正向化处理后）指标数值；x^*_{min} 和 x^*_{max} 分别为该指标区域各评价单元的最小值和最大值。

2. 指标权重的确定

评价指标的权重是对各项评价指标在整个评价指标体系中相对重要性的数量表示。确定权重的方法很多，如专家咨询（Delphi）法、专家排序法、层次分析法、秩和比（rank-sum ratio，RSR）法、相关系数法、主成分分析（principal components analysis，PCA）法和因子分析（factor analysis，FA）法等，但各种方法均有其优缺点。其中，目前最为常用的方法是专家咨询法和层次分析法，然而这两种方法受人为因素影响较大，主观性强。因此，许多学者建议使用将主观性和客观性结合起来的组合方法确定指标权重，即层次分析法（或专家咨询法）与数据包络分析（data envelopment analysis，DEA）法的组合方法。层次分析法（或专家咨询法）在一定程度上反映了决策者的主观偏好，而DEA法又完全依赖于客观数据，将两者结合起来将使权重更为合理。

这种组合方法如式2-4所示，式中 w_i 为第 i 项指标总权重；w_i^{AHP} 为AHP方法确定的第 i 项指标权重；w_i^{DEA} 为DEA方法确定的第 i 项指标权重；λ 为主观偏好系数；$(1-\lambda)$ 为客观偏好系数，其中 λ 取 $[0,1]$，其值由决策者根据偏好给出。

$$\omega_i = \lambda w_i^{AHP} + (1-\lambda) w_i^{DEA} \qquad \text{（式2-4）}$$

3. 指标集成

指标集成方法有很多，常见的有线性加权和法、乘法合成法、加乘混合合成法等。式2-5采用线性加权和法，式中 E 表示低碳经济发展水平综合平均值；y_i 为标准化后的无量纲指标；w_i 为相应指标权重。

$$E = \sum y_i w_i \qquad \text{（式2-5）}$$

4. 发展潜力等级划分

当前,世界各国纷纷采取措施向低碳经济方向发展,但不同国家(或经济体)的发展潜力有所不同。为合理指导并推动全球低碳经济发展,有必要构建低碳经济发展潜力等级,对各国的低碳经济发展潜力进行科学评价。由于目前统计数据欠缺、统计方法和统计标准不统一,对低碳经济发展所处阶段进行有效的分组定级显得较为困难。随着对低碳经济认识和研究的不断深入,相关研究工作也必将会逐步展开(付加锋等,2010)。

第三章 转型和低碳转型理论

第一节 转型理论及其分析框架

一、转型的定义和特点

转型的概念源自生物学和人口动态学,其作为学术范畴在生物学、人口学、经济学、社会学和心理学等众多领域被广泛使用,在不同领域其含义各不相同。例如,人口学领域的转型概念,最初是由兰德里(Landry)在20世纪初、汤普森(Thompson)在20世纪30年代提出,后经各国学者不断完善,逐步形成了人口转型理论。该理论认为随着社会由前工业时代发展成为工业化经济体系,整个社会将会由高出生率和高死亡率的人口模式转型为低出生率和低死亡率的人口模式,人口数量能够基本维持在一个稳定状态。当出生率和死亡率基本维持平衡时,可以认为人口转型是成功的。而在一个不成功的人口转型中,出生率不能降至和死亡率同等的水平,从而导致人口系统不能达到一个均衡稳定的状态,社会的人口数量则会不断增加。

近十几年来,荷兰学者Rotmans等致力于将转型概念引入到可持续发展、环境治理和政策研究领域中来。如今,随着经济的不断发展,全球变暖、环境污染和资源短缺等问题也日益凸显,人们越来越认识到,要解决此类持久性问题,就必须走可持续发展之路。社会技术系统需要根本性、系统性的创新,而此过程即为转型。在此转型过程中,不仅需要技术的变革,还需要相应行为、体制和价值观等各方面的变革。

关于转型的定义,迄今为止并没有统一。致力于转型研究的学者基于不同的研究手段,从诸多视角如转型所应用的系统类型、转型本身的类型、转型的速度和转型的规模等对转型的概念进行了界定,转型的构成要素如表3-1所示。

表 3-1 转型概念的构成要素

要素名称	要素的变化和不同
系统类型	组织、社会技术系统、社会系统、技术系统、复杂技术系统
变革的类型	不可逆的、渐进的、结构性的、彻底的、激烈的、社会技术域的、系统创新性的、结构创新性的、功能性的等
变革的规模	可持续性的、渐进的、彻底的、激烈的等
变革的速度	激烈的、快速的、渐进的等
转型前和转型后	相对稳定
转型期间	相对不稳定
转型的原因	社会中存在阻碍发展的痼疾、实现可持续发展

资料来源：Chappin（2011）

有关转型的最早定义来自对组织层面的研究，Ackerman（1982）将组织向一种新状态的变革定义为转型。此后，出现了大量有关组织转型的研究文献，这些定义普遍借助于"变革"一词，但对其涵义的理解却各不相同。Rotmans（1994）将转型定义为"一个相对稳定的系统通过一定周期的剧烈变革，重新组织成为一个新（稳定）系统的不可逆过程"。该定义的三个组成部分为：一是变革较为剧烈，二是转型之前的系统相对稳定，三是过程不可逆。然而在Rotmans共同参与撰写的一份联合国报告中却采用了另外一个概念，即认为转型是"社会从一种运行模式到另一种运行模式的渐进、持续变革"。在这一定义中，转型的规模和速度都没有被明确界定。de Vries和Riele（2006）及de Haan（2010）也都采用了这一观点，将转型视为一种运行模式的改变。Shove和Walker（2007）重新对系统状态的运行模式进行了描述，认为转型就是一种状态向另一种状态的变革和转移。van der Brugge等（2005）也给出了相似的定义，认为转型就是社会系统运行中的组织变革方式。此外，他们还详细阐述了变革过程，认为转型以一定时期内的快速变革为特征。

2001年，Rotmans等又提出了一个新的定义，认为转型是一个渐进的连续的变革过程，在这一过程中社会或社会中某个重要的复杂的子系统的结构特征将会发生转变。在这一定义中转型不再被视为社会运行模式的变革，而被视为社会结构的变革。Loorbach等（2008）采用了这一定义。这一定义同Wiek等（2006）提出的转型定义较为相似，认为转型是一个系统大规模的、长期的发展过程，在这一过程中系统的基本构成要素（如知识、规则、习俗、行为和结构等）会发生显著变革，从而使得系统结构由一个相对稳定的状态发展为另一个相对稳定的状态。

近年来，转型研究中又出现了社会转型（societal transition）、技术转型

(technological transition)、系统创新（system innovation）等概念。Rotmans 将社会转型定义为社会系统在面对威胁社会发展的痼疾时，所进行的结构性创新。这一定义同以往的转型定义相比，不仅增加了创新的概念，而且还包含了转型的原因。定义中所说的痼疾通常指在整个社会绝大部分地区都存在的问题，这些问题目前还没有明确的定义和阐述，同时也没有较好的解决方案，如气候变化、生态环境和医疗卫生等问题。

Geels（2002）提出，技术转型是一种重大的技术转变，在转变过程中社会的各种功能如交通、通信、居住和饮食等能够实现。另外 Geels 和 Schot（2007）又将技术转型定义为从一种社会技术域（socio-technical regime）到另一种社会技术域的转变过程，而社会技术域则成为转型管理研究中的核心概念。Tukker 和 Butter（2007）将系统创新引入转型的概念中，认为转型是激进的系统创新，这一创新通常需要 1~2 代的时间。Faber 和 Frenken（2009）用系统替代的概念对其进行了修订，认为技术转型是指某一大型复杂技术系统被另一个新系统替代的过程。

本书侧重能源与低碳转型研究，二者都属于可持续发展研究范畴，且都是复杂的社会技术系统。因此，本书采用 Rotmans 等的观点，认为转型是一个渐进的连续的变化过程，在这个过程中社会或者社会中某一个重要子系统的结构、行为和文化将会进行彻底的、根本的变革。这一转型过程具有以下特点：①是对社会或者社会中某一个复杂子系统进行的结构性变革；②是一个长期的过程，至少需要一代人的时间（25年）；③是经济、制度、文化、生态和技术等领域的大规模协同演化过程，它们之间相互影响，相互促进（图3-1）；④在转型过程中，不同规模、不同层次上的发展相互影响。

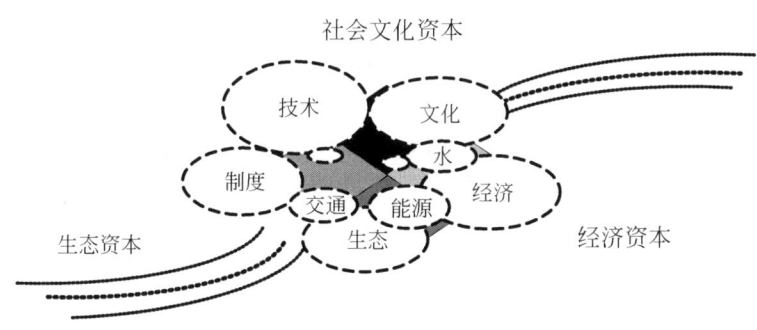

图 3-1　转型过程中各个领域的协同演化

二、转型的多阶段视角

转型的多阶段视角（multi-phase perspective，MPP）类似于创新的生命周期概念，是转型学者在对以往转型实践进行总结归纳的基础上提出的。最初 Rotmans 等（2001）将转型过程划分为四个阶段，此后 Wiek 等（2006）对转型的周期重新进行了定义，两者都将转型过程划分为四个阶段，区别在于每个阶段的名称以及第二和第三阶段的边界划分略有不同。Frantzeskaki 和 de Haan（2009）则将转型划分为三个阶段（图3-2）。

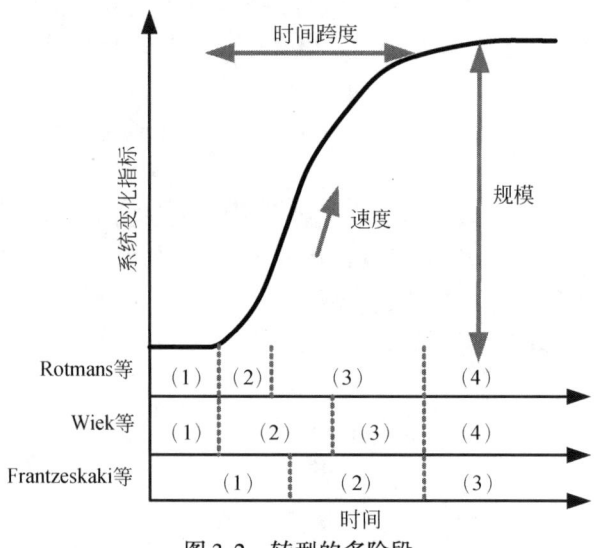

图3-2 转型的多阶段

根据 Rotmans 等的观点，转型的四个阶段分别为：前发展阶段（pre-development phase）、起飞阶段（take-off phase）、加速阶段（acceleration phase）和稳定阶段（stabilization phase）。在前发展阶段，社会上并未出现显著变化，整个社会体系还处于初始的动态均衡状态；在起飞阶段，系统的状态开始发生改变，这些变化刚开始出现便会结束；在加速阶段，由于社会文化、经济、技术、制度和生态环境等领域的发展及其相互作用积累到一定程度，系统开始出现显著的结构性变化；在最后的稳定阶段，社会转型的速度逐渐变缓，社会系统进入新的动态均衡状态。

根据 Wiek 等的观点，转型的四个阶段分别为：前转型阶段（pre-transitional phase）、加速阶段（acceleration phase）、稳定阶段（stabilization phase）和后转型阶段（post-transitional phase）。第一阶段的起止点同 Rotmans 等的观点一致，都

认为在这一阶段社会上并未出现显著变化，整个社会体系还处于动态均衡状态；第二阶段的结束点同 Rotmans 等不一致，Wiek 等认为第二阶段结束于拐点，这一点为整条曲线上斜率最大的点，也就是说是变革最为明显处；由于第二阶段结束于拐点处，所以 Wiek 等认为在第三阶段社会的变革已经开始变缓，系统开始慢慢地变得稳定；在最后一个阶段整个系统已经实现了稳定，一个新的动态均衡状态已经实现。

Frantzeskaki 和 de Haan 将转型过程划分为三个阶段，第一阶段的跨度包含了 Rotmans 等定义的第一阶段和第二阶段。Rotmans 等和 Wiek 等都认为转型是社会系统的功能逐渐改善的过程，而 Frantzeskaki 等则认为在社会系统功能逐渐改善期间，存在着一个快速改善的时期。

总的来说，转型具有三个系统维度：速度、规模和时间（图 3-2）。本书在研究过程中，主要采用 Rotmans 等的多阶段视角划分法（图 3-3）。Rotmans 等强调如果以系统的角度来考察转型，就会看到一个转变过程——从较慢的动态变化到快速的发展变化，再到社会的不稳定，最后重新恢复到相对稳定状态。新的均衡是一个动态均衡状态，并非绝对地维持现状，因为在表面均衡之下有许多变化正在发生。

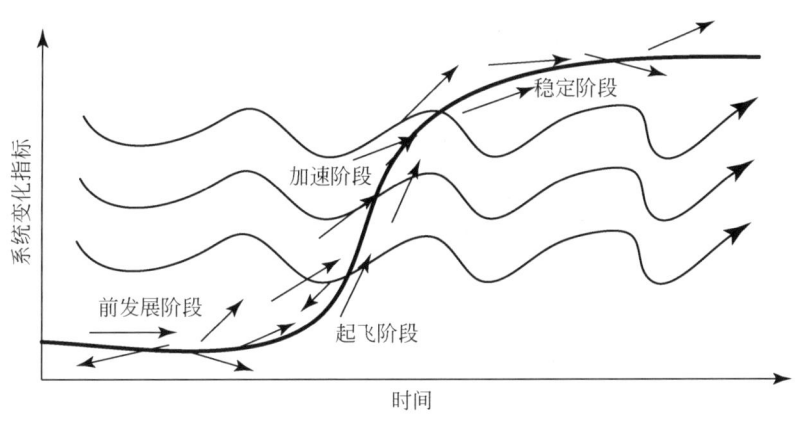

图 3-3 转型的不同阶段

三、转型的多层次视角

对社会技术转型（socio-technical transition）和系统创新（system innovation）的研究有助于理清影响可持续发展的主要因素。在转型理论中，一个较有影响力的分析框架就是多层次视角（multi-level perspective，MLP）。MLP 起源于创新研究，并吸收了演化经济学（evolutionary economics）、技术社会学（sociology of technology）和新制度理论（neo-institutional theory）的思想和观点。MLP 的基本前提在于承认转型是一个非线性过程，并且受到三个层次的共同作用，这三个层次分别为场景（landscape）、社会技术域和小生境（niche）（图3-4）。

MLP 最初是由 Rip 和 Kemp（1998）提出的，其从社会技术系统的角度出发，认为转型模式必须要考虑不同规模和层次的创新，由此他们提出了多层次框架。此后该框架被 Rotmans 和 Geels 等学者不断完善并最终成为转型研究的重要分析框架。Rotmans 等将社会技术系统的转型过程划分为宏观（macro level）、中观（meso level）和微观（micro level）三个层次，这种划分方法同 Kemp 等的划分方法相一致（图3-4）。转型研究学者采用该分析框架对激进的社会技术变革进行了大量实证研究，目前，已被广泛应用于交通、住宅和能源转型等可持续发展研究领域。

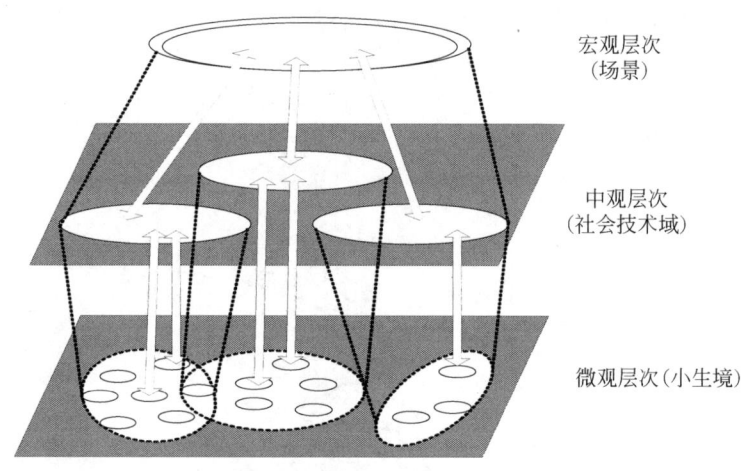

图 3-4　多层次视角（Geels，2002）

1. 不同层次的内涵和特点

（1）宏观层次——场景。场景主要涉及物质和非物质因素，如世界观、价值观、政治、经济、文化、人口及自然环境等（van Bree et al.，2010）。作为现有社会系统的外部环境，场景发生变化时，社会技术域就会受到影响，一般情况下系统就会逐步适应场景的变化，尤其在小生境这一层次则可能出现较为快速的演化。场景中的梯度决定了产生某项变革的难易程度。

（2）中观层次——社会技术域。社会技术域是 MLP 的核心层，转型最终表现为占主导地位的现有域转换为另一个新域。虽然目前 MLP 方法已被广泛应用，但是关于社会技术域的界定和内涵仍存在较大争议。Nelson 和 Winter（1982）最早提出了技术域的概念，其强调的是在工程师团体中所共享的一种常规的例行解决问题的方法，这种方法指引着他们的研发活动，这一概念同 Dosis（1982）所提出的技术轨道（technological trajectory）和技术范式（technological paradigm）的概念相类似。随后 Kemp 等（1998）提出了一个更广泛的概念，在此基础上，Rip 和 Kemp（1998）从社会技术系统的角度出发将技术域的概念进一步拓展，认为技术域是嵌入在工程实践、生产工艺、产品特性、生产技能和程序等一系列复合体中的一组规则集或基本原理，是具体的创新和整体的社会技术场景的中介。随后 Rotmans、Geels、Kemp 和 Holtz 等进一步对域的概念进行了拓展。Rotmans 等（2001）认为社会技术域主要涉及的是占主动地位的行为、规则和观念等；Loorbach（2007）认为社会技术域主要涉及占主导地位的行为、结构和文化；Geels（2002）认为社会技术域主要包含技术、知识、基础建设、文化、市场及用户行为、部门和行业七种要素。此后，Geels 和 Schot（2007）又提出社会技术域主要指的是认知惯例、制度法规和标准、生活方式的适应性、基础设施及能力等方面的沉没资本。

（3）微观层次——小生境。在微观层面，小生境通常被定义为激进创新的典型场所和核心地带，在占主导地位的社会技术域的边缘运作，主要涉及一些个人或相关主体的行为和技术创新。在转型中，创新通常出现在小生境这一层次，该创新可能是一种新行为、新技术或政府的某项特殊政策。这些产生于小生境的创新如果能够稳定发展，并且围绕它们展开学习过程，那么这些创新就能脱离微观层次，进入更高层次，进而影响到社会技术域的稳定性（Genus，2008）。相应地，宏观和中观层次的变化也能刺激微观层次发生改变。现有社会技术域具有一定的稳定性和主导性，并且通过各种防范机制，尽量维持现状，抵制现有系统的变革，因此小生境层的变革对整个转型的成败有至关重要的作用。

2. 不同层次间的动态作用

图 3-5 显示了 MLP 不同层次之间的动态作用：①小生境层次的创新活动为转型提供了内在动力。来自不同维度的小生境创新相互联合，通过创新实验和学习过程，逐步形成一套占据主导地位的设计体系，不断增强转型的内在动力。②场景的改变对社会技术域产生影响，并对其造成一定压力。③占主导地位的社会-技术域在场景的外部压力下和小生境创新的内在驱动下，开始变得不稳定，这就为小生境创新的突破创造了机会，进而形成新的社会技术域。这样的转型是一个理想过程，在实际中，小生境的创新有时并不能突破现有社会技术域的阻碍。因此，需要对转型进行有效的管理和引导，从而确保转型的顺利实现。

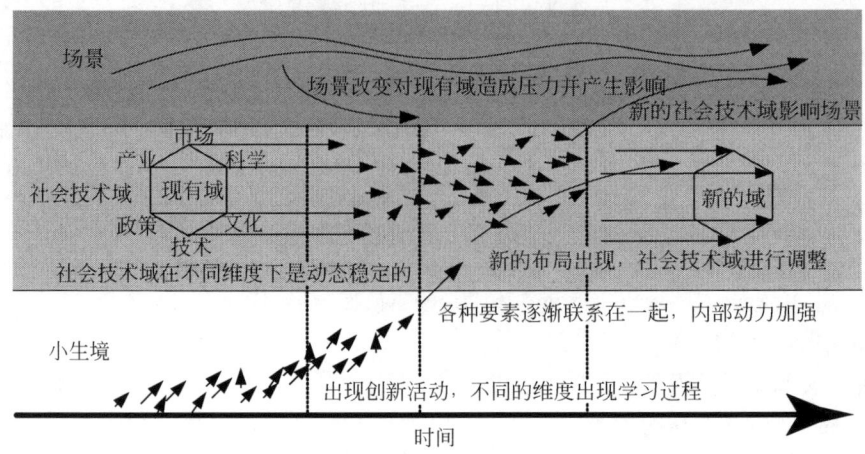

图 3-5 从多层次角度分析的转型（Geels et al.，2007）

第二节 转型管理理论及其周期模型

什么是转型管理？谁是转型的管理者？需要管理什么？如何对转型进行管理？从 20 世纪 80 年代起至今，有关转型管理的文献研究主要分为两部分。第一部分就是关于组织内转型的研究。当时美国的一些文献探讨了作为组织的管理者，如何实现已有产品线或组织结构的成功转型。这些文献研究的是组织层面转型的实施，也就是研究如何管理组织结构中的变革问题。第二部分研究的则是更高层面的转型管理，将转型管理放在多行动主体的背景下，如整个行业、部门或区域。本书的研究内容和对象属于第二部分的范畴。

一、组织内的转型管理

对组织的管理植根于对管理的研究。关于管理的定义有很多种，其中一个比较经典的定义来自 Follett（1942），她把管理描述为"通过其他人来完成工作的艺术"。Robbins 和 Coultar（1996）认为，"管理这一术语是指和其他人一起并且通过其他人有效地完成工作的过程"。在管理的职能问题上，学者们目前也未形成一致看法。20 世纪初，法国工业家 Fayol（1916）在其著作《工业管理与一般管理》中写道，所有管理履行着五种职能——计划、组织、指挥、协调和控制。到 50 年代中期，美国加利福尼亚大学洛杉矶分校的两位教授哈罗德·孔茨和西里尔·奥唐内尔在教科书中把管理的职能划分为五种——计划、组织、人员配备、指挥和控制，全书的结构安排基于这种职能划分。此书一问世就成为最畅销的教科书，并延续了 20 年之久。当今大多数流行的教科书仍是按照这一体系编写的，只不过在这些教科书中，管理职能一般被压缩为四种——计划、组织、领导和控制。

"转型管理"（transition management）一词是由 Ackerman（1982）首次提出的，其认为转型管理是指"在对一个组织的战略和支撑结构进行系统性研究和设计后，对组织所需要的变革进行规划、实施和监督"。Ackerman 等在其研究和经验的基础上，提出了组织内转型管理的八大活动（图 3-6）。

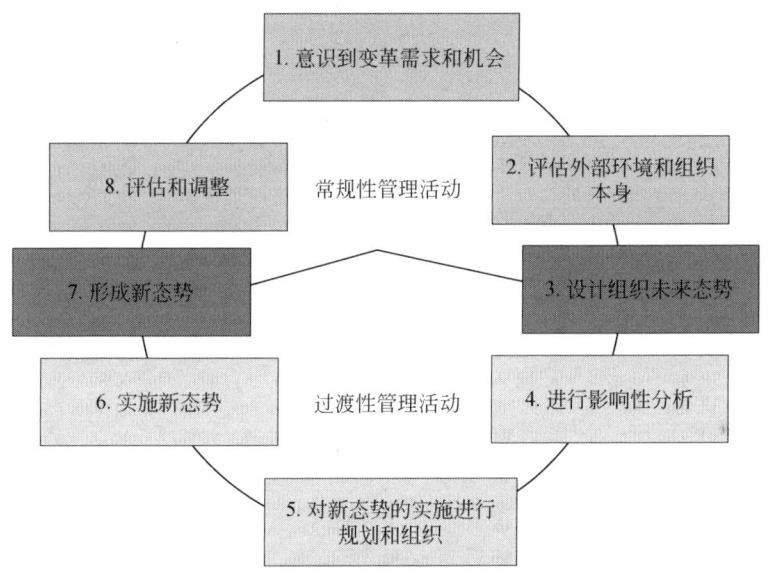

图 3-6　转型管理活动（Ackerman，1982）

图 3-6 的上半部分所指的活动是组织内的常规管理活动，而下半部分的活动则是一种过渡性管理活动，其目的是为了实现组织转型。这一过渡性管理活动开始于对组织未来发展状态的设计，然后经过对转型的规划、组织和实施，最终结束于企业新状态的正式确立。在此之后，众多学者对组织内转型管理进行了拓展研究。比如，Duckney（1996）认为管理人员的长期愿景和短期愿景对于组织内转型管理的成功具有重要作用；Marks 和 Mirvis（2000）则重点研究了如何对合并后的企业转型进行管理。

二、组织间的转型管理

如上所述，转型管理早期的研究主要侧重于组织层面，之后的文献则较多地侧重于行业或部门层面,这部分文献在某种程度上吸收了 Matthews 等(1997)的观点。Matthews 等认为转型的重要性就在于公共政策的干预可以在很大程度上影响转型的规模和速度。

在面对复杂的社会技术系统转型时,一个非常重要的问题就是转型能否被管理。转型研究的系统学视角要求必须具备全局观念,还要认识到对社会技术系统的影响不仅来自经济、技术和生态环境,而且包括文化、制度和政治等因素。在过去近十年来,有一系列的研究文献对转型的概念进行了界定,同时也探索了对转型进行管理的可能性。第一个尝试对此进行研究的是 2000 年荷兰 ICIS-MERIT 的研究"转型和转型管理"。ICIS-MERIT 是由荷兰住宅、空间计划及环境部(Ministerie van Volkshuisvesting, Ruimtelijke Ordening en Milieu, VROM)资助的一个研究项目,目的是为荷兰"国家环境政策计划 4"(4th National Environmental Policy Plan, NEPP4)提供政策建议,主要成员 Rotmans、Kemp、Molendijk、Assel 等都来自马斯特里赫特大学的国际整合研究中心(International Centre for Integrated Assessment and Sustainable Development, ICIS)和创新与科技经济研究所(Maastricht Economic and Social Research Institute on Innovation and Technology, MERIT)。这一项目的主要研究内容包括:从一般意义上特别是从低碳能源转型的意义上,进一步深化转型的含义;探索在多行动主体背景下对转型进行管理的可能性;为将来能源转型的研究提供建议。随后,NEPP4 首次将转型管理模型引入到政府政策制定中,转型管理理论也因此成为了荷兰环境政策的理论基础,并引发了广泛讨论和后续研究,也对欧洲各国环境政策产生了深远影响。目前,荷兰在转型管理理论的指导下,正在进行一系列可持续性转型,包括能源、生物多样性及自然资源可持续利用、农业和交通等领域的转型。

(一)转型管理的含义和特点

转型管理是一种新的指导理念,是一种基于复杂性思考的、过程导向的治理理论。这一理念的形成依赖于强调自然选择和变异的达尔文进化论,其目标是为实现可持续转型创造动力和契机。转型管理的基本理念是以目标为导向的调整模式,要通过持续不断的发展来实现社会目标,这种理念在复杂性、不确定性和连贯性之间取得平衡。转型管理的特点可以概括为:①强调面向长期的思考(至少需要一代的时间,即 25 年),并且把长期目标作为一个框架来规范和影响短期政策的制定;②强调多领域(multi-domains)、多行动主体(multi-actors)及多层次(multi-levels);③强调学习,并且有自己的学习理念——干中学、学中干(learning-by-doing, doing-by-learning);④试图将系统的优化与创新结合起来,强调双管齐下;⑤强调要始终保持开放性选择。

根据上述特点，可以看出多层次视角和多阶段视角模型都为转型管理提供了具体的分析框架。转型管理强调要把长期和短期行为联系起来，整个转型过程中还需要不断地进行学习，同时对各种选择保持开放状态。因为有些选择和方案可能现在看来还不太合适，但未来可能会被证明是正确的。社会系统的转型是多层次、多领域和多阶段的，各种影响因素之间相互作用，因此转型管理强调要将各个领域的相关主体结合在一起。

（二）转型管理的周期

转型管理本身并非蓝图式的、有明确步骤的计划，而是采用启发式逻辑，强调重复迭代式决策。为了将转型管理的基本理念转化为可操作方法，Rotmans、Loorbach 和 Kemp 设计出一个具有周期结构的转型管理模型，通过该模型，可以组织和协调系统中各领域的活动（图 3-7）。

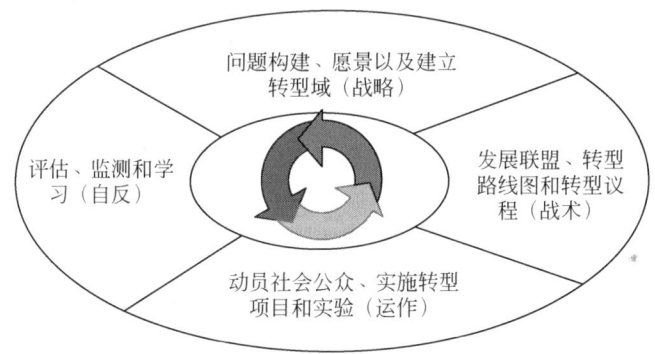

图 3-7 转型管理周期模型（Loorbach，2010）

1. 战略层面

首先，应在战略层面上建立转型域（transition arena）。社会行动者特别是创新者和先驱者在转型域中进行分析讨论，并就转型问题进行分析建构，在此基础上建立转型目标和转型愿景（transition vision）。转型管理的起点是对问题的分析建构，通过转型域内不同行动主体的相互交流和讨论，形成共同的长期转型目标和愿景。

（1）转型域

在转型管理循环周期中，第一步就是要建立转型域。转型域是一个虚拟网络，是形成转型愿景和进行转型实验的空间。相关创新人员在转型域中通过交流、学习，并对问题进行分析建构，尽可能达成一致的转型目标和愿景，然后在转型域中形成转型议程并进行转型实验。对转型感兴趣的各方行动者（包括政府、企业和民间团体等）在转型域中共同学习，相互交流，从而对转型形成新的看法和观点。作为转型管理的一种元工具（meta-instrument），在转型的初始阶段，转型域是一个相对较小的创新者网络。正是基于这个元工具，转型目标和转型愿景才得以成功挖掘出来，形成富有创意的、激励人心的目标和愿景。随着转型的不断深入，越来越多的行动主体开始往转型域中聚集。

图 3-8 显示了常规政策域和转型域的区别。在常规政策域的目标往往是短期的，其中所聚集的大部分是群体式成员，系统改进强调渐进式变革，而且采用的方法是目标–问题导向型。但在转型域中，目标往往是长期的，域中所聚集的成员大部分是各类创新者，强调系统性创新，所采用的方法是问题–目标搜寻型，转型目标和方法还会不断被重新评估和调整。

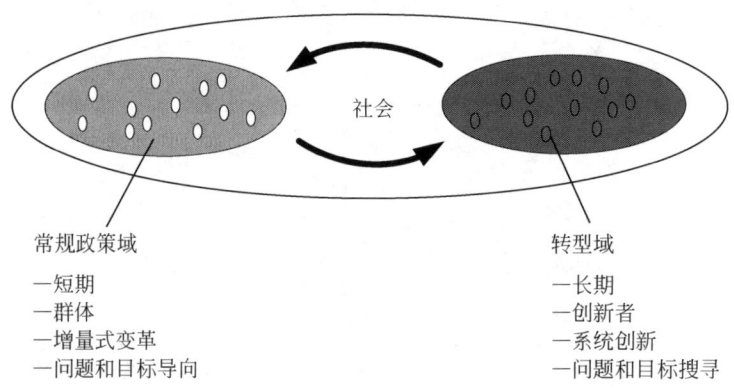

图 3-8　转型域与常规政策域

（2）转型目标

转型目标是转型管理的关键要素。转型管理普遍关注各类重大社会问题，这些问题并非是独立的，而是一系列相互关联的问题集。通常可以提出一些相应的解决办法来解决这些问题，但每个独立的解决办法都有各自的缺点，一般只能达到短期内的均衡，而转型管理的目的则是要实现可持续发展，以期达到长期均衡。在此背景下，设置恰当合理的转型目标至关重要。社会技术系统转型涉及多领域、多层次和多行为主体。因此，目标的设立应该是多维的，不应被设定在狭窄的技术范畴内或者只强调定量性，而是应该更多地描述未来愿景而非设定具体的目标。

（3）转型愿景

制定好转型目标后，还必须将其逐渐转化为转型愿景。转型管理建立在长期转型愿景的基础上，其主要作用是为制定短期目标和评估现有政策提供框架。如果想要根据转型愿景设计出具体的转型路径，那么这些愿景必须具备很强的吸引力和想象力，并且能够得到足够多的行动主体的支持。美好的转型愿景往往有利于调动各类行动主体参与到转型中来，转型愿景不仅要具备创新能力，还必须在整个社会体系或者子系统中具有现实性。

通常在将转型目标转化为转型愿景的过程中，可能会出现不同的愿景，这些愿景或者相互矛盾，或者相互补充。因为多方参与的转型管理实际上是一个目标寻求的过程，无论是转型目标还是转型愿景都可能随时间而改变。因此，转型愿景应在学习过程中随着经验的积累而不断进行评估和调整。这有别于所谓的蓝图思维，蓝图思维往往根据固定的目标及其愿景，并按照固定概念进行运作。

2. 战术层面

在战略层面建立转型目标和转型愿景后，要在战术层面上建立行动者联盟，将转型愿景转化为转型描绘（transition image）和转型路径（transition pathway），并确立转型议程（transition agenda）。战术层面转型管理的重点是突破结构或制度上的障碍，包括规章、制度、经济和技术等，但也可能涉及消费者习惯、基础设施和文化等问题。要想消除这些障碍，需要将不断扩大的转型管理网络（基于转型域）转化为行动，形成强有力的行动者联盟。实现这一目标的重要工具是转型描绘，其描述的是在同一水平上的战略部门的具体计划、专题战略和战略创新方案等，与转型愿景一致。同时，转型描绘还将转化为转型路径，即可能实现最终愿景的方案和途径。与愿景结合的转型描绘、转型路径和转型实验便一起形成了联合式的转型议程。

在不损害个体利益和目标的情况下，联合议程提供了一个合作基础，但是转型议程在目标和期望上也不一定能完全达成共识。从某种意义上讲，转型议程需要异议和冲突，这样才有利于创新、竞争和学习。在转型管理中，中期目标是根据长期目标反推出来的，包含一些定性或者半定性的措施。中期目标的制定能够描绘出为实现每一个转型愿景而制定的各种各样的转型路径，通过把转型愿景和转型路径结合在一起，可以勾勒出转型管理战略。需要注意的是，转型路径和转型愿景之间不存在一对一的关系。转型管理中一个非常重要的问题就是如何保持各种转型路径处于开放状态，要不断吸收新的转型路径，同时还要根据转型实验以及不断累积的经验，对转型路径不断进行评估和调整。

3. 运作层面

在运作层面上，要动员社会公众，在公众的支持下实施转型实验（transition experiment）和各种创新项目。运作层面转型管理的重点是愿景和议程的整合与加速，同时实施若干转型实验，以提供更多的新见解、新知识和新选择。在转型管理中，必须充分发挥公众的作用，获得公众的支持，因为多方参与可以为政策制定提供更多的支持，但是这种支持只能够通过自下而上的方式进行。转型管理强调采用自上而下和自下而上两种方式，这不仅有利于充分发挥微观层次小生境的作用，而且有利于促进集体学习，充分发挥社会各阶层异质性的特点。

转型实验是具有较高风险的社会实验，有失败的可能性，同时也具有较大的潜力，可以为转型过程做出贡献。转型实验主要是为小生境层次的创新活动及其发展创造条件和空间，进行可持续治理模式创新实验。在实验中不仅应该了解关于转型技术方面的问题，还应该了解关于接受度和终端消费者需求等方面的问题。转型实验大多直接来自转型愿景和目标，并在已确定的转型路径之内。它们往往与其他创新活动相联系，并导致某种程度的系统创新，以挑战现有体制。

在对转型实验进行管理时，需要注意以下几点：①实验要不断深化，要从一个实验中学习尽可能多地获取知识；②要扩展实验范围，要在不同的情境下重复同一个实验；③要扩大实验规模，不仅要在微观层次还要在中观层次域中进行实验。

4. 自反层面

转型管理涉及所谓的发展回合（development round），在每个回合中社会行动主体要在转型域中根据转型实验和实践所获得的内容、过程和知识对转型目标、愿景、路径、转型实验及转型过程本身进行评估。首先，要对已经设立的中期转型目标进行评估，检查该目标是否已经实现。如果没有实现，则要分析原因。例如，是否有一些外部因素没有考虑到？是否是相关人员不遵从所制定的目标？其次，要对转型过程本身进行评估，从准备到开始实施都要仔细审查。包括：涉及的相关人员在参与转型的过程中有何感受？转型过程是否受控于某些团体或者说既得利益者？转型过程是否过于简单？是否还应该有其他一些相关主体参与进来？转型路径是否合适？是否还有其他选择？最后，要对前一阶段所学到的知识进行评估。转型管理一个非常重要的特点就是强调"干中学、学中干"的学习理念。评估内容包括：通过创新实验学到了哪些内容？最重要的经验有哪些？所学知识是否促进了新知识积累和新环境出现？如何才能继续学习和发展？

从转型角度而言，在发展回合谈判中对转型目标和转型工具等进行评估的标准如下：①所采取的行为和实验是否有利于了解转型中自然和环境、经济、社会文化、制度之间的内在一致性和连贯性；②创新的可能性和转型路径是否是通过所采取的行为和实验探索出来的；③所采取的行为和实验是否包含了学习的潜力；④其他行为主体是否把转型的目标作为自己行动的目标。

总的来说，转型管理周期的核心要素是预期、学习、调整和适应。转型管理强调要面向转型，以对问题的分析建构为起点，形成共同的目标和愿景，通过国家层面的自上而下和地方层面上的自下而上形式，借助创新性的实验和项目，探索可持续转型。转型管理本身并非蓝图式的计划，而是强调重复迭代式决策。在此过程中，转型目标及其方法、转型路径都需要不断进行评估，并有可能随时改变目标，做出新的决策。转型管理周期同前面提到的多层次视角紧密联系在一起。转型周期不同层次的活动致力于为小生境层次的创新活动提供支持，促使其突破现有域的限制，最终形成新的社会技术域。

（三）政府在转型管理中的角色

社会行为主体可以促进、阻碍甚至阻止转型，因此了解社会主体各种各样的行为是非常有必要的。其中，政府作为一个非常重要的行为主体同其他主体之间相互影响、相互作用。转型管理研究学者认为，整体而言，政府应该在转型管理中承担领导者而非命令者的角色，政府更多地起推动、促进、授权、创造条件及激励等作用。政府无需强迫转型，而是激励其他相关主体积极思考并参与到转型中来。地方政府也应在转型管理中起到积极的作用，因为地方政府比中央政府更接近民众，同时地方的某些条件允许开展较为激烈、变革性的转型实验。

具体而言，政府在转型的不同阶段所起的作用也有所不同。在前发展阶段，政府应承担催化剂和引导者的角色，重点要建立较为广泛的竞争场所，组织和鼓励各方主体进行交流讨论。设置恰当的长期愿景对转型的成功有至关重要的作用，对政府而言，一个重要任务就是帮助制定长期愿景。在起飞阶段，政府应该为转型先驱者和创新者创造空间和条件，动员和激励其他相关人员切实参与到转型活动中。在加速阶段，政府应刺激和鼓励集体性学习，对各种可能的解决方案和路径进行学习和讨论，鼓励实施转型实验，并为转型实验创造各类条件。在稳定阶段，政府的作用主要应侧重阻止或消除负面影响。总的来说，政府在转型管理中所起到的作用是双重的：首先，是制定目标，如 CO_2 减排量等，这是政府所扮演的内容角色；其次，政府还应确保整个变化—选择—保留过程的顺利进行，起到过程角色的作用。在承担过程角色期间，政府要致力于组织和促进转型进程，动员社会相关主体，为转型参与者创造机会，并创造边界条件，使整个转型过程可以在一定的范围内有效进行。虽然政府在转型管理中被赋予非常重要的角色，但政府活动也会受到一定限制：一方面，政府对某些外部因素（宏观的场景因素）如能源价格变化和价值观变化等难以产生有效影响；另一方面，占主导地位的现有域会对政府行为产生较大的约束。

（四）转型管理与现有政策

现有的政策制定和转型管理之间的区别在于，转型管理强调面向长期的思考

（至少需要一代人的时间），并且把长期目标作为一个框架来规范和影响短期政策的制定。短期目标和中期目标往往是根据最终目标反推出来的，然后根据这些短期和中期目标进行系统转变，从而实现最终目标（图3-9）。另外，政策一体化也是转型管理的重要任务，转型管理能够将不同范畴的政策如科技、财政、创新等政策及各类法律法规（包括国际的和国家的）进行整合。

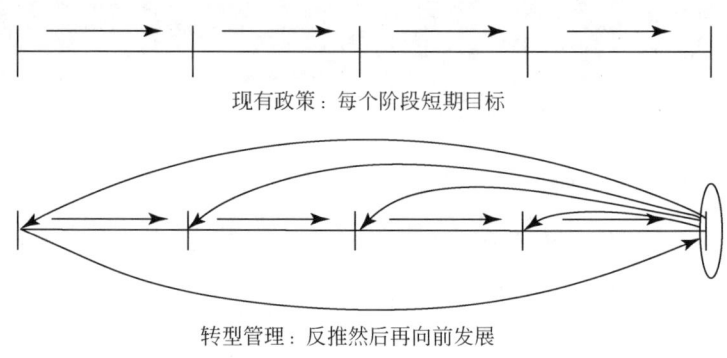

图3-9 现有政策与转型管理

但是转型管理并不意味着对现有政策和现有体系的彻底否定。作为现有政策的有益补充，转型管理将现有政策置于更加长期的范畴来考虑，从而为现有政策创造了增值。转型管理可以表达为"现行政策+长期愿景+创新+一致性"。转型管理还将系统创新和最优化同时作为目标。两者之间并不排斥，因为系统优化和改善本身就可以成为系统创新的跳板。转型管理的另一个特点就是渐进式地实现结构性变革。隐含在渐进式变革中的基本理念就是承认可以通过对现有社会系统进行渐进式的改变来实现转型。

总之，社会系统是复杂的、开放的，其自身具有特定的动态变化性，这就意味着社会技术系统的转型是任何一个行动者或组织都无法完全控制的。虽然不能对转型过程进行控制，但是可以影响、引导和管理转型过程。

第三节 低碳转型的机遇与挑战

低碳经济的提出正值2001年美国宣布退出《京都议定书》、全球气候协议遭遇空前挫折的困难时期。2005年，《京都议定书》生效后，全球低碳经济发展逐步进入轨道。低碳转型作为全球经济危机下应对气候变化的国家战略，逐渐被许多国家重视，国际间沟通与合作也日趋频繁。美国、日本和欧盟等国家和地区，纷纷围绕低碳转型制定了相应的政策法规。在此背景下，全球低碳转型拉开帷幕。

一、低碳转型的内涵

低碳转型就是在可持续发展理念的指导下，采用技术的、行政的和市场的等多种调控手段，减少对高碳能源的消耗，减少温室气体排放，达到经济发展与环境保护共赢的经济发展形态。低碳转型的目标可概括为：近期要实现低碳技术快速或者跨越式发展，温室气体排放显著降低和可控；中长期要以低碳技术为核心的产业结构转型促成经济结构调整，使经济的发展与碳排放脱钩，形成低碳生活和低碳消费的社会风尚；远期目标为资源综合利用程度较高、环境保护成为社会常态，最终达到人与自然和谐共存和永续发展（王世玲，2011）。

低碳转型包括能源、交通、生产、消费和建筑等众多领域，其中能源转型是低碳转型的核心。低碳转型还涉及转型路径、政策工具和实施主体等内容。低碳是科技、经济和环境的良好结合点，低碳转型必须与发展阶段和水平相适应。2009年7月，英国政府公布的《低碳转型计划》中，低碳转型涵盖了电力行业、家庭与社区、工作场所和交通系统等领域。同时公布的还有三个配套计划，分别是《英国低碳工业战略》、《可再生能源战略》及《低碳交通计划》。我国正处于独特的发展阶段，低碳转型不仅仅是国际压力，同时也是我国可持续发展的必然要求。因此，我国需走出一条具有中国特色的低碳转型之路，同时，我国的低碳转型应该与节能减排和产业结构调整等重大战略举措协同推进。

二、低碳转型的机遇

（一）促进全球可持续发展

以升温为典型特征的气候变化，正深刻地影响着人类的生存和发展。气候变化是环境问题，同时也是国际政治中的热点问题，但归根到底是发展问题。人类社会逐步从农业文明走向工业文明，人口数量的增加和活动能量的急骤膨胀，已经危及人类自身生存的基础。

基于气候变化、环境污染和能源安全等方面的压力，各个国家逐渐意识到，建立在原有的高碳消耗基础上的经济发展模式，无法实现本国经济的可持续发展和国民福利的持续改善。于是逐渐开始转变观念，进行能源技术和减排技术的创新，致力于能源高效清洁利用和可再生能源的开发，尝试建立一种以低能耗、低污染和低排放为基础的低碳经济发展模式（熊焰，2011）。向低碳经济转型不仅可以有效减少气候变化带来的各类环境问题，而且对于促进全球可持续发展具有重要意义。

(二) 构建全球政治经济新秩序

首先,气候变化将引起很多国家边界的模糊和重新划分,非洲、中东和南亚等赤道附近的贫困国家可能因为基本生活资源的匮乏而导致政治冲突及大量的气候难民。各个国家间对减排责任、资金与技术转让的争论成为气候变化谈判中的核心,各国不同利益诉求的碰撞将形成新的气候变化的地缘政治,从而关系到国内的经济安全(王子忠,2010)。其次,低碳技术也将成为全球产业结构升级和发展经贸关系的制高点。低碳技术要求的高标准研发和运营环境将是各国发挥所长和创造竞争力的重点。再次,低碳约束成为新的贸易门槛。发达国家掌握低碳核心技术,一旦设定或抬高这个门槛,发展中国家的出口型企业则不得不向发达国家购买低碳技术。最后,碳排放权交易市场将推动世界货币体系改革与重塑。全球碳排放交易市场的放大以及由此衍生出来的货币职能,将对打破美元霸权地位、促进货币格局多元化产生影响,碳交易市场将有力地推动国际货币多元化。

在世界多极化发展的格局下,需要从国际政治经济战略高度考察低碳经济在国际气候谈判中的博弈进程。低碳经济的演进发源于环保运动与环境政治,低碳经济是继联合国宪章和关贸总协定之后,工业革命以来的第三次世界秩序重构。其试图形成保护全球气候的国际规则。事关作为国际公共物品的全球大气环境资源产权的部分界定与划分,并延伸到以确定环境权益为表现形式的国际政治经济新秩序的发展。因此,低碳转型对国际政治格局具有巨大影响。

(三) 化解世界能源和生态危机

纵观人类发展史可以发现,人类文明的每一次重大进步都伴随着能源品种的更替。从某种意义上说,经济发展就是将资源转变为废物的过程,将能源从有用状态转变为无用状态的过程,将物质从低熵状态转变为高熵状态的过程。伴随全球能源供给形势的日趋紧张,能源危机愈显端倪。自1900年以来,世界人口翻了四番多,收入(以GDP为度量)增长了25倍,一次能源消费增长了23倍。在全球能源需求格局中,发达国家已经形成了高能源消费的态势,产业用能、交通用能和建筑用能等都呈现出高消耗态势。同时,中国、印度和巴西等发展中国家的能源消费正在快速增长。2012年,英国石油集团(British Petroleum,BP)发布的《BP世界能源统计年鉴》指出,2011年,可再生能源的发展喜忧参半。统计显示,全球生物燃料生产停滞不前,微增0.7%,即每日1万桶石油当量,是自2000年以来的最低增幅。由于汽油中乙醇燃料的比例已达到"掺混瓶颈",美国生物燃料出现了增速放缓现象。因此,全球能源长远发展趋势依然不容乐观。

生态安全是人类可持续发展的基本保障,然而随着全球工业化浪潮的迅猛发展,煤炭、石油和天然气等化石能源被大量消耗掉,全球生态环境日益脆弱。数据显示:约占全球1/4的110个国家面临土地严重荒漠化的危害;全球每年有600多亿吨肥沃的表土流失,占陆地总面积23%的耕地缺乏养分,地力衰退;60%的陆地淡水资源不足,120多个国家严重缺水;洪涝灾害日趋频繁;大量动植物种灭绝;温室效应加剧;等等。这些现象表明,全球范围内的能源危机和生态危机已十分严重,各方必须高度重视并采取积极措施以化解能源和生态危机(熊焰,2011)。在当前美国金融危机引发的全球性经济危机面前,发达国家不约而同地提出低碳转型的发展战略,既为全球应对气候变化做出表率,又为全球化解能源和生态危机提供契机。

三、低碳转型的挑战

由于各个国家处于不同发展阶段,所面临的问题和约束千差万别,转型过程必须结合各国自身的情况。但现在无论是国际社会还是各国内部,对低碳转型的相关制度和政策都没有形成共识,这给低碳转型带来诸多不稳定预期,全球范围内的低碳转型目前面临着诸多挑战。

(一)国际气候谈判难以达成一致

发达国家、发展中国家以及两者内部之间在责任、技术和资金等问题上存在较大分歧,使得当前国际气候谈判很难达成更富建设性的成果,主要表现在两个方面:一是关于各方承担的责任及目标问题。参与各方有不同的利益,因此对于减排责任的承诺也会有所不同。1992年,《联合国气候变化框架公约》中就有"共同但有区别的责任"的原则。但在哥本哈根会议上,以美国和欧盟为首的发达国家和地区却要求中国和印度等发展中国家也承担强制性的减排责任。二是低碳技术和资金的转让、转移。进行低碳转型,如何在各国之间进行低碳技术和资金的转让至关重要。但是,在技术上先进的发达国家不仅在低碳技术转让和转移上持消极态度,而且还以知识产权保护为名对相关技术的转移、转让设置各类出口贸易壁垒。此外,在资金的转让和转移问题上发达国家与发展中国家也未达成一致意见(熊焰,2011)。

(二)低碳技术缺乏有力支撑

低碳转型的创新技术众多,但创新型低碳技术在商业化进程中仍面临着诸多障碍,包括企业研发能力有限、资金短缺、融资渠道有限、企业无法充分利用政策资源、市场认知度和接受度不高,以及国内外市场规模偏小等。只有扫除创新型低碳技术在商业推广中的各种障碍,世界范围内的低碳转型才可能顺利实现。以电动汽车为例,虽然从整体来说其发展速度很快,但短期内难以实现大规模推广。究其原因主要是关键的电动汽车技术,尤其是电池技术还未完全达到要求,能量密度还有待大幅提升。电动汽车产业的发展技术路线图及产业化模式在业界还未达成共识,直接影响到该产业未来的发展方向。在产业发展方面,也出现了按照自主研发、市场换技术和进口零部件采购集成三种不同路径的争论。

在 CCS[①] 技术领域,其投资缺口巨大。2010 年 7 月 22 日,由英国前首相布莱尔领衔的国际环保非政府组织(NGO)——气候组织(Climate Group)发布的报告《CCS 在中国:现状、挑战和机遇》显示,在世界范围内发展 CCS 都存在着巨大的资金缺口,从 2010~2020 年 CCS 项目投资大约需要 1300 亿美元,而目前各国承诺投资总额约为 400 亿美元(仅占 31%),存在约 900 亿美元的缺口。此外,由于 CCS 技术目前缺乏明确的投融资机制,如何吸引公共资金和私人资金进入也成为低碳发展中的难点。低碳技术的发展路线在国际上并没有统一的共识和想法,为全球低碳转型带来巨大挑战(熊焰,2011)。

(三)发展中国家存在诸多障碍

世界银行发布的《2010 年世界发展报告:发展与气候变化》指出,发展中国家可以在促进发展、减少贫困的同时转向低碳发展道路,但前提是高收入国家要提供资金和技术援助。同时,高收入国家也需要迅速行动起来减少本国的碳足迹和推动替代能源开发,以解决气候变化问题。在发展中国家,大量人口生活在易受灾地区,经济状况不稳定,其财政和体制方面的适应能力都很有限。一些发展中国家的政策制定者也注意到,越来越多的发展预算被转去应对气候变化带来的突发事件。与此同时,发展中国家还有约 16 亿人口没有通电。发展中国家的人均排放量只是发达国家的一个零头,因此发展中国家更需要大规模地发展工业、能源、交通及城市体系。

发展中国家由高碳向低碳转变的最大障碍是技术研发能力不足。尽管《联合国气候变化框架公约》规定,发达国家有义务向发展中国家提供技术转让,但实际情况与之相去甚远。据统计,截至 2009 年年底,全球已批准的 2007 个清洁发展机制(clean development mechanism,CDM)中,只有不足 1/3(624 个项目)

---

① 碳捕获与封存(也被译作碳捕集与埋存、碳收集与储存等)是指将大型发电厂所产生的 CO_2 收集起来,并用各种方法储存以避免其排放到大气中的一种技术,分为捕集、运输及封存三个步骤。碳捕集方式主要有:燃烧前捕集、富氧燃烧、燃烧后捕集及工业分离;碳运输可以采取汽车、火车、轮船及管道等方式;碳封存方法分为地质封存和海洋封存。

获得减排量签发，大大降低了 CDM 在全球应对气候变化中的预期作用，也使发展中国家的预期 CDM 资金收入大打折扣（谢飞等，2010）。此外，发达国家在制造业中所占的比例低，主要以服务业为主，服务业对能源的需求少，排放也比较少。而发展中国家的比较优势是农业和制造业，经济当中出口的比例较大，所以推行"碳关税"，将严重阻碍发展中国家的产业发展。

第二篇 现状调查篇

第四章 上海市能源节约与低碳发展现状分析

上海市位于北纬31°14′，东经121°29′，地处太平洋西岸，亚洲大陆东沿，长江三角洲前缘，东濒东海，南临杭州湾，西接江苏、浙江两省，北接长江入海口。全市常住人口为2301.91万人[①]。土地面积为6340.5千米^2，占全国总面积的0.06%。现有黄浦区、徐汇区、长宁区、静安区等16个市辖区和1个县（崇明县）。改革开放30多年来，上海市国民经济实现了跨越式发展，全市生产总值和人均生产总值大幅提升（表4-1），综合实力显著增强。城市性质已从全国性工业基地成功转型为开放型、国际化、服务功能齐备的经济中心城市，为带动长江三角洲乃至全国经济的稳健快速发展做出了重要贡献。

表4-1 上海市历年人口、GDP及人均GDP情况

年份	1990	1995	1999	2000	2001	2002	2003
人口/万人	1 337	1 415	1 474	1 674	1 614	1 625	1 711
地区生产总值/亿元	781.66	2 499.43	4 188.73	4 771.17	5 210.12	5 741.03	6 694.23
人均GDP/元	5 846.37	17 663.82	28 471.44	28 501.61	32 280.79	35 329.42	39 124.66
年份	2004	2005	2006	2007	2008	2009	2010
人口/万人	1 742	1 778	1 815	1 858	1 888	1 921	2 303
地区生产总值/亿元	8 072.83	9 247.66	10 572.24	12 494.01	14 069.87	15 046.45	17 165.98
人均GDP/元	46 342.31	52 011.59	58 249.26	67 244.40	74 522.62	78 326.13	74 537.47

资料来源：1991~2011年《中国统计年鉴》

作为长三角核心城市和世界自然基金会"中国低碳城市发展项目"的试点城市，上海市以工业、交通、建筑、可再生能源和碳汇五个领域为重点发展方向，借助"低碳世博"的历史发展机遇，发挥其后续效应，注重相关低碳技术、低碳设备和低碳理念的利用、推广和传播，推进低碳城市建设。尽管上海市在发展低碳经济、建设低碳城市的过程中承受了经济增长放缓的阵痛，但从长远来

---

① 上海市统计局. 上海市第六次全国人口普查主要数据情况介绍和解读. 2011年5月3日。

看，上海市"经济形态向服务经济转变，发展模式向创新驱动转变"的战略部署与低碳城市的建设路线高度契合。

第一节 上海市"十一五"期间节能减排状况分析

一、上海市"十一五"期间节能降耗主要成效

"十一五"时期是上海市把举办中国 2010 年上海世界博览会（简称"上海世博会"）作为实现低碳发展的重大契机，积极应对国际金融危机冲击和自身发展转型的挑战，综合运用法律、经济、技术和必要的行政手段，以结构节能、技术节能和管理节能为三大路径，如期实现了"十一五"期间单位 GDP 能耗下降 20% 的节能目标。取得的主要成果包括以下六个方面。

1. 产业结构调整不断深化

"十一五"期间，上海市劣势产业调整范围从中心城区向全市范围拓展，调整深度不断加强，五年累计推进实施产业结构调整项目 2873 项，形成节能能力 480 万吨标准煤。一是加快推进重点行业的调整退出。主要聚焦水泥、焦炭、普通建材、化工原料、小炼钢炼铁、造纸、玻璃等高能耗、高污染行业实现重点突破。2007 年，实现铁合金行业整体退出，2009 年，实现平板玻璃行业整体退出。对 149 家危险化学品企业实施了关停或搬迁调整，减少危险化学品当量 70.4 万吨，有效消除城市安全隐患。二是着力推进重点区域调整，截至 2010 年年底，完成奉贤塘外等 4 个重点专项，基本完成浦东张江等 2 个重点专项，共计调整企业 313 家，腾出土地 3446 亩[①]。三是大力推进电力行业"上大压小"，关停南市电厂、杨树浦电厂和吴泾热电厂等小火电机组 29 台，共计 178.5 万千瓦，相当于节约 100 万吨左右标准煤。

2. 能源利用效率持续提高

"十一五"时期上海市万元生产总值综合能耗从 2005 年的 0.89 吨标准煤下降至 2010 年的 0.71 左右吨标准煤（图 4-1），五年累计下降超过 20%，完成了"十一五"规划以及国家下达的目标，相当于节约 2800 万吨标准煤，减少 CO_2 排放 5600 万吨。"十一五"期间，上海市能源消费弹性系数 0.46，与"十五"时期的 0.67 相比大幅下降。2011 年，上海万元生产总值能耗水平在全国列第五位。

---

① 1 亩 ≈ 666.7 米^2。

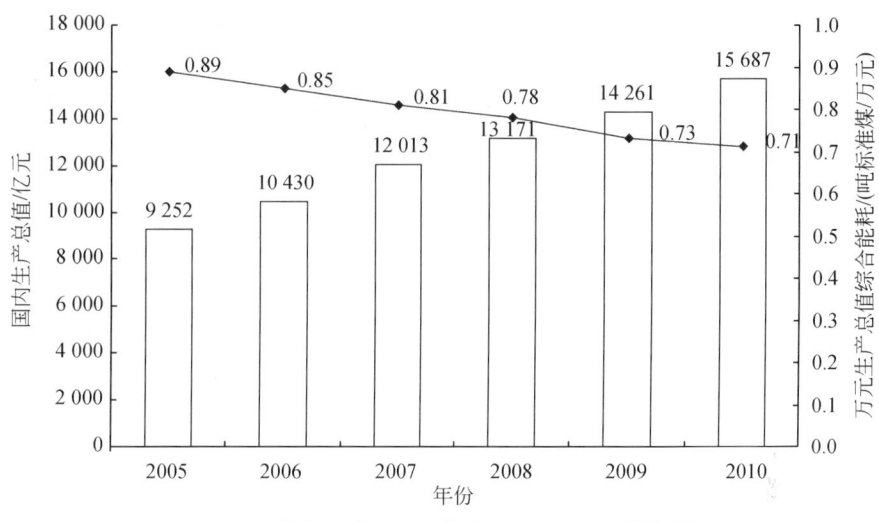

图 4-1　上海市"十一五"期间 GDP 及 GDP 能耗情况

此外,供电煤耗、精品钢、整车、大型锻件、醋酸等主要产品单耗,以及航运周转量能耗、航空周转量能耗等主要交通运输单耗,均比"十五"时期有明显下降(表 4-2)。

表 4-2　上海市"十一五"期间主要工业产品单耗和运输单耗变化情况

单耗名称	2005 年	2010 年	"十一五"期间降幅/%
吨钢综合能耗/(千克标准煤/吨)	687	674*	1.9
供电标准煤耗/(克标准煤/千瓦时)	343	316	8.5
乙烯综合能耗/(千克标准煤/吨)	1012	921*	8.9
水路运输周转量单耗/(千克燃油/千吨海里)	8.9	7.5	15.8
航空运输周转量单耗/(吨标准煤/万吨千米)	5.1	4.8	4.2
公路运输周转量单耗/(千克柴油/百吨千米)	4.4	3.3	26.1
轨道交通周转量单耗/(吨标准煤/万车千米)	22.5	19.2	14.8

* 2009 年数据,以当量值计算

注:交通单耗为行业主要企业的数据

3. 关键节能低碳技术攻关取得突破

"十一五"期间,上海市重点聚焦工业、建筑和交通三大领域节能减排,以及新能源和可再生能源开发等方面,先后设立科技攻关项目 200 余项,投入科研经费 33 亿元,带动社会投入 140 亿元,取得了一系列重大突破。重点包括:一是燃煤发电方面,支持上海锅炉厂有限公司组织上海交通大学、上海理工大学和上海发电设备成套设计研究院等单位进行联合攻关，成功研制出具有自主知识产权的超超临界电站锅炉，目前已接到 17 台订单，销售金额达到 44 亿。二是智能电网方面，支持上海电力公司与中国科学院上海硅酸盐研究所联合研制出 650 安时钠硫电池，这是目前公开报道的最大容量单体钠硫电池。三是新能源汽车方面，上海市燃料电池汽车研发处于国内领先地位，已进入规模化示范运行阶段；混合动力汽车研发技术进步显著，弱混、中混混合动力轿车已经产业化；纯电动汽车进入商业化运行阶段，示范运行效果良好。四是碳捕捉与封存方面，支持石洞口电厂建成年产 10 万吨 CO_2 捕集装置，这是目前世界上规模最大、拥有自主知识产权的燃煤电厂烟气 CO_2 捕集示范项目。同时开展微藻吸收 CO_2 制油和电站锅炉富氧燃烧等低碳前沿技术的研究。此外，还支持在吴泾化工区、张江工业区、万科朗润园、浦东国际机场二期、虹桥交通枢纽、城市公交和轨道交通等地区和领域开展了一大批节能低碳示范项目。

4. 低碳能源比例持续提高

"十一五"期间，上海市风电装机达到 20 万千瓦左右，比"十五"时期末增长了 10 倍。我国首座独立自主建设的大型海上风电示范项目——东海大桥 10 万千瓦海上风电场投产。实施《上海市开发利用太阳能行动计划》，建成国内第一个商业化运行的崇明前卫村 1 兆瓦级光伏发电工程，以及国内最大的光伏与建筑一体化发电项目——京沪高铁上海站 6.5 兆瓦光伏发电项目并网发电，全市光伏电站装机约 20 兆瓦。大力推进可再生能源与建筑一体化应用，太阳能热水器集热面积达到 350 万米^2。建成老港垃圾填埋气一期发电项目，全市生物质发电装机容量达到 4.5 万千瓦。能源结构不断优化，煤炭占一次能源消费中的比例从 2005 年的 52.8% 下降至 2010 年的 49.9%；天然气所占比例由 2005 年的 3.1% 提高到 2010 年的 6.3%；2010 年，可再生能源和外来核电、水电等非化石能源占一次能源消费比例达到 6% 左右。

5. 节能基础工作扎实推进

制定出台《上海市单位 GDP 能耗统计指标体系实施方案》，开展全市季度能耗核算和分部门、分区县年度单位增加值能耗核算。启动全市温室气体排放清单编制工作。重点用能单位能源计量器具配备合格率提高到 80% 左右，80 幢公共建筑完成安装分项计量监测系统。发布地方单位能耗限额标准 8 项、节能管理标准 4 项，以及建筑节能相关标准和技术规程 17 项。推进 700 多家工业重点用能单位能源审计，挖掘节能潜力 300 万吨标准煤；开展公共机构和大型公共建筑共计 286 幢楼宇的能源审计。超超临界电站锅炉、钠硫电池和新能源汽车等关键节能低碳技术攻关取得突破。建立第三方节能量审核和节能服务企业备案管理制度,登记备案的节能服务公司达到115家。组建成立上海环境能源交易所。

6. 社会节能推进力度不断加大

连续20年举办节能宣传周系列活动,广泛宣传节约能源、提高能效的重要性,表彰节能先进单位和个人,推动建立社会节能监督队伍;建成目前国内展示面积最大、展项最全、展示技术最先进的上海科学节能展示馆,吸收、培育、推广节能新技术和新产品,向公众宣传普及节能知识;编辑出版《上海节能》核心期刊,组织开展各类节能培训270多期,培训22 000多人次;在全市29家试点企业建立了111个JJ小组①,成为企业节能战场的有生力量。

二、上海市"十一五"期间污染减排主要成效

"十一五"期间,上海市污染减排工作走在全国前列,上海世博会环境保障工作取得全面胜利,"十一五"期间各项环保目标如期实现,污染减排任务提前并超额完成。其中COD排放量比2005年削减27.7%,减排比例位列全国第一,完成"十一五"期间减排目标的187%;SO_2排放量比2005年削减30.2%,减排比例位列全国第二,完成"十一五"期间减排目标的116%。

1. 污染减排管理进一步加强

在节能减排领导小组领导下,上海市环境保护局、发展和改革委员会、统计局、经济和信息化委员会、水务局和电力等部门形成合力,组成了SO_2和COD减排两个监控协调小组,加强对污染减排工作的跟踪和指导,督促各有关区县、委办局和具体实施单位推进落实"十一五"期间和年度减排目标任务。加强和规范减排设施运行管理。明确了发电企业和污水处理厂的责任,以及污染治理设施的运行和管理要求,指导和督促企业加强规范化管理,确保脱硫设施和污水处理设施稳定运行并发挥减排效益。此外,还印发了"十一五"期间各区县和各责任单位主要污染物总量减排考核细则,建立了污染减排责任考核体系;所有污水处理厂和脱硫电厂都按要求安装了在线监测设备,并与市环境保护局和中华人民共和国环境保护部联网。

2. 生态环境质量明显改善

上海市环境空气质量总体呈改善趋势,环境空气质量优良率连续2年超过

---

① 节能减排JJ小组活动由上海市经济团体联合会发起倡议。所谓节能减排JJ小组的概念是由"节"和"减"两个字的汉语拼音第一个字母组成,由企业员工组成,围绕节能减排目标和任务,针对生产、服务和运营中的能源消耗与污染问题,运用管理和技术手段,开展改进活动的群众性组织。

90%，连续6年高于88%，各单项指标污染总体呈下降趋势。2010年，上海市环境空气质量为优良的天数有336天，优良率为92.1%。与2005年相比，2010年SO_2、NO_2和可吸入颗粒物年均值分别下降52.5%、18.0%和10.2%。地表水环境质量总体有所好转，与2005年相比，2010年长江口朝阳农场断面高锰酸盐指数、COD和NH_3-N浓度分别下降10.2%、13.0%和27.4%；黄浦江大桥断面高锰酸盐指数和NH_3-N浓度基本持平，COD下降24.1%。

2010年，黄浦江和苏州河各监测断面的水质综合污染指数降多升少，总体水质状况有所改善。"十一五"期间，黄浦江总体水质状况2006~2008年基本保持稳定，2009年起有所好转；苏州河总体水质状况有所好转。作为上海市主要出境控制断面的黄浦江大桥断面COD浓度从2005年的18.32毫克/升下降至2010年的13.91毫克/升，降幅达24.1%。声环境质量基本保持稳定。2010年，上海市区域环境噪声达到相应功能的标准要求。辐射环境质量总体情况良好。

3. 减排重点工程建设加快推进

"十一五"期间，上海市新改扩建污水处理厂30余座，新增污水处理能力200多万吨/日，污水处理能力从"十五"末的471万吨/日提升到684万吨/日，城镇污水处理率从70.2%提高到81.9%，污水管网累计达6840千米；累计建成了1412.4万千瓦机组的脱硫设施，同时关停了178.4万千瓦小火电机组；建设了外高桥电厂和石洞口电厂脱硫石膏煅烧示范线，解决了脱硫机组的后顾之忧；按照"减量化、稳定化、资源化"的要求，持续推进10项城镇污水处理厂污泥处理工程。累计实施产业结构调整项目2873项，节约标煤480万吨。

4. 减排副产品处理处置力度加强

加快建设脱硫石膏综合利用示范线，出台了《上海市脱硫石膏综合利用和安全处置实施方案》，按照"减量化、稳定化、资源化"的要求，持续推进10项污泥处理处置工程。上海市2010年COD排放量为21.98万吨，比2009年的24.34万吨下降9.71%，比2005年的30.40万吨下降27.71%，完成"十一五"期间减排目标；SO_2排放量为35.81万吨，比2009年的37.90万吨下降5.51%，比2005年的51.30万吨下降30.20%，超额完成了"十一五"期间减排目标，其中COD、SO_2的减排率分别为全国第一、第二。

5. 减排引导和激励政策深入落实

一是建立了节能减排专项资金。在保证原有环保投入渠道基础上，每年增加安排节能减排专项资金，"十一五"期间共安排了30多亿元，专门用于支持水和大气污染减排与淘汰落后产能等节能减排项目。二是加强重点减排项目的政策激励力度。制定并落实了燃煤电厂脱硫设施建设和上网电价补贴政策,延续了郊区污水处理厂网建设补贴等激励政策,引导和鼓励企业加快减排关键工程的实施。三是落实超量减排奖励政策。先后制定了COD超量削减补贴政策和SO_2超量削减奖励政策,有效地挖掘了企业的减排潜力。落实并进一步完善了COD和SO_2超量减排奖励政策。2008～2010年,共有98家(次)污水处理厂和28家(次)脱硫燃煤电厂享受超量削减奖励政策,总奖励金额达到3.8亿元,累计实现COD和SO_2超量减排分别为5万吨和3.5万吨左右,相当于分别新建一座处理能力100万吨/日污水处理厂和两座百万千瓦机组脱硫电厂的减排量。

6. 污染减排长效机制继续完善

从2000年起,上海市按照"四个有利于"和"三重三评"的原则,滚动实施"环保三年行动计划",选择市民普遍关心的五项重点,集中人力、物力和财力进行治理,取得了重大突破。为切实推动"十一五"期间污染减排工作,上海市将污染减排的推进、管理和考核列入了"环保三年行动计划",逐步形成了"政府主导、部门合作、市区联动"的污染减排目标责任体系和工作推进机制。上海市环境保护局、发展和改革委员会、经济和信息化委员会、财政局和水务局等部门狠抓组织落实、协调推进和政策保障。城市建设投资公司和电力股份公司等责任单位按节点要求推进减排工程建设,加强减排设施运行管理。

第二节 上海市"十二五"期间节能减排形势分析

"十二五"期间是上海市建设"四个中心"、实现"四个率先"的关键时期,也是上海市建设资源节约型、环境友好型城市,推进经济发展方式转变的攻坚阶段。"十二五"期间,上海市节能减排、应对气候变化和产业结构调整工作形势严峻,难度更大,必须要下更大的决心、付出更多的努力、调动更广的力量、实现更多的创新突破。

一、上海市"十二五"期间节能减排战略背景

(一)上海市"十二五"期间节能减排目标

"十一五"期间上海市单位生产总值能耗累计下降20%左右的目标顺利实现,SO_2、COD分别削减30.2%和27.71%,降幅分别列全国第二位和第一位。作为东部沿海发达地区,国家下达上海市的"十二五"期间减排任务与"十一

五"期间相比,增加了减排指标,减排范围进一步扩大(表4-3)。随着一批重大项目的落地建设、国际航运中心建设的加快推进和居民生活质量的进一步提高,"十二五"期间,上海工业、交通、建筑和生活等领域用能仍将继续保持较快增长,必须进一步加大工作力度、实现更大的突破创新,以完成国家下达的节能降碳目标。

表4-3 国务院制定的"十二五"期间上海市节能减排目标

项目	"十一五"时期		"十二五"时期		2006~2015年累计	
单位GDP能耗降低率/%	20.0		18.0		34.4	
COD排放总量控制计划/万吨	2010年		2015年		2015年比2010年/%	
	排放量	其中:工业和生活	控制量	其中:工业和生活	增加或减少	其中:工业和生活
	26.6	22.5	23.9	20.1	-10.0	-10.5
HN$_3$-N排放总量控制计划/万吨	2010年		2015年		2015年比2010年/%	
	排放量	其中:工业和生活	控制量	其中:工业和生活	增加或减少	其中:工业和生活
	5.21	4.83	4.54	4.21	-12.9	-12.9
SO$_2$排放总量控制计划/万吨	2010年排放量		2015年控制量		2015年比2010年/%	
	25.5		22.0		-13.7	
NO$_x$排放总量控制计划/万吨	2010年排放量		2015年控制量		2015年比2010年/%	
	44.3		36.5		-17.5	

资料来源:国务院《"十二五"节能减排综合性工作方案》(国发〔2011〕26号)

(二) 上海市"十二五"时期节能减排面临的挑战

为应对气候变化挑战和保障能源供应安全,节能低碳发展已是当前及未来相当长时间世界各国的主流发展方向。"十二五"期间,上海市推进节能减排和低碳发展既面临着巨大的压力和挑战,也蕴含着重要机遇。

一是产业结构偏重的格局没有根本改变。目前,上海市一般工业用能占全市用能约56%(其中重化工业用能占全市用能近40%),与发达国家一般工业用能占1/3左右的水平相比明显偏高。二是节能难度进一步加大,成本进一步提高。"十一五"期间,推进实施了一大批投资少、见效快的淘汰落后产能和节能技术改造项目,进一步拓展节能空间的成本越来越高,难度越来越大。三是能耗标准和节能统计监察等基础工作仍需进一步强化。目前,上海市能耗标准还没有全面覆盖重点耗能行业,各类公共建筑和公共机构能耗标准和用能指南也普遍缺乏,节能统计、监察力量与快速增加的工作任务相比还有较大差距。四是节能设备、产品和专业服务尚不能形成有力支撑。节能设备产品和关键技术存在成本高、可靠性不够和进口依赖强等问题,节能服务市场尚未真正形成,节能服务机构核心竞争力有待进一步提高。五是节能低碳意识和理念还有待进一步提升和强化。"十一五"时期以来,上海市居民和企业的节能低碳意识虽有明显加强,但还没有把节能低碳作为社会责任和提升企业持续竞争力的重要方面,节能低碳的自觉性和主动性不强。

二、上海市"十二五"时期节能减排主要思路

"十二五"期间,国家下达给上海市的节能目标均高于全国平均水平。相对于减排目标,完成节能目标的挑战更大。"十一五"期间,上海市完成单位GDP能耗下降20%的目标,主要贡献来自产业结构调整,五年间上海市实施产业结构调整项目2873项,形成节能能力480万吨标准煤。"十二五"期间,通过大的产业结构调整和淘汰高耗能产业以达到节能目标的空间已经变小。因此,提高能源利用效率尤其是提高重点行业、重点园区、重点企业和重点产品的能源利用效率,成为上海市节能降耗工作的核心任务。"十二五"期间,上海市节能减排的思路可概括为以下四个方面。

(1)坚持能耗和排放强度约束,更加注重能源消费和污染物排放总量控制。在继续提高能源利用效率,降低单位产出能源消耗的同时,探索实施能源总量控制制度。对于用能量大、增长快。单位能耗产出效益低的高耗能行业和重点项目,以及能耗总量大、增长快的区县和园区等,要加大能耗总量控制力度。

(2)坚持以结构调整为根本,更加注重技术进步和强化管理挖掘节能减排潜力。继续把结构节能减排作为今后一段时期的治本之策,通过控制高耗能产业进入和淘汰落后产能,减少经济增长对能源需求的压力;充分发挥总量控制在产业结构调整和优化产业布局中的作用,削减污染物存量。同时,要进一步加大节能减排技术改造的力度,推进重点工程建设,强化用能排污单位管理,不断提高能源利用效率,减少污染物排放。

(3)坚持以政府推动为引领,更加注重运用市场机制和法律手段推动节能减排和低碳发展。加强和改善各级政府对节能减排工作的组织领导、政策扶持和目标分解考核等;发展节能服务产业,建立节能减排交易市场,为企业节能减排开辟新的路径;注重运用价格手段,引导企业自觉节能减排;注重运用法律手段,约束企业主动节能减排。

(4) 坚持以工业领域为重点,更加注重多领域、全社会节能减排。在继续做好工业领域节能减排工作的同时,强化、深化建筑和交通等领域的节能减排工作。要在居民生活和中小企业等相对薄弱领域也有所突破,动员全社会力量参与节能减排工作。

三、上海市"十二五"时期节能减排对策措施

1. 发挥结构调整节能降碳效应

结构调整是节能降碳的治本之策。"十二五"期间,上海市不仅要在"增量"上严格限制新上高耗能、高碳排放项目,在"存量"上也要加快淘汰落后的生产能力、用能设备和产品,同时还要下大决心推动实施重大项目和重点区域的战略性调整转移。此外,能源结构的低碳化也是上海市节能降碳的重要内容和支撑。

(1) 严格控制新上高耗能项目。继续实施"行业限批"和"区域限批"制度。综合考虑产业导向、能耗总量控制、土地规划和环境容量等方面的约束,制定完善上海市产业发展指导目录,对能耗高、污染重和从长远看不适合在上海市发展的行业,限批新上项目。严格实施前置性能评制度。制定出台上海市固定资产投资项目节能评估和审查管理实施办法及配套文件,实施全面、严格的"批项目、核能耗"制度,将节能评估文件及其审查意见作为项目审批、核准或开工建设的前置性条件,以及项目设计、招投标、施工和竣工验收的重要依据。

(2) 加大落后产能和落后用能产品淘汰力度。继续大力推进落后产能淘汰力度。完善落后生产能力退出机制,制定高耗能行业、工艺和设备淘汰目录,制定淘汰计划及相关配套政策。完成重点行业的产业调整项目3000～3500项(含生产线调整),纺织印染、小型钢铁、砖瓦、制革、零星化工(含危化)、医药原料药及中间体、橡胶塑料制品、普通建材、有色金属冶炼及加工、落后通用设备制造等领域的调整不断加快。小型的炼钢及热轧工艺、传统纺织印染和制革全行业退出。加快淘汰落后用能产品和设备,在上海市公共机构中全面淘汰低效照明产品,在全市居民中推广紧凑型荧光灯等高效照明产品,淘汰剩余白炽灯。

(3) 推进重大产业项目和重点区域的战略调整。积极推动钢铁行业的调整转移。推动中心城区和郊区城市建成区的钢铁企业调整搬迁,实现钢铁生产能力和用能总量从"保持稳定"向"有所削减"转变。大力推动化工行业总体布局调整。石油化工行业主要产品生产能力和用能总量从"持续增长"向"趋于稳定"转变。着力推进重点区域专项调整。重点推进外环以内中心城区和水资源保护区、重点环境治理区域、人口密集区及规划产业区块外存量工业用地的布局

调整，有序推进吴淞工业基地、吴泾工业基地、高桥石化基地、星火开发区、桃浦工业基地和宝山南大地区等传统产业基地结构调整。

（4）显著降低高碳能源比例。大力发展低碳化石能源和非化石能源，提升非化石能源（包括可再生能源和外来水电、核电等）占一次能源消费比例，严格控制煤炭消费总量。扩大基本无燃煤区的区划范围，大幅提高天然气消费比例，提高气源供应、管网输配和储备调峰能力，进一步加大天然气替代力度，大力发展非化石能源。

2. 深入推进工业节能和温室气体减排

工业是上海市能耗和温室气体排放最多的领域，均占全市一半以上。"十二五"时期，深入推进工业节能和温室气体排放仍是上海市节能降耗和控制温室气体排放的重中之重。工业领域要发挥工作基础较好、队伍力量较强的优势，以高载能行业、用能大户和主要耗能产品为重点，以能效提升工程为抓手，进一步把工作做深、做实和做精，力争取得更大的成效。

（1）深入推进工业节能技改工程。重点针对电机系统、锅炉及蒸汽系统、余热余压回收利用、能量系统优化、变压器及输配电系统等应用面广、潜力大的关键用能设备、产品和系统，加快高效节能技术的推广应用，不断提高用能效率。鼓励企业采用高效电机、高效风机水泵和变频传动装置，辅以电机拖动系统优化设计、改造和运行，提升电机系统运行能效。开展钢铁行业高炉、焦炉和转炉煤气回收利用，冶金、石化、化工、建材和纺织等行业余热利用、冷凝水回收及锅炉压差发电等项目。推进电力节能技改工程。采用高压变频技术、汽轮机通流改造、水系统能量优化、低温省煤器改造、机炉协调控制等措施，进一步降低发电厂用电率。

（2）强化用能大户和重点耗能产品的节能监控管理。实施信息技术与传统节能技术融合工程，加强用能大户、重点用能单位和重点耗能产品的动态监控，强化预测预警，保障工业领域用能总量的有效控制和能效水平的持续提升。

（3）控制工业生产过程温室气体排放。工业生产过程是主要的温室气体排放源之一，控制工业生产过程温室气体排放是减少温室气体排放的关键组成部分。针对温室气体排放的重点工业行业，开展温室气体排放核算，研究落实控制措施。

3. 加快推进交通节能低碳发展

交通是上海市用能增长最快的领域，也是工作基础和力量相对薄弱、节能难度较大的领域。因此，必须大力推动倡导公交优先和低碳出行，加快推进交通方式集约化和交通管理智能化，实施交通设施节能技改，遏制用能快速增长势头，不断提升交通领域能效水平。

（1）大力落实公交优先和低碳出行。进一步加大对公交发展的支持力度，加强换乘设施规划建设，显著提高公交准点率、吸引力和服务水平，引导市民选择合理的出行方式。提升中心城区公交出行占使用交通工具出行的比例和轨道交通客运量占公共交通客运量的比例。

（2）促进对外交通低碳化发展。根据上海市建设国际航运中心的城市功能定位，积极应对航空等行业国际低碳新规则和新要求，大力发展集约化交通，优化国际航运中心集疏运体系，实施综合物流畅通工程，降低能耗和碳排放水平。

（3）实施交通设施和运输工具节能技术改造。积极开展交通设施和运输工具节能改造，推广使用节能低碳运输工具，提升交通运输领域的能效水平。推进交通设施节能技术改造。抓好机场、港口和轨道交通车站等交通基础设施的节能低碳工作。推进交通运输工具节能技术改造。鼓励航空企业实施加装翼梢小翼等技术改造项目，鼓励航运企业实施船舶主机滑阀式油头技术改造等技术改造项目。推广使用节能车辆，推进千辆级节能与新能源公交车、出租车示范运行，有序推进私人购买新能源汽车试点，同步落实相关基础设施的配套建设。

4. 推广绿色低碳建筑

建筑是上海市用能刚性较快增长的领域，用能比例持续提高，目前，占上海市用能已超过20%。除了用能主体的行为节能和管理节能外，提高建筑物本身的能效水平是提高建筑能效的关键支撑和重要方面。进一步提高新建建筑节能标准并加强监管，全面推进既有建筑节能改造，大力推广绿色低碳建筑。

（1）大力发展低碳建筑。实施更高的建筑节能标准，加大可再生能源在建筑中的应用力度，有效控制全市建筑单位面积能耗水平。试点开展建筑碳排放核算应用示范，采取节能控排措施，大力发展低碳建筑。推进新建建筑执行更高节能标准，加大可再生能源在新建建筑中的应用力度，积极发展低碳绿色建筑。

（2）稳步推进既有建筑节能改造。坚持观念创新、机制创新和技术创新，继续实施既有建筑节能改造，持续提升能效水平，大力推进公共建筑节能改造。通过节能市场培育和合同能源管理机制等措施，大力推进既有公共建筑节能改造。继续推进居住建筑节能改造，通过财政扶持和示范引导，扎实推进既有居住建筑节能改造。试点开展工业建筑节能改造。针对部分有空调要求的工业建筑，研究有针对性的保温体系和遮阳等围护结构改造技术并开展示范应用。

（3）强化施工节能管理。进一步加强建设施工环节的节能监管，探索开展建筑全周期碳排放研究,降低温室气体排放。加强建筑施工降耗,以创建节约型工地为抓手,优化施工组织设计,强化节能施工、绿色施工等措施,降低施工能耗。开展高排放建材产品节约替代示范工程。研究改进工程技术标准,通过广泛应用高强度、高性能混凝土和钢材,提高工程建筑质量,延长使用寿命。

5. 大力发展节能低碳产业与技术

节能低碳产业是推动节能和应对气候变化工作的重要支撑。因此,必须大力发展节能服务产业和节能低碳装备制造业,进一步加大节能低碳技术攻关和产品推广力度,努力把节能低碳产业打造成上海市新的经济增长点和国家发展战略性新兴产业高地。

(1) 促进节能低碳服务产业发展。推行合同能源管理,鼓励专业化节能服务企业为工矿企业、商业机构和公共机构等提供节能相关服务。培育发展低碳认证和核查等低碳服务业。培育发展专业性的节能服务公司,形成大、中、小型相结合的节能服务机构体系。积极培育节能低碳产业发展基金 VC(venture capital)或 PE(private equity)。

(2) 发展节能低碳装备制造与技术。以工业锅炉窑炉、高效电机及拖动系统、煤清洁利用和分布式能源等为主要领域,大力发展节能装备制造。扶持企业研发节能低碳技术,培育发展龙头企业,促进节能低碳发展。大力发展先进节能装备制造业,推进关键技术攻关,培育一批骨干企业,加快成熟实用技术的推广应用。

第三节 上海市能源利用状况与碳排放分析

上海市能源利用与碳排放状况具有以下特点。

1. 能源消费总量持续增长

上海市作为我国改革开放的先行地区,近年来,不断深化经济体制改革、扩大对外开放,加快转变经济发展方式,保持了经济平稳健康发展的良好势头。伴随着经济的发展,其能源消费总量从2001年的 5818×10^4 吨标准煤攀升到2010年的 $11\,201\times10^4$ 吨标准煤,年平均增长速度达到7%。虽然2001~2010年上海市能源消费总量在不断增长,但其增长速度却表现出较为复杂的变化趋势(图4-2)。其中2005年的增长率最高,达到11.1%,之后逐渐降低,最低水平为2009年的1.6%。之后2010年又出现了较大幅度的反弹,增长率高达8%。

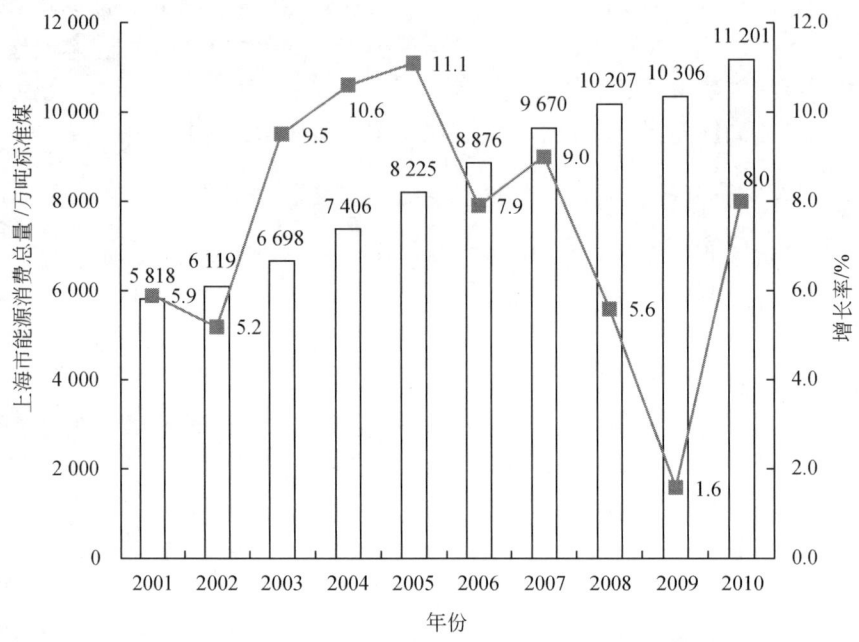

图 4-2　上海市 2001~2010 年能源消费总量及其增长率

资料来源：《上海统计年鉴 2011》，2002~2011 年《中国能源统计年鉴》

注：GDP 以 2005 年不变价格计算

2. 能源强度呈总体下降趋势

在衡量能源强度时，如果直接以现价 GDP 来计算单位能源消费量，由于未能排除价格变动的影响，不具备可比性。因此，可以采用 GDP 可比价进行计算，以 2005 年作为价格基准年进行计算，结合能源强度计算公式（式 1-6）可以得出上海市 2001~2010 年能源强度及其变化情况（图 4-3）。2001~2010 年，上海市能源强度整体呈下降趋势。从 2001 年的 1.00 吨标准煤/万元下降为 2010 年的 0.71 吨标准煤/万元，降幅达 29%。与此同时，其下降速度却表现复杂，其中下降速度较快的是 2009 年，降幅为 5.19%，降幅最小的年份是 2005 年，仅为 1.12%。

3. 能源消费碳排放量逐渐上升

本书采用《2006 年 IPCC 国家温室气体清单指南》中的第一种能源消费 CO_2 排放计算方法估算上海市 CO_2 排放量，计算公示如下

$$G = \sum G_i = \sum E_i \times EC_i \tag{式 4-1}$$

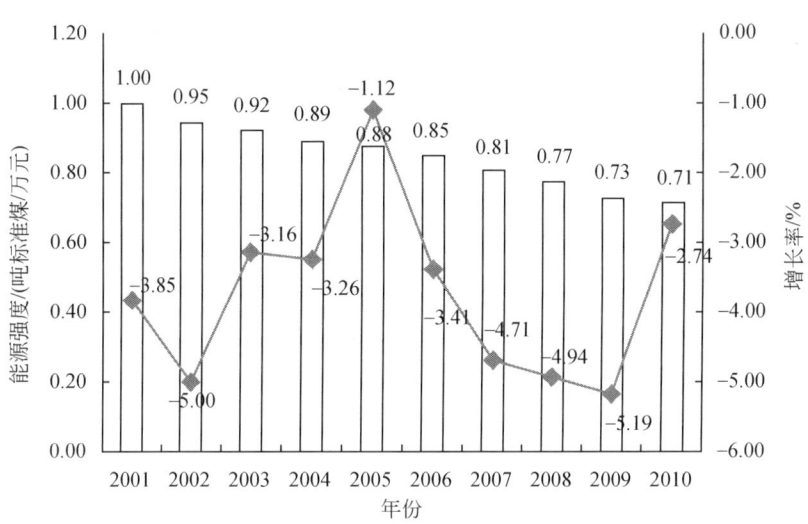

图 4-3 上海市 2001~2010 年能源强度变化趋势

资料来源:《上海统计年鉴 2011》,2002~2011 年《中国能源统计年鉴》

注:GDP 以 2005 年不变价格计算

其中,G 为 CO_2 排放总量;G_i 为第 i 种能源的 CO_2 排放量;E_i 为第 i 种能源的消费量;EC_i 为第 i 种能源的 CO_2 排放系数。

根据 2001~2010 年《中国能源统计年鉴》相关数据,结合上海市能源消费实际情况选择 11 种能源作为估算基础,由于统计年鉴中,这些能源指标的消费单位都是实物量,需要将其折算为标准煤。表 4-4 为《2006 年 IPCC 国家温室气体清单指南》中各种能源的 CO_2 排放系数[1]以及《中国能源统计年鉴》中所列出的各种能源折标准煤参考系数。

表 4-4 各种能源的 CO_2 排放系数、折标准煤参考系数

燃料	碳排放系数/(吨/吨标准煤)	折标准煤系数/(千克标准煤/千克)
原煤	2.7716	0.7143
洗精煤	2.7716	0.9000
焦炭	3.135	0.9714
原油	2.1482	1.4286
汽油	2.0306	1.4714
煤油	2.0955	1.4714

---

[1] 《2006 年 IPCC 国家温室气体清单指南》中燃料 CO_2 缺省排放因子的单位为 t/TJ,根据中华人民共和国国家统计局《综合能耗计算通则》(GB/T 2589—2008),1tce = 293 TJ,将 t/TJ 转化为 t/tce。

续表

燃料	碳排放系数/（吨/吨标准煤）	折标准煤系数/（千克标准煤/千克）
柴油	2.171	1.4571
燃料油	2.2678	1.4286
液化石油气	1.8421	1.7143
炼厂干气	1.6874	1.5714
天然气	1.6438	1.3300

图 4-4 显示了 2001~2010 年上海市碳排放总量、能源消费总量及 GDP 变化趋势。10 年间上海市的能源消费碳排放总量呈持续上升态势，与能源消费总量及 GDP 变化趋势一致。能源消费碳排放量由 2001 年的 19 522 万吨增加到 2010 年的 29 052 万吨，增长了 49%，年均增长率达到 4.5%。10 年间增长速度最快的年份出现在 2003 年，达到 10.7%。最低的年份出现在 2006 年，仅为 0.35%。2009 年的能源消费碳排放量出现了小幅下降，降幅为 0.37%，2010 年再度出现大幅度攀升，增幅为 8.82%。

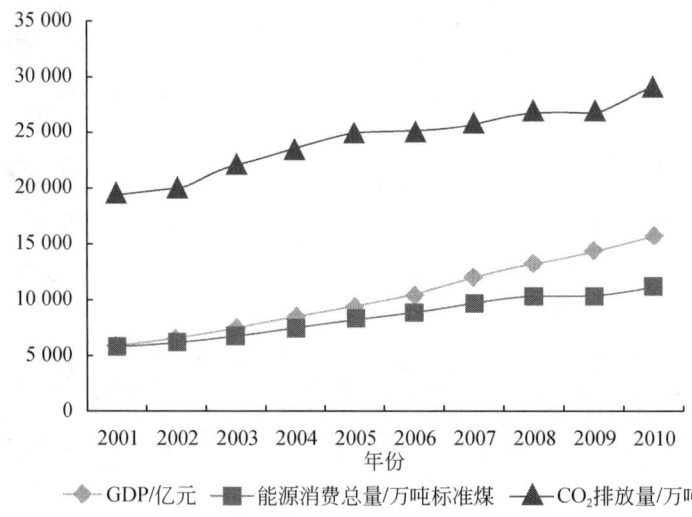

图 4-4　上海市 2001~2010 年 GDP、能源消费及 CO_2 排放趋势

资料来源：《上海统计年鉴 2011》，2002~2011 年《中国能源统计年鉴》

注：GDP 以 2005 年不变价格计算

4. 人均能源消费碳排放量不断攀升

人均碳排放量是衡量一个国家或地区低碳发展水平的重要指标。2001~2010 年，上海市人均能源消费碳排放变化趋势较为复杂（图 4-5），从 2001 年的

12.10吨/人,增加到2010年的12.61吨/人,增长了4.2%,年平均增长率仅为0.46%,人均能源消费碳排放得到有效控制。其中出现降幅的年份为2006年、2009年和2010年,降幅为4.39%、1.65%和9.28%。2010年是上海世博会的举办年,上海市借助举办世博会之机,大力推进节能减排和低碳发展,取得了显著成效。

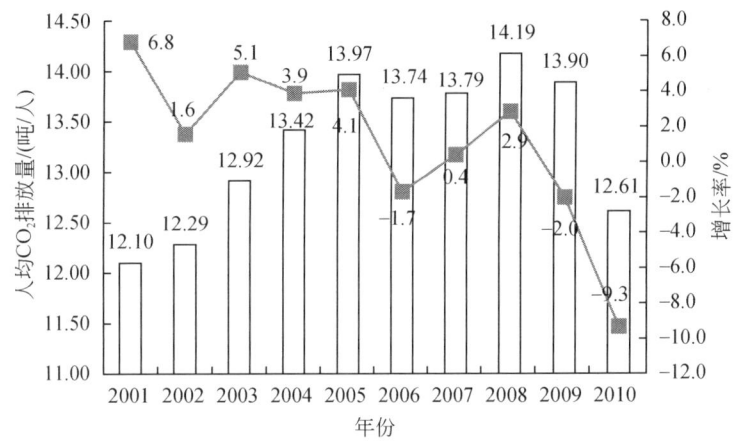

图4-5　上海市2001~2010年人均能源消费碳排放及其增长率

资料来源:《上海统计年鉴2011》,2002~2011年《中国能源统计年鉴》

5. 碳排放强度总体呈下降趋势

碳排放强度是指单位GDP的碳排放量。碳排放强度的变化表明经济增长和碳排放量的变化趋势和变化程度,碳排放强度的下降表明经济的增长。就一个国家或地区的发展历程而言,碳排放强度可以反映其在经济发展的同时对减缓气候变化的贡献,从某种程度上碳排放强度下降率可反映能源利用和相应碳排放的经济效益提高程度。从图4-6可以看到,2001~2010年,上海市碳排放强度总体呈现下降趋势,由2001年的3.36吨/万元下降到2010年的1.85吨/万元,降幅高达45%。但下降速度呈现出较为复杂的变化态势,最大降幅出现在2006年,为11.15%,最小降幅出现在2010年,为1.07%。

通过以上统计分析可以看出,2001~2010年,上海市无论是能源消费总量、碳排放总量、人均碳排放量、碳排放强度还是GDP,均呈现出相同的变化趋势,这说明上海市经济增长与碳排放并未实现脱钩,碳排放量与GDP存在正相关。上海市能源消费所占比例依次为第二产业、第三产业、生活消费和第一产业。第二产业能源消费总量最大,增幅略有降低。未来工业能耗在总能耗中仍将占据主要地位,交通运输能源消费刚性增长,建筑用能与居民生活用能大幅上升。由于

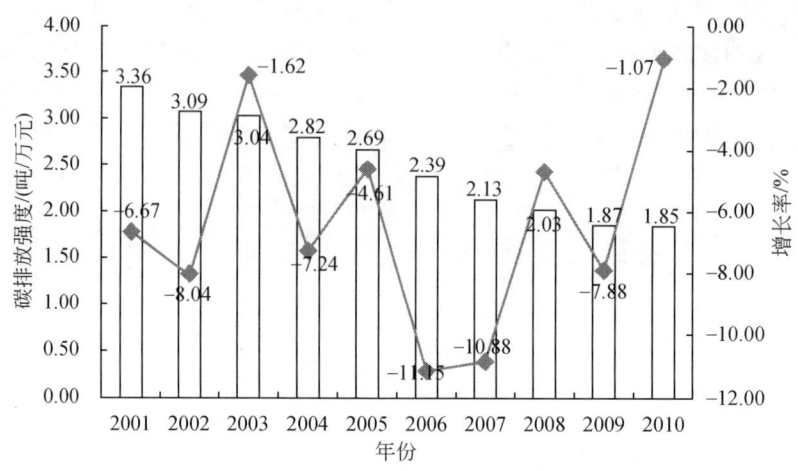

图 4-6 上海市 2001~2010 年碳排放强度变化趋势

资料来源：《上海统计年鉴 2011》，2002~2011 年《中国能源统计年鉴》

注：GDP 以 2005 年不变价格计算

经济的高速增长和规模扩张，上海市的能源消耗与 CO_2 排放总量呈现持续增长的趋势。这除了与经济发展有直接关联以外，还与上海市积极推进低碳发展有密切关系。"十一五"时期以来，上海市充分利用举办世博会的契机，积极推进环境保护和低碳城市建设，相继出台了多项鼓励节能减排的优惠政策。在政府的积极推动下，企业节能减排投入增加，清洁生产、循环经济和新能源技术研发受到空前重视，以节能性生产服务业和新能源技术为代表的新型现代服务业和先进制造业迅速崛起，低碳社会建设取得显著成效。

上海市要真正实现低碳发展的华丽转型，需要进一步发挥政府的低碳发展领导力；转变产业选择和结构调整思维，以比较优势和碳排放强度为选择基准，加快发展和提升上海市低碳衍生产业的竞争力和低碳衍生产业的对外服务能力；以低碳技术银行、专业碳排放交易市场建设为抓手，加快培育低碳要素市场，推动上海国际碳金融中心建设；实行试点企业环境报告披露制度，培育低碳企业；积极引导非政府组织助力低碳治理，营造低碳发展氛围。

第四节 上海市低碳发展实践与创新

近年来，上海市开展了一系列低碳发展的探索和实践，取得了显著成效。例如，虹桥商务区按照低碳理念进行区域城市设计，制订建筑、交通和能源方面的低碳发展规划和低碳建设导则，打造低碳商务实践区典范。崇明岛被列为国家绿色能源示范县，将以人居低碳、自然低碳（碳汇）和产业低碳为重点内容，建设崇明低碳发展实践区。长宁虹桥地区在低碳实践试点中将通过区域内既有建筑围护结构改造、锅炉油改气和新建地区能源中心等节能低碳措施，打造上海市建成区的既有建筑节能改造和低碳城区建设的发展典型。根据国家发改委有关开展低碳试点工作的要求，为进一步支持和引导上海市低碳试点工作加快开展，2010年，上海市发展和改革委员会组织启动低碳发展实践区申报和评选工作，初步选择虹桥商务区、崇明岛、长宁区虹桥地区和临港地区等若干区域作为第一批试点单位。依托地区经济、科技和人才优势，在三大低碳示范区的推动下，上海市已走在了我国低碳城市建设的最前沿。

一、开展低碳发展实践区试点工作

低碳试点是实现全国碳强度下降目标的关键举措，也是探索绿色低碳发展经验的有效途径。上海市将低碳发展实践区建设作为深入推进低碳发展和节能减排的迫切需要，以及进一步加大节能低碳领域体制机制、政策措施和技术产业等方面创新力度的重要载体和平台。2011年3月，上海市正式启动低碳发展实践区试点工作，确定了虹桥商务区、崇明县、长宁区虹桥地区、临港地区（包括产业区和主城区）、卢湾区中南部地区、徐汇区滨江地区、金桥出口加工区和奉贤区南桥新城8个区域为第一批低碳发展实践区试点单位，开展为期3~5年的试点实践活动。具体任务包括以下五个方面。

（1）制订低碳发展实施方案。开展调查研究，明确低碳发展思路，将调整产业结构、优化能源结构、促进能效提升、增加碳汇等工作结合起来，制订完善的低碳发展实施方案。同时提出本区域到2015年、2013年的中期、近期控制温室气体排放的行动目标、重点任务和具体措施，降低碳排放强度，积极探索低碳绿色发展模式。

（2）明确支持低碳发展的配套政策。加大投入，设立专门资金支持，积极探索有利于节能减排和低碳发展的机制，探索有效的政府引导和经济激励政策，研究运用市场机制推动控制温室气体排放目标的落实。

（3）加快建立以低碳排放为特征的产业体系。结合本区域的产业特色和发展战略，加快低碳技术创新，推进低碳技术研发、示范和产业化，加快发展低碳建筑、低碳交通，培育、壮大节能环保和新能源等战略性新兴产业。

（4）建立温室气体排放数据统计和管理体系。加强能力建设，加强温室气体排放统计工作，建立完整的数据收集和核算系统。

（5）积极倡导低碳绿色生活方式和消费模式。积极开展低碳发展相关培训、宣传和教育普及活动，鼓励低碳生活方式和行为，推广使用节能低碳产品，弘扬低碳生活理念，推动居民广泛参与和自觉行动①。

"十二五"期间，上海市将建成崇明生态岛、临港新城和虹桥商务区三个低碳示范区。通过加大对以服务经济为特色的低碳实践区建设的推广和支持力度，强化科技、人才、资金和政策等各项资源支撑，形成上海市低碳城市的发展特色：崇明生态岛进行了低碳社区建设，将低碳技术运用到建筑、交通、能源和资源循环等领域；临港新城以太阳能发电为发展特色，通过低碳产业园区的建设，大力发展高端制造和港口服务等低碳产业，促进低碳技术的集成应用；虹桥商务区作为上海首个低碳商务区，其核心区内全部为国家标准一星级以上绿色建筑，其中二星级绿色建筑超过50%，三星级绿色建筑6座以上②。2011年11月，赛迪投资顾问在北京发布的《中国低碳城市发展战略研究》指出，依托地区经济、科技和人才优势，在三大低碳示范区的推动下，上海市已走在了低碳城市建设的最前沿。

二、创建上海市能源环境交易所

随着国际碳交易市场的迅速发展，2008年8月5日，经国家发改委同意、上海市人民政府批准，上海环境能源交易所正式挂牌成立。该交易所是国内第一家环境保护和节能减排领域的权益类交易平台，也是上海市采取市场机制推进节能减排的重大举措和有益探索。自成立以来，上海环境能源交易所在节能环保技术产权交易、清洁发展机制项目咨询服务、自愿碳减排交易、排污权交易试点和合同能源管理融资服务平台五个方面积极探索并开展业务。主要功能包括：一是信息集散功能。主要是环境能源领域各类权益交易的信息收集、筛选、整理与发布等。二是技术和资本对接功能。主要是依托交易平台集聚交易双方、科研机构、投资机构、各类服务商、集成商及专业认证评估机构等多方市场参与者，创新节能减排的体制、机制和技术，营造节能减排和资本对接的平台功能。三是优化配置功能。通过公开的信息集散公示系统，提高环境能源市场化配置资源效率。四是规范运作功能。建立公开、公平、公正、公益的节能减排技术、资本和规范交易平台③。

上海环境能源交易所的核心业务是为环境能源领域各类权益人和节能减排集成商、科研机构、投资机构等各类企业、机构，提供节能减排咨询、项目设计、

---

① 上海市发展改革委关于在虹桥商务区等8个区域开展低碳发展实践区试点工作的通知（沪发改环资〔2011〕031号）.

② 赛迪网. 打造三大低碳示范区上海抢滩低碳城市前沿.

③ 新华网. 上海环境能源交易所正式挂牌成立. http://csj.xinhuanet.com/2008-08/05/content_14028948.htm, 2008-08-05.

项目评价、经营策划、项目包装、基金运行、项目投融资及技术支撑等各类资本、经营、信息与技术服务。交易所的设立运行,标志着中国节能减排和环境保护事业从单一的行政配置向市场化配置的重大转型。通过引入市场化运行方式,有利于完善能源资源节约和环境保护奖惩机制,有利于完成节能减排的约束性目标,并在更大范围、更深层次和更广领域实现环境资源的优化配置。

交易所已建立信息披露、交易规则、会员管理、异地合作及监管监察五个方面的制度框架体系,构建了拥有自主知识产权的环境能源权益交易管理系统,充分发挥市场平台的信息集散、技术与资本对接、优化配置和规范运作功能,完善环境能源领域权益交易的信息采集、筛选、整理、发布、询价、报价和交易等服务体系。此外,上海环境能源交易所还积极开拓国际市场,参与国际碳市场的建设。经联合国开发计划署批准同意,上海环境能源交易所于2009年建立了南南全球环境能源交易系统,成为南南国家在环境能源领域开展新型合作的新途径。这一系统目前已在全球30个国家设立了34个工作站,通过市场的方式,提升发展中国家应对气候变化的能力。

经过3年多的发展,上海环境能源交易所陆续推出了包括CDM项目交易、自愿减排交易、合同能源管理融资项目、低碳技术产权交易、南南全球环境能源交易系统、日本经产省项目交易6种服务[①]。截至2011年12月,上海环境能源交易所共实现挂牌金额326亿元,成交金额74亿元,交易规模全国领先。同时,上海环境能源交易所已在国内建立了7家分所,逐步建立起了全国性的环境能源交易网络。2011年12月23日,上海环境能源交易所正式改制为股份有限公司,成为国内首家股份制的环境交易所,这将为该所建设国际一流碳交易所、推动我国环境能源交易市场发展发挥积极作用。

2011年10月29日,国家发改委同意在北京市、天津市、上海市、重庆市、广东省、湖北省和深圳市7省市开展碳排放权交易试点。根据《上海市节能和应对气候变化"十二五"规划》,"十二五"期间,上海市将探索建立实施能源消费总量控制制度并逐步加强其约束力度,初步建立碳交易等交易制度的支撑体系,适时开展碳排放权交易试点。碳排放权交易试点具体的市场载体就是上海环境能源交易所。总之,上海市将主动顺应国际主流趋势,运用市场机制推进节能减排,积极推进交易平台及碳市场建设的前期准备工作,加快节能减排技术和机制的创新。建设碳交易、排污权交易及其他环保能源权益交易市场是一次综合性的重大机制创新。

---

① 国家发改委网站. 解振华副主任出席上海环境能源交易所股份有限公司改制成立揭牌仪式. http://xiezhenhua.ndrc.gov.cn/zyhd/t20111227_452872.htm.

三、建成上海科学节能展示馆

2009年12月26日，上海科学节能展示馆在上海花园坊节能环保产业园正式开馆。上海科学节能展示馆是经上海市政府批准，由上海市节能监察中心按照上海市经济和信息化委员会的规划共同筹建的节能公益展示平台，也是目前国内展示面积最大、展项最全、展示节能技术最先进的公益性节能和新能源技术产品科普常年展示平台，展示馆建筑面积为3450米^2，分为序厅、工业、楼宇、交通、生活、新能源、青少年互动和新品发布8个主题展区，有100多个展项，是目前国内无论是展示面积、展项还是展示技术均首屈一指的公益性节能和新能源技术产品科普展示平台，被列为"中国终端能效项目示范点"、"上海市科普教育基地"、"上海市科普旅游示范基地"和"中国浦东干部学院干部培训教学基地"等多个基地。

展示馆围绕"发展无限、资源有限、节能无限"的理念，努力以形象生动的方式展示推广工业、建筑、交通和新能源等领域各类最新节能产品和技术成果，宣传先进的节能理念、知识、管理经验和企业的社会责任，促进高效节能技术、产品的推广应用。以推进节能和提高能效为宗旨，整合展示了当代有代表性、示范性的节能产品与节能技术成果、先进管理经验。为生产企业和专业人士提供节能产品展示与信息交流平台，为广大市民和学生提供节能知识普及和体验场所。在促使企业广泛应用节能示范技术与产品，促进节能与能效理念深入人心及高能效产品进入千家万户方面起到了独特的作用。

四、开展节能减排JJ小组活动

为加快形成以政府为主导、企业为主体、全社会共同推进节能减排的工作格局，进一步突出企业的主体地位和行业协会的推动作用，2008年，上海经济团体联合会与上海市质量协会，对企业如何进一步加强节能减排管理工作，进一步发动员工参与节能减排，促进企业形成节能减排长效机制，进行了调查研究，提出了节能减排改进小组（简称"JJ小组"）的创新性概念。同时，上海经济团体联合会向市政府上报了《关于开展上海节能减排（JJ）小组活动的建议》，得到韩正市长等领导的肯定。后由上海经济团体联合会倡议，经市发展和改革委员会、市经济和信息化委员会、市城乡建设和交通委员会、市环境保护局、市人民政府国有资产监督管理委员会和市总工会等研究决定，在全市有关重点领域试点开展节能减排改进小组活动。JJ小组活动适合各个领域，可以贯穿企业生产经营全过程。以小组、部门和企业为基础形成的JJ小组，将成为节能减排重大工程的补充和推进，在实现经济平稳较快发展的同时，促进节能减排目标的顺利完成。JJ 小组包含四层内容：

（1）组建一个团队。这个团队参与面可以十分广泛，成员构成可以包括企业领导、技术人员、经营管理人员、基层员工。成员可以来自部门和本班组，也可以来自不同部门和班组，甚至供应商和产业链上相关方的成员都可以参加。

（2）围绕一个目标。这个目标就是节能减排，JJ 小组要聚焦于企业节能减排开展活动，目的就是实现企业节能减排的目标。

（3）运用 QUEST 模式。这种模式是在借鉴质量管理 QC 小组活动和六西格玛等管理方法的基础上，结合企业节能减排的特点形成的一套具体的方法，JJ 小组有一套独具一格的 QUEST 模式，包括课题阐述（question）、现状了解（understand）、因素分析（effect）、对策实施（solution）和结果验证（test）5 个阶段，共 12 个步骤。该模式是以测量数据为基础，通过剖析目标与影响因素之间的函数关系，找出耗能的关键因素，从而进行针对性的控制和持续改进。

（4）开展系列活动。JJ 小组通过有计划、有步骤地开展改进活动，攻克生产、服务和运营过程中能源耗费和污染排放问题，帮助企业实现节能减排的工作目标。JJ 小组的主要特点是群众性和专业性等。

2011 年，上海市共组建 199 个 JJ 小组，确立了 211 个 JJ 小组课题；1274 人次参与活动，共组织 500 余人参加节能减排 JJ 小组培训[①]。

[①] 上海经济团体联合会网站. 节能减排 JJ 小组专题. http：//222.66.64.152：8080/gjl_ new/main?main_ colid=304&father_ id=337.

第五章 浙江省能源节约与低碳发展现状分析

浙江省地处中国东南沿海长江三角洲南翼,东临东海,南接福建,西与江西、安徽相连,北与上海、江苏接壤。浙江省东西和南北的直线距离均为450千米左右,陆域面积10.18万千米^2,为全国的1.06%,是中国面积比较小的省份之一。省会为杭州,现有湖州、绍兴、温州、嘉兴、宁波、金华、衢州、舟山、杭州、台州、丽水11个省辖市,下分90个县级行政区。

改革开放30多年来,浙江省经济迅速发展,综合实力显著增强,是改革开放以来全国各省市区中人均GDP增长最快的地区之一(表5-1)。进入"十二五"时期以来,浙江省认真实施"八八战略"[①]和"创业富民、创新强省"总战略,大力推进"全面小康六大行动计划"[②],全省经济社会发展取得显著成绩,胜利完成了省第十一届人民代表大会四次会议确定的主要目标任务,实现了"十二五"期间发展的良好开局。

表5-1 浙江省历年人口、GDP及人均GDP情况

年份	1990	1995	1999	2000	2001	2002	2003
人口/万人	4 168	4 319	4 475	4 677	4 613	4 647	4 680
地区生产总值/亿元	904.69	3 558	5 443.92	6 141	6 898.34	8 003.67	9 705
人均GDP/元	2 171	8 237	12 165	13 130	14 954	17 223	20 737
年份	2004	2005	2006	2007	2008	2009	2010
人口/万人	4 720	4 898	4 980	5 060	5 120	5 180	5 447
地区生产总值/亿元	11 649	13 418	15 718	18 754	21 463	22 990	27 722
人均GDP/元	24 679	27 394	31 563	37 063	41 919	44 383	50 895

资料来源:1991~2011年《中国统计年鉴》

---

① 2003年7月,中共浙江省委举行第十一届四次全体(扩大)会议,在总结浙江经济多年来的发展经验基础上,全面系统地总结了浙江省发展的八个优势,提出了面向未来发展的八项举措——"八八战略"。

② 全面小康六大行动计划:自主创新能力提升行动计划、重大项目建设行动计划、资源节约与环境保护行动计划、基本公共服务均等化行动计划、低收入群众增收行动计划、公民权益依法保障行动计划。

"十一五"时期以来,浙江省围绕国家下达的"十一五"期间单位GDP能耗下降20%的目标任务,强化措施,狠抓落实,节能降耗取得积极成效。单位GDP能耗从2005年的0.90吨标准煤下降到2010年的0.72吨标准煤,5年累计节约9630万吨标准煤,胜利完成国家下达的下降20%的节能目标。全面推进工程减排、结构减排和监管减排,污染减排各项工作都取得了积极进展。在保持经济平稳较快增长的同时,有效控制了能源消耗和污染排放总量,生态环境质量稳中向好,继续位居全国前列。

第一节 浙江省"十一五"节能减排状况分析

一、浙江省"十一五"节能降耗的主要措施

浙江省将节能降耗纳入各地经济社会发展综合评价和考核,建立节能目标责任制。将国家下达的"十一五"节能目标层层分解落实到各级政府和各重点用能企业。发布了省节能统计监测考核实施方案。同时出台了浙江省《资源节约和环境保护行动计划》以及与其相配套的《节能降耗实施方案》,实施各级政府、各有关部门节能工作目标责任和节能降耗"十大工程"[①] 任务分解推进计划。

1. 调整和优化产业结构

大力发展现代服务业,实施装备制造业等重点产业转型升级和推进企业技术创新,促进高技术产业发展。至"十一五"末,浙江省第三产业比例由2005年的39.9%提升至43.5%,高新技术产业和装备制造业增加值分别占规模以上工业的23%和35%。统计数据显示,浙江省服务业近年来持续快速发展,已经成为经济增长的重要推动力。2005~2010年,浙江省服务业投资保持了持续快速增长,年均增长率分别高于全社会固定资产投资和工业投资2.1和4.7个百分点,服务业增加值年均增长13.3%,高于工业增速1.9个百分点,对浙江省经济增长的贡献逐年提高。同时出台了《浙江省固定资产投资项目节能评估和审查管理办法》,强化产业政策和项目管理,提高节能准入门槛,加强甄别,扩大差别电价实施范围,取消高耗能行业优惠电价,遏制高耗能行业过快增长。

---

① 浙江省节能降耗十大工程:千家重点企业节能推进工程、落后产能淘汰推进工程、传统优势产业改造推进工程、装备制造业振兴推进工程、技术创新推进工程、建筑节能推进工程、交通运输节能推进工程、商业及民用节能推进工程、公共机构节能推进工程、资源综合利用推进工程。

2. 实施节能重点工程

"十一五"期间,浙江省省级财政共安排节能与工业循环经济专项资金3.75亿元,支持的省级重点节能项目涉及的总投资达到125亿元。设立建筑节能专项资金,对建筑节能重点项目进行专项补助。同时,对电解铝、铁合金、电石、烧碱、水泥、钢铁等高耗能产业的企业进行甄别,对淘汰类、限制类企业实施差别电价。用市场手段开展发电权交易。积极争取中央财政支持,2007~2010年,共有166个节能、节水、循环经济等项目获得中央财政专项补助,共计获得补助资金7.03亿元。从2008年开始逐年编制下达"省节能降耗重点项目计划",累计项目1593个,带动社会投资约640亿元,全部实施可形成节能能力约1800万吨标准煤。"十一五"期间,浙江省工业领域累计完成省级重点节能降耗项目987个,水泥、玻璃、钢铁、硫酸等生产过程中低温余热、余压发电利用广泛应用,先进钢铁企业实现了炼钢过程中所需电力基本由炼钢工艺的余热、余压提供,玻璃窑炉纯氧燃烧开始普及。同时,全部淘汰水泥机立窑产能770万吨,关停小火电机组531万千瓦,淘汰落后炼钢、炼铁产能244万吨。建筑领域共建成节能建筑近1.5亿米^2,实施省级建筑节能示范项目516项,地源(水源)建筑应用70万米^2。交通领域组织实施道路运输结构优化、隧道照明技术等技术改造项目,完成不停车收费系统109条电子不停车收费系统(electronic toll collection, ETC)专用车道建设,积极开展电动汽车的示范运行和电动汽车充电站的研发和建设。

3. 推广先进节能技术和产品

"十一五"期间,浙江省累计发布六批《浙江省节能技术、产品推广导向目录》,连续举办两届中国(宁波)节能环保技术与产品博览会。组织实施《浙江省节能降耗重点项目计划》和"节能产品惠民工程",累计推广节能灯超过1600万只,组织浙江阳光集团股份有限公司等7家企业、奥克斯空调有限公司等3家企业、卧龙家用电机有限公司等3家企业分别进入国家高效照明产品、高效节能空调和高效电机推广目录。出台了《浙江省合同能源管理项目资金扶持实施细则》,组织筛选41家合同能源管理服务企业申请国家备案,支持节能服务公司采用合同能源管理机制对企业实施节能改造。至2010年年底,全省核能、天然气、水能、风能、生物质能等清洁能源、可再生能源发电机组的总装机容量约占全省电力总装机容量的25.8%。目前,浙江省在垃圾焚烧、污泥焚烧、低温余热、余压发电设备研发制造,大型潮汐发电机组及大中型轴流水电机组,非晶微晶薄膜电池生产与装备制造,1.5兆瓦以上风机研发制造等领域,多项能源科技水平已处于国内领先水平。

4. 推动重点领域节能

狠抓重点企业节能降耗,推动落实目标责任,开展能源审计监察,编制节能规划,开展能效水平对标,实行重点用能企业能源利用状况月报制度。"十一五"时期1000吨以上重点用能企业累计节能约2350万吨标准煤。新建民用建筑全面推行节能50%设计标准,累计设计节能建筑近3亿米^2,建成节能建筑近1.5亿米^2,实施太阳能热水器集热面积近1000万米^2。组织实施交通节能6个专项行动,营运车辆单位能耗较2007年下降5%,沿海运输船舶千吨千米油耗降低10%,内河运输船舶千吨千米油耗降低8%。各级公共机构积极推进实施节能诊断和改造。

5. 健全法规政策标准

制定了《浙江省节约用水办法》、《浙江省建筑节能管理办法》、《浙江省固定资产投资项目节能评估和审查管理办法》、《浙江省超限额标准用能电价加价管理办法》等一批节能法规,即将完成《浙江省实施〈中华人民共和国节约能源法〉办法(修订)》的立法进程。"十一五"以来,浙江省陆续出台了70余个节能方面相关政策文件,制定发布了45项地方能耗限额标准。

6. 加强节能监察和评估审查

完善能源计量、统计制度,改进核算方法,加强重点企业能源统计台账建设和能源计量器具配备。推动各地区建立节能监察机构,新建或重组县级以上能源监察机构49个,省、市、县三级节能监察体系基本建立。开展了市、县(市、区)节能主管部门有关人员和能源监察机构执法人员节能专业法律知识培训,提高了节能执法能力。依法开展能源监察(审计),"十一五"期间累计完成重点用能单位能源监察(审计)3477家。制定并实施《浙江省固定资产投资项目节能评估和审查管理办法》。对年耗3000吨标准煤以上(或年用电300万千瓦时以上)的固定资产投资项目,未进行节能审查或未能通过节能审查的项目一律不得审批、核准,不得开工和通过验收。

7. 开展宣传教育和培训

从2004年开始,浙江省经济和信息化委员会和统计局每年编印《浙江省能源与利用状况》白皮书向社会公开发布节能信息。全省组织了28期重点用能单位能源管理负责人和能源管理人员参加的节能知识培训班,提高了用能单位依法用能的意识。每年组织"全国节能宣传周"系列活动,开展形式多样的节能宣传,会同新闻媒体举办了以《中华人民共和国节约能源法》内容为主的知识竞赛。广泛深入地开展了"节能减排全民行动",普及节能环保知识,大力倡导低碳的生产方式、消费模式和生活习惯,形成全社会节能的良好氛围。

二、浙江省"十一五"时期节能降耗因素分析

全社会能源利用效率主要由三次产业能源强度和增加值比例共同决定。促进全社会能效提高有两大因素,一是各产业特别是第二产业能源利用效率改进,二是三次产业结构优化。同样,促进工业能效提高也有两个因素,一是工业各行业特别是八大高耗能行业能源利用效率改进,二是工业内部结构优化。促进高耗能行业能效提高既有技术进步因素,也有规模结构和产品结构优化因素,但技术进步难以在短时间内对能源利用效率产生明显影响且较难量化,故一般着重分析后一因素。

1. 第二产业能效提高及三次产业结构变化对全社会节能的影响

第二产业是能源消耗的主要领域,2010年,浙江省第二产业能耗总量1.22亿吨标准煤,占全社会能耗的72.6%。"十一五"期间,第二产业能源利用效率提高是全行业能效上升的主要推动力。2006~2010年,第二产业拉动全行业万元增加值能耗分别下降0.030、0.034、0.037、0.028和0.027吨标煤,影响分别达100.7%、99.7%、81.3%、66.4%和113.2%,拉动单位GDP能耗分别下降3.3、3.9、4.4、3.6和3.6个百分点。其中工业是第二产业中能源消耗最为集中的产业,对第二产业节能起着举足轻重的作用(表5-2)。

表5-2 全行业能效变化的效率因素

年份	全行业能效变化/(吨标准煤/万元)	分产业效率因素			总效率因素/(吨标准煤/万元)	总效率因素的影响/%	其中:第二产业的影响/%
		第一产业/(吨标准煤/万元)	第二产业/(吨标准煤/万元)	第三产业/(吨标准煤/万元)			
2006	-0.029	-0.001	-0.030	-0.001	-0.031	105.1	100.7
2007	-0.034	0.000	-0.034	-0.004	-0.037	110.0	99.7
2008	-0.045	-0.001	-0.037	-0.004	-0.042	92.4	81.3
2009	-0.043	-0.001	-0.028	-0.005	-0.034	79.3	66.4
2010	-0.024	0.001	-0.027	0.001	-0.025	107.1	113.2

"十一五"期间，浙江省采取一系列措施加快发展第三产业，推动工业转型升级。进行了三次产业结构优化，产业结构由 2005 年的 6.7∶53.4∶39.9 调整为 2010 年的 4.4∶52.9∶42.7（按 2005 年价格计算），第三产业比例明显上升（表5-3）。

表5-3　各年三次产业比例　　　　　　　　　（单位：%）

年份	第一产业	第二产业	其中：工业	第三产业
2005	6.7	53.4	47.3	39.9
2006	6.0	53.6	47.6	40.4
2007	5.4	54.0	48.3	40.6
2008	5.1	53.7	48.3	41.2
2009	4.8	52.6	47.0	42.6
2010	4.4	52.9	47.3	42.7

注：表中数据按 2005 年价格计算

"十一五"期间，三次产业结构变化总体有利于节能。2006~2007 年，虽然第二产业比例与上年相比分别上升 0.2 和 0.4 个百分点，结构变化不利于节能，但不利影响的程度仅约 5.1% 和 10.0%，拉动单位 GDP 能耗上升约 0.2 和 0.4 个百分点。2008 年和 2009 年，第二产业比例与上年相比有所下降，结构变化有利于节能，影响程度约 7.6% 和 20.7%，拉动单位 GDP 能耗下降约 0.4 和 1.1 个百分点。2010 年，工业较快发展，三次产业结构变化不利于节能，但不利影响程度仅约 7.1%，拉动单位 GDP 能耗上升 0.2 个百分点。总体而言，"十一五"期间，三次产业结构变化对节能的贡献并不大，但已向有利于节能方向调整（表5-4）。

表5-4　全行业能效变化的结构因素

年份	全行业能效变化 （吨标准煤/万元）	结构因素引起能效变化 （吨标准煤/万元）	结构因素的影响/%
2006	-0.029	0.002	-5.1
2007	-0.034	0.003	-10.0
2008	-0.045	-0.003	7.6
2009	-0.043	-0.009	20.7
2010	-0.024	0.002	-7.1

因此，"十一五"期间，全社会节能主要依靠第二产业能源利用效率提高，三次产业结构调整有利于节能，但贡献不大。

2. 高耗能行业能效提高和工业内部结构变化对工业节能的影响

工业能源消耗主要集中在高耗能行业，2010年，八大高耗能行业能耗总量7011万吨标准煤，占全社会能耗的72.1%。八大高耗能行业能源利用效率提高是工业能效上升的主要推动力。2006~2010年，八大高耗能行业能源利用效率提高对规模以上工业节能的贡献分别为78%、58.1%、65.2%、86.8%和64.2%，其中非金属矿物制品业的贡献分别为8.7%、16.5%、33.4%、23.0%和25.0%。工业节能主要依靠高耗能行业能源利用效率的提高（表5-5）。

表5-5 高耗能行业对规模以上工业节能的拉动作用

项目		2006年	2007年	2008年	2009年	2010年
规模以上工业单位增加值能耗变化/（吨标准煤/万元）		−0.1122	−0.1118	−0.0962	−0.0714	−0.0772
高耗能行业拉动量	纺织业	0.0046	−0.0240	−0.0235	−0.0121	−0.0120
	造纸及纸制品业	−0.0041	−0.0058	−0.0047	−0.0022	−0.0070
	石油加工、炼焦及核燃料加工业	−0.0215	−0.0026	−0.0021	−0.0002	0.0176
	化学原料及化学制品制造业	−0.0028	−0.0070	−0.0077	−0.0150	−0.0088
	化学纤维制造业	0.0014	−0.0011	−0.0087	−0.0059	−0.0013
	非金属矿物制品业	−0.0098	−0.0185	−0.0321	−0.0164	−0.0193
	黑色金属冶炼及压延加工业	−0.0088	−0.0082	0.0293	−0.0064	−0.0080
	电力、热力的生产和供应业	−0.0465	0.0023	−0.0132	−0.0039	−0.0108
八大高耗能行业总计/（吨标准煤/万元）		−0.0875	−0.0649	−0.0627	−0.0620	−0.0495
八大高耗能行业对节能贡献率/%		78	58.1	65.2	86.8	64.2

"十一五"期间，八大高耗能行业增加值年均增长12.4%，比规模以上工业增速低1.1个百分点，其中2010年比上年增长13.0%，比规模以上工业增速低3.2个百分点。2010年，高耗能行业增加值占规模以上工业的比例为35.5%，比2005年下降1.7个百分点，其中纺织、石油加工和电力分别下降0.9、0.6和0.8个百分点（表5-6）。

表 5-6 高耗能行业结构变化情况

项目	2006年	2007年	2008年	2009年	2010年	2010年与2006年比
高耗能行业比例/%	36.9	36.2	35.9	36.5	35.5	-1.4
其中：纺织业/%	11.4	11.3	11.2	11.2	10.9	-0.5
造纸及纸制品业/%	2.0	2.0	2.0	2.0	1.9	-0.1
石油加工、炼焦及核燃料加工业/%	1.5	1.3	1.2	1.2	1.1	-0.4
化学原料及化学制品制造业/%	5.4	5.5	5.4	5.8	5.7	0.3
化学纤维制造业/%	2.2	2.2	2.2	2.4	2.3	0.1
非金属矿物制品业/%	2.9	2.9	3.0	3.0	2.9	0
黑色金属冶炼及压延加工业/%	2.3	2.3	2.3	2.4	2.4	0.1
电力、热力的生产和供应业/%	9.1	8.7	8.7	8.7	8.3	-0.8

"十一五"期间，浙江省工业结构变化有利于节能。2006~2007年，结构变化对工业用能效率提高的影响分别为13.0%和12.4%。2008年，结构变化对用能效率基本无影响。2009年，受国际经济危机影响，单耗较低的部分装备制造业和高技术产业增速趋缓，基础原材料、资源加工类行业受基础设施投资力度加大的影响，回升较为明显，当年工业内结构变化不利于节能。2010年，浙江省采取高耗能企业轮休检修、夏季高温期间有序用电、水泥行业实行全面停产让电等一系列节能政策、措施，同时限制宁波钢铁公司、杭州钢铁股份有限公司、元立金属制品集团有限公司和华东铝业股份有限公司等特大用能企业的用能总量，工业内部结构节能成效明显。高耗能行业增加值占规模以上工业的比例为35.5%，比2009年下降1.0个百分点，因结构变化导致规模以上工业单位增加值能耗下降1.3个百分点，结构节能贡献率19.7%。总体来说，工业内部结构变化有利于节能，但贡献不大（表5-7）。

表 5-7 规模以上工业用能效率变化的结构因素　　　（单位：%）

年份	2005	2006	2007	2008	2009	2010
结构节能贡献率	—	13.0	12.4	0	-19.3	19.7

注："—"表示数据缺失，余同

因此，"十一五"期间，工业节能主要依靠高耗能行业能效提高，工业内部结构变化有利于节能，但贡献不大。

3. 产品和规模结构优化推动高耗能行业能源利用效率提高

高耗能行业能源利用效率提高是生产技术进步与用能管理改善的结果，同时产品结构变化对工业用能效率的影响也非常大。"十一五"期间,浙江省大力推动高耗能行业产品结构升级,加快非金属矿物制品、造纸和黑色金属冶炼等行业的落后产能淘汰工作,在火电行业大力推进"上大压小"工作,行业内部结构明显改善,这是推动行业能效提高的重要原因之一。

(1) 非金属矿物制品业产品和规模结构明显改善。"十一五"期间,浙江省全部淘汰水泥机立窑产能770万吨,淘汰水泥小磨机产能1400万吨,成为全国第一个水泥生产完全新型干法化的省份。提高外购水泥熟料比例,水泥熟料产量增速趋缓。"十一五"期间,水泥熟料产量平均增长0.6%,比水泥产量增速低5.1个百分点,且各年均低于水泥增速。依靠有力的行业内部结构调整措施,非金属矿物制品业成为"十一五"期间取得较大节能成效的行业之一,单位增加值能耗累计下降41.2%,降幅比规模以上工业高10.8个百分点。2006~2010年分别比上年下降4.1%、8.5%、15.5%、9.4%和12.6%,为浙江省工业能源利用效率提高做出重大贡献(表5-8)。

表5-8 非金属矿物冶炼业主要产品变化情况 (单位:%)

主要产品	2006年	2007年	2008年	2009年	2010年	"十一五"平均
水泥增速	12.4	6.2	-2.1	7.2	5.4	5.7
水泥熟料增速	12	2.6	-7.9	-0.9	-1.9	0.6

(2) 电力行业"上大压小"成效显著。火电行业既是能源生产行业也是能源消费行业,对全社会能源利用效率有特殊影响,为确保火电行业节能成效,浙江省大力推动电力行业"上大压小"工作的开展。同时,大机组和特大机组陆续新建投产,机组结构优化。"十一五"期间,浙江省陆续上马8台百万千瓦机组,其中国电浙江北仑第三发电有限公司和国华浙能发电有限公司共3台百万千瓦机组于2009年投产运行。2010年,6000千瓦及以上机组发电设备容量达5174万千瓦,占比为90.3%,比2005年末提高14.7个百分点。机组结构改善有效推动火力发电标准煤耗下降。2010年,6000千瓦及以上火电机组平均发电煤耗为295克标准煤/千瓦时,比2005年下降42克标准煤/千瓦时。2006~2010年,火力发电标准煤耗比上年分别下降10、12、7、3和10克标准煤/千瓦时。

综上所述,"十一五"期间,三次产业和工业内部结构调整有利于节能,但未成为节能的主要方式。结构调整对节能的贡献更多体现在高耗能行业内部,产品和规模结构明显改善,大大提高高耗能行业能源利用效率,拉动工业能源利用效率提高,最终提高全社会能源利用效率,是"十一五"时期实现全社会节能降耗目标的重要途径。

三、浙江省"十一五"时期污染减排主要成效与措施

1. 浙江省"十一五"时期污染减排主要成效

浙江省生态环境质量从2007年开始出现转折性改善,之后一直保持稳中向好的势头,生态环境综合指数已连续多年位居全国前列。2010年,有气象雷达观测站点9个,卫星云图接收站点25个,区域自动气象观测站1225个;全省霾平均日数39.9天,32个省控城市环境空气质量均达到二级标准,占比为93.8%,11个设区城市空气质量达到二级标准天数均在85%以上,设区城市空气SO_2平均浓度为0.029毫克/米^3;杭州、宁波、温州、湖州、嘉兴、绍兴、台州7个国家环保重点城市空气质量好于二级标准的天数大于292天/年;废气国控重点污染源达标排放率达89.3%;全省八大水系、运河和主要湖库水环境功能区水质达标率达73.7%,比2005年提高18.1个百分点,地表水省控断面高锰酸盐指数平均浓度为3.26毫克/升;平原河网高锰酸盐指数、NH_3-N和总磷平均浓度分别比2005年下降16.0%、13.2%和10.4%;县级以上集中式饮用水源地水质达标率达87.4%,比2007年提高20.1个百分点;全省跨行政区域河流交接断面满足功能要求比例为61.1%;2010年末,共有县以上城市污水处理厂96座,建成设计能力762.7万吨/日,县以上城市污水处理率达到78%,生活垃圾无害化处理率为96%。COD、SO_2两项主要污染物排放量累计下降16.2%和20.9%,超额完成"十一五"时期减排任务。

2. 浙江省"十一五"时期污染减排主要措施

国务院于2011年9月26日下发《关于对"十一五"节能减排工作成绩突出的省级人民政府给予表扬的通报》(国发〔2011〕31号),通报表扬"十一五"时期减排工作成绩突出的8个省(市)人民政府,浙江省以其在减排工作中的突出成绩均名列其中。"十一五"时期,浙江省在污染减排领域主要采取了以下措施。

(1)明确任务,落实减排责任。及时分解目标任务。浙江省从政府、职能部门和重点企业及减排项目三个层面,层层签订污染减排责任书,切实将各项工作逐级落实到各级各有关单位和具体项目。按照《资源节约与环境保护行动计划实施方案》和各年度主要污染物总量减排工作计划,要求各地倒排计划,落实攻坚责任,督促加快实施进度,尽早发挥减排效益。同时,强化问责机制,建立和完善减排月报季报、核查、预警、约谈、通报等制度。

(2)突出重点,强化工程减排。浙江省以重点流域、重点区域、重点行业

和重点企业污染整治为突破口,坚决落实结构减排、工程减排和监管减排三大措施,每年落实减排项目超过 1000 个,并对项目的落实情况进行督促检查。同时,要求各地增加计划外减排项目,以消化经济超预期增长所产生的污染物增量。

(3) 控制增量,推进结构减排。以环境功能区划、规划环境影响评价和项目环境影响评价为依托,严格实行空间准入、总量准入、项目准入"三位一体"的环境准入制度,坚决防止产能过剩,从源头上控制"两高一资"行业过快增长。坚决淘汰落后产能,倒逼重污染行业结构调整,削减存量,腾出环境容量。以"811"环境保护新三年行动①为载体,全面推进重点区域、流域、行业、企业污染整治。积极发展循环经济,推行清洁生产,努力推动建立以低消耗、低排放、高效率为基本特征的工业循环经济发展模式。

(4) 严格执法,加强监管减排。联合有关部门开展了整治违法排污企业保障群众健康环保专项行动工作。组织开展了"红五月"、"钱江 1 号"、"2+1"等环保专项执法检查行动,重点对污水处理厂、电厂脱硫设施建设运行情况和市控以上污染源减排情况等进行全面检查。加大对国控、省控重点源的突击抽查与节假日、夜间巡查的频次,加大"飞行监测"监测频次。狠抓一批环境违法案件,据统计,浙江省 2010 年前三季度共完成行政处罚案件 7013 件,罚款数额达 2.87 亿元,个案处罚数额 4.10 万元,与 2009 年同期相比分别增加 52.4%、90.9% 和 25.3%。此外,还全面加强大气环境监管,抓好上海世博会空气质量保障工作,确保环境安全。

(5) 制定预案,实施预警调控。制定了《浙江省主要污染物减排应急预案》,各设区市也都制定了预警调控方案并适时启动。加强了减排形势分析,按月分析重点减排项目进展情况,实行减排月调度制度。对污染减排不减反增的市发出红色预警,对低于全省平均水平的市发出黄色预警。对完成"十一五"时期减排目标有困难的,坚决采用限产、轮产、停产等非常规手段,确保任务完成。

(6) 完善制度,推进机制创新。制定了污染减排统计、监测、考核和管理 4 个实施办法,建立了污染源台账、污染减排月报季报和半年报、季度减排形势分析、污染减排预警和约谈等多项制度。出台了《关于积极运用价格杠杆促进浙江省环境保护的意见》、《关于开展排污权有偿使用和交易试点工作的指导意见》、《浙江省排污权有偿使用和交易试点工作暂行办法》,为浙江省排污权有偿使用

---

① "811"环境保护新三年行动计划(2008—2010 年)是在原"811"环境污染整治行动(2004—2007 年)基础上的进一步深化。"8"指的是 8 个方面的目标和 8 个方面的任务;"11"一方面是指强化环境法治、完善环保基础设施、发展环保产业等 11 项政策保障措施,另一方面也是指省级督办的 11 个重点环境问题。

和交易提供了法规和政策制定的依据。制定了《浙江省跨行政区河流交接断面水质考核管理细则（试行）》，实行地表水环境质量与污染减排、生态环保财力转移支付、建设项目行政许可"三挂钩"制度，有效落实了地方政府保护辖区水环境的责任。同时，努力引入市场机制，多方筹措减排资金。

第二节 浙江省"十二五"时期节能减排形势分析

2011年，浙江省单位GDP能耗降至0.59吨标准煤，比2010年下降3.1%，在全国仅次于北京、广东，排名较2010年上升一位。在占全省能源消费总量70%以上的工业领域，重点监测的32种高能耗产品，有14种单位能耗处于国内领先地位，可持续发展能力有了新的提高。然而，"十二五"时期，浙江省经济发展进入加速转型期，社会建设进入整体推进期，既面临难得的历史机遇，也面对诸多可以预见和难以预见的风险挑战。节能减排工作要求更高，难度更大，形势仍然相当严峻。因此，未来一段时间，浙江省必须在大力发展经济的同时，通过强化能源消费总量和消费强度"双控"管理，加快推进结构调整，大力扶持现代服务业发展等方式继续深化节能减排工作，促进区域经济向低碳方向发展。

一、浙江省"十二五"时期节能减排战略背景

1. 浙江省"十二五"时期节能减排目标分析

"十一五"时期，浙江省以年均增长7%的能源消耗支撑了年均11%的经济增长，能源利用水平和生态环境综合指数位居全国前列。"十二五"时期，是浙江省工业化、城镇化和现代化的快速推进期，而与经济总量持续扩大相伴左右的是资源短缺和环境承载力不足的困境。按照国家"十二五"时期的节能指标分解方案，浙江省确定为一类地区，"十二五"期间，浙江省单位GDP能耗下降18%，高于全国平均水平2个百分点，节能的起点更高，难度更大，紧迫性更强（表5-9）。因此，今后浙江省应加强对能源"双控"工作实施情况的跟踪分析，开展中期评估，进一步完善政策措施。同时，加大节能新技术、新产品的推广力度，大力发展低能耗、高附加值产业，继续全面推进工业、建筑、交通、商业和民用等重点领域的节能工作。通过积极优化用能、全面节约用能、淘汰落后用能、调控新增用能、拓展清洁用能和保障民生用能等多个途径，全面推进节能降耗工作。

表 5-9　国务院下达的浙江省"十二五"时期节能减排任务

项目	"十一五"时期		"十二五"时期		2006~2015 年累计	
单位 GDP 能耗降低率/%	20.01		18		34.41	
COD 排放总量控制计划/万吨	2010 年		2015 年		2015 年比 2010 年/%	
	排放量	其中：工业和生活	控制量	其中：工业和生活	增加或减少	其中：工业和生活
	84.2	61.4	74.6	53.7	-11.4	-12.5
NH₃-N 排放总量控制计划/万吨	2010 年		2015 年		2015 年比 2010 年/%	
	排放量	其中：工业和生活	控制量	其中：工业和生活	增加或减少	其中：工业和生活
	11.84	8.96	10.36	7.84	-12.5	-12.5
SO₂ 排放总量控制计划/万吨	2010 年排放量		2015 年控制量		2015 年比 2010 年/%	
	68.4		59.3		-13.3	
NO$_x$ 排放总量控制计划/万吨	2010 年排放量		2015 年控制量		2015 年比 2010 年/%	
	85.3		69.9		-18.0	

资料来源：国务院《"十二五"节能减排综合性工作方案》（国发〔2011〕26 号）

从国务院下达的指标来看，浙江省"十二五"期间节能减排任重而道远。首先是浙江省面临的经济发展与污染排放总量约束之间的矛盾日益突出，其次是工程减排空间越来越小，最后是产业结构调整和升级还需要较长时期才能完成。因此，在"十二五"期间节能减排过程中，浙江省必须综合考虑各地的环境容量和环境承载力，把总量控制目标与环境质量和环境功能区要求、经济社会发展水平相挂钩，按照减排指标差别化原则，制订减排行动计划和实施方案，并将目标任务分解落实到各地区、部门、行业、重点企业和项目，才能确保节能减排总体目标的顺利完成。

2. 浙江省"十二五"时期节能减排面临的挑战

"十二五"时期，浙江省经济发展将进入加速转型期，工业化和城镇化进程将进一步加快，经济发展与资源能源节约和污染排放总量约束之间的矛盾日益突出，传统增长模式面临新挑战。

（1）节能方面面临的主要挑战：①浙江省万元生产总值能耗水平已居全国领先水平，进一步大幅度降低能耗的空间相对较小。②产业结构难以在短期内发生较大变化，结构节能贡献难以显现。③工业特别是高耗能行业节能潜力得到了较大程度的挖掘，工业能源利用效率提高幅度难度加大。④居民生活用能年均保持两位数的增长幅度，用能需求持续刚性增加。

（2）减排方面面临的主要挑战：①随着浙江省经济持续回升，污染物排放也相应增加，减排难度持续增加。②工程减排的空间越来越小。在 SO_2 减排方面，浙江省 12.5 万千瓦以上燃煤发电机组已全部建成脱硫装置，已没有大型脱硫工程。在 COD 减排方面，浙江省已在全国率先实现了县级以上城市污水处理厂全覆盖，进一步提高污水收集率难度将会更大。③产业结构调整的进度仍然滞后于污染减排的要求，结构减排要发挥作用还需较长时期。④部分减排项目尚未充分发挥效益，部分企业污染物排放达标率不稳定，甚至存在超标排放等环境违法行为。

此外，"十二五"期间，浙江省还要新增一批临港重化工项目，必然会增加能源资源消耗和污染物排放量，使节能减排形势更为严峻①。

二、浙江省"十二五"时期节能降耗潜力分析

"十一五"时期以来，浙江省全面推进工程减排、结构减排和监管减排，污染减排各项工作都取得了积极进展。在保持经济平稳较快增长的同时，有效控制了能源消耗和污染排放总量，生态环境质量稳中向好，继续位居全国前列，全面完成了国家下达的下降 20% 的节能目标。但是"十一五"时期节能成效是在采取一系列应急的高压措施下取得的，基础很不稳固，且受到多方制约，形势依旧严峻。"十二五"期间，浙江省高耗能行业节能潜力将继续缩小，仅仅依靠提高高耗能行业能源利用效率推动全社会节能的模式已较难维系，必须充分挖掘产业结构调整潜力，提高产业结构调整对节能的贡献程度。

1. 发展循环经济有利于节能

节能不仅需要直接减少能源消耗，提高能源利用效率，更重要的是通过资源的节约和循环利用，减少耗能产品和资源的使用，从源头控制能耗的过快增长。例如，在建筑领域，开展资源循环利用或通过新型建筑材料的替代应用减少水泥和钢材的消耗，可以有效控制水泥、钢铁行业过快增长从而达到节能目的；在办公领域，加快无纸化办公或废纸再利用进程，可以减少纸张消耗，控制造纸行业过快增长。大力发展循环经济，加强资源综合利用和再生利用不仅是对资源的一

---

① 赵晔娇等. 经济优等生应对节能减排大考，浙江十二五重拳调结构. 中国新闻网. http://www.chinanews.com/df/2011/04-15/2977186.shtml，2011 年 4 月 15 日.

种节约，同时也减少了资源加工过程中的能源消耗。

2. 三次产业结构节能潜力较大

按可比价计算，第三产业比例提高 1 个百分点，第二产业比例下降 1 个百分点，可以拉动单位 GDP 能耗下降 1 个百分点。2010 年，浙江省第三产业占比为 42.7%（按 2005 年不变价格计算），比第二产业比例低 10.2 个百分点。"十二五"规划建议提出加快发展现代服务业、转变经济发展方式的主要任务。至 2015 年，如果确保比 2010 年第三产业比例提高 5 个百分点，第二产业比例下降 5 个百分点，则能拉动单位 GDP 能耗下降约 5 个百分点。

3. 工业内部结构节能有待深入挖掘

2010 年，浙江省八大高耗能行业和装备制造业万元增加值能耗分别为 2.17 和 0.40 吨标准煤，八大高耗能行业比例每下降 1 个百分点，可以拉动单位工业增加值能耗下降 1.6 个百分点，单位 GDP 能耗下降近 1.0 个百分点。尽管"十一五"期间非金属矿物制品、纺织和化纤等高耗能行业比例在下降，但总体来看，装备制造业和高新技术行业发展仍滞后，高耗能行业比例仍有一定的下降空间。"十二五"规划提出加快推进工业现代化，积极发展先进装备制造业的任务，如能切实完成这一任务，继续提高装备制造业和高技术行业比例，降低高耗能行业比例，工业内部结构调整将成为"十二五"时期节能的主要方式之一。

4. 高耗能行业节能仍有潜力可挖

高耗能行业在"十一五"期间经历能效大幅提高的过程，对全社会节能贡献较大，"十二五"期间节能潜力有所缩小。一是落后产能淘汰工作完成较好，如小火电机组和水泥机立窑已经全部淘汰，钢铁行业小高炉也已基本淘汰，通过淘汰落后产能促进能效大幅提高的潜力有所缩小；二是技术节能潜力缩小，几个主要产品单耗均达全国先进水平，2010 年，吨水泥综合能耗、电厂火力发电标准煤耗和吨钢综合能耗分别为 67.2 千克标准煤/吨、296.1 克标准煤/千瓦时和 530.8 千克标准煤/吨，比全国平均水平分别低 17.8 千克标准煤/吨、16.7 克标准煤/千瓦时和 45.8 千克标准煤/吨，通过技术改造投入促进能源利用效率提高的边际收益大为缩小。"十二五"期间，要继续发挥高耗能行业节能作用，必须加强节能精细化管理，从以下三个方面着手挖掘高耗能行业节能潜力。

（1）行业内部结构节能。火电行业抽凝机组发电煤耗约 400 克标准煤/千瓦时，远高于全省平均水平，抽凝机组在火电机组中占比仍达50%左右，逐步替代抽凝机组有助于降低发电煤耗。百万千瓦以上机组发电煤耗约270克标准煤/千瓦时，低于全省平均水平，"十二五"期间，通过陆续上马百万千瓦以上机组也能拉动发电煤耗下降。在水泥行业继续减少水泥熟料产量，增加外购量，能大幅降低水泥行业单位增加值能耗，这既是浙江省石灰石资源日益匮乏的客观要求，也是继续提高该行业能源利用效率的重要手段。

（2）提升传统优势行业。浙江省高耗能行业中纺织、化学原料和化学纤维属于传统优势行业，但多数产品仍处在产业链和价值链的低端，企业主要依靠低成本、低价格竞争，产业层次低，工业增长主要依靠物质资源消耗支撑，增加值率均低于浙江省平均水平。加快提升传统行业附加值，也能拉动工业能源利用效率提高。

（3）继续加大节能技术改造力度。例如，火电行业中还存在不少中温中压锅炉，热效率较低，通过锅炉技术改造能拉动发电煤耗的下降。加强重点行业节能改造和推广先进节能技术、产品的应用仍能实现一定的节能效果。

5. 改善火电机组品种结构有利于节能

火电机组中，燃气机组平均发电煤耗约比燃煤机组低60克标准煤/千瓦时。2010年，我国浙江省6000千瓦及以上机组中，燃煤机组占比达58.7%，燃气机组仅占7.3%，日本和韩国2006年燃气机组占比已分别达24.1%和18.1%。"十二五"期间进一步提高燃气机组比例，能有效降低发电煤耗，提高能源利用效率。

三、浙江省"十二五"时期节能减排思路及对策措施

（一）浙江省"十二五"时期节能减排思路

"十二五"期间，浙江省要全面完成单位GDP能耗累计下降18%的节能目标，面临比"十一五"时期更为严峻的挑战。一是从浙江省经济社会发展所处的阶段看，虽然进一步降低国民经济能耗强度还有潜力，但其艰巨性要远大于"十一五"时期。二是浙江省要实现全面建设小康社会的目标，实现可持续发展，须摆脱以化石燃料为主的能源消费结构。能源供应要从简单满足经济发展的基本需求为目标，转向在满足需求的基础上，进一步提高能源利用效率、重视环境效益的双重目标。这就意味着能源发展的目标要实现从"量"到"质"的转变。三是如何满足小康社会对能源、环境的要求，面临着巨大挑战。随着人民生活水平的提高和消费结构的升级，能源的需求结构将发生重要变化，尤其是交通

部门、建筑物的能源需求增长率将高于同期全社会和工业部门的增长速度。

(二) 浙江省"十二五"时期节能减排对策措施

"十二五"时期,浙江省必须坚持"节能优先、结构多元、环境友好"的可持续发展战略,结合"十一五"时期取得的宝贵经验,用统筹的理念、协调的方法来谋划和推进节能减排。具体对策措施如下:

1. 节能降耗方面

按照"调整优化产业结构、推动节能技术进步、加强节能管理"的思路,综合运用法律、行政、经济、技术等手段,建立起比较完善的节能法规标准体系、政策保障体系、监督管理体系和技术支撑服务体系。

(1) 建立和完善节能政策法规体系,健全节能工作责任制

继续加快推进节能法规政策标准体系建设,通过建章立制,努力将节能工作纳入法制化、规范化的轨道。继续制定、修订一批节能法规政策,进一步完善节能标准体系,加快制定能耗限额标准,提高能耗限额标准覆盖面,为节能执法稽查及考核工作提供依据。继续加强能源统计和能源计量基础工作,着力加强各级节能行政管理和执法监察机构建设,为节能工作提供有力保障。

把单位地区生产总值能耗下降继续作为约束性指标纳入国民经济和社会发展规划,明确目标、任务和要求,并将指标科学合理地分解到各级、各部门和各重点用能单位,逐级签订节能目标责任书。同时,完善评价考核办法,强化目标责任考核,严格实行"一票否决制"和"行政问责制"。

(2) 进一步优化产业结构,加快现代产业体系建设

浙江省已初步进入工业化后期的初级阶段,加快第三产业发展,适当降低第二产业比例的条件已初步具备。"十二五"规划建议提出加快发展第三产业的目标任务,应充分抓住这一机遇,大力培育和发展新能源、物联网、节能环保等战略性新兴产业,做强、做优先进装备制造业,着力改造和提升传统优势产业,加快发展生产性服务业。

建立以先进制造业和先进生产性服务业为主,以低能耗、低排放、低污染为基本特征的现代工业体系,使三次产业结构升级成为"十二五"时期节能降耗的主要途径之一。一是要顺应工业化趋势,加快发展生产性服务业,鼓励大中型制造业企业生产服务剥离外包,推动先进制造业和现代服务业共同发展,不断提高第三产业在国民经济中的比例。二是要结合城市化进程,加快发展小城市和中心镇服务业。三是要加快发展信息传输、计算机服务和软件业、文化传媒、金融保险、物流、会展、咨询服务及旅游业等新型第三产业,培育一批以第三产业为

支柱的产业,切实提高第三产业比例。同时,要进一步加大淘汰落后产能工作力度,进一步健全淘汰落后工作推进机制,建立落后产能企业名单公告制度,探索建立规范科学的落后生产能力界定标准和落后产能退出补偿机制,不断推动传统产业结构的优化升级。

(3) 优化高耗能行业内部结构,控制高耗能行业过快增长

一是继续加快高耗能行业规模结构调整,提高落后产能淘汰标准,推动"上大压小",以先进产能替代落后产能,在提高能源利用效率的同时确保产业有序发展。二是继续加快产品结构调整,控制水泥熟料、生铁等高耗能产品产量过快增长。三是继续加快能源循环利用,除水泥、钢铁行业外,在化工、医药等行业也要陆续开展余热、余能回收利用工作。四是继续加快节能技术改造和节能新技术应用,有效降低单位产品能耗。五是加快纺织、化工和化纤等能耗较高的传统优势行业转型升级,采取有力措施拓展产业链、提高产品附加值。2010年9月,国家发改委发布《固定资产投资项目节能评估和审查暂行办法》,将节能评估范围提高到年耗能1000吨标准煤以内。浙江省应在此基础上,扩大节能评估范围,提高节能评估标准,从源头控制高耗能行业发展,进一步发挥工业结构变化对能效改进的积极作用。

(4) 大力发展新能源和可再生能源,推进节能技术进步

加快风能、核能、潮汐能和太阳能的开发利用,增加可再生发电量,能确保电力供应,为火电机组淘汰落后产能创造空间,提高火电发电效率。同时还能够减少煤炭消费,为完成"十二五"时期降低碳排放,提高非化石能源比例的目标做出重大贡献。此外,浙江省天然气完全靠外省供给,因此天然气发电受到较大制约。天然气由于发电效率高,在国外属于发电常用燃料之一。"十二五"期间,我国将形成"西气东输、北气南下、海气登陆、就近外供"的供应格局。浙江省应抓住这一机遇,拓宽天然气供应渠道,提高高效燃气发电机组比例,有效降低发电煤耗。

加大节能改造的各级财政资金扶持力度,充分发挥财政资金"四两拨千斤"的功效,引导和带动节能改造的社会投资。进一步建立和完善节能新技术、新产品推广应用体系,继续发布《浙江省节能技术、产品推广导向目录》,对节能效果好、行业推广前景好的新技术和运用广泛的新产品予以重点扶持。组织实施重点节能改造工程、节能技术产业化示范工程、节能产品惠民工程、合同能源管理推广工程。加大高效节能家电、汽车、电机、照明产品等的推广力度。

(5) 依法加强监管,合理控制能源消费总量

充分发挥能源管理信息系统作用,对重点用能单位能源利用状况实行月报制度,进行动态监管。组织协调各级能源监察机构依法加大对重点用能单位监察力

度，督促企业落实节能降耗措施，加强和改进内部节能管理，实行"能管员"持证上岗制度，帮助企业查找节能潜力，分析节能措施，促进企业节能降耗工作。开展重点用能单位主要产品能耗限额标准执行情况专项监察，对超过省能耗限额标准的企业，将根据《浙江省超限额标准用能电价加价管理办法》对其实行惩罚性电价。按照《浙江省固定资产投资项目节能评估和审查管理办法》要求，要控制新建高耗能项目，提高产业准入门槛。同时，要通过严控工业、建筑、交通、公共机构等重点领域的用能增量，优化存量，切实改变敞开口子供应能源、无节制使用能源的现象。实现以较低的能源消费增速支撑较快的国民经济增速。

(6) 不断拓展节能领域，增强全社会的节能意识

实现节能工作从工业等重点领域向建筑、交通运输、商业及民用节能等社会各领域的深化推进，通过严格执行能耗限额标准、拓展能效对标活动，推动新建建筑严格执行节能标准，加快既有建筑节能改造。提高汽车燃油经济性标准，发展节能型综合交通运输体系。加强公共机构节能，切实提高公共机构能源利用效率，形成节约型公共机构的长效机制。

要把提高公众节能意识作为一项重要工作抓实、抓好。尤其要注重提高各级政府领导、企事业单位决策者的节能意识，逐步建立一支具有较高节能意识的干部队伍。充分利用广播、电视、报纸、网络、宣传栏等多种渠道和形式，对社会各阶层进行节能方面的宣传活动，宣传落实节能的各项方针政策，进一步增强全社会的能源忧患意识和节约意识，弘扬健康文明、节约环保的消费模式和生活习惯，使节能低碳和绿色消费成为每个单位、每个家庭、每个社会成员的自觉行动。要建立公众和企业参与的激励机制，发挥公众参与和公众监督的作用，构筑良好的节能文化环境，努力营造全社会节能的良好氛围。

2. 污染减排方面

根据国家要求，在"十一五"时期 COD 和 SO_2 两项主要污染物指标的基础上，将 $NH_3\text{-}N$ 和 NO_x 纳入"十二五"时期总量控制指标体系。水污染物总量控制方面，在"十一五"时期工业和城镇生活源的基础上，"十二五"时期增加对农业源的污染控制；大气污染物总量控制方面，在电力和非电行业的基础上，"十二五"时期将交通运输行业 NO_x 排放纳入总量控制范围。主要措施包括以下四个方面。

(1) 加强综合减排政策引领

综合运用标准引导、准入把关、政策促动等综合手段，充分发挥环境保护技术法规政策等的效力，加快经济发展方式转型。全面加强数据统计、信息集成、

形势分析等基础工作，建立健全数据台账、环境形势分析、舆情收集、调查研究等一系列制度，建立健全环境保护数据库，夯实宏观决策咨询论证的基础。修订完善《浙江省建设项目环境保护管理办法》，大力完善空间、总量、项目"三位一体"的环境准入制度。重点以 14 个省级产业集聚区①建设为契机，确保规划布局、总量控制、项目把关三到位。加强环境资源成本调控，运用市场机制原理，有效促进环境保护工作，加强环境经济政策的杠杆调节功能。继续完善落实排污权有偿使用和交易等制度，强化环境经济政策的导向功能，在规范市场主体环境行为的同时，为污染减排提供政策引领。

(2) 明确减排目标与重点

以保护和改善环境质量为目标，以加快经济发展方式转变为立足点，强化结构减排、深化工程减排、实化监管减排、依靠科技减排，提高减排可达性。积极顺应宏观经济政策导向、节能减排重大战略、产业布局和结构调整要求，从源头预防、过程控制、末端治理等环节实行全过程的主要污染物总量控制。坚持以项目为支撑，遵循总量控制、质量指导方针，明确减排的载体依托和主攻重点，统筹推进工业、农业、生活、交通运输等各个领域的减排工作，着力挖掘减排的深度，拓展减排的范围，提升减排的实效。全面加强畜禽养殖业污染防治，以满足土地消纳能力和水环境功能区达标为前提，以畜禽排泄物资源化利用为主要途径，建立健全区域和总量双控制制度。

(3) 健全减排统计监测机制

健全污染减排工作手段，进一步提高减排的约束性、可控性、权威性。强化减排"三大体系"建设，不断完善减排统计、监测、核查、预警、考核和公告等制度，构筑可靠的减排运行管理框架。创新减排工作机制，强化排污许可证管理，积极推进污染源综合管理信息系统建设，深化排污权有偿使用和交易试点工作。强化执法监管，加大现场核查、专项稽查力度，改进减排核查方式；完善核查核算技术规范，制定造纸、印染、皮革等行业主要污染物排放核查细则，为提高减排认可率提供支撑。

(4) 建立污染减排联动机制

继续完善法律保障，扎实开展《浙江省机动车排气污染防治条例》前期调研工作，不断夯实法制基础。深化排污权有偿使用和交易试点，出台排污权交易资金收支、价格管理等相关配套政策，建立和完善省级层面试点的排污权总量监

---

① 根据《浙江省产业集聚区发展总体规划（2011—2020 年）》，浙江省将布局 14 个省级产业集聚区，包括杭州大江东产业集聚区、宁波杭州湾产业集聚区、绍兴滨海产业集聚区、衢州产业集聚区、台州湾循环经济产业集聚区等。

管体系、交易平台体系和交易信贷体系。严格落实跨行政区域河流交断面水质保护考核机制,全面构筑流域管理基本制度。全面推进减排现场核查检查技术方法等制度,为建立全方位的环境管理体系夯实基础。积极借助生态建设办公室、节能减排办公室等平台,加强综合协调和统筹统揽,进一步借力借势,凝聚各级党委政府、人大、政协、部门单位、新闻媒体及社会各界力量,丰富上下联动、部门联动、社会联动的形式,共同推动污染减排工作落实。充分发挥考核杠杆作用,以污染减排和生态省考核为重点,全面建立地方政府环境负责制和部门分工合作制。正确调动和运用督查监督,依托人大法律监督、政协民主监督、新闻舆论监督和社会公众及信访监督,营造全社会监督参与污染减排的氛围。

第三节　浙江省能源利用状况与碳排放分析

一、浙江省能源利用状况分析

"十一五"时期,浙江省围绕"十一五"规划中全省单位GDP能耗下降20%的节能目标,以提高能源利用效率为核心,将"十一五"时期节能降耗目标进行层层分解,制定了节能降耗年度推行计划和各市的年度节能目标,并加强对各级、各部门和各重点用能企业的节能目标完成情况的考核和督查,顺利完成各项节能任务,浙江省能源利用状况得到明显改善。

(一) 能源生产与供应情况

2010年,浙江省一次能源生产总量为1490万吨标准煤(等价值),比2006年增长22.5%。净调入和进口能源15 211万吨标准煤,比2006年增长15.5%。"十一五"时期,浙江省一次能源生产总量远远小于净调入和进口能源总量,但是其增幅却大于后者。

1. 一次能源自给率较低

煤炭、石油和天然气:2010年,共调入和进口煤炭13 985万吨,比2006年增长23.6%;原油2826万吨,比2006年增长33.5%;天然气31.8亿米^3,比上年增长67.2%(图5-1)。"十一五"时期,浙江省煤炭、石油和天然气基本依靠外省调入和进口,而且增长幅度较大,一次能源自给率较低的局面依然没有改变。

核能与水能:至2010年年底,浙江省核电总装机容量374万千瓦,比2005年增长22%;年发电量257亿千瓦时,比2005年增长13.7%。水电装机容量

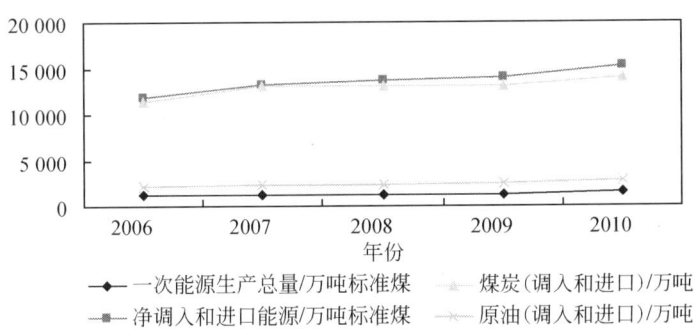

图 5-1　浙江省"十一五"时期一次能源生产及调入进口情况

资料来源：根据 2006~2010 年《浙江省能源与利用状况》（白皮书）整理而成。

661 万千瓦，比 2005 年增长 24.2%；年发电量 193 亿千瓦时，比 2005 年增长 103%（表 5-10）。

表 5-10　浙江省"十一五"时期核能与水能状况

年份		2006	2007	2008	2009	2010
核能	总装机容量/万千瓦时	—	—	307	307	374
	年发电量/亿千瓦时	—	—	238	240	257
水能	总装机容量/万千瓦时			589	649	661
	年发电量/亿千瓦时			114	122	193
	抽水蓄能电站总装机容量/万千瓦时			300	308	
	抽水调峰机组年发电量/亿千瓦时			32.7	29.7	—

资料来源：根据 2006~2010 年《浙江省能源与利用状况》（白皮书）整理而成

2. 二次能源生产规模不断扩大

受资源禀赋的限制，浙江省一次能源产量不到能源消费总量的 10%。为保障经济社会发展和居民生活所需的能源，浙江省通过不断扩大二次能源生产规模，并加快大型发电机组建设和淘汰小火电、完善统调燃煤机组有序调停、推进炼油企业技术改造等措施，有效提高了能源加工转换企业的加工转换效率。

（1）电力生产。2010 年，浙江省电力总装机容量 5728 万千瓦，比 2006 年增长 22.2%。总发电量 2568 亿千瓦时，比 2006 年增长 49.3%，其中，6000 千瓦及以上发电机组发电量 2503 亿千瓦时，比 2008 年增长 19.8%（图 5-2）。

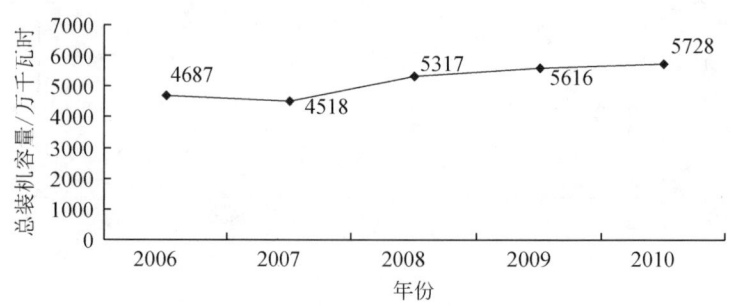

图 5-2　浙江省"十一五"时期电力总装机容量

资料来源：根据 2006~2010 年《浙江省能源与利用状况》（白皮书）整理而成。

（2）热电联产。2010 年，地方热电联产企业年发电量 172 亿千瓦时，比 2006 年减少 44.8%；年集中供热量 3.2 亿吉焦，比 2006 年增长 6.7%（图 5-3）。

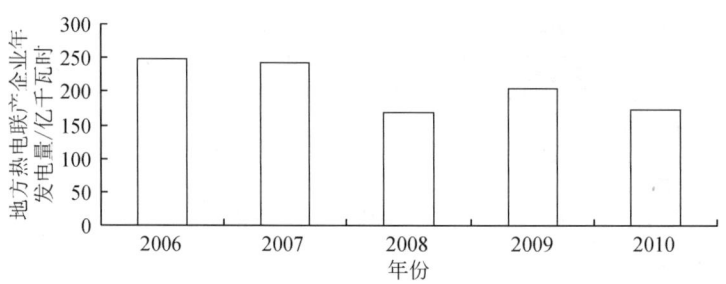

图 5-3　浙江省"十一五"时期地方热电联产企业发电量

资料来源：根据 2006~2010 年《浙江省能源与利用状况》（白皮书）整理而成。

（3）原油加工生产。2010 年，浙江省加工原油 2832 万吨，比 2005 年增长 34%；生产各类成品油及石油制品 2965 万吨，比 2005 年增长 39%。

3. 可再生能源发展迅速

"十一五"期间，浙江省出台了《关于加快光伏等新能源推广应用与产业发展的意见》、《浙江省风力发电计划实施方案》等一系列扶持政策，加快发展和推广应用可再生能源。

风能利用：2010 年，浙江省已建成投产风力发电总装机容量 24.9 万千瓦，比 2006 年增长 4.7 倍。风力发电量 4.7 亿千瓦时，约为 2006 年的 10 倍。"十一五"时期，浙江省风能开发利用速度保持快速增长态势（图 5-4）。

太阳能利用：2010 年，浙江省已建成投产的光伏利用示范项目装机容量为

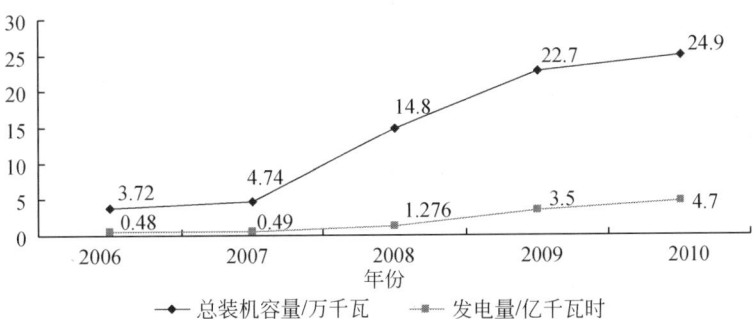

图 5-4　浙江省"十一五"时期风能发电情况

资料来源：根据 2006~2010 年《浙江省能源与利用状况》（白皮书）整理而成

2.96 万千瓦，比 2009 年增长 5.7 倍；累计推广太阳能热水器 920 万米^2，比 2006 年增长 2.3 倍。

垃圾焚烧发电：2010 年，浙江省已建成投产的垃圾焚烧发电机组装机容量 33.3 万千瓦，比 2006 年增长 76%；年发电量约 20.1 亿千瓦时，比 2006 年增长 60%（图 5-5）。

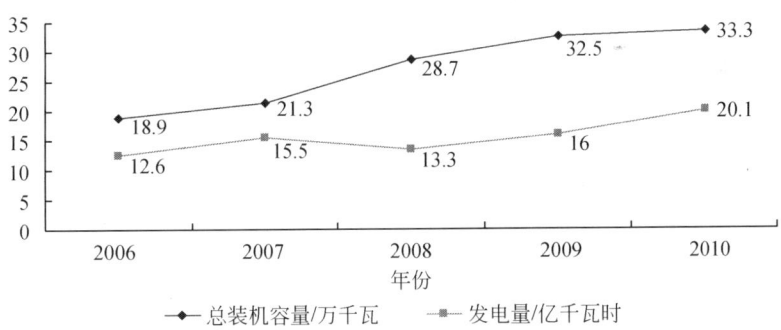

图 5-5　浙江省"十一五"时期垃圾焚烧发电情况

资料来源：根据 2006~2010 年《浙江省能源与利用状况》（白皮书）整理而成

农村生物质能：2010 年，浙江省农村地区生产、生活用能中，秸秆和薪柴消费分别折合标准煤 57.8 和 95.6 万吨。其中薪柴消费比 2006 年减少了 41%。沼气用户由 2005 年的 9 万户增加到 14.4 万户，大中型沼气工程 7240 处，年产沼气 1.7 亿米^3，折合标准煤 10.3 万吨。农村清洁能源利用率由 2006 年的 52% 提高到 66%（图 5-6）。

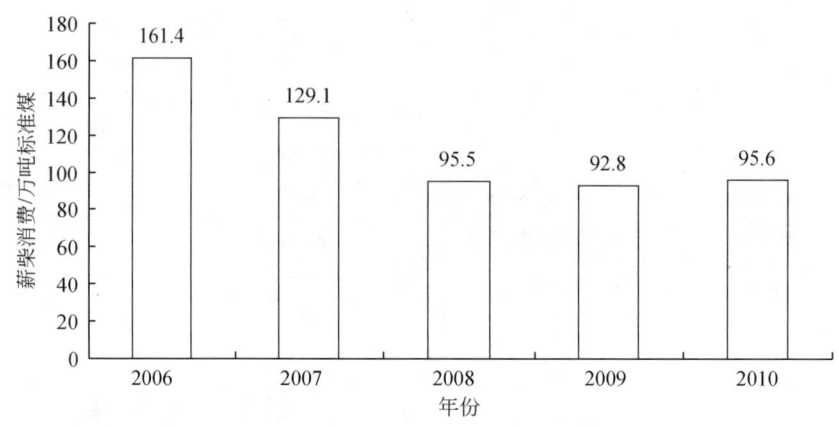

图 5-6　浙江省"十一五"时期薪柴消费情况
资料来源：根据 2006~2010 年《浙江省能源与利用状况》（白皮书）整理而成

（二）能源消费状况

1. 能源消费总量过快增长势头得到明显抑制

随着社会经济的快速发展，浙江省能源消费总量逐年扩大，"十五"期间，全省能源消费总量年均增幅达到 16.5%。进入"十一五"时期以来，浙江省通过层层签订落实目标责任制，建立严格的问责制度和有效的激励机制，积极推进结构调整，大力推进技术节能，深入开展全面节能行动等措施，能源消费总量过快增长势头得到明显抑制，增幅与往年相比有明显回落。尤其是 2008 年和 2009 年，全省能源消费增幅仅为 4.0% 和 3.0%，为近 10 年来最低增幅。"十一五"时期，全省能源消费总量的年均增幅为 6.3%，较"十五"时期下降 10.2 个百分点，能源消费增速得到有效控制（图 5-7）。

2010 年，浙江省能源消费总量为 16 865 万吨标准煤，比 2006 年增长 27.5%。其中，煤炭消费 13 950 万吨，比 2006 年增长 23%；石油及制品消费 2518 万吨，比上年增长 30%；天然气消费 31.8 亿米^3，比 2007 年增长 75.7%；电力消费 2821 亿千瓦时，比 2006 年增长 47.8%，其中水电、核电、风电消费 485 亿千瓦时，比 2008 年增长 25.6%。

2. 能源品种消费结构仍以煤炭为主

煤炭占 61.3%，比 2006 年下降 0.2 个百分点；石油占 22.1%，比 2006 年上升 0.7 个百分点；天然气占 2.4%，比 2006 年上升 1.3 个百分点；水电、核电、

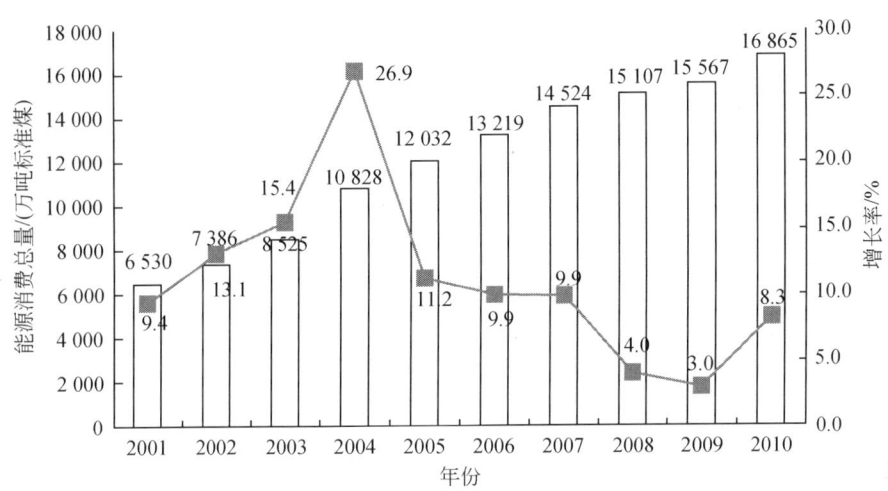

图5-7 浙江省2001~2010年能源消费总量变动情况
资料来源：2002~2011年《中国能源统计年鉴》

风电占8.8%，比2006年下降0.3个百分点；其他能源品种占5.4%，比2006年下降0.1个百分点。

3. 能源消费产业结构基本稳定

"十一五"期间，浙江省能源消费的产业结构基本稳定，第二产业仍是浙江省能源消费最大的产业，其他依次为第三产业、生活用能和第一产业。2010年，全社会能源消费总量中，第一产业占2.2%，消费369万吨标准煤；第二产业占72.8%，消费12 280万吨标准煤；第三产业占15.1%，消费2543万吨标准煤；生活能源占9.9%，消费1674万吨标准煤（图5-8）。

2010年，浙江省1311家重点工业用能企业能源消费4510万吨标准煤，比2006年减少4.4%；占工业用能的37.8%，比2006年减少10.4个百分点。总用电量553亿千瓦时，比2006年增加0.66%；占工业用电量的25.5%，比2006年减少9个百分点。

4. 能源终端消费结构不断优化

从能源终端消费的品种结构来看，"十一五"期间，通过加快电源和电网建设、实施热电联产改造、扩大天然气供应等措施，不断提高效率较高、污染较轻的清洁能源占终端能源消费结构的比例，使终端能源消费结构逐年优化。

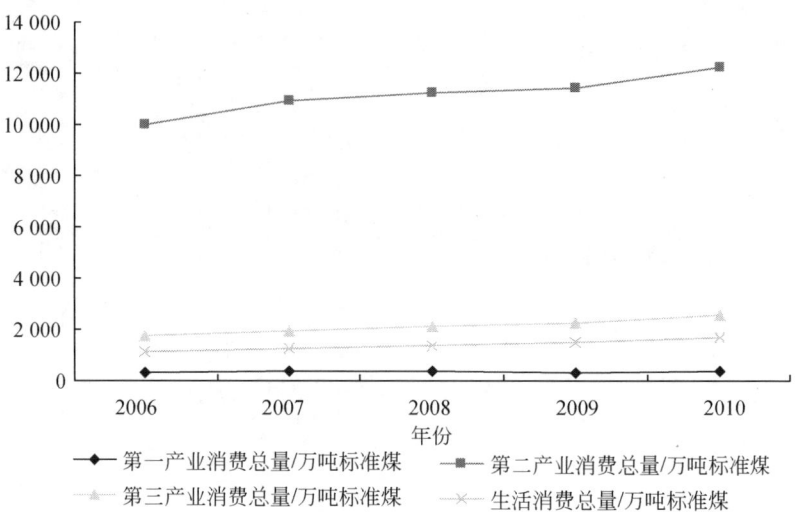

图 5-8 浙江省"十一五"时期三大产业及生活能源消费情况
资料来源:根据 2006~2010 年《浙江省能源与利用状况》(白皮书)整理而成

(三)能源利用状况

1. 单位 GDP 能耗(电耗)整体呈下降趋势

2010 年,浙江省单位 GDP 能耗 0.72 吨标准煤(按 2005 年价格计算),单位 GDP 能耗水平位居全国第四位,继续保持领先,圆满完成年度节能目标和国家下达的"十一五"期间单位 GDP 能耗累计下降 20% 的节能目标。其中,第一产业万元增加值能耗 0.35 吨标准煤,比 2006 年下降 5.4%;第二产业万元增加值能耗 0.99 吨标准煤,比 2006 年下降 18.9%;第三产业万元增加值能耗 0.25 吨标准煤,比 2006 年下降 0.11%。单位 GDP 电耗 1200 千瓦时,比 2006 年下降 0.04%。

2. 能源利用效率稳步提高

进入"十一五"时期以来,浙江省能源利用效率呈稳步提高态势,2010 年到达 40.3%,比 2006 年提高 4.3 个百分点,全省累计节约 3500 万吨标准煤。单位 GDP 能耗逐年下降,2010 年,全省每千克标准煤产出 GDP 13.9 元,比 2006 年上升 19.8%。

从能源消费弹性系数来看,进入"十一五"时期以来,全省能源消费弹性系数逐年降低,从"十五"时期的 0.99 降至"十一五"时期的 0.56,反映了经济增长中能源利用效率不断提高。

3. 人均能源消费水平增长较快

2010年，浙江省人均能源消费3.1吨标准煤，比2006年增长16.5%。其中，人均生活用能308千克标准煤，比2006年增长35%。人均用电5183千瓦时，比2006年增长35%。其中，人均生活用电586千瓦时，比2006年增长44.7%。随着生活水平的提高，生活用能也呈现增长趋势，对节能减排工作形成阻力（图5-9）。

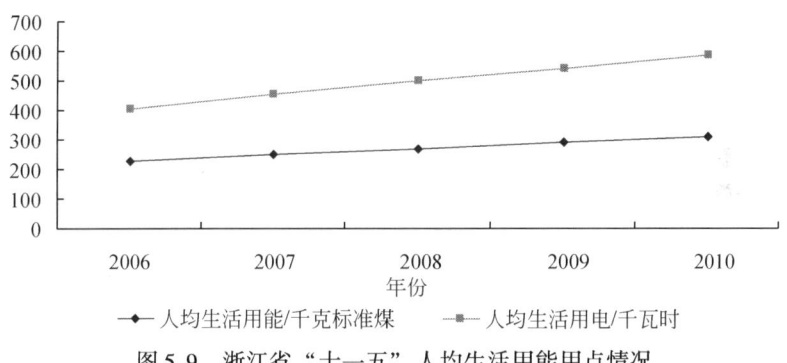

图5-9 浙江省"十一五"人均生活用能用点情况

资料来源：根据2006～2010年《浙江省能源与利用状况》（白皮书）整理而成

4. 重点用能行业和企业能耗水平不断下降

"十一五"末期，重点用能行业中高耗能产品单位能耗与"十五"末比，水泥综合能耗累计下降29.8%，平板玻璃综合能耗累计下降23.6%。火电厂供电标煤耗累计下降12.6%，热电供电标煤耗累计下降26.9%，处于国内领先水平。吨钢可比能耗累计下降8.1%，铝锭综合交流电耗处于国内领先水平。炼油综合能耗累计下降25.4%，成为国内率先进入能耗小于50千克标油/吨的千万吨级炼油厂，炼油综合能耗位居国内中国石油化工集团公司同类型装置第一。离子膜法烧碱产量占浙江省烧碱产量的95%以上，隔膜法烧碱生产工艺基本淘汰。小型合成氨单位综合能耗、电耗继续保持国内领先。

浙江省1311家重点用能企业万元工业增加值能耗为2.07吨标准煤，"十一五"时期累计下降5.5%（图5-10）。

工业用能占浙江省能源消费总量的70%以上，其节能成效对全省节能降耗起决定性作用。"十一五"时期，浙江省把工业领域作为节能的主战场，重点实施千家重点企业节能、淘汰落后产能、改造和提升传统优势产业、加快技术创新等一系列节能工程，取得显著成效。2006～2010年，浙江省规模以上工业单位

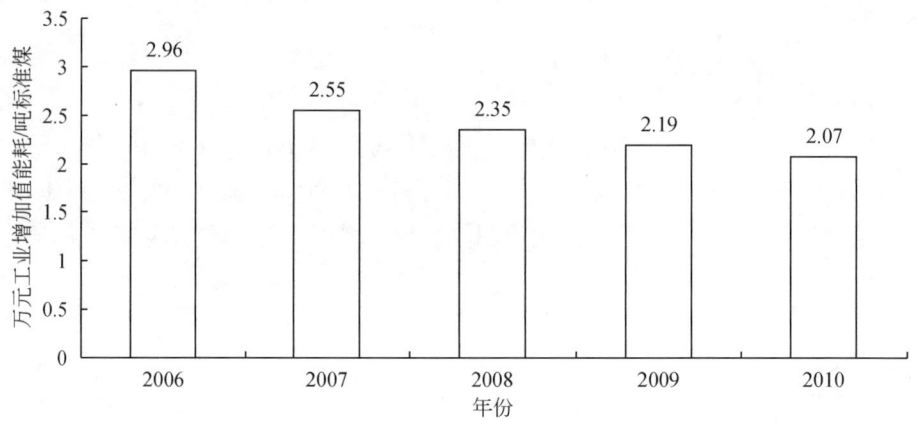

图5-10 浙江省"十一五"时期1311家重点用能企业万元工业增加值能耗情况
资料来源:根据2006~2010年《浙江省能源与利用状况》(白皮书)整理而成

增加值能耗下降幅度较大(图5-11),其中,重点用能企业的节能工作发挥了示范性作用。

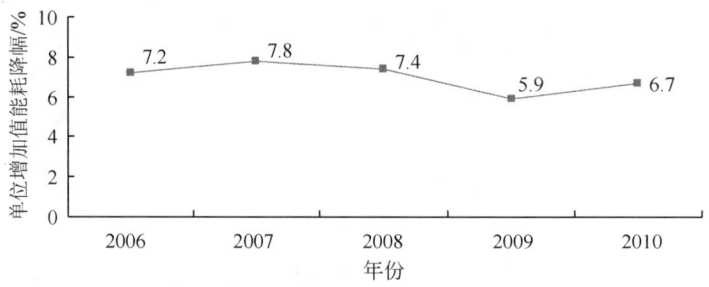

图5-11 2006~2010年规模以上工业单位增加值能耗下降幅度
资料来源:《2010年浙江省国民经济和社会发展统计公报》

二、浙江省能源消费碳排放分析

1. 能源消费总量增速低于GDP增速

自改革开放以来,浙江省走出了一条具有浙江特色的发展路子,取得了举世瞩目的伟大成就,成为全国经济增长速度最快和最富有活力的省份之一,并正向全面小康和社会主义现代化阔步迈进。但在经济高速发展的同时也伴随着能源消费总量的不断增长。其能源消费总量从2001年的$6530×10^4$吨标准煤增加到2010年的$16865×10^4$吨标准煤,其全国占比也由2001年的4.3%增加到2010的5.2%。但其增长速度却越远低于GDP增长速度,与2001年相比2010年浙江省能源消费仅仅增长了1.6倍,而GDP增长却超过3倍。2001~2010年,浙江省以能源消费年平均11.1%的增长速度,支撑了GDP年平均16.9%的增长速度。

2. 能源强度呈下降趋势

2001~2010年,浙江省能源强度整体呈先上升、又下降的变化特点。能源强度从2001年的0.81吨标准煤/万元逐年上升到2004年的0.91吨标准煤/万元;从2005年又开始出现下降趋势,2005~2010年,浙江省能源强度从0.90吨标准煤/万元下降为0.72吨标准煤/万元,降幅达20%,这充分说明"十一五"期间浙江省节能成效显著（图5-12）。

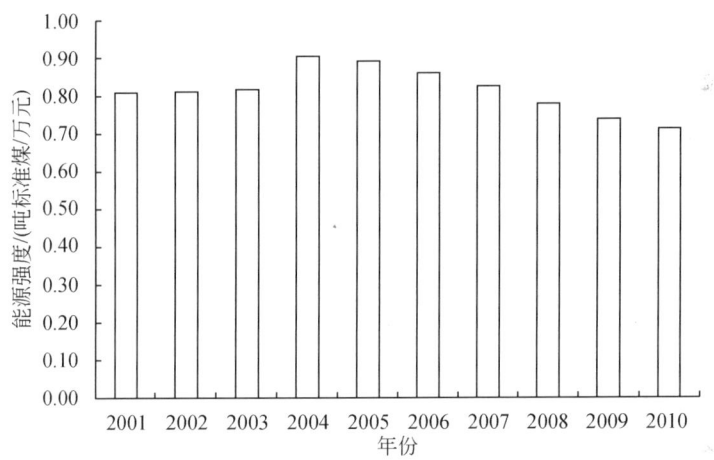

图5-12　浙江省2001~2010年能源强度变化趋势
资料来源:《浙江统计年鉴2011》,2002~2011年《中国能源统计年鉴》
注:GDP以2005年不变价格计算

3. 碳排放总量呈逐年增长态势

图5-13显示了2001~2010年浙江省碳排放总量、能源消费总量及GDP变化情况。样本期间浙江省碳排放总量总体呈持续上升趋势,与能源消费总量及GDP变化趋势一致。碳排放量由2001年的18 044万吨增加到2010年的45 840万吨,增加了1.5倍,年均增长率达到10.9%。其中增长速度最快的年份出现在2004年,达到24.29%,同期能源消费总量增长速度也高达26.98%。

4. 人均能源消费碳排放量逐年增长

2001~2010年,浙江省人均能源消费碳排放呈现上升趋势,从2001年的3.9吨/人,增加到2010年的8.4吨/人,增长约1.2倍,年平均增长率为8.9%。其

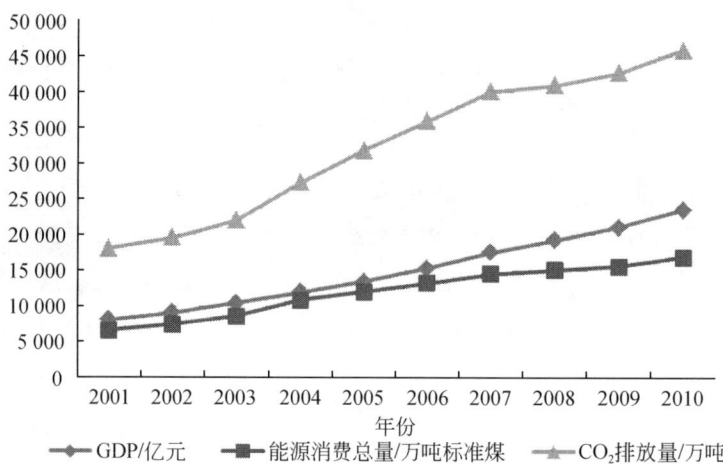

图 5-13 浙江省 2001~2010 年经济增长、能源消费和 CO_2 排放情况

资料来源:《浙江统计年鉴 2011》,2002~2011 年《中国能源统计年鉴》

注:GDP 以 2005 年不变价格计算

中,2004 年增长率最高,达到历史性的 23.4%,之后逐渐回落。2008~2010 年增长率均未超过 3%,其中 2008 年增长率仅为 1.3%,呈现出良好的下降趋势(图 5-14)。

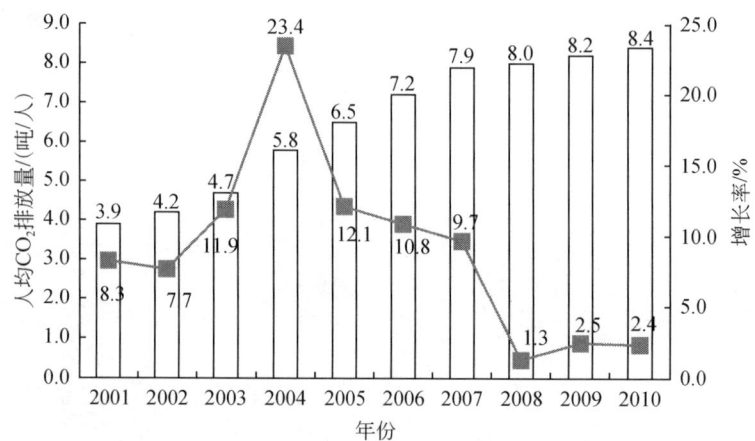

图 5-14 浙江省 2001~2010 年人均能源消费碳排放及其增长率

资料来源:2002~2011 年《中国能源统计年鉴》

5. 碳排放强度总体呈下降趋势

浙江省碳排放强度总体呈现出下降态势(图 5-15),由 2001 年的 2.24 吨/万元下降到 2010 年的 1.95 吨/万元,降幅达 13%。但是 2004 年和 2005 年相继出现了较大幅度的反弹,其增长率分别为 8.53% 和 3.49%,之后又开始下降。其

中2008年降幅最大，达到7%。

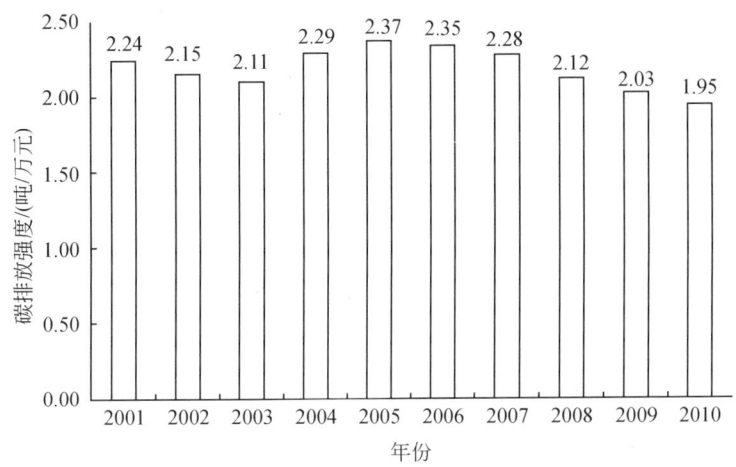

图5-15 浙江省2001～2010年碳排放强度变化趋势
资料来源：《浙江统计年鉴2011》，2002～2011年《中国能源统计年鉴》
注：GDP以2005年不变价格计算

综上所述，浙江省无论是能源消费碳排放总量、人均能源消费碳排放量、能源消费碳排放强度，还是GDP、人均GDP，均呈现出相同的变化趋势，这说明浙江省经济增长与碳排放没有实现脱钩，碳排放量与GDP正相关，浙江省低碳发展面临严峻挑战。其中，2004年成为各项指标的分水岭，多项指标在2008年达到最佳。这主要与经济发展有直接关联，除此之外，也与浙江省近年来在节能减排领域所做的努力有密切关系。从2004年起浙江省全面部署开展了"811"生态文明建设推进工作，进一步加大了推进生态建设、打造"绿色浙江"的力度；2005年，浙江省在全国率先启动了循环经济发展推进工程；2007年，浙江省被列入国家第二批循环经济试点省之后，一批循环经济行动计划、工农业循环经济示范园区相继启动；浙江省还通过实施循环经济"991行动计划"[①]、循环经济"4121"工程[②]、工业循环经济"733"工程[③]等行动，大力推进省级循环经济试点基地、工业循环经济示范园区、生态循环农业示范区建设。经过几年的努力，

---

① 2005年提出的"991行动计划"概括了9大重点领域、9个一批抓手和100个重点项目。既包括产业、企业、园区、社区、产品、项目等硬件，也包括技术、政策、法规、体系等软件。
② 2005年提出的"4121"工程是指在全省确定4个市、10个县（市、区）、20余个工业园区（块状经济）和100余家企业作为工业循环经济的首批试点单位。
③ 2009年提出的工业循环经济"733"工程是指在7个重点领域推进工业循环经济，重点培育300家工业循环经济示范企业与30个示范园区。

全省资源利用效率和再生资源回收利用率得到有效提升，主要污染物排放得到有效控制，碳排放量显著下降。基本满足经济社会与环境承载能力相适应，以及环境质量提高与民生改善需求相适应的要求。保持了环境保护能力全国领先、生态环境质量全国领先的地位。

第四节 浙江省低碳发展实践与创新

一、深入推进循环经济发展

作为一个资源小省和经济大省，浙江省大力推进循环经济发展，并走在全国的前列。2005年，浙江省召开全省循环经济大会，制订了全省发展循环经济的"991行动计划"，在工业领域实施了循环经济"4121工程"，从三个层面大力推进循环经济发展。当前，环境综合治理、清洁生产、工业园区生态化改造等取得新进展，节能、节水、节地、节材和资源综合利用成效明显，发展循环经济和建设节约型社会呈现出"政府带头，示范引路，强化投入，创新发展"的良好态势。企业间生产组织和制度创新日趋活跃，政府也着手构架能充分发挥市场机制并促进循环经济发展的政策制度体系，逐步走出了一条"再生资源利用—产业集群—专业市场—民营机制"四位一体的区域特色经济发展之路，并成为全国改革开放、经济发展和制度创新的亮点。

（一）浙江省循环经济建设成就

1. 循环经济组织和制度建设有序推进

建立机制，明确职责分工。成立由省委书记任组长、省长任常务副组长、分管副省长任副组长的循环经济工作领导小组。各市各部门建立相应机构，并按照领导小组成员单位职责和年度工作计划推进循环经济工作。

制定法规政策，落实任务措施。省人大和省政府陆续出台了《浙江省发展新型墙体材料条例》、《浙江省建筑节能管理办法》、《浙江省节约用水办法》、《浙江省沼气开发利用促进办法》、《浙江省排污费征收使用管理办法》等循环经济有关法规规章。省政府制定印发了《浙江省循环经济发展纲要》和《浙江省建设节约型社会重点工作实施意见》两个纲领性文件，以及工业循环经济、节能降耗、节水型社会建设、集约利用土地等政策意见。同时，各级财政逐步加大对循环经济重点项目的支持。

2. 资源利用效率显著提升

针对浙江省经济发展与要素支撑、环境容量矛盾突出的现实,浙江省以资源、能源减量化为目标,通过制定实施一系列政策法规,强化考核督查,总结推广先进经验等举措,强化产业政策和发展规划的约束作用,发挥先进典型的试点示范作用,引导和促进企业积极开展减量化工程建设。浙江省每年筛选、实施一批节能、节材、节水、节地和资源综合利用改造项目,取得显著成效。全省万元工业增加值能耗从2005年的1.49吨标煤下降到2010年的1.13吨标煤,累计节能2930万吨标煤,减排CO_2 8780万吨、SO_2 55万吨。实现了消耗下降、排放减少、资源与能源利用效率和经济效益提升的循环发展效应。

3. 资源循环与产业延伸协调发展

浙江省积极推进技术和机制创新,延伸产业链,促进工业生产的排放物与副产品得到再利用。企业通过清洁生产等举措,从产品设计到生产、消费应用各环节,实施全方位管理,资源得到循环利用,一批企业实现零排放。园区以主导产业为中心,引进和扶持补链产业,建设以园区内企业间循环为主体,园区外企业间循环相补充的循环产业体系,循环利用模式各显千秋。中国化工新材料(嘉兴)园区以主导产业为中心,形成三大循环产业,产业关联度达90%以上,工业用水循环利用率达98%。钱江经济开发区则以新能源和新材料等节能环保产业为主导,引进和发展新兴环保产业。而在第一、第二、第三产业的循环发展中也呈现出良好态势。

4. 废旧物资得到深度开发

浙江省从简单回收转向综合利用,深入开发废旧物资的"城市矿山"资源。目前,全省年回收废旧金属、废纸、废塑料等再生资源约2000万吨,支撑起了永康五金、余姚塑料、富阳造纸和台州汽车、摩托车及零部件、机电产品等一批特色产业。各种工业固废物、尾矿都成为极好的原材料。据不完全统计,浙江省水泥工业年利用废渣3000多万吨,完成72条新型干法水泥窑纯低温余热发电改造,总装机容量达35万千瓦;垃圾焚烧资源综合利用发电企业25家,总装机容量达34.2万千瓦,日处理焚烧垃圾1.5万吨。变废为宝,综合开发,已经成为工业能源与资源的重要来源。

5. 清洁生产推行力度不断加大

为认真贯彻《中华人民共和国清洁生产促进法》,浙江省政府出台了《关于全面推行清洁生产的实施意见》，指导企业从源头治理污染，全面推行清洁生产。省经济贸易委员会与省环境保护局联合发布了《浙江省清洁生产审核暂行办法》、《浙江省清洁生产审核验收暂行办法》，积极推动企业开展清洁生产审核，严格执行国家产业政策，依法淘汰落后的生产能力，治理结构性污染。从2003年实施清洁生产以来，浙江省已有4000余家企业完成清洁生产，涌现绿色企业477家。据对2063家企业调查，实施清洁生产方案后，平均年电耗下降19.73亿千瓦时，煤耗下降82.89万吨，削减COD 5.59万吨、废水3.49亿吨。

6. 循环经济科技创新成果不断涌现

重点实施高效节能技术、再生能源利用技术、绿色化工技术、水污染防治与水资源综合利用技术、固体废物综合处置技术、海水淡化与海水综合利用技术7个重大科技专项，专项数占浙江省总数的1/3，每年省级财政科技投入经费达5000万元以上。循环经济专项科技成果得以顺利推广，在城市污水污泥和造纸废水污泥的处理和资源化利用、废旧金属再生利用、废旧家电资源化处置、畜禽废弃物综合处置及资源化利用、中央空调系统节能、余热发电、水泥纯中低温余热发电、合成革DMF废气回收利用等方面建成一批技术应用示范试点。

（二）浙江省发展循环经济的主要措施

针对社会经济、资源环境、产业发展的特点和问题，浙江省围绕构建"循环型产业体系和循环型社会体系"的长远目标，紧紧抓住国家开展循环经济试点、积极推动循环经济发展的有利时机，以"9大循环链，27个试点基地，一批示范企业、园区和城市"为重点，采取有力措施，全面推进循环经济试点建设工作，取得了显著成效。

1. 加快产业结构调整优化

（1）着力优化产业结构。积极推进产业结构的战略性调整。重点发展高新技术产业和新兴产业，积极发展高效生态农业和现代服务业，严格控制高耗能、高污染建设项目，依法淘汰高耗资源的工艺、技术、设备和产品。加强对产业布局的调控引导。按照国家和省主体功能区规划划分优化开发、重点开发、限制开发和禁止开发四类区域的要求，将区域产业发展与环境保护目标有机结合，有效引导产业合理布局。严格建设项目环境准入。制定和实施符合浙江省实际的建设项目环境准入制度，在水系源头地区、水环境功能为Ⅰ类和Ⅱ类的水系上游及饮用水供水水库的蓄水区，禁止新建化工、医药、水泥、冶炼、味精、造纸、制革、印染、电镀等重污染行业项目，加快推进区域规划环境影响评价。

(2) 加快推进循环型工业发展。加快循环经济重点行业的改造升级，以丝绸、纺织、化工、冶金、机械、建材等传统行业为循环型工业的发展重点，加大淘汰落后生产能力，大力扶持节能技术改造，鼓励新技术、新材料、新产品的研究和应用。全面推行清洁生产，依法对废弃物排放超过国家和地方标准的企业、污染物排放总量超过政府核定限额的企业，以及使用或排放有毒、有害物质的企业强制实施清洁生产审核，积极抓好重点行业和重点企业的清洁生产工作。发展壮大环保产业，重点开发推广工业企业污染预防和集中治理、废弃物综合利用、水资源重复利用等技术和设备，以及环境监测仪器设备等，发展一批产值亿元以上的环保产业骨干企业和集团。

(3) 积极促进循环型农业发展。推广应用高效生态农业模式。积极推广设施栽培、生态养殖、立体种养、种养加一体化、休闲农业等高效生态农业模式，鼓励应用"猪—沼—作物"等生态循环型农业产业链，促进农村生活垃圾、畜禽粪便和秸秆等废弃物的资源化利用。引导发展具有区域特色的生态农业。在水网平原，重点发展以粮畜渔为基础，蔬菜、瓜果等经济作物相结合的生态农业；在丘陵盆地，积极发展立体种植、农牧渔相结合的生态农业；在山地丘陵，着力发展以名茶、名果、笋竹、药材、高山蔬菜等作物立体种植为主体的生态农业；在沿海港湾平原，重点发展以沿海种植业、滩涂养殖业为主的生态农业；在海洋岛屿地区，大力发展以生态渔业和节水型种植业为主的生态农业。

(4) 大力引导循环型服务业发展。促进服务业生态化发展，积极推进生态旅游业、生态物流业和绿色餐饮业发展，在服务企业全面推行 ISO14000 环境质量体系认证，加强生态化标准建设，实施污染物集中回收和资源化利用。努力倡导绿色消费，结合"绿色系列"创建活动，广泛开展绿色消费教育，引导公民强化零排放或低排放的社会意识，鼓励使用清洁能源、绿色交通工具和环保装修材料。

2. 努力促进区域循环经济建设

(1) 加快发展特色经济。以产业集群为特征、特色经济为核心的循环型经济发展，是浙江省经济发展的增长极。浙江省区域经济呈现出小商品大市场的产业格局，低成本高效益的比较优势，小企业大协作的集群效应和小资本大集聚的群体规模。义乌小商品，绍兴化纤面料，宁波服装，温州鞋革，龙湾不锈钢及铜加工，温岭路桥汽车摩托车制造及配件，黄岩塑料制造，玉环阀门制造，上虞铜管制造及化学工业，乐清低压电器，海宁皮革服装，永康五金制品，诸暨的铜加工及其制品，富阳造纸，余姚、慈溪家用电器及塑料制造等特色产业在国内外市场占有率都很高，已经成为全国及世界重要的加工制造基地，不少产业和产品在国内外均有较强的竞争力。一批县（市）依托区域特色产业而成为经济强县（市）。

（2）推动各地有效落实循环经济工作载体。各地市在积极配合浙江省循环经济"991行动计划"的同时，因地制宜地组织和实施相应的工作载体。杭州市实施循环经济"770工程"；宁波市实施循环经济"十项行动计划"；温州市实施循环经济"551行动计划"；湖州市实施循环型农业"4612行动计划"、循环型工业"3911行动计划"、循环型服务业"3551行动计划"；嘉兴市实施循环经济"1588行动计划"；绍兴市实施循环经济"850工程"；金华市实施循环经济"885工程"；衢州市开展工业循环经济"5518工程"；台州市实施循环经济"511行动计划"；丽水市实施循环经济"1030工程"。

3. 大力推进节能节水节地节材

（1）深入实施节能减排。深化工业节能，以电力和热力、建材、石化、纺织造纸、冶金、机械六大高耗能工业，以及年耗能5000吨标准煤以上的企业为节能重点，推进建筑节能。建立政府办公建筑和大型公共建筑的用能监管体系，推进建筑节能工作逐步向农村扩展。加强可再生能源的研发和应用，重点支持太阳能、风能和生物质能等可再生能源的研究开发和产业化。重点抓好农业面源污染和农村生活污染的整治，建立健全严格的高耗能、高排放行业准入制度，严格控制新上高耗能、高污染项目，对未完成节能减排任务的市、县，实行区域限批。大力推动节能减排技术改造和技术推广，加快实施"十百千节能行动计划"，推进现役电煤和热电机组完成脱硫改造，加快城镇污水处理厂及配套管网建设，建成列入"811"环境污染整治目标任务的污水处理厂。要突出抓好重点行业、重点企业和重点污染区的节能减排监管，全面推行排污许可制度，建立环保部门与排污单位"一对一"的监管机制，加快在线监测监控体系建设，尽快形成环保部门与排污单位"面对面"的监管格局。

（2）深入开展节约用水。大力推进工业节水，重点推动电力、纺织、造纸、化工四大高耗水行业的节约用水工作。强化农业和农村节水，积极推广旱作农业技术，大力推进农业节水灌溉设备的应用。加强城市节水工作，加强城镇供水管网改造，大力推广建筑节水、雨水利用技术，开展城市中水利用系统建设试点。鼓励城市开展再生水利用，在需水量大和水资源紧缺地区积极推广污水回用及分质供水工程，建立区域性中水回用系统示范工程；积极、科学地引导城市工业、绿化、市政环卫、生态景观和洗车等行业使用再生水等非传统水资源；鼓励城市大型公共建筑、居住小区内建设区域性中水回用系统。

（3）持续推动原材料节约。加强重点行业原材料消耗管理，以冶金、石化、建材、纺织、轻工等行业为重点，加大原材料消耗管理和技术改造。加大替代型材料推广力度，不断提高新型代用建材和新型墙体材料的应用比例。大力节约包装材料，推广使用可降解、易回收、低成本的包装材料，改进大宗原材料产品包装方式。

（4）不断强化节约集约用地。积极推进城镇建设节地，努力盘活存量建设用地，加快农用地转而未供土地供应速度；推进多层标准厂房建设，完善工业用地招拍挂出让制度，逐步提高工业用地的投入产出强度和土地利用强度；严格控制低密度大套型住宅用地投放，发展节能省地型住宅；努力推行交通、能源、水利等基础设施和城市基础设施用地有偿使用。节约集约利用农村土地。深入实施"千村示范、万村整治"工程，切实加强农村宅基地整理示范村建设，全面推进农村闲置宅基地、空闲地治理工作。

4. 切实加强资源综合利用

（1）提高工业"三废"回收利用率。重点推进冶金、电力、医药、石化、造纸、建材、轻纺等行业的"三废"循环利用，开展粉煤灰、煤矸石和冶金、化工废渣及有机物综合利用。大力推广工业用水重复利用技术，提高废水循环利用和中水回用。实施区域热电联产工程，加快推进余热余压利用。在钢铁、建材、石化三大重点用能行业推广余热、余压回收利用技术。

（2）加强再生资源回收利用体系建设。以废纸、废旧金属、废旧轮胎、废旧家电、电子产品回收利用及生活垃圾、污染资源化利用为重点，规范再生资源回收利用体系，规范废弃物回收与拆解市场，促进再生资源回收、加工、利用产业链的形成。建立完善城乡垃圾分类收集处置系统，将生活垃圾由填埋为主逐步过渡到以焚烧为主并辅以综合利用，推进浙江省垃圾焚烧发电厂的合理布局和发展，使浙江省生活垃圾焚烧发电产业在全国保持领先水平。加大对污染资源化利用技术的研究，积极探索符合浙江省实际的低成本、无害化、多用途的污染处理和处置途径，积极推动污染资源利用的产业化进程。

（3）开展农业废弃物资源化利用。重点推广畜禽废弃物治理干湿分离、沼气开发利用、秸秆还田和农膜回收利用等技术。鼓励畜禽粪便资源化利用，加快推进秸秆资源化利用，实施废弃农膜资源化利用，探索农副产品废弃物资源化利用，利用农副产品废弃物生产酒精、乳酸、糖醛、木糖醇、饲料酵母及活性炭等工农业原料，制造纸浆、轻质板材、水泥、水玻璃等。加强商店、超市等过期、变质、伪劣食品的规范处理和资源化利用。

2010年，浙江省开始启动25个循环经济试点基地和100项循环经济重点项目建设，实施工业循环经济"733"工程，建设一批工业循环经济示范企业、示范园区和循环农业示范区。今后，浙江省将大力实施节能降耗十大工程，严格执行重点耗能行业能耗限额标准，抓好重点耗能企业节能改造和建筑节能，加大高效节能技术和节能产品推广力度，深入推动节水、节材等工作。继续深化重点区域、重点行业、重点企业污染整治。此外，浙江省还将加强水环境治理、城市环境污染综合整治和农业农村环境保护，努力改善八大水系、平原河网水质和大气环境质量。加强饮用水源保护，深入推进排污权有偿使用和交易试点，开展各类生态示范区创建工作，完善生态补偿机制，加强森林资源和海洋生态环境保护。

二、打造海洋经济发展示范区

浙江省拥有 26 万千米^2 的广袤海域，是陆地面积的两倍多。全省海岸线 6696 千米，居全国首位；宁波—舟山港已跻身全球第一大海港；面积 500 米^2 以上的海岛 2878 个，数量居全国首位；近海渔场 22.27 万千米^2，可捕捞量居全国第一；海洋能蕴藏丰富，可开发潮汐能装机容量占全国的 40%，潮流能占全国的一半以上，利用潜力巨大。海洋生产总值从 2006 年的 1846 亿元增加到 2010 年的 3500 亿元，约占全国海洋经济总量的 1/10。

2011 年年初，国务院正式批复《浙江海洋经济发展示范区规划》。作为海洋资源大省，浙江省在全国沿海发展战略中具有重要的地位。独特的区位条件、丰富的海洋资源、突出的特色产业及灵活的体制机制，使浙江省具有加快海洋经济发展的巨大潜力。

1. 海洋经济开发战略

1993 年，浙江省召开第一次海洋经济工作会议，明确提出要建设海洋经济大省；2002 年，省委领导提出开发海洋资源、发展海洋经济的战略思想；2003 年 1 月，浙江省再次召开海洋经济工作会议，发展海洋经济列入了浙江省经济社会发展的战略部署；2005 年 4 月，在浙江省陆域经济普遍强于海域经济的情况下，浙江省出台《浙江海洋经济强省建设规划纲要》，要把发展海洋经济作为新的经济增长点；2009 年冬天，浙江省邀请中国工程院数十位专家组成调研组，历时半月专门对浙江省沿海及海岛综合开发进行战略研究。2010 年年初，"加快形成海洋经济等具有较强竞争优势的大产业"首次被写进浙江省政府工作报告。2011 年 2 月，国务院批复了《浙江海洋经济发展示范区规划》，决定把以宁波—舟山港海域为核心区的浙江省海洋经济发展上升为国家战略。

2011 年年初，《浙江海洋经济发展示范区规划》得到国务院正式批复。规划明确了"一个中心、四个示范"的战略定位，即要建设成为我国重要的大宗商品国际物流中心、海洋海岛开发开放改革示范区、现代海洋产业发展示范区、海陆协调发展示范区、海洋生态文明和清洁能源示范区。同时,进一步明确了"一核两翼三圈九区多岛"的空间布局和构筑"三位一体"港航物流服务体系、规划建设舟山群岛新区和发展海洋新兴产业的三大任务。这些规划和战略,再加上一系列鼓励民营经济参与港口物流、战略物资储运、石化工业,以及海岸线、滩涂、小岛、海域等集中连片开发的政策举措,必将推动浙江省海洋经济的发展进入一个全面发展的时期。此后,浙江省发展和改革委员会汇总编制了《浙江省"十二五"海洋经济发展重大建设项目规划》,明确浙江省将建设490个重大海洋经济项目,总投资12 631亿元。其中,"十二五"期间计划投资8020亿元。

2. 海洋资源利用基础

浙江省区位条件优越,位于我国"T"字形经济带和长三角城市群核心区,是全国"两纵三横"城市化战略格局中沿海通道的重要组成部分。浙江省拥有6696千米海岸线,占全国总长度的20.9%,居全国第1位,其中深水岸线506千米,占全国30.7%;能建万吨级以上深水泊位的岸线471千米,大多数集中在宁波—舟山港海域,是我国建设世界级深水港群的最佳选址;拥有面积500米^{2}以上的海岛2878个,约占全国海岛总数的2/5,在东海海域星罗棋布,是维护国家海洋权益和实施生态系统保护的重要载体;拥有近400万亩滩涂资源,约占全国的13%,这些滩涂资源目前与浙江沿海城市及产业园区紧密相连,形成了较好的组合条件,是沿海经济带建设的新空间。因此,浙江省具有得天独厚的"渔、港、景、油、涂"资源组合优势与经济区位优势。发展海洋经济,有利于浙江省扬长避短,充分发挥资源优势;有利于进一步拓展新的发展空间;有利于扩大开放,增强国际竞争力,是实现经济和社会可持续发展的重要战略资源依托,也为未来发展提供了重要战略空间。

经过多年的持续推进,浙江省发展海洋经济有了较好的基础。一方面,浙江省省委、省政府始终坚持把发展海洋经济作为缓解资源环境要素制约、拓展发展空间、推动产业转型升级的重要战略,谋定而动,坚持不懈;另一方面,编制实施了一大批涉海规划,通过规划的引领和调控,浙江省海洋产业集群优势逐步形成,海洋产业结构和布局逐步优化。与此同时,浙江省还加大投入力度,推进沿海基础设施建设。"十一五"时期以来,浙江省省级以上海洋科技经费投入超过8亿元,安排沿海及海岛重大基础设施3000多亿元,建成了舟山大陆连岛工程、温州半岛工程、杭州湾跨海大桥等重大项目。随着环杭州湾产业带发展规划和温台沿海产业带发展规划的实施,以及宁波—舟山港一体化的整体推进,浙江省发展海洋经济已经跳出"就海洋论海洋"的传统圈子,站在了注重陆海统筹、促进陆域和海域协调发展、三大产业协调发展、城市和农村协调发展的新起点。

3. 浙江海洋经济发展状况

（1）海洋经济规模不断扩大，对浙江省经济作用日益重要。经过多年的发展，浙江省的海洋经济已逐渐成为支撑发展的一个重要增长极。2010年，全省海洋及相关产业总产出12 350亿元，海洋及相关产业增加值3775亿元。按现价计算（下同），海洋及相关产业增加值比上年增长25.8%，是2004年的2.6倍，年均增长17.0%，高于同期GDP总量增长速度。海洋经济占GDP的比例由2004年的12.6%提高到2010年的13.6%，比全国平均水平高3.9个百分点。海洋经济在浙江省国民经济中已经占据重要地位，发挥着重要作用。而且，海洋经济附加值高于经济发展平均水平，2010年，浙江省海洋经济增加值率（增加值占总产出的比例）为30.6%，比全省GDP增加值率高1.7个百分点。

（2）海洋经济第二、第三产业比例上升，第三产业发展较快。2010年，浙江省海洋经济第一、第二、第三产业增加值分别为287亿元、1599亿元和1889亿元，三次产业结构为7.6：42.4：50.0。与2004年海洋经济三次产业结构对比，海洋第一产业增加值所占比例下降4.8个百分点；第二产业增加值比例上升0.1个百分点；第三产业增加值比例上升4.7个百分点。2005~2010年，海洋经济第一、第二、第三产业增加值年均分别增长7.8%、17.0%和18.9%，第三产业增加值年均增速比全部海洋经济年均增速高1.9个百分点，因此比例上升较快。2010年，海洋经济第二、第三产业增加值所占比例合计达92.4%，地位日趋突出，在海洋经济中据居主导地位。但其中传统劳动密集型产业依然是海洋经济中的主要门类，给海洋资源、环境、生态带来较大压力，因而资金密集型、技术密集型和资源节约型的现代化产业是海洋经济今后发展的方向。

（3）海洋主要产业增长较快，带动海洋经济整体发展。按照产业关联程度进行划分，海洋经济还可分为海洋产业和海洋相关产业。2010年，作为海洋经济核心层和支持层的海洋产业增加值为2130亿元，占GDP的比例为7.7%，其中海洋主要产业增加值1836亿元，占GDP的6.6%。2005~2010年，海洋主要产业年均增长19%，比整个海洋经济平均增速高2个百分点，2010年发展尤为迅速，比上年增长37.3%，比整个海洋经济平均增速高11.5个百分点。与2004年海洋经济构成情况相比，海洋主要产业占GDP的比例提高1个百分点，是推动浙江省海洋经济比例上升的主要动力；占全省海洋经济的比例为48.6%，在整个海洋经济中处于核心地位。2010年，作为海洋经济外围层的海洋相关产业实现增加值1644亿元，占GDP的比例为5.9%。近年来，海洋相关产业发展比较稳定，2005~2010年，海洋相关产业增加值年均增长15%，占GDP的比例基本稳定在 5.9%~6.2%。

发展海洋经济不仅成为浙江省第一个国家战略，而且也成为国家区域发展战略布局的重要环节。建设浙江省海洋经济发展示范区，加快发展海洋经济，是浙江省转变发展方式、拓展发展空间、提升发展质量的重要突破口之一。浙江省将逐渐成长为我国重要的国际枢纽港、具有较强国际竞争力的新型临港产业基地、世界级城市群新型城市化先行区、海洋综合开发体制改革试验区、全国清洁能源和海洋生态文明示范区。

三、积极扶持新能源汽车产业

2010 年，浙江省政府出台《浙江省新能源汽车产业发展规划》，提出到 2015 年，将形成 1 万辆新能源客车、5 万辆以上新能源轿车的生产能力，整车产值达到 100 亿元以上，关键零部件工业产值达到 200 亿元以上。杭州和金华将成为浙江省新能源汽车的两大产业集聚区。该规划还提出，要积极发展适应中小城市家庭应用的高性能、低成本纯电动家庭用车。

杭州是国家新能源汽车试点示范城市之一，也是对私人开放新能源车销售的城市之一。目前，杭州涉及新能源汽车产业的相关企业已达 20 余家，除了塞恩斯能源科技有限公司、杭州铁城信息科技有限公司、万向电动汽车有限公司、众泰控股集团有限公司、东风裕隆汽车有限公司、万好万家新能源集团有限公司、浙江谷神能源科技股份有限公司等企业进入电控、电机、电池等领域。2008 年 11 月，众泰汽车入选国家首批《节能与新能源汽车示范推广应用工程推荐车型目录》，并获得电动汽车生产销售许可；2009 年 3 月，众泰汽车挂上了中国第一块电动汽车牌照，摘得新能源汽车领域的数个"第一"。众泰使用"以租代售"的商业模式加速了电动汽车的推广。在 2010 年上海世博会期间，永源汽车与美国 ZAP 公司共同研发的新型环保电动 SUV，成为了美国馆指定用车。杭州首座智能电动汽车充电站已基本建成，具备使用条件。该充电站位于杭州城西古翠路，通过整车充电或更换电池，可为 500 辆汽车提供能源供给服务。

万向集团研发汽车动力电池起步很早，早在 1999 年一些民营企业开始造车运动时，"万向汽车电池"项目就已启动。万向是目前行业内唯一承诺其研发的电池能确保 3 年或 15 万千米使用寿命的企业，也是目前全国唯一掌握电池、电机、电控三大核心技术的生产企业。2009 年，万向完成锂离子动力电池产业化，目前为上海汽车工业（集团）总公司、广州汽车集团股份有限公司、中国第一汽车集团公司、长安汽车股份有限公司、宇通集团有限公司等主流车企供货。按照规划，公司将再投资 12 亿元用于锂离子动力电池产业化基地建设，形成年产品 10 万台套（10 亿 WH）锂离子动力电池的产业化能力。

另一个规划中的新能源汽车产业集聚区是金华，当地政府把汽车产业作为先进制造业基地建设规划中的第一大产业予以重点扶持，青年汽车集团有限公司、康迪车业有限公司、正宇机电有限公司、日普电子科技有限公司等企业也在积极研发新能源汽车。康迪车业有限公司近年来专注于研发小型电动车，目前已经开发了多个车型。日前，永康汽车产业联盟中的"众泰-正宇"纯电动载货车，被列入国家汽车产业目录。这意味着，浙江正宇机电有限公司拿到了我国第一张可上牌、上路的微卡型纯电动载货车"准生证"。台州永源汽车与美国 ZAP 公司合作开发的电动汽车，整合了最新的交流推进和锂电池系统技术。在温州，南洋集团有限公司等传统汽车零部件企业积极抱团，进军新能源汽车。

自 2006 年以来，浙江省电力公司就开始了电动汽车充电设施的研发和投用，其研发的纯电动电力流动服务车和适合电池租赁模式的可充可换电站取得了多项国家专利，并已推广到全国十几个省、市。浙江省电力公司计划在全省建设至少 6 个充电站和 500 个充电桩。目前，选址工作已基本完成，6 座充电站建在杭州，500 个充电桩分布在全省各地。

浙江省正在建设或今后拟建设的充电站和充电桩的电能供给方式主要有 3 种。第一种是更换电池，即车主像到便利店购物那样，到充电站或电池更换站换上已经充好的电池就可以了，过程只要几分钟。第二种是慢速充电，要 5~6 个小时左右，适合与住宅小区或大型停车场、公共停车泊位相结合，方便车主晚上回家上班时间整车充电。第三种是快速充电，1~2 个小时就可完成整车充电。

目前，浙江省在新能源汽车领域已经走在了全国前列，无论是技术研发还是商业推广，都值得进一步推广。未来浙江省将按照"混合动力—纯电动—燃料电池"的技术路线，近期采取普通型混合动力、插电式混合动力与纯电动车并重发展策略，力争在纯电动汽车领域取得突破，并适时启动燃料电池车开发。未来浙江省将以大中城市中短线路公交运营市场为重点，优先发展新一代高性能、大运量纯电动公交车。同时，面向中小城市与城郊线路应用市场，大力发展适应中长线路运营的油电混合动力公交车。

第六章 江苏省能源节约与低碳发展现状分析

江苏省位于我国大陆东部沿海中部，长江三角洲北翼。东濒黄海，西连安徽，北接山东，东南与浙江和上海毗邻。全省总面积10.26万千米^2，占全国总面积的1.1%，在全国各省中名列第24位。常住人口7600.1万人，是中国人口密度最高的省份之一。现有13个省辖市，下辖105个县（市、区），省会为南京，苏州、无锡、常州、南京、镇江、扬州等为其主要城市。

改革开放以来，江苏省经济社会发展取得了显著成就，1992年起全省GDP连续19年保持两位数增长。对照江苏省制定的全面建设小康社会4大类18项25条指标，全省总体上达到省定全面小康指标。2011年全省实现生产总值48 604.3亿元，其中，第一产业增加值3064.8亿元，第二产业增加值25 023.8亿元，第三产业增加值20 515.7亿元。人均地区生产总值61 649元。三次产业增加值比例调整为6.3∶51.5∶42.2。近年来，江苏省在节能减排方面走在全国前列，截至2011年，江苏省国家环境保护模范城市总数已累计达到20个，国家生态县（市、区）达到17个，国家生态工业园总数达到7家。

第一节 江苏省"十一五"节能减排状况分析

一、江苏省"十一五"节能降耗主要成效

国务院于2011年9月26日下发《关于对"十一五"节能减排工作成绩突出的省级人民政府给予表扬的通报》（国发〔2011〕31号），通报表扬"十一五"节能减排工作成绩突出的省级人民政府，江苏省节能工作和减排工作均名列其中。"十一五"时期，江苏省单位GDP能耗下降20.45%，超额完成了国家下达江苏省20%的节能目标，比全国平均下降率高1.35个百分点；全省以能源消费年均8.2%的增速支撑了年均13.5%的经济增速，节约能源5200万吨标准煤。"十一五"末，江苏省单位GDP能耗0.734吨标准煤/万元，列全国第五位，比全国平均水平约低29%，主要耗能产品单位能耗水平居国内先进水平。"十一

五"时期末，COD 和 CO_2 排放量分别比 2005 年削减 18.5% 和 23.5%，完成"十一五"减排总目标的 122% 和 131%，连续 5 年超额完成国家下达的年度减排任务，位列全国第一。节能减排工作有力地促进了产业结构调整和技术进步，为保持经济平稳较快发展提供了有力支撑。

2010 年江苏省单位 GDP 能耗比上年下降 3.56%，比 2005 年下降 20.45%，圆满完成国家下达的"十一五"单位 GDP 能耗下降 20% 的约束性目标。全省有 10 个市超额完成了省确定的年度节能目标任务，分别为：南京（超额 31.94%，下同）、无锡（6.22%）、徐州（0.57%）、常州（1.35%）、苏州（5.41%）、南通（7.14%）、淮安（7.06%）、扬州（12.42%）、镇江（7.78%）、泰州（1.11%）。"十一五"期间，南京、无锡、常州、苏州、镇江 5 市单位 GDP 能耗累计下降率超过全省平均水平（表 6-1）。

表 6-1　江苏省各市 2010 年节能目标完成情况表

地区	2010 年单位 GDP 能耗/(吨标准煤/万元)	2010 年单位 GDP 能耗降低目标/%	2010 年单位 GDP 能耗实际降低率/%	"十一五"累计下降率/%
全省	0.734	3.5	3.56	20.45
南京	1.065	3.6	4.75	21.71
无锡	0.726	3.7	3.93	20.96
徐州	1.123	3.5	3.52	19.68
常州	0.853	3.7	3.75	20.60
苏州	0.824	3.7	3.90	20.98
南通	0.666	3.5	3.75	20.02
连云港	0.830	3.5	4.59	11.74
淮安	0.895	3.4	3.64	19.75
盐城	0.665	3.5	3.13	18.00
扬州	0.675	3.3	3.71	19.81
镇江	0.779	3.6	3.88	20.50
泰州	0.942	4.5	4.55	11.06
宿迁	0.765	3.5	5.67	5.30

资料来源：《关于 2010 年各市节能目标完成情况的通报》（苏经信节能〔2011〕697 号）

二、江苏省"十一五"污染减排主要成效

"十一五"时期江苏省大力削减污染物排放总量，全力推进重点流域治理，

加快实施"蓝天工程",不断强化环境执法监管,深入开展良好生态创建活动,环境保护工作取得新的进展。在经济保持快速发展的情况下,全省主要污染物排放总量继续下降,COD、SO_2 排放量分别比上年削减3%和2.2%,太湖治理取得阶段性成效,2010年年末林木覆盖率达20.6%。环境保护和生态建设成效显著。

1. 水环境

2010年全省地表水环境质量总体仍处于轻度污染状态。依据《地表水环境质量标准》(GB3838—2002)评价,124个国控断面中,水质较好的Ⅰ~Ⅲ类水质断面占36.4%,较2009年提高3.9个百分点;劣于Ⅴ类水质断面占24.0%,较2009年下降4.5个百分点。全省地表水国控断面主要污染物高锰酸盐指数年均浓度为4.8毫克/升,NH_3-N 年均浓度为0.95毫克/升。

全省符合Ⅲ类水质的断面占比上升,劣于Ⅴ类水质的断面占比下降;水环境功能区水质达标率稳步提高;集中式饮用水源地水质基本保持良好。

2010年全省废水排放总量为55.55亿吨,其中工业废水排放量26.38亿吨,占47.49%;生活污水排放量29.17亿吨,占52.51%。废水中COD排放总量为78.8万吨,其中工业COD排放量25.63万吨,占32.5%;生活COD排放量53.17万吨,占67.5%。NH_3-N 排放总量为6.3万吨,其中工业 NH_3-N 排放量1.5万吨,占23.8%;生活 NH_3-N 排放量4.8万吨,占76.2%。COD和 NH_3-N 排放量分别较"十五"时期末下降了18.5%、25.9%。

2. 空气环境

2010年全省城市空气中 SO_2、NO_2、可吸入颗粒物3项主要污染物平均浓度均达到国家《环境空气质量标准》(GB3095—1996)二级标准。13个省辖城市中有11个达标,占84.6%;南京、盐城两市受可吸入颗粒物影响,环境空气质量处于三级。采用基于 SO_2、NO_2、可吸入颗粒物3项污染物浓度的空气污染指数法(air pollution index, API)评价空气质量,各市优良天数比例为76.5% ~ 93.4%,全省平均优良天数比例为88.9%。全省降水pH范围为4.62~7.16,平均酸雨(pH小于5.6)发生率为32.7%。常州市酸雨发生率最高,达62.2%;苏州和无锡次之,分别为54.2%和51.9%;徐州、盐城和宿迁3市未监测到酸雨。

2010年全省工业废气排放总量为31 212.9亿标立方米。SO_2 排放总量105.0万吨,其中工业 SO_2 排放量100.2万吨,占95.4%;生活 SO_2 排放量4.8万吨,占4.6%。烟尘排放总量为33.5万吨,其中工业烟尘排放量29.9万吨,占89.3%;生活烟尘3.6万吨,占10.7%。工业粉尘排放量为15.1万吨。

3. 声环境

"十一五"期间,全省声环境质量总体较好。区域环境噪声质量稳定在较好等级,全省功能区声环境质量有所改善,道路交通噪声环境质量稳中向好,夜间噪声超标现象有所缓解。

全省声环境质量总体较好。13 个省辖城市区域环境噪声平均等效声级分布为 51.9~55.3 分贝。全省道路交通声环境质量良好。13 个省辖城市道路交通噪声平均等效声级为 62.4~68.5 分贝。全省噪声等效声级超过 70 分贝的路段长度占监测道路总长的 11.5%。

4. 生物环境

对长江、京杭大运河、太湖等主要水域 64 个河流测点和 53 个湖泊测点开展的水生生物多样性调查监测结果显示,主要河流 50.0% 的测点底栖动物多样性评价等级为丰富和较丰富;主要湖泊底栖动物多样性状况好于河流,丰富和较丰富的测点占 67.3%。

主要河流中,长江和淮河底栖动物环境相对较好,优势种分别为甲壳类的钩虾属和软体动物的河蚬,占比分别为 18.5%、41.4%;京杭大运河和城市河流相对较差,优势种均为寡毛类的霍甫水丝蚓,占比接近 50%。主要湖泊中,洪泽湖和阳澄湖底栖动物环境相对较好,优势种分别为软体动物的河蚬和刺铗长足摇蚊,占比分别为 30.1%、27.6%;太湖和滆湖相对较差,优势种均为寡毛类的霍甫水丝蚓,占比分别高达 59.1%、70.6%。全省城市环境空气微生物含量等级标准评价状况较好,90% 以上的测点细菌和霉菌含量处于较清洁以上水平。

5. 近岸海域

全省近岸海域水质以Ⅱ类为主。24 个海水水质测点中,符合《海水水质标准》(GB3097—1997)Ⅱ类、Ⅲ类、Ⅳ类海水水质测点的比例分别为 58.3%、25.0%、16.7%。12 个主要近岸海域功能区中有 8 个水质达标,达标率为 66.7%。15 个近岸海域海洋沉积物测点中有 8 个符合海洋沉积物质量一类标准,占 53.3%。

江苏省 31 条主要入海河流河口中有 11 个达到地表水Ⅲ类标准,占 35.5%;Ⅳ类、Ⅴ类和劣Ⅴ类断面分别占 35.5%、3.2%、25.8%。与"十五"时期末相比,一类海水比例增加 16.7 个百分点,二类海水比例降低 33.4 个百分点,三类和四类海水比例分别增加 25.0 个百分点、16.7 个百分点,劣于四类海水比例降低 25.0 个百分点。

6. 辐射环境

全省设有自动γ监测站、陆地γ剂量率、空气、水体、土壤和电磁环境6大类共28个国控监测点、272个省控监测点。全省γ辐射吸收剂量率，气溶胶，土壤中天然及人工放射性核素，空气中氚浓度、氡浓度，以及长江、淮河、太湖流域共18个断面水中天然及人工放射性核素均保持在本底水平，重点饮用水源地取水口水中放射性水平符合标准要求，电磁辐射电场强度测值均低于国家标准有关公众导出限值的要求。

通过田湾核电站外围6个辐射自动监测站对其周围辐射环境实施监控，采集核电站周围30千米范围气溶胶、沉降灰、降雨、饮用水、地表水、地下水、海水、土壤、底泥、陆地生物、海洋生物、指示生物等样品404个。监测结果表明，田湾核电站周围大气、陆地和海洋环境介质放射性水平均在天然本底涨落范围内。

7. 固体废物

2010年，全省共产生工业固体废物9062.5万吨，其中75.8%为粉煤灰、炉渣、冶炼废渣等，1.5%为危险废物，工业固体废物的综合利用率达96.2%。全省城镇生活垃圾的清运量为1148万吨，全省共建成城镇生活垃圾处理设施79座，总处理能力为4.8万吨/日，无害化年处理量约为975.8万吨，无害化处理率约为85.0%。

"十一五"期间，所有市县均建成污水处理厂，城镇污水日处理能力超过1100万米^3，日产污泥量高达7400.8吨，其中，苏南地区日产污泥量近6000吨，占全省的80%左右。全省建成1730.3吨/时处理能力的脱硫设施，年生产脱硫石膏347.3万吨，综合利用率达99.9%。

第二节　江苏省"十二五"时期节能减排形势分析

一、江苏省"十二五"时期节能减排战略背景

"十二五"时期，我国仍将处于可以大有作为的重要战略机遇期，工业化、信息化、城镇化、市场化、国际化深入发展，长三角地区科学发展、和谐发展、率先发展、一体化发展的步伐明显加快，江苏省将由全面建成小康社会向基本实现现代化迈进，创新驱动、协调发展、绿色增长和惠民优先将成为这一时期发展的主要特征。

"十二五"时期,国务院下达江苏省的减排任务是:COD、NH$_3$-N、SO$_2$、NO$_x$排放总量分别比2010年削减11.9%、12.9%、14.8%、17.5%(表6-2)。与"十一五"时期相比,增加了减排指标,拓展了减排范围,减排工作面临任务加重、压力加大、难度加剧的新考验。

表6-2 国务院制定的"十二五"时期江苏省节能减排目标

项目	"十一五"时期		"十二五"时期		2006~2015年累计	
单位GDP能耗降低率/%	20.45		18		34.77	
COD排放总量控制计划/万吨	2010年		2015年		2015年比2010年/%	
	排放量	其中:工业和生活	控制量	其中:工业和生活	增加或减少	其中:工业和生活
	128.0	86.3	112.8	75.3	-11.9	-12.8
NH$_3$-N排放总量控制计划/万吨	2010年		2015年		2015年比2010年/%	
	排放量	其中:工业和生活	控制量	其中:工业和生活	增加或减少	其中:工业和生活
	16.12	11.98	14.04	10.40	-12.9	-13.2
SO$_2$排放总量控制计划/万吨	2010年排放量		2015年控制量		2015年比2010年/%	
	108.6		92.5		-14.8	
NO$_x$排放总量控制计划/万吨	2010年排放量		2015年控制量		2015年比2010年/%	
	147.2		121.4		-17.5	

资料来源:国务院《"十二五"节能减排综合性工作方案》(国发〔2011〕26号)

1. 江苏省"十二五"节能减排目标

根据《江苏省"十二五"节能减排综合性工作方案》(苏政发〔2012〕24号),江苏省"十二五"节能减排目标为:到2015年,全省万元地区生产总值能耗下降到0.602吨标准煤(按2005年不变价格计算),比2010年的0.734吨标准煤下降18%;"十二五"期间,实现节能量6200万吨标准煤。到2015年,全省COD、NH$_3$-N、SO$_2$、NO$_x$排放总量分别控制在112.8万吨、14.04万吨、92.5万吨、121.4万吨,分别比2010年削减11.9%、12.9%、14.8%、17.5%。

2. 江苏省"十二五"规划中有关低碳发展的发展目标

根据《江苏省国民经济和社会发展第十二个五年规划纲要》(苏政发〔2011〕22号),"十二五"时期江苏省经济社会发展的总体目标是:全省综合经济实力、自主创新能力、国际竞争力和可持续发展能力显著增强,全面建成更高水平的小康社会,苏南等有条件的地方在巩固全面小康成果的基础上率先进入基本现代化,人民群众普遍过上更加宽裕安康的生活,为2020年全省基本实现现代化打下具有决定性意义的基础。该文件对江苏省推进资源节约、持续改善环境和维持生态平衡也提出了明确要求。

(1) "十二五"规划中有关低碳发展的主要指标

1) 能源结构进一步优化,非化石能源占一次能源消费比例达到7%左右,单位地区生产总值能源消耗降低和CO_2排放减少均完成国家下达指标;

2) 主要污染物排放总量减少10%以上;

3) 单位工业增加值用水量降低25%,农业灌溉用水有效利用系数提高到0.58,森林覆盖率提高到22%;

4) 电力可供装机容量达到11 000万千瓦,其中可再生能源装机占7%左右;天然气供应争取达到270亿米^3;

5) 核电装机达到400万千瓦,建成风电装机600万千瓦;

6) 形成500千伏"五纵五横"坚强网架;

7) 建制镇污水处理设施覆盖率达到90%,规模畜禽养殖场粪便综合利用率达到80%,生活垃圾收运体系覆盖率达到80%;

8) 新增造林300万亩,重点生态公益林面积扩大10%以上,城市建成区绿化覆盖率达到40%以上,人均公园绿地面积达到13米^{2}以上。

(2) 江苏省"十二五"时期低碳发展思路

"十二五"时期是我国低碳发展的关键时期,江苏省作为经济发达地区,在低碳发展方面也应走在全国前列。因此,必须以加快转变经济发展方式为主线,全面落实"环保优先、节约优先"方针,坚持源头控制、科技支撑和管理创新相结合,进一步落实责任、完善政策、健全法制、加强监管,合理控制能源消费总量,有效降低能源消耗强度和减少污染物排放,加快构建以政府为主导、企业为主体、市场有效驱动、全社会共同参与、适应社会主义市场经济要求的节能减排长效机制,为江苏开启基本实现现代化新征程,实现低碳转型奠定坚实基础。

在发展战略上,要赋予工业化、城市化和现代化低碳内涵,推进低碳理念、产业结构、能源结构、管理体制创新转变;在发展方式上,将减少碳排放与增加碳汇相结合,在加强工业、交通、建筑等重点领域碳减排的同时,增加农业森林、碳汇;在发展机制上,要通过市场规则和激励约束政策的合理安排,建立政府主导、市场驱动、企业减排、公众参与的工作机制,形成促进节能降耗的长效机制;在发展路径上,要以节能减排为抓手,推行清洁生产,优化能源结构,形成低能耗、低排放、低污染的生产生活新形态。

3. 生态环境指标被纳入基本实现现代化指标体系

2010年年底，以省为单位总体达到小康水平后，江苏省就已着手研究基本实现现代化的路径。2011年11月召开的江苏省第十二次党代会提出，到2020年全省率先基本实现现代化，并讨论通过了《基本实现现代化指标体系（试行）》。这套指标体系由经济发展、人民生活、社会发展、生态环境4大类组成。其中经济发展指标9项、人民生活指标7项、社会发展指标8项、生态环境指标6项。评价指标都设置了相应的目标值和权重，可测算出一个地区经济社会发展和现代化程度的综合评分。这个指标体系是全国省份中第一个出台的基本实现现代化的指标体系。

江苏省加重了对生态环境的综合测评比例，其中生态环境指标权重占到总权重的21%。在生态环境类别中，共列入了6项主要考核指标。

（1）反映节能的指标是单位GDP能耗。反映节能降耗状况和能源利用效率。

（2）反映提高空气与水环境质量的指标有三个。一是主要污染物排放强度。反映主要污染物综合减排水平，包括：①单位GDP COD排放强度指每万元地区生产总值COD排放量；②单位GDP SO_2 排放强度指每万元地区生产总值 SO_2 排放量；③单位GDP NH_3-N排放强度指每万元地区生产总值 NH_3-N 排放量；④单位GDP NO_x 排放强度指每万元地区生产总值 NO_x 排放量。二是空气质量优良天数比例。该指标是指空气质量评估的API指数属于优或良的天数占全年天数的比例，综合反映大气环境质量。三是Ⅲ类以上地表水比例。反映地表水环境质量优良程度。该指标以国家和地方水质监测断面为基础，考核全省及各地优良水质比例。计算公式为：Ⅲ类以上地表水断面数/监测断面数。

（3）反映生态改善的指标有两个。一是绿化水平。包括：①林木覆盖率——林木覆盖面积占土地总面积（不包括 $10km^2$ 以上的水面）的百分比；②城镇绿化覆盖率——城镇建成区内绿化覆盖面积与建成区总面积的比例。二是村庄环境整治达标率。反映农村生活环境改善程度。村庄环境整治，是指以实现"净化、绿化、美化和道路硬化"为目标，镇村布局规划布点村庄的生活垃圾、生活污水、乱堆乱放、工业污染源、农业废弃物、河道沟塘得到有效整治，绿化景观丰富，饮水安全得到保障，建筑风貌协调，建立村庄环境长效管理机制；非规划布点村庄的生活垃圾、乱堆乱放、河道沟塘等环境卫生得到整治，保障农民基本生活需求，有效改善村庄环境。

表6-3为江苏省基本实现现代化指标体系中生态环境指标目标值与2010年水平的对比情况。

表6-3 江苏省生态环境指标目标值对比情况

生态环境指标		目标值	2010年水平	权重
单位GDP能耗/(吨标煤/万元)		<0.5	0.734	4.5
主要污染物排放强度	单位GDP COD排放强度/(千克/万元)	<2.0	3.09	4.5
	单位GDP SO_2 排放强度/(千克/万元)	<1.2	2.62	
	单位GDP NH_3-N 排放强度/(千克/万元)	<0.2	0.39	
	单位GDP NO_x 排放强度/(千克/万元)	<1.5	3.55	
空气质量优良天数比例/%		95	90.5	3
Ⅲ类以上地表水比例/%		60	47.9	3
绿化水平	林木覆盖率/%	23	20.64	3
	城镇绿化覆盖率/%	40	33.64	
村庄环境整治达标率/%		95	6.6	3

资料来源:《江苏基本实现现代化指标体系(试行)》

二、江苏省"十二五"节能减排对策措施

实施污染减排,是党中央、国务院做出的重大决策。"十一五"以来,江苏省坚持环保优先方针,加大资金投入,强化责任考核,全力落实减排措施,超额完成了国家下达的减排任务,为改善民生、建设生态文明做出了重要贡献。"十二五"时期是江苏省全面实现小康并向基本现代化迈进的关键时期,是加快转变发展方式、推动经济转型升级的攻坚阶段。

1. 加强对减排工作的组织领导,严格落实工作责任

把减排指标逐级分解到各地、各部门和重点企事业单位,把减排任务落实到具体项目,把减排进度落实到具体时间,把减排责任落实到具体人员。进一步完善减排统计、监测与预警、考核体系,切实把落实5年目标和完成年度目标结合起来,把年度目标考核与季度减排通报结合起来,严格执行减排奖惩制度。每月通报各地重点减排工程建设进展情况和重点减排设施运营情况,对工作不力和运营不正常的地区提出预警,并定期开展减排督查,督促有关地区明确整改目标,制定整改措施,落实整改责任,确保整改到位。强化考核结果运用,将减排目标完成情况和措施落实情况作为地方与部门领导班子及领导干部综合评价考核的重要内容,纳入政府绩效和国有企业业绩管理,实行问责制和一票否决制。省监察部门要组织对各地、各部门减排政策措施落实情况开展监督检查,对污染减排工作不力、责任不落实、任务完不成的地区、部门负责人坚决予以查处,对做出突出贡献的地区、单位和个人给予表彰奖励。将各地减排任务完成情况通过主要媒

体向社会公布，接受全面监督。

2. 突出重点，全力实施各项减排工程

一是切实加强城镇污水处理设施建设。加快污水管网配套，提高污水截流和收集能力，充分发挥设施减排效益。加大污水处理设施提标改造力度，强化NH_3-N去除效果。二是全面完成127个畜禽养殖治污工程。对小型规模养殖场或散养户比较集中的地区，分片建设集中处理设施，畜禽粪便统一收集、处理和利用。三是进一步加大城市再生水管网建设力度。推动工业园区水资源循环利用，扩大城市绿化、保洁的再生水利用量。现役燃煤机组采用石灰石-石膏法等湿法脱硫、烟气排放不能稳定达标的，必须进行脱硫设施改造。加快企业自备电厂、热电燃煤机组脱硫设施改造，采用循环流化床燃烧工艺的燃煤机组，全部进行炉内喷钙改造，实现自动添加脱硫剂。四是全面推进火电企业脱硝。现役新型干法水泥窑全部实施低氮燃烧，熟料生产规模在4000吨/日以上的水泥生产线全部实施脱硝改造。五是积极实施机动车减排。逐步淘汰2005年前注册的运营黄标车（含运营货车和运营客车）。扩大黄标车限行区域，对不符合排放标准的机动车，不予核发检验合格标志，不许上路行驶。结合实施"蓝天工程"，逐步在全省范围内供应国Ⅳ标准的车用燃油，积极推进机动车国Ⅳ排放标准实施。2011年年内率先在南京市供应国Ⅳ标准的车用燃油。

3. 淘汰落后产能，优化产业结构

采取综合手段，淘汰经济效益低、污染物排放量大的落后产能。淘汰五大电力集团、江苏省国信资产管理集团有限公司和其他电力集团在江苏的20万千瓦以下火电小机组，对苏南等热电企业密集地区实施热电综合整治，鼓励"上大压小"、集中供热，深入推进化工行业专项整治，组织开展纺织、印染、造纸等重点水污染企业整治，提高淘汰落后产能标准，完善落后产能退出机制，加大财政投入力度。2011年年底前，淘汰一批排污量大、效益差的落后生产工艺装备及产品，关闭一批不能稳定达标排放的污染企业。进一步降低单位产值能耗，控制高耗能产业规模，扩大燃煤小锅炉"禁燃区"范围。加大能源结构调整力度，提高外省电量输入，积极利用清洁能源和可再生能源。

4. 严格准入制度，切实减少新增排放

严格执行国家产业政策，加大对"两高一资"和产能过剩项目的调控力度。严把环评准入关，在太湖流域全面禁批化学制浆造纸、制革、酿造、染料、印染、电镀6类重污染项目，积极引导企业向环境基础设施较为完善的园区集中，推动产业集聚发展、资源集约利用、污染集中控制。严格建设项目总量审批,在化工、造纸、印染行业实施污染物总量控制。新增建设项目总量与所在地区减排任务完成情况挂钩,对上一年度减排工程进度滞后、不能完成减排任务的地区,下一年度一律暂停审批新增主要污染物排放项目;新建项目排污量超过审批总量的,暂缓环保竣工验收。严肃查处越权审批、分拆审批、未批先建、边批边建等行为,依法追究有关人员责任。对违规建成的项目,责令停止生产,停止供水供电。

5. 强化节能减排监管机制,继续巩固减排成果

高度重视减排设施监管,着力推进解决减排设施运行管理中的突出问题。加强污水集中处理设施监管,严格落实《江苏省污水集中处理设施环境保护监督管理办法》,对污水处理不达标、设施运行不正常、污泥处置不规范等行为,视情节轻重予以责令限期整改、罚款、区域限批等处罚。将集中式污水处理设施运行处理水量、水质监测结果,作为污水处理运营经费拨付的依据之一。按照国家减排考核要求,继续完善污水处理设施中控建设。强化脱硫脱硝设施运行监管,推进电力企业脱硫设施运行规范化建设,对两炉一塔、设计硫份过低、烟气自动监控系统(CEMS)测点不规范的脱硫系统进行全面改造。严格脱硫脱硝电价管理,根据脱硫脱硝设施运行情况,拨付脱硫电价补贴。狠抓减排监测体系建设,进一步完善污染源在线监控平台建设,加大对重点排污企业的监管力度。

6. 完善节能减排政策体系,进一步深化机制创新

深化创新,建立有利于减排的激励和约束机制,努力增强减排的活力和动力。出台政策,补助非电力行业脱硫脱硝建设运营,补助淘汰黄标机动车。建立价格机制,促进再生水利用,实施商品有机肥、有机无机复混肥生产与推广应用补贴,企业治污设施运行用电实施优惠电价。进一步加大财政投入力度,研究制定关停搬迁重污染企业和再生水利用管网建设的"以奖代补"政策,各级环保专项资金要向贡献量大、见效快的减排项目倾斜,提高财政资金使用绩效,充分发挥其引导作用。省级环保引导资金分配按减排任务多少切块分解到各地,各地要配套治污资金,加大对减排工程支持力度。结合排污许可证管理,深入推进排污权有偿使用和交易试点,进一步扩大试点范围,增加 NH_3-N、总磷的排污权交易。强化科技支撑,把污水深度处理、再生水利用、畜禽污染治理、脱硫脱硝等减排急需的共性关键技术,列为科技攻关的重点领域和优先主题,加强先进适用技术的研发引进和成果转化。

第三节　江苏省能源利用状况与碳排放分析

1. 能源消费总量持续增长

近年来，面对国际复杂多变的经济环境和国内经济运行的新情况，江苏省在加快转型升级中实现了经济平稳较快增长，结构调整、自主创新、区域协调、民生改善取得新成效，一些反映科学发展水平的重要指标实现了重大突破，跨上了新的台阶。在经济发展的同时也伴随着能源消费的不断攀高局面，其能源消费总量从 2001 年的 8881×10^4 吨标准煤持续攀升到 2010 年的 $25\,774 \times 10^4$ 吨标准煤，增长了近 2 倍。但其同期增长速度却远低于 GDP 增长速度，2001~2010 年其 GDP 增长了近 4 倍。2001~2010 年江苏省以能源消费年平均 13% 的增长速度，支撑了 GDP 年平均 18% 的增长速度，能源利用效率较高。虽然 2001~2010 年江苏省能源消费总量在不断增长，但其增长速度却表现出先上升、后下降、再上升的复杂变化趋势（图 6-1）。其中 2005 年的增长率最高，达到 25.7%，随后再次走低，2008 年降至 6.1% 的较低水平。2009 年和 2010 年再次缓慢攀升，分别达到 6.6% 和 8.7%。

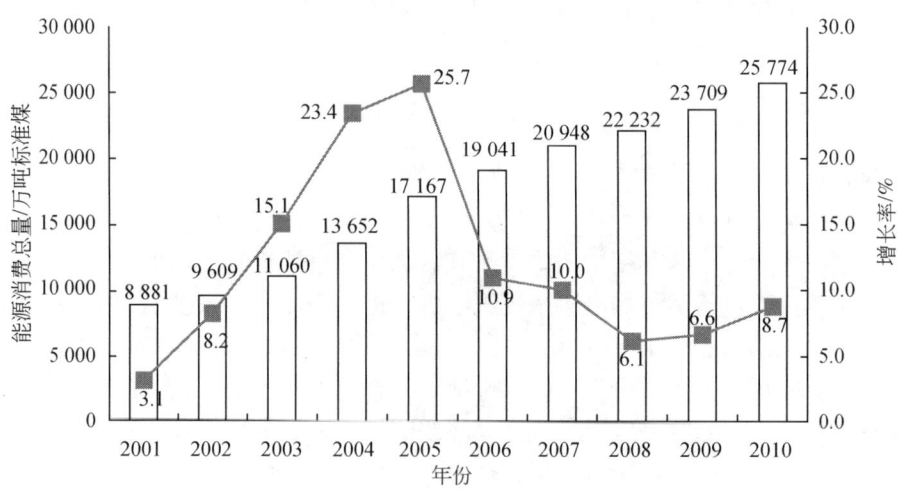

图 6-1　江苏省 2001~2010 年能源消费总量及其增长率

资料来源：《江苏统计年鉴 2011》，2002~2011 年《中国能源统计年鉴》

注：GDP 以 2005 年不变价格计算

2. 能源强度呈总体下降趋势

江苏省2001～2010年能源强度及其变化情况如图6-2所示。2001～2010年江苏省能源强度整体呈先下降、后上升、又下降的趋势。2001～2002年江苏省能源强度从0.80吨标准煤/万元下降为0.77吨标准煤/万元；之后开始出现逆转，由2003年的0.78吨标准煤/万元上升为2005年的0.92吨标准煤/万元，上升了17.9%，2005年其能源强度增长率更是高达9.52%；2006～2010年江苏省能源强度再次呈现逐年下降趋势，从0.89吨标准煤/万元下降为0.73吨标准煤/万元，降幅较为稳定，累计降幅达18%。这表明"十一五"期间江苏省在节能领域成绩突出。

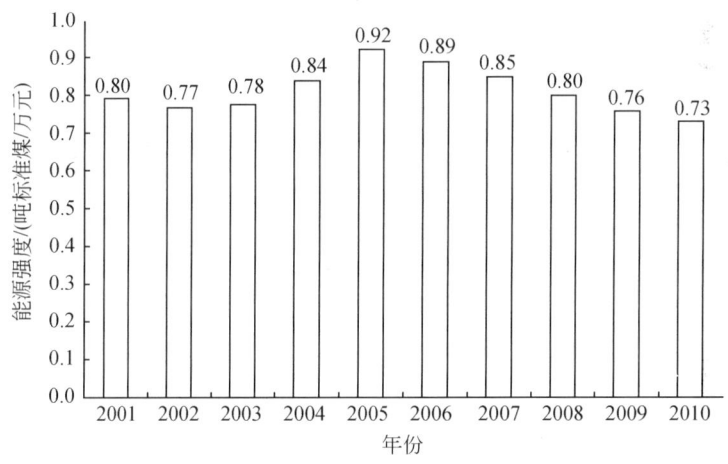

图6-2 江苏省2001～2010年能源强度变化趋势

资料来源：《江苏统计年鉴2011》，2002～2011年《中国能源统计年鉴》

注：GDP以2005年不变价格计算

3. 能源消费碳排放量逐渐上升

图6-3显示了2001～2010年江苏省碳排放总量、能源消费总量及GDP的变化情况。10年间江苏省的能源消费碳排放总量呈不断增长态势，与能源消费总量和GDP变化趋势一致。碳排放量由2001年的26 734万吨增加到2010年的73 129万吨，增长了近1.8倍，年均增长率高达11.8%。其中增长速度最快的年份出现在2005年，达到27.4%，同期能源消费总量增长速度也高达25.8%。碳排放量增长率最低的年份出现在2001年，仅为1.1%，此外，2008年的增长率也比较低，为3.5%。

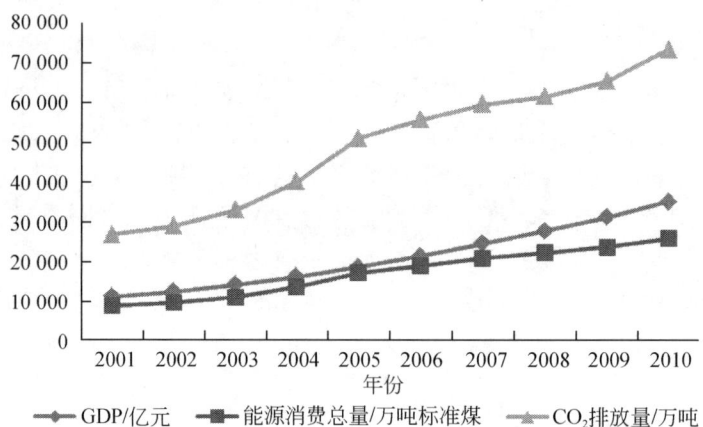

图 6-3 江苏省 2001~2010 年 GDP、能源消费和 CO_2 排放趋势

资料来源：《江苏统计年鉴 2011》，2002~2011 年《中国能源统计年鉴》

注：GDP 以 2005 年不变价格计算

4. 人均能源消费碳排放量不断攀升

2001~2010 年江苏省人均能源消费碳排放呈现不断上升趋势，从 2001 年的 3.6 吨/人，增加到 2010 年的 9.3 吨/人，增长了近 1.6 倍，年平均增长率为 11%。其中 2005 年增长率最高，达到历史性的 26.6%，之后逐渐回落，2008 年增长率仅为 2.8%，但是 2009 年和 2010 年再次上升，分别达到 5.4% 和 10.1%，不仅出现了反弹，而且增幅较大，应引起有关部门的高度重视（图 6-4）。

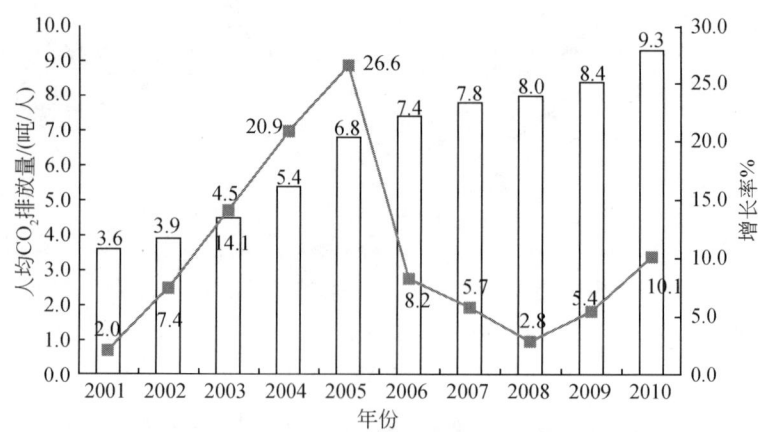

图 6-4 江苏省 2001~2010 年人均能源消费碳排放及其增长率

资料来源：2002~2011 年《中国能源统计年鉴》

5. 碳排放强度总体呈下降趋势

江苏省碳排放强度总体呈现出先下降、后上升、再下降的变化趋势（图6-5），由2001年的2.40吨/万元下降到2010年的2.08吨/万元，降幅达13%；2003~2005年出现了较大幅度的反弹，尤其是2005年，其增长率高达11.4%；之后又继续下降，其中2008年降幅最大，达到8.3%。

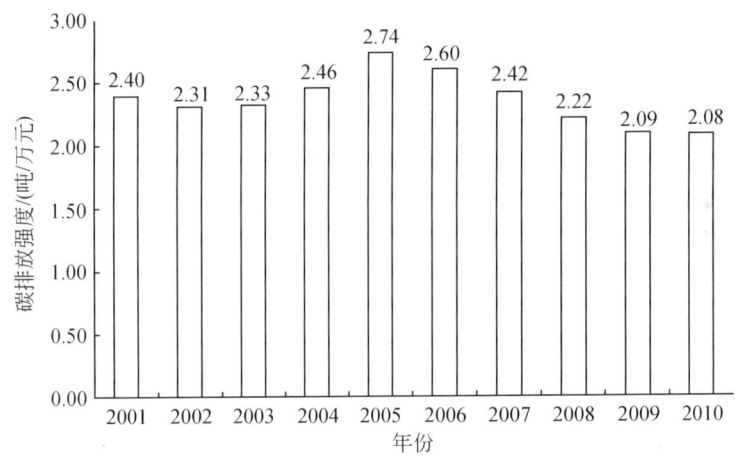

图6-5　江苏省2001~2010年碳排放强度变化趋势

资料来源：《江苏统计年鉴2011》，2002~2011年《中国能源统计年鉴》

注：GDP以2005年不变价格计算

通过以上统计分析，可以看出，2001~2010年江苏省无论是能源消费总量、碳排放总量、人均碳排放量、碳排放强度，还是GDP均呈现出相同的变化趋势，说明江苏省经济增长与碳排放并未脱钩，碳排放量与GDP存在正相关，江苏省低碳转型任重而道远。其中，多项指标的拐点出现在2005年和2008年，这主要与经济发展有直接关联。此外，与江苏省大力推进生态省建设也存在密切联系。江苏省是全国较早开展生态省建设的省份之一。2000年10月，江苏省委九届十二次全会提出："积极推进生态城市、生态省建设。"2001年12月，江苏人大常委会通过《关于加强环境综合整治推进生态省建设的决定》，提出到2020年基本建成生态省。2004年12月，江苏省政府编制《江苏生态省建设规划纲要》，明确了指导思想、目标任务和政策措施，提出了包括经济发展、资源与环境、社会进步在内的三大类20项监测指标，经省人大常委会批准实施。各地积极编制实施生态市（县、区）建设规划，生态省建设全面启动。又陆续出台了《关于加快推进生态省建设全面提升生态文明水平的意见》及《成立生态省建设领导小组的通知》等配套文件，提出了创新生态省建设理念、机制、投入和政策的一系列措施。江苏省推进生态省建设所实施的一系列政策措施,极大地促进了全省节能减排任务的顺利完成,同时也为全省的低碳发展奠定了坚实基础。

目前,江苏省正处于工业化、城市化高速发展阶段,人口增长、消费结构升级和大规模基础设施建设,使能源消费量和温室气体排放量仍将持续增长。以往的高资源、高能耗、高投资、低价值、低利润的生产方式已经不可持续。因此,"十二五"时期,江苏省必须加快转变发展方式,坚持走新型工业化道路,向低碳经济转型,才能破解资源环境发展瓶颈,实现绿色低碳发展。

第四节 江苏省低碳发展实践与创新

江苏省政府高度重视发展低碳经济,"十一五"期间江苏省在低碳实践创新等方面进行了大量有益探索,取得了积极成效。这些低碳创新实践为江苏省实现低碳转型奠定了良好基础,也为其他地区的低碳发展提供了经验借鉴。

一、开展低碳经济试点建设

从2010年开始,江苏省从企业、园区、城市三个层面组织开展了低碳经济试点工作。一是在钢铁、水泥、化工等传统行业中选择10家左右示范企业,通过采取综合性的降碳措施,推动示范企业进行低碳化发展的技术创新、管理创新和模式创新,以有效降低碳排放强度。二是选择10家左右的园区,按照"低能耗、低排放、低污染"的原则进行规划、建设和改造,促进低碳产业集聚发展。三是选择4个城市进行低碳化发展的示范试点,重点选择目前低碳发展特征已较明显、低碳产业发展和低碳产品应用已有一定基础的城市。

低碳经济示范工程试点期限为2010~2012年,2011年2月江苏省发展和改革委员会确定了4个城市、10个园区、10家企业共24家单位作为江苏省低碳经济试点。江苏省发展和改革委员会要求试点单位必须制订实施方案,全面诊断碳排放现状,编制温室气体排放清单,确定主要排放源,并在此基础上提出明确的降碳目标和低碳发展的综合路线图,寻求降碳潜力及途径,制订切实可行的低碳发展具体行动计划。在碳排放目标设定方面,试点单位要明确"十二五"时期碳强度下降目标,在下降的幅度上应体现试点单位的先进性,确保高于平均水平。在碳排放数据管理上,试点单位要率先建立温室气体排放统计、核算体系,摸清底数和主体排放源。并且在资金投入、技术研发、应用示范、管理创新和制度建设上加大探索力度。降低碳强度,要从多角度入手,注重从上下游的供应链、企业间的产业链、生产与消费的循环链来系统性地考虑碳排放因素,要尽快制订低碳发展规划,并做好评估考核。

二、无锡太湖新城打造国家低碳生态城示范区

无锡太湖新城生态城,北靠梁塘河,南临太湖,西依梅梁湖,东至京杭大运河,总面积约150平方千米,为无锡新的城市中心。新城范围内的300多条自然河道,有较好的自然生态环境,具有典型的江南水乡的地理特征。

1. 建设目标

2010年7月3日中华人民共和国住房和城乡建设部(简称"住房和城乡建设部")与江苏省无锡市人民政府签署《共建国家低碳生态城示范区——无锡太湖新城合作框架协议》,并授予太湖新城国家低碳生态城示范区牌匾。同时无锡市人民政府与瑞典环境部签订了《中瑞低碳生态城合作备忘录》,瑞典环境部授予无锡中瑞低碳生态城"中瑞合作示范项目"牌子。规划面积为2.4千米^{2}的中瑞低碳生态城项目,成为华东地区首个实质性开工建设的低碳生态城项目,将运用世界上最先进的生态环保技术,经过3年努力,打造国内一流、国际上有影响的低碳生态示范项目。根据目标,到2020年太湖新城将建设成为国内一流、国际上有影响的现代化低碳生态城和"城市新中心、产业新高地、旅游新天地、宜居新天堂、生态新标杆"。

2. 规划设计

无锡中瑞低碳生态城委托瑞典腾博公司进行整体规划和城市设计,借鉴瑞典先进生态城市建设理念和成功经验,紧密结合无锡自然、社会及产业实际,确立了以可持续城市功能、可持续生态环境、可持续能源利用、可持续固废处理、可持续水资源管理、可持续绿色交通、可持续建筑设计为重要内容的具有国际领先水平的生态城市建设标准。中瑞低碳生态城生态技术充分选用国内外领先技术和成果,重点在新能源利用、水资源循环利用、废弃物处理等方面打造亮点和特色。预计建成后的生态城净水直供系统将达到新加坡的标准,可再生能源的使用比例将超过20%。

3. 指标体系及实施导则

为将太湖新城生态城打造成国内一流、世界领先、符合生态和低碳要求,且有无锡特色的生态示范区,参考国内外生态城实践案例及无锡市创建国家生态园林城市指标,在前期概念规划提出的指标体系框架的基础上,太湖新城管理委员

会制定了两套指标体系及实施导则,并获得了无锡市政府的批准。

考虑到中瑞低碳生态城的前瞻性和引导性,其建设标准应高于太湖新城其他地区,以起到示范和引领作用,太湖新城管理委员会针对 150 千米^2 的太湖新城制定了《无锡太湖新城国家低碳生态城示范区规划指标体系及实施导则(2010—2020)》,预计到 2020 年该地区人均碳排放量将减至 4.28 吨/年。该指标体系共有 6 大类 62 项指标,包括城市功能规划(5 项指标)、绿色交通(6 项指标)、能源与资源(17 项指标)、生态环境(16 项指标)、绿色建筑(7 项指标)和社会和谐(11 项指标)(陈超,2010),涉及经济、社会、建设、生态等各方面的低碳指标,较为全面完善,为整个太湖新城开展生态城建设提供了具体指导和控制标准。

针对 2.4 千米^2 中瑞低碳生态城制定了《无锡中瑞低碳生态城建设指标体系及实施导则(2010—2020)》,包括 7 大类 47 项指标。主要包括可持续城市功能和管理、可持续绿色交通、可持续能源利用、可持续水资源利用、可持续固废处理、可持续景观环境和可持续建筑。各类指标项的名称及选取的指标值主要针对建设实施引导和管控,并且部分指标值较之太湖新城的指标适当提高,以体现中瑞低碳生态城的引领性和示范性[①]。

两套指标体系相应的实施导则对各项指标进行了细化分解,并提出了部分技术措施,为生态城的管理者和建设者提供了明确而详尽的实施指导。

三、在全省范围内实施节能监测

1. 加强节能监测执法

自 2003 年 8 月 1 日正式实施《江苏省节能监测办法》以来,江苏省不断加大节能监测工作的力度。在组建省节能监测中心的基础上,还规定县级以上政府节能主管部门都要设立节能监测机构,依法对用能单位和其他相关单位执行节能法律、法规、技术标准等情况进行监督检查。

目前,江苏省节能监测执法内容主要集中在固定资产投资工程项目的设计和建设中用能标准和节能设计规范的执行情况,用能单位有没有使用国家明令淘汰的用能设备,用能单位主要耗能设备的能源使用状况,以及能源管理基础情况等。江苏省要求全省节能监测机构依照节能法律法规,加强对重点耗能企业的节

---

① 无锡太湖城管委会. 生态城指标体系及实施导则获市政府批准. http://www.wxthc.gov.cn/wxzrdtstc/xwdt/5434.shtml。

能管理,督促企业建立健全能源管理体系、能源消费统计和能源利用状况报告制度,加强能源计量基础管理,严格对主要耗能产品的能耗定额、限额考核。同时,完善节能监督体系,建立健全节能监测(监察)机构,充实人员,保障工作经费,加强对高耗能行业和重点耗能企业,以及机关、商厦、宾馆、写字楼等公共设施的用能情况与节能管理的监督检查。做到把淘汰落后工艺、技术和设备以及建设项目执行节能标准作为节能监督执法的重要内容,查处违法用能、浪费能源的行为。并且限制高耗能行业发展,对年综合能源消耗量在3000吨标准煤以上的固定资产投资项目,严格执行节能评估和专题论证,对未进行节能评估或达不到合理用能标准和节能设计规范要求的项目,不予核准、备案。

2. 开展能源计量数据监控和监测

2010年5月18日,江苏省能源计量数据中心成立,成为全国首家省级能源计量数据监控机构。该中心设在江苏省计量科学研究院,中心以能源计量数据公共平台建设为重点,带动能源计量检测、能源计量技术研究、节能降耗服务3大平台建设,着重对年耗标准煤5000吨以上的企业和单位的能耗数据进行采集分析,指导企业发挥能源计量数据在生产经营、成本核算、能源平衡和能源利用状况统计分析等各项工作中的作用。

2011年7月20日,国家城市能源计量中心(江苏)正式成立,其主要职能包括:对江苏省重点能耗单位的煤、油、水、电、气等主要能源及能耗计量数据进行科学采集,建立全省能源计量检测网络及能源计量数据库,并对数据库进行日常维护;开展能效测试、用能产品能效评价和能源计量评价,定期对全省能源及能耗计量数据进行分析,并对重点能耗单位的用能情况进行评估,及时向政府能源管理部门报送能源计量信息,为其决策与管理提供技术保障;开展能源计量器具在线检测(或远程校准)方法研究及技术管理专项研究,向社会提供能源计量技术服务,为节能减排提供计量技术保障。

四、构建低碳技术创新平台

发展低碳经济离不开低碳技术的支持,江苏省作为经济强省,在低碳技术研发领域理应先行先试,积极探索低碳领域的关键技术创新。2011年7月9日江苏省低碳技术学会成立,该学会是由江苏省内低碳技术领域的从业人员及单位自愿参加的专业学术组织,由南京工业大学、东南大学、南京理工大学、南京国际服务外包产业园、南京丰盛新能源科技股份有限公司等60余家单位和40多位行业知名人士共同发起成立。学会以低碳技术创新、低碳经济发展为核心关注领域,将为政府部门、科研院所、企业之间搭建产学研交流平台。此外，江苏省近年来先后成立了多个低碳研究机构，如"江苏省现代低碳经济技术研究院"、"江苏省道路交通节能减排工程技术研究开发中心"、"南京大学环境与低碳技术研究中心"、"江苏省生物质能源低碳综合利用工程技术研究中心"、"中国矿业大学低碳能源研究院（徐州）"、"无锡低碳城市发展研究中心"、"苏州市低碳经济研究中心"、"常州低碳建筑环境教育部工程研究中心"等。这些低碳研究机构为江苏省低碳技术的研发推广提供了有力支撑，为低碳技术产学研创新提供了有效平台。

五、大力发展新能源汽车产业

2009年，国家和江苏省相继出台了汽车产业调整和振兴规划纲要，将发展新能源汽车作为重点战略、重点任务。2010年，江苏省将新能源汽车作为重点扶持发展的新兴产业，出台了《江苏省新能源汽车产业发展专项规划纲要》。其根本目的就是抢占发展制高点，提升汽车产业竞争力，实现经济社会可持续发展。为了将规划纲要落到实处，推进新能源汽车产业发展，从2010年起，江苏省经济和信息化委员会每年制订发布新能源汽车产业发展年度行动计划，着力推进全省新能源汽车产业发展。

"十一五"时期以来，江苏省围绕新能源汽车整车和动力电池、燃料电池、驱动系统等关键核心部件与系统，组织实施技术研发与产业化项目40多项，现已初步形成了依托科研院所、工程技术中心和骨干企业，以自主开发、自主创新为主的纯电动汽车、混合动力汽车和燃料电池汽车等新能源汽车研发体系。至2010年年底，全省从事新能源汽车整车及关键零部件研发生产的企业有80余家，年销售收入超过100亿元。目前，国家已发布了25批节能与新能源汽车示范推广应用工程推荐车型目录，江苏省有南京汽车集团有限公司、金龙联合汽车工业（苏州）有限公司、江苏常隆客车有限公司、盐城中威客车有限公司、张家港市江南汽车制造有限公司、扬州亚星客车股份有限公司6家企业的共17款产品先后列入该目录。同时，还有部分企业的汽车产品经江苏省经济和信息化委员会批准，开展省内示范运行。根据国家有关部委关于开展节能与新能源汽车示范推广试点工作的部署要求，苏州、南通已被列入国家"十城千辆"节能与新能源汽车试点城市。

2010年6月27日，由江苏省87家主要汽车及零部件生产企业、高等院校和科研院所组成的产业合作组织——江苏省新能源汽车产业联盟正式成立。该联盟的主要职责是分析研究国内外新能源汽车发展动态，明确江苏主攻方向；搭建联合协作和技术攻关平台，分散投资风险；组织和帮助相关企业共同申报新能源汽车技术及产品开发项目；组织和协调上下游企业配套开发、同步发展，推进高新技术产业化。该联盟的成立，将加快推进江苏省新能源汽车核心技术研发，促进新能源汽车产业链的形成。

2012年3月，江苏省政府印发《江苏省新能源汽车推广应用指导意见》，就试点进度、技术标准、补贴金额等做了详细说明，这也是全国首次在全省范围内推广应用新能源汽车。按照规划，2012~2014年，新能源汽车在南京、苏州、南通进行试点；2013~2015年，扩大到无锡、常州、盐城、扬州、镇江等地。率先进行试点的3个城市，各自推广应用1000辆以上新能源汽车，其中纯电动汽车须超过50%。考虑到售价较高，中央和省市将给予补贴，预计占售价的1/2。试点城市新增公交、出租车将优先应用纯电动汽车，兼顾发展环卫、邮政、电力等公共服务领域纯电动汽车，鼓励企事业单位和市民使用纯电动汽车。

第三篇 对策建议篇

第七章 国外低碳发展实践与创新

低碳发展是当今国际社会减缓和应对全球气候变化的战略选择，是人类实现可持续发展的根本大计，也是确保各国和人民生存与发展的根本需要。因此，世界上的主要经济体，都在通过技术革新、能源体系的转型以及基于市场的政策促进低碳发展。英国等欧洲国家倡导发展低碳经济，美国聚焦于新能源领域，日本提出建设低碳社会，印度、巴西等新兴经济体国家也纷纷制定国家低碳发展战略。

第一节 英国——低碳经济先行者

英国作为第一次工业革命的先驱，进入21世纪之后，又成为全球低碳经济的积极倡导者和先行者，并于2003年发布了英国能源白皮书《我们能源的未来：创建低碳经济》。这是世界上首次以政府文件形式提出低碳经济的发展模式。从此，低碳经济开始进入全球视野。

一、英国的低碳经济发展历程

2003年，英国的能源白皮书从对进口能源高度依赖和作为《京都议定书》缔约国有义务降低温室气体排放的实际需要出发，着眼于降低对化石能源依赖和控制温室气体排放，提出了英国将实现低碳经济作为英国能源战略的首要目标。

2006年10月，英国发布了《气候变化的经济学：斯特恩报告》，对全球变暖的经济影响做了定量评估。《气候变化的经济学：斯特恩报告》认为，气候变化的经济代价堪比一场世界大战的经济损失。应对这场挑战，目前技术上是可行的，在经济负担上也比较合理。行动越及时，花费越少。

2008年3月，英国颁布实施《气候变化法案》，成立了相应的能源与气候变化部。这使英国成为世界上第一个为减少温室气体排放、适应气候变化而建立具有法律约束性长期框架的国家。按照该法律，英国政府必须致力于发展低碳经济，到

2050年达到减排80%的目标。英国正在着力将"低碳经济模式"向全世界推广。

2009年4月，英国又成为世界上第一个立法约束"碳预算"的国家，明确提出，在2008~2022年，每5年为1个周期，设立3个减排时间段。提出了降低碳排放的宏伟目标：到2020年减少34%，到2050年减少80%。

2009年6月，英国公布了发展"清洁煤炭计划"的草案。要求英国境内新设煤电厂必须首先提供具有碳捕捉与封存能力的证明，每个项目要有在10~15年内储存2000万吨CO_2的能力。为此，政府会考虑给予相关财政激励。

2009年7月，英国政府公布了《低碳转型发展规划》（The UK Low Carbon Transition Plan，简称《规划》）白皮书。这是全球首次将CO_2量化减排指标进行预算式控制和管理，确定"碳预算"指标，并分解落实到各领域。《规划》要求，英国到2020年温室气体排放总量在2008年水平的基础上减少18%，即相当于在1990年排放水平的基础上减少34%。为此，英国将抓住机遇，力争到2020年实现以下5个具体目标：一是创造120万绿色就业；二是整体改建700万户民宅，并支持150万户家庭生产自己的清洁能源；三是全国40%的电力来自可再生、核能、清洁煤等低碳能源；四是削减一半天然气进口量；五是小轿车平均碳排放量比现在降低40%。与《规划》同时公布的还有3个配套规划，即《英国低碳工业战略》、《可再生能源战略》及《低碳交通规划》[①]。

二、英国低碳经济相关政策和法律法规

1. 相关政策法规

低碳经济的发展离不开低碳经济立法的健全与完善。为推动节能减排和实现能源安全目标，英国政府积极构建低碳经济相关政策和法律法规，其低碳经济法律制度也逐渐成为其他国家效仿和借鉴的重要依据。表7-1列举了英国低碳经济领域主要的一些政策法规。

表7-1　英国低碳相关政策法规

年份	法案或报告	主要内容
2002	《再生能源义务命令》	要求所有电力产业提供一定比例的再生能源电力并逐年增长，目标是到2010年英国10%的电力将来自再生资源

---

① 中国经济网．英国出台低碳过渡计划．http://www.cctd.com.cn/detail/09/07/17/00206790/content.html?1247796181969&type=．

续表

年份	法案或报告	主要内容
2003	《能源白皮书——构建一个低碳社会》	围绕能源环境和减排能力展开,强调了可再生能源技术、热电联产技术、氢能技术及排放交易对减排的意义,否认核能
2004	《能源法》	依据2003年能源白皮书相关承诺配合实施,针对气候变化减缓提出发展风力发电及其他海洋再生能源架构,以确保达成2010年国家再生能源使用目标
2006	《能源回顾——能源挑战》	呼吁全球减排行动,重视核能,强调碳捕捉与封存的重要意义,重视发展分布式发电和小型发电设施,氢能技术受到冷落
2007	《能源白皮书——迎接能源挑战》	强调国际合作,提出一系列政策措施,提高能源使用效率,加大低碳技术研发,确定碳排放目标
2007	《气候变化战略框架》	制定了中长期减排目标,提出一系列低碳政策,包括气候变化、排放贸易机制、气候变化协议及碳基金等
2008	《气候变化法案》	英国将在2050年将温室气体排放量在1990年的基础上减少80%,并确定了今后5年的"碳预算"(这是全球第一个确定温室气体减排目标的法案)
2009	《低碳转型发展规划》	提出到2020年将碳排放量在1990年的基础上再减少34%的具体规划,并实现到2050年前减排至少80%的目标
2010	《减碳承诺计划》	全国性且强制性的排放交易机制,强制执行总量管制并进行排放交易
2011	《全国气候变化方案》	要求英国能源和气候变化部,交通部,环境、食品和农村事务部等政府部门尽快制订未来5年的具体行动计划,以实现低碳发展;要求有关部门必须在2013年前制定出电力行业碳定价机制和上网电价制度,以增加对清洁能源的投资信心

资料来源:由作者根据相关资料整理而成

2. 税收政策

1997年以来，英国政府就开始采取一系列与能源和碳排放有关的税收政策。2001年4月，英国政府提出"气候变化计划"并实施气候变化税，其目的是提高能源效率、调整能源结构和促进节能投资。因此，在征收气候变化税时又通过调低企业雇员的国民保险金、强化投资补贴项目和碳基金等措施将税收返还企业，依据煤炭、天然气和电能数量征税，对可再生能源、热电联产等免税，鼓励企业提高能源效率。通过燃油税、等级车辆消费税和公司汽车税机制，鼓励个人少开车，多选择其他交通工具（骆华等，2011）。

3. 碳基金补贴机制

碳基金是2001年由英国政府投资、按企业方式运作的非营利组织，其运作资金主要来自气候变化税。碳基金的定位，一方面是帮助企业排除低碳生产模式转变过程中所面临的技术、经济和管理障碍，提高能源使用效率，减少CO_2排放；另一方面，对具有市场前景的低碳技术进行商业投资，拓宽低碳技术的市场。碳基金的中短期目标是提高能源效率及加强碳管理，中长期目标是投资低碳技术，所需资金主要来源于气候变化税，并将其用于投资。碳基金的资金用于投资方面，主要有三个目标：促进研究和开发，加速技术商业化，投资孵化器[①]。

三、英国发展低碳经济的重点领域

2009年英国政府公布的《规划》，标志着英国政府正主导经济向低碳转型。《规划》列出了英国发展低碳经济的重要领域。

1. 电力行业

改造以煤炭为燃料的火电厂，通过完善电力结构、使用清洁燃料和可再生能源，从现在起至2020年实现每年减排约50%的目标。预计到2020年，有40%的电力来自低碳能源，即30%来自可再生能源、10%来自核能（包括新建的核电站）及洁净煤。英国需要在2050年前基本消除电力生产中的碳排放。

2. 家庭与社区

加大宣传，引导公民的生活方式由高碳向低碳节能转变，提高家庭能源使用

---

① 经济参考报. http：//www.zgjrw.com/News/2010915/home/131116711101.shtml. 2010-9-15。

效率，降低家庭开销，鼓励低碳环保建筑。从现在起至 2020 年，通过提高家庭房屋能效和支持小规模可再生能源发展，实现每年减排约 15%。

3. 工作场所

从现在起至 2020 年，通过提高工作场所的能效，实现每年减排约 10%。2050 年前，办公室、工厂、学校和医院的碳排放需要降至接近于零。除了能源部门之外，许多其他的新领域将创造更多就业机会和商机，以支持所有企业提高能效。

4. 交通系统

完善公共交通设施，改进技术，并致力于电力汽车、燃料电池汽车等使用的新一代电池、燃料电池技术开发。从现在起至 2020 年，提倡国人以更环保的方式出行，实现每年减排约 20%。2050 年前，道路和铁路交通将在很大程度上实现去碳化，航空和海运将大大提高能效。

5. 可持续的农场与土地管理

改变农业耕作的方式，支持使用厌氧消化技术，将废物和肥料转化为可再生能源，鼓励私人资金来创建林地，支持节能和低碳耕作。从现在起至 2020 年，通过减少农业排放、管理土地使用和废物，实现每年减排约 5%。

四、英国发展低碳经济的主要措施

1. 降低成本，提高能源使用效率

采用先进技术提高能源使用效率，可以降低各项社会服务成本。比如，热电联产技术成功使用了发电时一般会浪费掉的热能，可以将燃料利用的总效率增加到 70%~90%，相对于传统发电方法的 30%~50% 还可节省 40% 的燃料费。

2. 借助资源优势，大力发展清洁能源

英国得天独厚的地理优势决定了其为欧洲风能潜力最大的国家。此外，英国海上风能、海藻能源等开发利用也处于全球领先水平。苏格兰地区拥有丰富的潮汐能和波浪能资源，建立了世界上第一个海洋能源中心和商业波浪能发电站，商业风能发电事业取得了很大进展。在太阳能领域，英国现有 8 万多个太阳能热水系统及数千个离网型太阳能光伏发电系统，在集热器制造、测试、安装、培训和咨询等领域具有专长，在光伏发电材料研发领域居世界先进水平。在英国政府的政策刺激下，英国国内和国外的企业将进一步扩大对英国新能源产业的投资。这不仅可以解决国内能源短缺问题，还可以增加就业机会。

3. 促进转型升级，实现传统产业低碳化

英国作为产业革命的发源地，历史上其传统产业在经济中占有相当大的比例，而如今曾经辉煌的纺织、冶金、造船、煤矿等传统产业日渐萎缩，耗能巨大，污染严重。为了应对日益恶化的环境危机和不断加大的全球化竞争的挑战，保持经济发展和国家繁荣，传统产业亟待转型升级。英国2009年6月17日公布的"清洁煤炭"计划便是针对以煤炭为燃料的火电厂的技术改造计划，要求煤电厂具有碳捕捉与封存的能力。评估认为，这一计划将在工程、制造等领域提供3~6万个就业岗位，到2030年它对英国经济的价值将达到每年40亿英镑。另外，英国加大汽车产业中兴起的电动汽车、生物燃料汽车的研发和市场推广，这也是传统产业向低碳化转型的有效途径。

4. 建立碳排放体系，确保经济稳定增长

碳排放是气候和环境政策的重要组成部分。碳排放交易体系始于20世纪70年代的美国，根据联合国"清洁发展机制"等规定，没有减排指标的发展中国家或减排工作做得较好的机构，可以将碳排放配额拿到市场上交易。英国通过发展低碳经济来减少本国的碳排放，然后将多余的碳排放配额出售来获利。

5. 引进低碳生产方式，生产低碳产品

重视可再生能源、核能、CCS技术、输电网等能源基础设施建设，将其作为未来英国发展低碳产业的重要方向。例如，现阶段英国政府非常关注CCS技术，这项技术可以最大限度地防止CO_2进入大气层，通过将CO_2气体注入地表以下数千米的地质层中，使其可以被应用在发电站和石油及天然气生产过程中的脱碳工艺中。为使英国成为全球低碳汽车开发和生产领先者，英国政府从2011年开始给予低碳汽车最高5000英镑的补贴，鼓励低碳汽车消费。凡是购买达到安全指标和低排放标准的电动车、插电式混合动力车或氢燃料电池车的车主均可获得车价25%的补贴。

第二节 美国——新能源促进低碳转型

虽然美国出于对本国利益的考虑，至今没有签署《京都议定书》，但其国内一直实施着节能降耗、发展绿色能源等策略，低碳发展取得了一定成效。

一、美国促进低碳发展的政策法规

2005年，美国开始实施《能源政策法案》。该法案提出了一些重要措施以促进减排能源的生产和分配。其中包括提高家用电器和设施的能效标准，利用税收激励政策鼓励购买高能效的家电及燃油效率较高的交通工具等。

2007年7月11日，美国参议院提出了《低碳经济法案》，表明低碳经济的发展道路有望成为美国未来的重要战略选择。奥巴马出任总统后，提出新能源政策，实施"总量控制和碳排放交易"计划。2003年成立芝加哥气候交易所[①]，开展温室气体减排量交易。

2009年2月15日，美国出台了《美国复苏与再投资法案》，将发展新能源作为重要内容，包括发展高效电池、智能电网、碳储存和碳捕获、可再生能源（如风能和太阳能）等；在节能方面最主要的是汽车节能，该法案涉及的投资总额达到7870亿美元。

2009年3月31日，由美国众议院能源委员会向国会提出了《2009年美国绿色能源与安全保障法案》。该法案由绿色能源、能源效率、温室气体减排、向低碳经济转型4个部分组成；主要内容包括：确保美国产业的国际竞争力，绿色就业机会和劳动者转型，出口低碳技术和应对气候变化等4个方面，该法案构成了美国向低碳经济转型的法律框架。

2009年6月28日，美国众议院通过了《美国清洁能源和安全法案》。这是美国第一个应对气候变化的一揽子方案，不仅设定了美国温室气体减排的时间表，还设计了排放权交易，试图通过市场化手段，以最低成本来实现减排目标。

此外，美国国内州地方政府也积极开展节能减排活动。目前已有40多个州执行温室气体减排的法规，20多个州出台鼓励可再生资源发展的政策措施。比如，2006年，加利福尼亚州通过一项法案，规定到2020年将该州温室气体在1990年的基础上减排25%；2009年该州提出控制温室气体排放的"低碳燃料"标准；2010年通过提案削减汽车燃料的CO_2排放量，并刺激市场用清洁汽油的替代品。

---

① 成立于2003年的芝加哥气候交易所是全球第一个具有法律约束力、基于国际规则的温室气体排放登记、减排和交易平台。芝加哥交易所现有会员近200个，分别来自航空、汽车、电力、环境、交通等数十个不同行业。该交易所开展的减排交易项目涉及CO_2、CH_4、N_2O、氢氟碳化物、全氟化物和SF_6 6种温室气体。

二、美国推动低碳发展的主要措施

1. 转变能源利用方式

美国希望通过开发使用新能源和可再生能源来改变能源利用方式,争夺未来科技和能源制高点。美国政府还出台了一系列的新能源政策法案,包括《2005年能源政策法案》、《2007年能源独立与安全法案》、《2008年紧急经济稳定法案》、《2009年经济复兴与再投资法案》及《2009年美国清洁能源与安全法》等。美国政府的主要施政纲领之一就是将生物燃料扩展到整个清洁能源领域,并将新能源战略提升到"向清洁能源经济转型"的国家战略高度(郭鸿鹏等,2011)。新能源政策的核心是培植新技术和新能源产业。

2. 探索排放权交易制度

早在20世纪70年代美国就开始探索排污权交易制度,1970年通过《清洁空气法案》,以排污削减信用的排放权交易制度为基础,建立由"补偿(offset)"、"气泡(bubble)"、"银行储备(banking)"和"容量节余(netting)"四项政策构成的排放权交易体系,为酸雨计划的成功打下坚实的实践基础。1990年,美国在《清洁空气法案》修正案中提出了酸雨计划,确立了排污权总量与交易模式,这是美国最成功的排污权交易实践,SO_2 排放量显著减少,1990~2006年排放总量下降了40%。围绕 NO_x、SO_2 和汞(Hg)等大气污染物排放量的降低,2005年美国制订了以清洁空气州际规划为核心的综合性规划,2009年美国区域温室气体减排行动(Regional Greenhouse Gas Initiative,RGGI)[①] 开始启动。

3. 推行激励性财税政策

在利用补贴和减税措施来提高能源使用效率、节能降耗、鼓励消费者使用节能设备和购买节能建筑方面美国陆续制定了一些发展清洁能源的财税政策。例如,美国对在2006~2010年购买柴油、替代燃料、电池及混合的车辆可减免250~3400美元的所得税;对使用柴油和燃料酒精给予每加仑[②]减10%的税;对在IECC

[①] 美国区域温室气体减排行动(RGGI)是一项针对美国东北部10个州发电厂温室气体总量的控制和交易计划,于2009年1月份开始启动,约束对象为发电能力超过25MW的发电企业。

[②] 1加仑=3.78543升。

标准基础上再节能30%以上和50%以上的新建建筑，每套房可以分别减免税1000~2000美元；给予可再生能源的企业补贴，补贴资金达50亿美元。2010年起，美国对轿车和中型、重型卡车实施了更严格的排放和能效标准，并计划实施从2017年起9年间的轿车、轻型卡车的节能及减排目标，针对中型、重型卡车的能效、减排目标将于2014~2018年实施（骆华等，2011）。

4. 全面发展低碳交通工具

美国计划通过财政补贴、政府投资来支持汽车厂商加大新型节能汽车的研制力度，开发先进汽车技术，并将重点放在研发先进电池技术方面，减少美国的石油消费量。鼓励消费者购买节能型汽车，力争到2015年实现美国的混合动力汽车销量达到100万辆，且在2012年前实现美国联邦政府购买的车辆中一半为插电式混合动力车或电动汽车。另外，美国将设立国家低碳燃料标准，加快引进低碳非化石燃料。该标准要求燃料供应商到2020年减少10%的碳燃料排放。

5. 发展智能超导电网

美国将启动电网改造计划，提高电网的智能性、可靠性和安全性，加强电网基础设施建设，加快电网改造，向超导电网和数字电网转换。根据美国能源部的统计，通过对美国电网的智能化改造，预计未来20年内可节省近千亿美元的投资。美国新能源战略的下一步计划将包括：集中对每年要耗费1200亿美元的电路损耗和故障维修的电网系统进行升级换代，建立美国横跨四个时区的统一电网；发展智能电网产业，逐步实现美国太阳能、风能、地热能的统一入网管理；全面推进分布式能源管理，创造世界上最高的能源使用效率（孙西辉，2011）。

第三节　欧盟——低碳发展引领"后工业革命"

欧洲是低碳经济的起源地，也一直是全球低碳经济的领头羊。欧盟在应对气候变化的问题上一直持积极的态度，欧盟委员会提出的一揽子能源计划，旨在带动欧盟经济向高能效、低排放的方向转型，并以此引领全球进入"后工业革命"时代。欧盟国家还利用其在可再生能源和温室气体减排技术等方面的优势，积极推动应对气候变化和温室气体减排的国际合作。

一、欧盟低碳发展进程

1992年的里约热内卢联合国国际环境会议上，欧盟积极主张限制温室气体排放并主动承担减排的义务，这是欧盟低碳经济发展战略的起步阶段。1993年，欧盟推出了《可持续发展计划》，并且积极促成了《京都议定书》关于温室气体减排条款的生效。欧盟的《可持续发展计划》在《马斯特里赫特条约》中得到了进一步阐述，并在1997年的《阿姆斯特丹条约》中被确定为欧盟的优先目标。2001年，欧盟发表的《环境2010：我们的未来、我们的选择》针对环境与健康、自然资源和废弃物、气候变化和自然方面制定了有关的决策和措施。2005年，欧盟开启了排放交易体制，成员国纷纷制订了CO_2排放交易的"国家分配计划"。2006年，欧盟委员会制定了《欧盟能源政策绿皮书》，提出发展可再生资源，鼓励能源的可持续利用。

为进一步推动能源供应的多元化以及实现《京都议定书》所规定的温室气体减排目标，欧盟各国领导人于2007年3月通过了欧盟委员会提出的一揽子能源计划，从而带动欧盟经济向高能效、低排放的方向转型，并以此引领全球进入"后工业革命"时代。2007年年底，欧盟委员会通过了欧盟能源技术战略计划，明确提出鼓励推广"低碳能源"技术。

2008年，欧盟发表了《气候行动计划：变化世界中的能源》，明确了2020年低碳发展的目标：在1990年的基础上至少削减20%的温室气体排放（如果其他发达国家承诺减排目标，可减排30%），能源消费中可再生能源比例增加到20%，提高能效将能源消耗降低20%。由于能源排放的温室气体占欧盟总排放量的80%，20%减排目标的实现在很大程度上要得益于有效的能源政策。

2011年1月31日，欧盟委员会于布鲁塞尔发布了其《面向2020年——新能源计划》。该计划中新能源投资将翻倍，总数额将达到700亿欧元。同年2月22日，欧盟委员会发布了《2010~2020欧盟交通政策白皮书》，主要内容包括加大使用新能源汽车，将未来欧盟的交通核心放在公共运输上。同时提出了2050年交通方面的温室气体排放减少60%的目标。

2011年3月，欧盟委员会发布的《欧盟2050低碳经济路线图》提出"欧盟的最终目标是：相较1990年的排放值，2050年实现温室气体减排80%~90%"。为了达到欧盟2050年减排80%~90%的目标，欧盟的路线图规划为：欧盟希望2030年达到温室气体减排40%，2040年减排60%。根据路线图要求，以1990年排放值为基准，2020年之前，年减排目标应每年递增1%；2020~2030年，年减排目标应每年递增1.5%；而2030~2050年，年减排目标应每年递增2%。

2011年7月20日，欧盟委员会发布了2012年70亿欧元的科研资助计划，这是欧盟第七研究框架计划下最大的一次年度资助计划，比2011年的64亿欧元增加了9%。

2011年9月16日，欧盟宣布了一项合作研究藻类生物能源计划，项目投资1400万欧元；同年10月19日，欧盟委员会公布了投资500亿欧元改善欧盟交通运输、能源和数字网络的"连接欧洲设施（Connecting Europe Facility）"计划。

二、欧盟排放交易体系

欧盟排放交易体系（European Union Emission Trading Scheme，EUETS）是世界上第一个多国参与的排放交易体系，是欧盟为了实现《京都议定书》确立的CO_2减少排放的目标，于2005年建立的气候政策体系。它将《京都议定书》下的减排目标分配给各成员国，参与EUETS的各国，必须遵守欧盟温室气体排放交易指令的规定，以履行京都减量承诺及减量分担协议作为目标，执行各国所辖排放源温室气体排放量核配的规划工作。EUETS所覆盖范围包括12 000多座电站、工厂及其他工业设施，几乎占欧盟CO_2排放总量的一半，是全球最大的碳排放总量控制与交易体系。

EUETS交易系统分阶段实施，进行周期性的评估，而且有机会扩展到其他温室气体和部门。第一阶段（2005~2007年）主要集中在CO_2的排放源。占据欧盟CO_2排放近40%的上万个能源企业和工业部门参与这个体系，配额的发放是完全免费的。第二阶段（2008~2012年）将接纳CDM项目的核证减排量（Certified Emission Reduction，CER）[①]和联合履约（Joint Implementation，JI）[②]的信用额度。第三个阶段即2012年以后，计划将所有的温室气体和部门，包括飞行、海洋运输和林业都纳入EUETS，拍卖60%的排放配额。

三、欧盟促进低碳发展的重点领域

1. 新能源技术研发

欧盟2020年能源战略的总目标是保证欧盟2020年能源的可持续性、竞争力

[①] CER是CDM项目下允许发达国家与发展中国家联合开展的CO_2等温室气体核证减排量。

[②] JI是指发达国家之间通过项目级的合作，其所实现的减排单位，可以转让给另一发达国家缔约方，但是同时必须在转让方的"分配数量"配额上扣减相应的额度。

和可靠性。此外，它还确定了三项20%指标，即到2020年，减少CO_2排放20%（相比1990年），降低能源消耗20%，可再生能源占能源消耗结构的20%。因此，新能源技术的研发创新成为实现欧盟2020年能源战略的关键和依靠。欧盟积极增加对新能源技术研发创新的资金投入，目前在新能源研发创新方面有以下优先领域。

（1）提高能效。主要包括节能建筑、机器设备、工业流程、能源工业和交通行业及新兴能效元器件等。

（2）生物质能。主要发展第二代生物质能源、具有竞争力的替代碳氢化合物的解决方案等。

（3）风力发电。大力发展海上规模化风力发电场、智能电网、可再生能源接入、电能储存技术等。

（4）太阳光伏。主要包括具有价格竞争力的太阳光伏能、可再生能源取暖或制冷技术（空调）等。

（5）燃料电池。主要包括燃料电池技术及氢能的利用、电动汽车及充电设施、清洁智能交通技术等。

（6）清洁能源。主要包括清洁煤技术、清洁天然气技术、环境友好型技术、CCS技术等。

（7）核能技术。主要包括第四代核反应堆、核聚变、核安全技术，降低核废料、核辐射防护技术等。

2. 绿色交通

2012年1月20日，欧盟第七研究框架计划资助270万欧元的"有关交通、健康和环境的城市经济可持续智能解决方案"研发示范工程项目，在欧盟4个成员国的5个区域的城市正式启动。项目为期3年，5个区域分别是法国的Midi-Pyrenees和Aquitaine大区，英国的East Midlands地区，意大利的Molise大区和波兰的Mazovia大区。

上述5个区域将联合制定政策措施并出台行动计划，积极发展新型的城市绿色交通管理系统，促进城市交通基础设施和交通工具建设，充分利用信息通信技术，改善城市交通。同时努力限制影响环境的交通污染因素，保障市民的健康，保证城市道路交通的安全、畅通和高效。目标是探索建立统一规范和行之有效，兼顾城市活力、市民健康和道路安全的城市绿色交通管理体系，为欧盟未来制定统一的城市交通政策和具体行动的实施奠定基础。

3. 建筑节能

欧盟成员国政府对所有建筑物的耗能情况进行了详细的登记，并制作了有关的证书。在法律上规定了业主出租或出售住宅时，必须出具此证书。如果业主准备对住宅进行翻新改造或者建设新的建筑，必须符合新的能源指标才可以动工。政府推出了相应的鼓励措施，比如，只要改造后的建筑物能达到 CO_2 减排标准，业主还款的本金可以免除15%。

4. 发电减排

过去10年，欧洲地区开展了约300个智能电网项目，总投入超过55亿欧元。2011年4月12日，欧盟委员会发布了一份通报文件《智能电网：从创新到部署》，确定了推动未来欧洲电网部署的政策方向。智能电网能够为消费者带来实际利益，能够减少欧盟9%的 CO_2 排放和10%的家庭年度能源消费量，相当于平均每年节约60欧元。

在丹麦，发电用的柴油价格中能源税和 CO_2 税就占了2/3；发电用的煤价格中能源税和 CO_2 税已经超过了85%。针对可再生能源则不征能源税。化石燃料为生物燃料价格的2倍，但转为电力资源时，发电后的每度电收益前者却远低于后者。热电的联产减排技术——发电和供热业务的合并——网点也在大幅度铺开，用来减少热和电传输上的损失。

第四节 日本——全面建设低碳社会

一、日本低碳发展进程

20世纪70年代的石油危机以后，日本为改善能源结构，减轻对石油的依赖，开始寻找替代能源。1979年，日本政府颁布实施了《节约能源法》，并对其进行多次修订，该法对能源消耗标准作了严格的规定。

2003年，日本《可再生能源标准法》规定，能源公司必须提供一定比例的可再生能源。2004年4月，日本环境省设立的全球环境研究基金制订了"面向2050年的日本低碳社会情景"研究计划。

2006年，日本经济产业省编制了《新国家能源战略》，通过强有力的法律手段，全面推进各项减排措施的实施。《新国家能源战略》提出从发展节能技术、降低石油依存度、实施能源消费多样化等六个方面推行新能源战略。

2007年，日本内阁会议制定的《21世纪环境立国战略》中指出，要综合推进"低碳社会"和"与自然和谐共生的社会"的建设。日本环境省提出的低碳规划，提倡物尽其用的节俭精神，通过更简单的生活方式达到高质量的生活，从高消费社会向高质量社会转变。

2008年，日本政府通过了"低碳社会行动计划"，将低碳社会作为未来的发展方向和政府的长远目标。"低碳社会行动计划"提出，在未来三至五年将家用太阳能发电系统的成本减少一半，到2030年，风力、太阳能、水力、生物质能和地热等的发电量将占日本总用电量的20%。"低碳社会行动计划"还提出，从2009年起开始CCS技术大规模验证实验，争取2020年前实现技术实用化。

2009年4月，日本公布了名为《绿色经济与社会变革》的政策草案，目的是通过实行减少温室气体排放等措施，强化日本的低碳经济。2009年12月11日，在日本自民党旨在加强全球变暖对策的《低碳社会建设推进基本法案》中明确写道，为建设温室气体低排放的"低碳社会"，"政府应在法制、财政、税收、金融等方面采取相应措施"。

日本在2011年3月11日发生大地震、核泄漏事件之后，开始调整能源政策。同年6月7日，日本内阁官房国家战略室召开会议，决定于2012年推出《新的能源和环境战略》，并将重点推进节能、可再生能源、化石燃料资源、核电、电力系统、能源环境产业六个方面（表7-2）。

表7-2 日本能源环境创新战略六大重点推进领域

推进领域	优先事项
节能：社会意识提升、生活方式改变和能源需求改革的挑战	近期：开始依靠技术和产品支撑的以消费者为中心的能源需求管理
	中期：普及以消费者为中心的能源需求管理
	长期：实现绿色创新
可再生能源：通过创新和市场扩张，建立更实用的可再生能源的挑战	近期：通过鼓励导入可再生能源使之供应多样化
	中期：通过创新和市场扩张加速导入可再生能源
	长期：实现绿色创新
化石燃料资源：通过更高效利用和加强环境友好程度，战略性利用化石燃料资源的挑战	近期：稳定供应和战略性利用
	中期：加速化石燃料的清洁利用和战略性应用
	长期：实现绿色创新，推进国际化战略
核电：保持高水准安全性，减少对核能依赖的挑战	近期：保持高水准安全性利用核能，基于全国讨论决定减少对核能的依赖
	中期：在进行全国范围的讨论后，采取行动减少对核能的依赖
	长期：基于全国范围的讨论，做出减少对核能依赖的决策

续表

推进领域	优先事项
电力系统：电力供需稳定、成本降低和风险管理的持续挑战	近期：改革传统体系，通过早于原定日程实施新体系来稳定供需，同时避免成本剧增
	中期：普及分布式新型能源体系，与集中式传统体系并存/竞争
	长期：实现分布式新型能源体系
能源环境产业：实现强大的产业结构和创造就业机会的挑战	近期：培育跨部门全能源服务产业，能够开展所有能源业务（电力、燃气和供热）
	中期：提升跨部门（电力、燃气和供热）综合性能源产业实力
	长期：创造新的产业和就业机会

资料来源：国家能源局. 世界主要国家能源政策动态 2011（四）

二、日本低碳转型的主要政策领域

日本是典型的岛国，受其地理环境条件的制约，气候变化对日本的影响远远大于世界其他发达国家。日本近年来不断出台有关政策，尤其是能源和环境技术开发方面的政策，希望转变原有经济发展模式，占领未来经济发展制高点。

1. 低碳能源

日本鼓励和支持开发太阳能、风能、核能等新能源。2009 年，日本重启太阳能鼓励政策，将其作为经济转型中的核心战略之一。同时提出一项 1540 亿美元的经济刺激计划，推广太阳能发电、电动汽车及节能电器。制定"领跑者制度"，即以同类产品中耗能最低的产品作为领跑者，然后以此产品为规范树立参考标准，并要求所有同类产品在指定的时期内必须达到该水准。规定新建住宅、建筑物应全部为节能建筑，充分利用税收及预算措施，支持住宅进行装修、隔热、改建等工程。

2. 财政税收

日本于 2007 年 1 月正式征收环境税，主要是根据对环境造成的负荷（化石能源中的碳含量）进行纳税。日本还针对 CO_2 进行征税，并把它视为实现低碳经济的关键步骤和最有市场效率的措施。表 7-3 为日本碳税方案的具体内容。

表7-3 日本碳税方案

项目	具体内容
目的	应对气候变化和履行《京都议定书》，推行低碳经济发展
对象	使用化石燃料的单位
范围	家庭和办公场所，工厂企业，煤炭、石油、天然气的消费大户，采用化石能源发电的企业
征收环节	生产环节（上游）课税 / 消费环节（下游）课税：工厂、企业等生产过程中使用化石燃料（煤炭、天然气、石油）；电力生产使用化石燃料（煤炭和天然气）
税率	2400日元/吨碳（约655日元/吨CO_2，184元人民币/吨碳）
税收	3600亿日元
家庭负担	家庭每户每年大约2000日元（约每月170日元）
减免措施	排放大户如果努力减排，减免80%；钢铁、焦炭等行业生产所用煤炭免税①；用煤油减免50%②；渔船用燃料免税
税收使用	提高建筑节能；促进低排放的机动车发展；促进可再生能源发展；森林保育、增强碳汇
与现有能源税关系	替代部分能源税（如汽油税等）

资料来源：《中国低碳经济发展研究报告》

3. 低碳技术

日本特别强调低碳社会过程中的技术创新，并以此保持其在环境和能源领域的技术领先地位。为尽早实现低碳社会，日本文部科学省正式启动研究开发与实践相结合的综合战略项目，成立"低碳研究推进中心"。日本政府还不断加大科研经费投入，全力支持低碳技术的研发。2008年，日本内阁公布了"低碳技术计划"，提出了实现低碳社会的技术战略以及环境和能源技术创新的促进措施，内容涉及超燃烧系统技术、节能型信息生活空间创生技术、低碳型交通社会构建技术和新一代节能半导体元器件技术等重点技术领域的创新。日本政府还制定了技术战略图，建立官、产、学密切合作的国家研发体系，全方位立体地开展低碳技术的创新攻关。

---

① 此类行业适宜的替代能源太少。
② 煤油是日本家庭取暖的主要燃料。

4. 低碳交通

日本城市交通发展战略主要包括进行低碳减排的交通运输网络建设，修缮铁路、公交等公共交通运输网络设施，推进都市、地域综合交通战略。目前，在交通需求管理的各项措施中，各机构开展错时上下班、实行弹性工作制和在家办公等，这些已在日本逐渐得到推广。同时，为强化汽车产业的技术力和竞争力，日本计划提高新一代环保汽车比例，并致力于电动汽车、燃料电池汽车等使用的新一代电池、燃料电池技术开发。2011年1月13日，本田、丰田和日产联手10家日本能源供应商发表声明，计划于2015年开始大量生产燃料电池汽车[①]。

5. 低碳消费

1996年，日本支持率先购买环保商品的政府机构、民间团体和企业共同成立了"绿色采购网络"，并于2000年制定了《绿色采购法》，规定国家机关和地方政府等单位有优先采购环境友好型产品的义务，且各个国家机关都要公布年度绿色采购实际情况，建立"绿色采购事例数据库"。为提高企业和国民的环保意识，日本规定凡是在生产、使用、消耗全过程中全面考虑环境保护的商品，都可以使用环保标志。日本还对空调设备、电冰箱、电视机、电子计算机等13种产品实施了节能标志制度。

6. 低碳教育

日本政府和相关团体通过电视、网络、发行刊物、举办讲座等形式向国民普及节能知识，进行低碳宣传教育。旨在促进节能环保家电消费的"环保积分制度"于2009年5月15日起在日本全国开始实施。对购买符合一定节能标准的空调、冰箱和数字电视的消费者返还"环保积分"，所获积分可用于兑换消费券。为配合八国峰会的开幕，日本将7月7日定为"清凉地球日"。在2008年7月7日八国峰会开幕的当晚，日本各地共约7.6万处标志性建筑和商业设施等一齐熄灭灯火，以重申节约能源、保护环境的重要性。

7. 国际合作

加强与国际社会的密切合作，是日本推进低碳经济的又一战略措施。日本利用IEA、APP（关于清洁能源开发和气候的亚太合作组织）等国际与区域组织平

---

① 国家能源局. 世界主要国家能源政策动态2011（四）. http://www.nea.gov.cn/2012-03/20/c_131476837.htm.

台实施各领域最佳减排综合方案,发挥其在环境和能源等领域的技术优势,谋求在解决环境问题上的国际领导权,并宣传、推介本国的相关技术和产品。此外,日本还积极向中国、印度等发展中国家提供节能设备并派遣专业人员进行技术支持,致力于制订国际统一的各领域最佳减排方案,推进技术方针的革新,促进与相关国家的技术合作和经验分享(李晴等,2011)。

第五节　新兴经济体低碳发展实践与创新

新兴经济体发展模式转变,就是要走出一条以低碳为基础,注重科技创新,不断提高能效的新型工业化道路。低碳经济是新兴经济体发展的共同需要,是新兴经济体发展模式转变的重要任务。近年来,新兴经济体在低碳发展政策、新能源开发利用、节能减排、环境保护等领域取得了积极成效,为全球可持续发展做出了重要贡献。

一、印度低碳发展实践与创新

近年来,印度政府十分重视发展低碳经济,减少CO_2排放量。印度的低碳发展政策涵盖了提高能源效率,大力发展水电、风能、太阳能等可再生能源,开发利用清洁煤炭发电技术,使用更清洁低碳的交通燃料,强化森林保护和管理等方面。此外,印度在经济改革和结构调整、科技发展政策,以及控制人口增长方面的成绩也间接地为控制温室气体排放做出了积极贡献。

印度早在20世纪80年代就开始探索通过综合利用可再生能源和提高能效来解决能源供应问题。为节约能源,提高能源利用效率,印度政府于2001年颁布《节约能源法案》、2005年推行《新能源和可再生能源政策》、2006年实施《综合能源政策》。

2006年8月,印度计划委员会起草了《能源综合政策报告》,作为印度"第十一个五年(2007~2012年)计划"制定能源发展政策的指南。该报告共分13部分,重点分析了印度能源现状与能源安全、主要能源(电力、煤、石油和天然气等)和总体能源的政策建议,能源供应和需求管理改革、能源研究与开发,以及能源与环境等重要内容,反映了印度能源现状和基本的政策取向。

2008年印度政府颁布了《应对气候变化国家行动计划》,主要包括以下几个方面。

(1)太阳能计划。太阳能技术是国家行动计划中最重要的内容,计划到2022年年底形成2万兆瓦的太阳能发电能力。电网系统必须购买可再生能源电厂的发电,并施行累进目标制度。

(2) 提高能源效率计划。通过建立市场机制、制定优惠政策等措施,引导工业、制造业和消费者发展低碳经济。产业部门和建筑行业都要实施节能战略,到 2012 年,通过节能和提高能源效率,节省 1000 万千瓦的电力消耗。

(3) 可持续居住计划。主要是改善建筑物的能源效率,加强对生活废物的管理,以及使用公共交通等。

(4) 水资源保护计划。加强水资源的保护,减少水资源浪费,实行公平分配;实施海水脱盐、雨水收集等项目;提高现有灌溉系统的效率,加强灌溉和土地的重新开发使用,推广滴灌、喷灌等新灌溉技术。

(5) 喜马拉雅山生态环境保护计划。促进喜马拉雅山地区可持续发展,制定具体措施,对喜马拉雅冰川和山地生态系统进行保护,并加强与邻国的合作。

(6) 绿色印度计划。旨在改善全国的生态环境,提高生态系统的碳汇功能。计划造林 600 万公顷,将现有森林覆盖率 23% 提高到 33%。绿色印度计划将至少复种 400 万公顷的退化林地;提高 200 万公顷中等密度林地的密度;总共将提高至少 1000 万公顷的林地、废弃和居住土地的植被覆盖密度。另外,要调整农业发展方式以适应多种严重的气候挑战,综合有效地管理好水资源。

(7) 可持续农业计划。通过选育抗热和抗极端天气的作物品种,提高农业适应气候变化的能力;同时要开发新的农作物品种,改革农作物播种方式,并使用信息技术、生物技术和其他新技术。

(8) 应对气候变化战略平台计划。政府对高质量的专题研究进行资助,支持成立专门的气候变化部门和相关的专业部门,同时对研究成果进行推广。

2009 年的哥本哈根谈判,印度主张建立一个有效合作、平等的全球机制,遵循的是共同而又区分的责任原则。2010 年 4 月举行的博鳌亚洲论坛,印度提出低碳增长的关键是技术,无论是煤炭、核能还是可再生能源,都需要突破技术限制,降低成本,实现规模化,满足更多人的需求。

此外,印度政府还资助了一系列的应对气候变化项目,其中既包括应对气候变化直接影响的科研项目,也包括降低气候变化脆弱性的间接项目,如消除贫困项目和乡村发展项目等。

二、巴西——南美洲的低碳先行国家

巴西是世界上最大的热带国家,也是 CO_2 排放量较高的国家之一。从 20 世纪 70 年代开始,巴西政府开始重视绿色能源的研究,投入巨资发展燃料乙醇和水力发电,进入 21 世纪后又开始发展生物柴油、风力和太阳能发电,极大地促进了低碳经济的发展。在1992年的联合国环境发展会议上,巴西对应对气候变化的行动做出承诺。2008年12月1日起实施的《国家气候变化计划》的目标是到2020年将亚马孙流域森林采伐率降低80%,未来十年内国内乙醇使用量年均增加11%,到2020年造林面积达到1100万公顷。2011年亚马孙地区的森林砍伐面积已经降到1988年有统计以来的最低水平(杨立民,2012)。

1. 探索低碳农业发展模式

巴西作为农业大国,在低碳农业方面有不少好的尝试,产生了良好的社会效益和经济效益。为减少农业生产中的碳排放,促进农业可持续发展,巴西政府2010年制订了"低碳排放农业计划",通过提供长期低息信贷方式,鼓励农业生产者采用有利于减少碳排放的农牧业生产方式,如免耕直播技术、农林牧一体化生产方式、农作物轮作、扩大生物固氮技术,以及扩大人工造林和整治草场退化等。

巴西甘蔗产量的一半用于生产乙醇,去年产量约260亿升。据巴西甘蔗生产商联盟统计,2003年至今,巴西使用乙醇燃料,减少了1亿多吨的碳排放。不仅如此,巴西近年来又在推广用甘蔗渣发电的新技术,并把这项技术称为"生物发电",使甘蔗得到充分的利用,减少环境的污染。

2. 大力开发生物燃料

巴西燃料乙醇的日产量从2001年的3000万升增加到2005年的4500万升,已能满足国内约40%的汽车能源需求。2012年6月4日,巴西蔚蓝航空公司、阿米瑞斯生物技术公司、巴西航空工业公司和通用电气公司联合宣布阿米瑞斯生物技术公司运用巴西甘蔗制造的创新型可再生航油已经成功通过所有要求的测试,将在示范飞行期间用于属于蔚蓝航空公司的E195飞机上。这标志着巴西在生物燃料应用领域已经处于世界领先地位。

除了燃料乙醇外,巴西将重点提高生物柴油技术的研发能力及推广和使用,这些用大豆油、棕榈油、葵花油等为原料加工生产的生物柴油,可以添加在普通柴油中,作为卡车和柴油发电机的动力燃料(薛进军等,2011)。

巴西政府还专门成立了一个跨部门的委员会,由总统府牵头、14个政府部门参加,负责研究和制定有关生物柴油生产与推广的政策与措施。巴西政府于2004年颁布了有关使用生物柴油的法令,规定从2008年起,全国市场上销售的柴油必须添加2%的生物柴油;到2013年添加比例应提高到5%。目前在巴西的

27个州中,已经有23个州建立了开发生物柴油的技术网络[①]。

巴西政府还推出一系列金融支持政策。比如,国家经济社会开发银行推出各种信贷优惠政策,为生物柴油企业提供融资;巴西中央银行设立专项信贷资金,鼓励小农庄种植甘蔗、大豆、向日葵、油棕榈等作物,以满足生物柴油的原料需求。

3. 积极开展水力发电

由于缺油少煤,发展水电是巴西的必然选择。长期以来,巴西90%的电力来自水电。1974年,巴西动工建设当时世界最大的伊泰普水电站,该电站共有20台发电机组,总装机容量1400万千瓦,年发电量900亿千瓦时。其装机容量虽然少于三峡水电站,但因长年水量充沛,发电量仍位居世界第一。2011年,巴西开始在亚马孙地区建设装机容量为1100万千瓦的贝洛蒙特水电站,预计2014年开始发电,2019年全部完工。这座水电站将成为世界第三大水电站,为实现巴西政府承诺的减少碳排放目标发挥重要作用(杨立民,2012)。

三、韩国的绿色低碳成长

1. 韩国低碳发展进程

韩国政府为应对气候变化和能源危机,做了许多尝试和努力。2008年8月发布的《国家能源基本计划》,提出提高资源循环率和能源自主率的要求。其中,能源自主率由2007年的3%提高到2012年的14%,2050年实现能源自主率超过50%。同时要降低能源消费中煤炭和石油的比例,从目前的83%下降到61%;扩大太阳能、风能、地热等新能源与再生能源的比例,从2006年的2%提高到2030年的11%,2050年达到20%以上。此外,韩国为加强应对能源、资源危机和气候变化的能力,解决温室气体减排与经济增长之间的矛盾,在可持续发展的基础上,提出了新的国家发展战略——绿色成长战略。

2008年9月韩国出台《绿色能源发展战略》;10月韩国政府发布《为绿色成长及应对气候变化的废弃物资源、生物质能源对策方案》,该方案中共提出七大重点推进课题,其中一项是"构建600个低碳绿色乡村",并提出了"至2020年努力将农村能源自给率提高40%~50%"的发展目标。

2009年1月成立直属总统的绿色增长委员会;2009年年初,公布了《新增

[①] 和讯网. 巴西:大力发展可再生能源. http://news.hexun.com/2009-03-25/116019046.html。

动力前景及发展战略》，提出了17项新增长动力产业，其中有6项属于绿色技术领域，包括新能源和再生能源、低碳能源、污水处理、发光二极管应用、绿色运输系统、高科技绿色城市；2009年7月发布《绿色增长国家战略及五年计划》。

2010年4月出台《低碳绿色增长基本法》。同时，韩国政府结合国际经验和韩国实际，建立了有效促进绿色增长的绿色增长委员会制度、能耗量化管理制度、绿色经济制度、绿色文化和教育制度、绿色交通制度、绿色增长基金制度等特色制度（李梅等，2011）。

2010年年底韩国政府宣布，将在发电领域投资49万亿韩元（426亿美元）。2011年10月，韩国和美国签署合作协议，两国将在包括能源效率、可再生能源、智能电网技术、绿色运输、碳捕集与封存、储能系统等清洁能源研究领域合作[①]。

2. 绿色成长战略

绿色成长战略始于2008年，是韩国政府试图运用绿色技术和洁净能源来创造新经济增长动力和就业岗位的"国家发展新模式"。在"适应气候变化，实现能源自立；创造新成长动力；改变生活质量，提升国家形象"三大战略的指导下，韩国制定并实施了一系列政策措施，主要包括以下五个方面。

（1）设立专门组织机构。包括绿色成长委员会，以及民间的金融、产业、科学技术、生活等方面的绿色成长合作社等。目前绿色成长委员会已经制定了包括温室气体的减排、绿色成长教育、促进绿色投资等方案，以及绿色IT国家、新再生能源产业发展、绿色交通等战略。在绿色成长委员会的指导下，每半年举办一次地区绿色成长优秀事例发表大会，以此带动绿色成长战略的顺利开展。

（2）制定相关政策法规。其中最重要的是2010年出台的《低碳绿色成长基本法》。按照该法规定，企业有义务每年汇报温室气体排放量和能源消耗量。对超标企业下令加以改善，对违规企业处以罚款。同时，该法还规定了温室气体排放权利，以及温室气体减排及回收、碳交易市场的有关事宜。此外，还出台了《绿色建筑法》、《智能电网法》，制定了低碳产品积分、低碳产品认证等制度，以及温室气体、能源的目标管理体制、减排节约目标，在政府、法律的层面上逐步完备了绿色成长的相关体系。

（3）促进绿色技术研发、绿色产业投资，扶植重点绿色项目。鼓励民间30家大企业扩大投资规模，制定绿色技术研发综合政策，以及将GDP的2%投入绿

---

① 国家能源局. 世界主要国家能源政策动态2011（五）. http://www.nea.gov.cn/2012-03/22/c_131482573.htm。

色成长（2009~2013年）的计划。

（4）加强学校绿色成长教育。2009年11月，设立了绿色教育事业团，负责制定环境和绿色成长的教育课程、编排教科书、培训教师，并设立绿色教育资源中心；2010年，中小学开设了绿色成长相关科目，并设立了绿色成长研究学校、气候保护实验学校、环境体验学校等，教育学生了解、体验并实施绿色成长。

（5）加大绿色成长宣传力度。倡导全民进行生活的绿色革命，不浪费电、气、水等能源，减少废气、生活垃圾的排放，使用低碳绿色商品；倡导绿色生活方式，包括走楼梯、不使用一次性用品、少开车等。开设绿色成长体验馆，参观人员可亲身体验发电自行车，可利用碳计算器比较日光灯、发光二极管等的电力消耗，了解电脑待机时的电力消耗等①。

第六节　国外低碳发展实践与创新对我国的启示

随着全球变暖与能源资源枯竭，欧美等西方发达国家开始向低碳经济转型。西方发达国家所采取的措施包括以下几方面：制定有关气候保护和低碳发展的法律法规，通过立法倡导低碳生产、消费等行为；政府通过科技政策的倾斜、财政政策的支持、税收政策的调节等措施来支持低碳产业的发展；制定有关燃煤、燃油、汽车油耗、水污染控制等方面的国家标准；制定鼓励新能源产业发展的政策措施，给予资金和技术支持。这些政策措施极大地推动了发达国家低碳经济的发展。与此同时，印度、巴西、韩国等新兴经济体国家也结合本国资源禀赋和实际条件，因地制宜地推动本国向低碳经济转型。值得注意的是，发达国家和发展中国家对发展低碳经济的理解及做法有着明显的不同。对于发达国家来说，发展低碳经济是实现温室气体减排目标的重要途径，其低碳经济目标与控制温室气体排放的国际义务紧密联系在一起；而发展中国家现阶段更关注发展，强调在发展过程中采用高能效、低排放的技术和节约的消费模式，力争打破传统的高能耗、高污染的发展思路，实现减排与发展的双赢。不论发达国家还是发展中国家的低碳发展经验，对我国政府、企业和社会相关方面的决策都能提供有益的启示和借鉴。

（1）英国的经验表明，通过持续不懈的努力，经济增长和节能减排能够实现并行不悖。甚至，部分节能减排举措，如可再生能源和能效产品开发、碳排放制度框架建设，还能为经济提供新增长点。

（2）日本已构建了以能源政策基本法立法为指导，以煤炭立法、石油立法、

---

① 刘学谦，金英淑. 韩国"绿色成长战略"对中国的启示. 中国经济网，2012年5月4日。

天然气立法等为中心内容，相关部门法实施令等为补充的能源法律制度体系。能源立法不仅完备，而且能够根据国际国内形势的变化及时地做出修改，其金字塔形能源法律体系及其灵活性和可操作性值得我国借鉴。此外，日本的低碳社会建设表明，节能减排是一项系统工程，需要全方位动员、社会各方长期参与才能取得好的效果。

（3）从欧盟国家的经验看，市场制度、法规修订、资金支持、企业引导、社会认知等方面的工作都要做到相互配套、措施细化、落到实处。此外，欧盟国家制度和政策框架建设值得跟踪借鉴，诸如碳排放市场、法律法规、财政金融政策、社会引导和宣传方法，都可以根据我国实际情况跟踪和学习。

（4）美国在可再生能源、新能源汽车、智能电网、清洁煤技术等领域的扶持政策和技术研发方面积累了大量经验，我国可在新能源产业规划、新能源汽车技术、电器能效标准制定等方面积极借鉴美国的相关政策和做法。

（5）印度、巴西、韩国等新兴经济体的低碳发展实践表明，发展中国家应该结合本国资源禀赋和特点，因地制宜地发展低碳经济。印度把应对气候变化与解决人口贫困相结合，巴西将低碳农业与生物质能开发作为重点，以及韩国的绿色成长战略都值得我国借鉴和学习。

（6）经济低碳转型中涌现的新技术、新产品、新标准，将为对外经贸合作提供新机遇。我国企业应密切关注欧盟、美国、日本等国低碳技术、产品开发的新动态，并在全球经济低碳转型过程中，主动与发达国家开展竞争和合作；我国相关政府部门则应密切关注欧盟等发达国家在产品规格、标准等方面公共管理的新动向，及时出台和调整促进和引导政策，并努力为中外低碳产品和技术的经贸活动营造有利环境。

第八章 我国低碳发展实践与创新

气候变化是国际社会普遍关心的重大全球性问题。中国作为一个负责任的发展中国家,对气候变化问题给予了高度重视,成立了国家气候变化对策协调机构,采取了一系列与应对气候变化相关的政策和措施,为减缓和适应气候变化做出了积极的贡献。"十一五"期间我国能源强度快速上升的趋势得到有效遏制并实现 19.06% 的下降,共实现 CO_2 减排 15.5 亿吨,节能 6.3 亿吨标准煤左右。"十二五"期间,中共中央已确定要以科学发展观为主题,以加快转变经济发展方向为主线,并把经济结构的战略性调整作为加快转变经济发展方式的主攻方向,把控制温室气体排放、积极应对全球气候变化作为重要战略部署,这预示着我国低碳发展将出现新的局面。本章主要从低碳产业、低碳技术、低碳城市这三个方面介绍我国的低碳发展实践。

第一节 我国低碳产业发展实践与创新

一、低碳产业的界定

国际上关于低碳产业的范围界定与精确定义迄今为止仍未形成统一。2009年3月,英国商业、企业和制度改革部(The Department for Business, Enterprise and Regulatory Reform, BERR)[①] 委托第三方独立研究机构——Innovas Solutions 研究并出台了《低碳和环境产品与服务产业剖析报告》。该报告对全球低碳和环境产业做了全面的介绍和剖析,这也是迄今为止较为全面、系统地阐述低碳产业的研究报告。报告指出,低碳产业目前主要涵盖 23 个行业、95 个子行业,大致可以分为环境产品和服务、可再生能源、新兴低碳行业三大领域(表 8-1)。

---

① 英国商业、企业和制度改革部(BERR)已于 2009 年 6 月变更为英国商务、创新与技能部(The Department for Business, Innovation and Skills, BIS)。

表 8-1 低碳产业分类

领域	行业	子行业
环境产品和服务	空气污染治理与控制	尘埃和颗粒物控制；室内空气质量控制道路交通排放控制；产业排放控制；产业环境（车间）空气控制；加工工艺中空气污染控制
	环境咨询、技术等服务	环境领域的专家咨询、培训与教育；雇员及业务职员招募；相关技术研发
	环境监测设备制造	环境监测仪器仪表制造；综合环境监控系统软件
	海洋污染治理与控制	海洋污染的清除与治理；相关技术研发；海洋污染技术咨询与培训
	噪声与振动治理与控制	噪声和振动的消除与治理；相关技术研发；噪声和振动污染领域的咨询、培训和教育服务
	污染的土地复垦与整理	土壤修复和荒地开垦；核基地的退役复垦
	垃圾治理	垃圾处理设施建造与运营；垃圾处理的机械设备；相关技术及研发；垃圾治理咨询、培训和教育
	供水和污水处理	水处理及其配送；咨询、培训和教育；技术研发；工程建设
	资源循环利用	雨水收集；工程建设；设备制造；咨询、培训和教育；技术研发；纺织品、汽车、木材、油料、电子、家用电器产品、塑料、橡胶、煤燃料、建筑废弃物、金属回收加工、堆肥、废纸类原料加工
可再生能源	水电	涡轮机、水泵制造、供电设备、大坝及其建造
	海浪和潮汐能	海浪和潮汐能开发利用；涡轮机、泵站及其他设备制造；技术研发、评估和咨询等服务
	生物质能	系统设计；特种设备制造；研发、评估和咨询
	风能	风场管理系统；风力涡轮机制造
	地热能	系统设计；特种设备制造；研发、评估和咨询
	太阳能	光伏、光热系统设计；太阳能光伏电池等相关设备与材料的生产制造；研发、评估和咨询
	管理服务	技术开发、转让、咨询等服务
新兴低碳行业	替换燃料	电池、核能及其他燃料
	新能源汽车	汽车专用配套设备；电动汽车；混合动力汽车制造
	新能源开发	氢能源；新核能
	碳捕捉与封存	碳捕捉与封存
	碳金融	碳金融
	能源管理	节能照明、加热和通气设备；电子电器设备节能；研发、评估和咨询等
	绿色建筑	节能门窗；绝缘和保温材料；能源监控系统

资料来源：The Department for Business, Enterprise and Regulatory Reform. Low Carbon and Environmental Goods and Services: an Industry Analysis. 2010

2010年10月18日，国务院公布了《国务院关于加快培育和发展战略性新兴产业的决定》，决定中明确了七大类战略性新兴产业，分别为节能环保产业、新一代信息技术产业、生物产业、高端装备制造产业、新能源产业、新材料产业、新能源汽车产业。

2012年5月31日，国务院常务会议讨论通过了《"十二五"国家战略性新兴产业发展规划》，提出了节能环保、新一代信息技术、生物、高端装备制造、新能源、新材料及新能源汽车七大战略性新兴产业的重点发展方向和主要任务，并提出了20项工程。

本部分将结合BERR《低碳和环境产品与服务产业剖析报告》、《国务院关于加快培育和发展战略性新兴产业的决定》及《"十二五"国家战略性新兴产业发展规划》等相关内容，重点围绕新能源产业、新能源汽车产业及智能电网等新兴行业介绍我国低碳产业发展现状。

二、新能源产业

能源作为经济社会发展的重要基础，对保障中国经济和社会发展至关重要。按照发电煤耗计算法，我国能源消费总量从1980年的60 275万吨标准煤增加至2010年为324 939万吨标准煤，年均增长率为5.78%。图8-1显示了我国1980～2010年能源消费结构变化。从图中可以看出，2010年煤炭和石油的消费比例同1980年比有明显下降，特别是煤炭消费比例降幅较大，由72.2%下降为68%；天然气、水电、核电及其他能发电的比例同1980年相比都有不同程度的上升，这表明我国能源消费结构在不断地优化。

尽管如此，目前我国能源消费结构仍然不够合理，能源消费过度依赖于煤炭的局面依然没有改变。根据《BP世界能源统计2011》，2010年世界能源消费结构中，石油所占比例为33.6%，天然气为23.8%，煤炭为29.6%，核能为5.2%，水电为6.5%，可再生能源为1.3%。由图8-1可见我国煤炭消费比例比世界平均水平高出约38.4%，而天然气消费比例则比世界平均水平低19.4%。在此背景下，积极发展新能源产业，改善能源消费结构具有重要意义。

1. 我国新能源产业政策环境

为促进可再生能源与新能源的发展，我国相继出台了一系列的政策法规。这些政策措施为我国新能源产业的发展创造了良好的外部政策环境，在很大程度上促进了我国新能源产业的发展。表8-2列举了部分代表性政策文件。

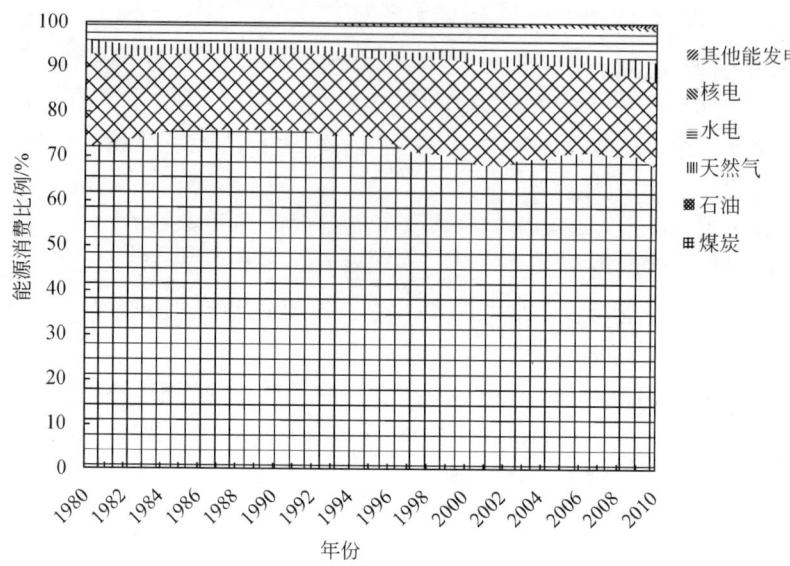

图 8-1 1980~2010 年我国能源消费结构变化趋势
资料来源：《中国能源统计年鉴 2011》

表 8-2 我国促进新能源与可再生能源发展的代表性政策

时间	名称	发布单位
2005 年 2 月	《中华人民共和国可再生能源法》	中华人民共和国第十届全国人民代表大会常务委员会
2005 年 11 月	《可再生能源产业发展指导目录》	国家发展和改革委员会
2006 年 1 月	《可再生能源发电价格和费用分摊管理试行办法》	国家发展和改革委员会
2006 年 2 月	《可再生能源发电有关管理规定》	国家发展和改革委员会
2006 年 2 月	《国家中长期科学和技术发展规划纲要（2006—2020 年）》	国务院
2006 年 6 月	《可再生能源发展专项资金管理暂行办法》	中华人民共和国财政部
2007 年 2 月	《电网企业全额收购可再生能源电量监管办法》	中华人民共和国国家电力监管委员会
2007 年 8 月	《可再生能源中长期规划》	国家发展和改革委员会
2007 年 8 月	《节能发电调度办法（试行）》	国家发展和改革委员会
2007 年 10 月	《中华人民共和国节约能源法》	中华人民共和国第十届全国人民代表大会常务委员会
2007 年 12 月	《中国的能源状况与政策》白皮书	中华人民共和国国务院新闻办公室
2008 年 3 月	《可再生能源"十一五"规划》	国家发展和改革委员会
2008 年 8 月	《中华人民共和国循环经济促进法》	中华人民共和国第十一届全国人民代表大会常务委员会

续表

时间	名称	发布单位
2008年10月	《中国应对气候变化政策与行动》白皮书	中华人民共和国国务院新闻办公室
2008年11月	《国家电监会关于2007年10月至2008年6月可再生能源电价补贴和配额交易方案的通知》	国家发展和改革委员会、中华人民共和国国家电力监管委员会
2010年10月	《中国清洁发展机制基金管理办法》	财政部、国家发展和改革委员会、外交部、科技部、环境保护部、农业部、中国气象局
2010年10月	《国务院关于加快培育和发展战略性新兴产业的决定》	国务院
2011年9月	《清洁发展机制项目运行管理办法（修订)》	国家发展和改革委员会、科技部、外交部、财政部

资料来源：中国能源经济研究院（2011）；赛迪顾问股份有限公司（2009）

2. 我国新能源产业发展现状

我国新能源利用可以追溯到20世纪50年代末的沼气利用，但新能源产业在我国规模化的发展却是在近几年的时间。目前我国新能源的开发利用成效显著：水电、风电、光伏发电等已成为电力工业的重要组成部分，截至2011年年底，全国发电设备装机容量为105 576万千瓦，其中水电、核电、风电等非火电类型发电装机容量比例达到27.50%[①]。另外，户用沼气得到了大规模推广应用，太阳能热利用和生物质能高效利用也取得了明显进展。

(1) 水电。2010年我国能源消费总量中，水电、核电等其他能发电利用总量达到27 943.89万吨标准煤，占能源消费总量的8.6%。2010年，我国水电总装机规模超过2.1亿千瓦。

(2) 风电。2010年我国风电新增装机容量1893万千瓦，累计装机容量4473万千瓦，风电装机容量为全世界第一。根据全球风能理事会发布的数据显示，全球风电产业2011年新增风电装机容量达到4100万千瓦，全球累计风电装机达到23 800万千瓦，其中中国占到了将近1/4，2011年中国的风电累计装机容量达到

---

① 中国电力企业联合会. 2011年我国发电设备装机容量突破10亿千瓦. http：//www.indaa.com.cn/dl2011/dlsb/201202/t20120206_ 913922.html，2012-02-06。

6200万千瓦①。目前我国已经具备国内风电装备制造能力，整机生产能力达到年产500万千瓦，零部件配套生产能力达到年产800万千瓦，是世界最大的风力发电机塔架出口商②。"十一五"期间风机整机制造技术国产化率达到80%以上，其中"兆瓦级双电枢混合励磁风力发电机组（即双馈发电机）"具有创新性和完全自主知识产权，机组的零部件全部实现国产化。

（3）核电。2010年秦山二期三号机组和岭澳核电站三号机组投产，新增装机容量171万千瓦，结束了核电3年没有新增装机的局面，总装机达到1080万千瓦。核电在建机组28台，总容量为3097万千瓦，核电在建规模世界第一。

（4）太阳能发电。2010年太阳能发电新增装机40万千瓦，累计装机达到70万千瓦。截至2011年年底，全国光伏电站装机达300万千瓦。

（5）电源工程。2010年全国电源工程建设完成投资3641亿元，其中，水电791亿元，火电1311亿元，核电629亿元，风电891亿元。非化石能源建设投资占电源建设总投资的比例达到63.5%③。

（6）光伏电池。在光伏电池生产方面，2007年我国太阳能光伏电池生产量已居世界第一位。2009年，太阳能光伏电池产量连续五年翻番增长，为世界太阳能光伏发电做出了重大贡献④。2010年全球太阳能光伏电池产量达16GWp，我国太阳能光伏电池总产量高达9GWp，占全球总量的50%以上。

（7）太阳能热水器。目前我国太阳能热水器技术日趋成熟，市场扩散速度较快，太阳能热水器市场以20%～30%的速度递增，太阳能热水器利用量居世界第一。2010年太阳能热水器保有量达到1.68亿米^{2}⑤，替代化石能源约3360万吨标准煤。

我国太阳能热水器不仅在国内市场销售良好，同时还大量出口到国外市场。2010年我国太阳能热水器出口额为10 897万美元，比2009年增长了12.2%。截至2010年年底，我国太阳能热水器共计出口到150个国家，其中包括美国、墨西哥、南非、德国、意大利等众多国家和地区，共有230多家企业参与，并已有五六家企业在海外建厂。

（8）生物质能。我国生物质能多元化发展，综合效益显著提升。截至2010年年底生物质能发电装机约500万千瓦，沼气年利用量约140亿米^3，成型燃料

---

① 中国煤炭资源网．http：//www.sxcoal.com/energy/2438454/articlenew.html。
② 国际能源署．风能技术路线图2009．http：//www.iea.org/papers/2010/wind_roadmap_Chinese_brochure.pdf，2011-05-20。
③ 王思强在国家能源局召开的能源经济形势发布会上的讲话，2011年1月28日。
④ 吴吟在"首届低碳中国年度创新论坛"上所作的讲话，2010年8月21日。
⑤ 朱明在中国节能协会太阳能专业委员会、中国太阳能热利用产业联盟联合主办的"2011年中国太阳能热利用行业年会暨高峰论坛"上所作的讲话，2011年12月。

约30万吨，生物燃料乙醇利用量约180万吨，生物柴油利用量约50万吨。各类生物质能源总贡献合计约1500万吨标准煤。

总体来说，"十一五"期间我国新能源产业快速健康持续发展，产业规模不断扩大，但是我国新能源产业发展过程中还存着很多问题。未来我国应逐步改善新能源产业市场环境条件，加快技术进步及产业发展，力争完成《可再生能源中长期发展规划》的各类具体目标。

三、新能源汽车产业

自改革开放以来，我国汽车拥有量不断增长，2011年年底已达到1.05亿辆，其中2009年和2010年我国私人小汽车增长幅度连续两年全球第一。随着汽车拥有量的逐渐增加，与其相联系的环境污染、噪声污染及资源消耗等问题日益突出。在此背景下，实现我国交通能源动力系统转型，大力发展新能源汽车已是大势所趋。

1. 我国新能源汽车产业政策环境现状

政策在新能源汽车的发展过程中扮演着重要角色，我国政府从技术、研发、财政、税收、配套、示范推广等方面制定了相关政策措施，极大地推动了新能源汽车技术的发展及其产业化进程。

我国在20世纪80年代就已经开展车用替代燃料的相关研究；1999年，《关于实施"空气化工程——清洁汽车行动"的若干意见》的出台，开启了我国清洁燃料汽车研发与应用的新历程；2004年，科技部启动了"十五"国家科技攻关计划"生物燃料油技术开发"项目。从电动汽车来看，早在"七五"、"八五"期间，我国政府就组织实施了国家电动汽车关键技术攻关项目。2001年我国启动了国家高技术研究发展计划（"863"计划）电动汽车重大专项，并确立了"三纵三横"的研发布局。

2006年2月9日公布的《国家中长期科学和技术发展规划纲要（2006—2020年）》中将"低能耗与新能源汽车"和"氢能及燃料电池技术"分别列入优先主题和前沿技术。2007年11月1日起正式实施的《新能源汽车生产准入管理规则》对新能源汽车生产准入条件及考核要求做出了规定。

2009年1月14日，国务院审议并通过了《汽车产业调整振兴规划》，明确指出要实施新能源汽车战略，推动纯电动汽车、充电式混合动力汽车及其关键零部件的产业化。

2009年年初，科技部、财政部、国家发改委、中华人民共和国工业和信息化部（简称"工业和信息化部"）联合推出"十城千辆节能与新能源汽车示范推广应用工程"。2009年2月5日公布的《关于开展节能与新能源汽车示范推广试点工作的通知》和《节能与新能源汽车示范推广财政补助资金管理暂行办法》指出，中央财政从节能减排专项资金中安排部分资金，支持国家节能与新能源汽车示范推广，同时要求地方财政安排一定资金给予适当补助。

2009年6月17日，工业和信息化部公布的《新能源汽车生产企业及产品准入管理规则》对新能源汽车分类、管理方式及准入条件进行了明确规定。

2010年5月31日，由财政部、科技部、工业和信息化部、国家发改委四部委联合发布的《关于开展私人购买新能源汽车补贴试点的通知》，对试点城市的私人购买新能源汽车补贴做出了具体规定。

2011年11月10日，财政部、科技部、工业和信息化部、国家发改委公布的《关于进一步做好节能与新能源汽车示范推广试点工作的通知》，要求试点政府在落实好中央试点政策的同时，要积极研究针对新能源汽车落实免除车牌拍卖、摇号、限行等限制措施，并出台停车费、电价、道路通行费等扶持政策，广泛调动政府、企事业单位和个人购买、使用节能与新能源汽车的积极性。

2011年12月10日，中华人民共和国国务院办公厅（简称"国务院办公厅"）正式公布的《中华人民共和国车船税法实施条例》规定，新能源的车船可以免征或者减半征收车船税。

2012年3月26日，科技部发布的《电动汽车科技发展"十二五"专项规划》指出，"十二五"期间，国家科技计划将加大力度，持续支持电动汽车科技创新，把科技创新引领与战略性新兴产业培育相结合，组织实施电动汽车科技发展专项规划。

2012年4月18日，国务院发布的《节能与新能源汽车产业发展规划(2011—2020年)》中明确指出："以纯电驱动为我国汽车工业转型的主要战略取向，加快培育和发展新能源汽车产业，重点推进纯电动汽车、插电式混合动力汽车产业化。"

2. 整车及零部件发展现状

目前我国国内主要汽车整车企业都开展了新能源汽车的研发、生产与制造，一些相关领域的企业也纷纷涉足电动汽车核心零部件领域。截止到2012年3月7日，工业和信息化部发布的《节能与新能源汽车示范推广应用工程推荐车型目录》已经增至第31批，共有76家汽车生产企业的387个车型列入目录。

电池作为发展电动汽车的核心，近年来已取得较快发展，我国在建锂离子动力电池超过45亿千瓦时，若按每辆车30千瓦时计算，可满足1.5亿辆装车要求。另外,我国在新型锂离子电池材料研发方面也已经取得重大突破,技术水平处于国际领先地位。总体上看,我国锂离子电池产业在国际上已经具有一定的影响力和竞争力。

从电机生产来看,我国已具备电动汽车用驱动电机系统的自主研发能力。通过国家"863"计划的推动,中国电机生产厂家在驱动用交流同步电机、交流异步电机、开关磁阻电机等方面的技术取得了一定进步。目前国内的车用驱动电机系统已达到了小批量生产的水平,部分系统指标(如比功率和系统效率)达到了国际先进水平。整体来说,相对于发动机生产技术,中国的电机生产技术已经相对成熟,电机材料也基本上可以实现国内自给。

3. 配套设施发展现状

新能源汽车的产业化发展离不开配套设施的发展。在国家相关政策的推动和引导下,目前国内电力企业、石油企业等纷纷进入新能源汽车市场,致力于电动汽车充电站等基础设施建设。以电网企业为例,国家电网将分三个阶段大力建设充电站和充电桩:第一阶段(2009~2010年),在27个网省公司建设75座充电站和6209个充电桩,初步建成电动汽车充电设施网络架构;第二阶段(2011~2015年),电动汽车充电站规模达到4000座,同步大力推广建设充电桩,初步形成电动汽车充电网络;第三阶段(2016~2020年),电动汽车充电站达到10 000座,同步全面开展充电桩配套建设,建成完整的电动汽车充电网络[①]。2011年国家电网以20个节能与新能源汽车推广应用试点城市为主,建成156座充换电站、6252台交流充电桩,累计建成243座充换电站、13 283个交流充电桩,进一步完善了公司经营区域内的智能充换电服务网络[②]。

另一电网企业南方电网也积极推动在全国各个城市充电基础设施的建设,已在广西、广东、云南等地布局。南方电网在基础设施建设方面制订了分步实施规划:第一阶段(2011年)为示范项目建设,在广州、深圳、海口等城市建设示范项目,内部示范使用电动汽车,提供体验服务;第二阶段(2012~2015年)为跨城市项目建设,要在珠江三角洲(简称"珠三角")地区建设相对完整的充换电服务网络,并且探索开展城际、网际互联工作;第三阶段(2016~2020年)为推广实施,根据电动汽车发展的实际情况,在其他区域大力推广[③]。截至2011

[①] 湘财证券研究所.《新能源汽车战略推动充电站步入投资高峰期》报告.2010年4月30日。
[②] 史双龙在2012中国国际清洁能源博览会——电动汽车与充电储能设施论坛上的讲话,2012年2月24日。
[③] 章激扬在2012中国国际清洁能源博览会——电动汽车与充电储能设施论坛上的讲话,2012年2月24日。

年年底南方电网已在广州、深圳、南宁、柳州、桂林、昆明等城市建成充换电站14座、充电桩2901个。

四、智能电网

智能电网是21世纪电力系统的重大科技创新和发展趋势，美国电力科学研究院（Electric Power Research Institute，EPRI）、美国能源部（United States Department of Energy，DOE）及欧盟等纷纷提出各自对未来智能电网的设想和框架（常康等，2009；王敏，2011）。近几年来我国也开始进入智能电网高速发展的时代。

我国智能电网的启动是从2007年开始的。2007年10月，华东电网公司在国内率先启动了以提升大电网安全稳定运行能力为目的的智能互动电网可行性研究项目，并规划了2008～2030年的"三步走"战略（帅军庆，2009）。随后，华北电网公司、国家电网公司都开始进行智能电网相关的研究和建设（莫尚林等，2011）。

2009年5月21日，国家电网公司公布了坚强智能电网内涵的定义，即统一坚强智能电网是以坚强网架为基础，以通信信息平台为支撑，以智能控制为手段，包含发电、输电、变电、配电、用电和调度六大环节，覆盖所有电压等级，实现电力流、信息流、业务流的高度一体化融合，是坚强可靠、经济高效、清洁环保、透明开放、友好互动的现代电网。同时还提出了我国智能电网建设的目标和技术路线（表8-3）。

表8-3 国家电网坚强智能电网建设三阶段建设目标

第一阶段（2009～2010年）	第二阶段（2011～2015年）	第三阶段（2016～2020年）
规划试点阶段：重点开展坚强智能电网发展规划工作，制定技术标准和管理规范，开展关键技术研发和设备研制，开展各环节的试点工作	全面建设阶段：加快特高压电网和城乡配电网建设，初步形成智能电网运行控制和互动服务体系，关键技术和装备实现重大突破和广泛应用	引领提升阶段：基本建成坚强智能电网，使电网的资源配置能力、安全水平、运行效率，以及电网与电源、用户之间的互动性显著提高

资料来源：国家电网网站

2011年我国坚强智能电网进入全面建设阶段，在示范工程、电动汽车充换电设施、新能源接纳、居民智能用电等方面大力推进。目前国家电网已经形成关于建设坚强智能电网的整体战略框架，其可以简单概括为一个目标、两条主线、三个阶段、四个体系、五个内涵和六个环节（图8-2）。

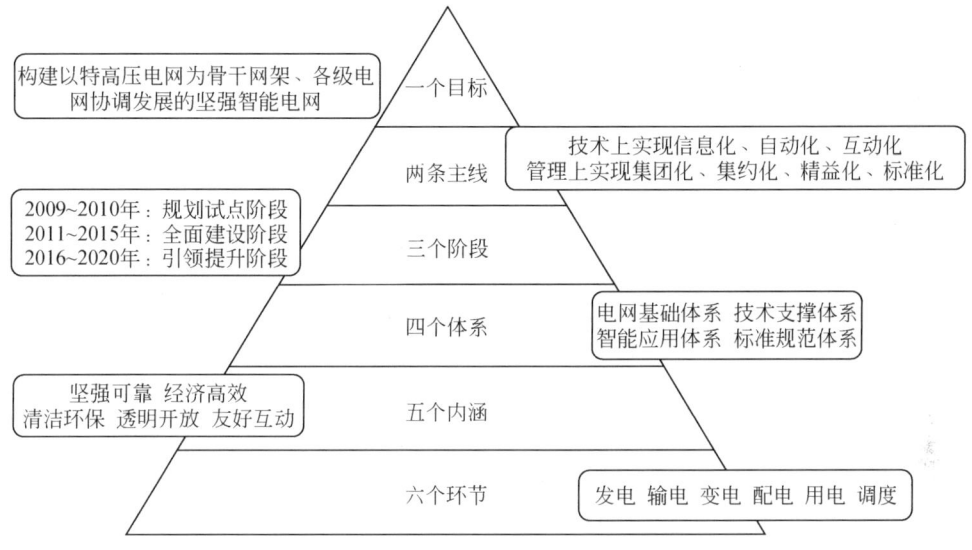

图 8-2　坚强智能电网建设的发展战略框架
资料来源：国家电网网站

总体来看，我国智能电网产业格局已经初步形成，产业投资主体是以国家电网公司为主的电力企业、各类电力设备、通信设备、IT 软硬件设备企业组成的庞大产业群。随着智能电网建设的逐步推进，各层次产品逐步清晰，将形成智能电力设施设备、电力自动化、电力信息化、电力通信、智能电网运营与增值业务服务，以及智能电器及终端制造等多个细分产业领域。

第二节　我国低碳技术发展实践与创新

《IEA 2008 能源技术展望报告》中指出，为解决能源领域 CO_2 排放量的持续增长，需要一场包含提高能效、增加可再生能源与核能的份额等诸多技术组合的能源技术革命。《中华人民共和国国民经济和社会发展十二五规划纲要》明确提出，在"十二五"期间要推广低碳技术，积极应对全球气候变化。

低碳技术是伴随着构建低碳经济绿色革命的兴起提出的技术新概念，属于环境友好型技术，目前还没有一个比较权威的定义（王文军等，2011）。IEA 从环境友好型技术中识别出 17 项关键技术，并将其命名为低碳技术。图 8-3 是能源技术展望（Energy Technology Perspective）中的能源技术展望情景分析，图中显示了为了以最具成本效益的方法实现 2050 年温室气体排放减半的目标（即图中的 BLUE 情景），各种主要低碳技术需要承担的减排任务。

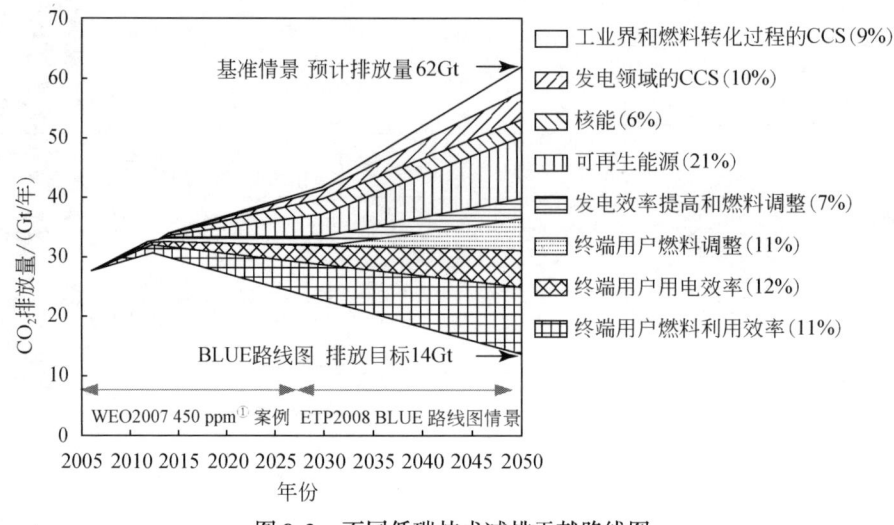

图 8-3 不同低碳技术减排贡献路线图

资料来源：IEA（2008）

低碳技术大致上可以划分为以下几类：第一类是减碳技术，即节能技术；第二类是零碳技术，主要是指能源替代；第三类是去碳技术，主要是指 CCS 技术等（王发明等，2011）。第二类在本章第一节介绍我国低碳产业的发展实践与创新时有较详细论述，因此本部分主要侧重于从其他两类介绍我国目前低碳技术发展的实践。

一、节能技术

"十一五"期间，我国能源消费弹性系数由"十五"时期的 1.04 下降到 0.59，节约能源 6.3 亿吨标准煤。2010 年与 2005 年相比，火电供电煤耗由 370 克标准煤/千瓦时降到 333 克标准煤/千瓦时，下降了 10.0%；吨钢综合能耗由 694 千克标准煤降到 605 千克标准煤，下降了 12.8%；水泥综合能耗下降了 24.6%；乙烯综合能耗下降了 11.6%；合成氨综合能耗下降了 14.3%[②]。以十大

---

① 1ppm = 10^{-6}。
② 国家发改委："十一五"节能减排成效显著. http://money.163.com/11/0928/03/7F0Q023K00252G50.html. 2011-09-28。以下"工业节能技术"部分的数据除特殊注明外，均来自此同一出处。

重点节能工程[①]为代表的节能技术在工业、建筑、交通领域得到大力推广，能源利用效率大大提高。通过实施十大节能重点工程形成节能能力3.4亿吨标准煤，远远超过节能2.4亿吨标准煤的预计目标。本书将从工业、建筑和交通三个主要能源消耗源来介绍我国节能技术的发展。

1. 工业节能技术

工业领域重点耗能行业的节能技术主要包括装备大型化、生产工艺改进及余热余压利用三个方面。

在装备大型化方面，2010年与2005年相比，电力行业300兆瓦以上火电机组占火电装机容量的比例由47%上升到71%，钢铁行业1000米^{3}以上大型高炉比例由21%上升到52%，建材行业新型干法水泥熟料产量比例由39%上升到81%，电解铝行业160千安及以上大型预焙槽产量比例由80%上升到90%（清华大学气候政策研究中心，2011）。

在生产工艺改进方面，2010年与2005年相比，钢铁行业干熄焦技术普及率由不足30%提高到80%以上，新型干法占水泥产量的比例由40%提高到80%（清华大学气候政策研究中心，2011），烧碱行业离子膜法烧碱比例由29.5%提高到84.3%，浮法工艺占平板玻璃产量的比例达86%[②]。新型阴极铝电解槽、高压变频、稀土永磁电机、等离子无油点火等一大批高效节能技术和产品得到普遍应用[③]。

余热余压利用技术在钢铁、有色金属、煤炭、建材、化工、纺织等行业得到广泛应用与推广。2010年的推广水平与2005年相比，水泥行业低温余热回收发电技术由开始起步提高到55%，高炉炉顶余压发电技术由30%提高到50%，炭黑生产过程余热利用和尾气发电（供热）技术由低于15%提高到35%[④]。

2. 建筑节能技术

目前，建筑耗能已与工业耗能、交通耗能并列，成为我国三大能源消耗来

---

① 为落实《节能中长期专项规划》，2006年国家发改委组织编制了《"十一五"十大重点节能工程实施方案》，包括节约和替代石油工程、燃煤工业锅炉（窑炉）改造工程、区域热电联产工程、余热余压利用工程、电机系统节能工程、能量系统优化工程、建筑节能工程、绿色照明工程、政府机构节能工程和节能监测（服务）体系建设工程。

② 中国建筑材料联合会乔龙德会长在中国建筑玻璃与工业玻璃协会第六届会员代表大会暨六届一次理事会上的讲话，2011年12月13日。

③ 中央政府门户网站.我国十大重点节能工程形成节能3.4亿吨标准煤能力.http：//www.gov.cn/jrzg/2011-10/01/content_1961479.htm.2011-10-01。

④ 国家发改委能源研究所.2011.工业节能减排关键技术分析评价。

源。建筑的能耗约占全社会总能耗的30%。现在我国每年新建房屋20亿米^2，其中99%以上是高能耗建筑；而既有的约430亿米^{2}建筑中，只有4%采取了能源效率措施，单位建筑面积采暖能耗为发达国家新建建筑的3倍以上。根据测算，如果不采取有力措施，到2020年中国建筑能耗将是现在的3倍以上[1]。

建筑领域的节能技术主要是指建筑物本身及建筑内的用能设备与系统，包括提高围护结构性能的技术、提高集中供热系统能效的技术、节能电器和可再生能源的建筑利用技术。比如，窗体节能，墙体节能，节能灯具，采暖节能，地源热泵技术，燃气冷、热、电三连供技术（CCHP技术）等[2]。

表8-4列举了我国目前主要建筑节能技术及节能效果，从表中可以看出，目前我国在新建建筑中提高维护结构性能的相关技术以及提高集中供热系统能效的相关技术推广比例最高，在2010年达到82%。提高维护节能性能的相关技术在2010年形成4653万吨CO_2的减碳能力；节能灯具的推广在2010年形成了2750万吨CO_2的减碳能力；太阳能热水器和沼气等建筑可再生能源共形成2550万吨CO_2的减碳能力。

为促进既有建筑节能改造技术的推广和应用，中德两国政府于2005~2011年实施了中德技术合作"中国既有建筑节能改造项目"。在总结示范工程经验的基础上，结合国内开展的改造实际，在住房和城乡建设部的组织下，中德双方组织专家编写了《既有居住建筑节能改造指南》。2012年3月19日，住房和城乡建设部发布了《关于印发既有居住建筑节能改造指南的通知》，这将在很大程度上促进我国特别是北方地区既有建筑节能技术的推广与应用，加快既有建筑节能改造。

表8-4　我国主要建筑节能技术及节能效果

项目	2010年推广比例/%	涉及的先进节能技术（包括节能能力）
提高维护结构性能的相关技术 ——新建建筑	82	墙体保温隔热技术：在寒冷地区，根据不同省市的建筑标准相关规定，居住建筑的节能效果可以达到50%~65%
提高维护结构性能的相关技术 ——既有建筑	1	高效节能门窗：包括门、窗框、玻璃等高热性能的技术产品，比传统门窗可节能40%~60% 建筑遮阳技术："冷屋顶"、内外遮阳等技术，可减少空调负荷10%~50%

---

[1] 建筑相关能耗占全社会能耗46%成最大能耗黑洞. http://house.focus.cn/news/2007-10-29/385559.html. 2007-10-29.

[2] CCHP技术是指以天然气为主要原料带动燃气轮机或内燃机发电机等发电设备运行，产生的电力满足用户的电力需求。天然气燃烧发电后的废气通过余热锅炉或者余热直燃机等向用户供冷、供热。

续表

项目	2010年推广比例/%	涉及的先进节能技术（包括节能能力）
提高集中供热系统能效的相关技术——新建建筑	82	①热电联产技术：可在冬季实现煤供热与发电的综合利用，节能20%以上 ②锅炉燃烧技术：燃烧效率提高10%以上
提高集中供热系统能效的相关技术——既有建筑	3	①减少供热管网损失的技术：热水管道直埋技术等的热损失低于10% ②分户热计量技术：供热计量改造，实现系统节能10%~15%
节能灯具	75	①常规节能灯具：节能70%，寿命是白炽灯的2倍以上 ②LED节能灯具：未来储备技术，尚未在建筑领域普及，能效比常规节能灯更高，寿命更长
节能空调	14	压缩机变频技术、经济器等节流阀技术、热交换器的高效换热技术等，体现为我国空调能效标准的提升，空调能效比提高15%
太阳能热水器	21	采用真空集热的常规太阳能热水器可替代居民40%以上的洗澡用热水能耗
沼气	18	各种户型或汇总大型工程集中利用的沼气池
大型公共建筑空调系统节能技术	5	①天然冷热源利用技术：地源、水源、海水源热泵等 ②高效冷水机组：可节能20%~30% ③电机变频技术：可节能40%~50%

资料来源：清华大学气候政策研究中心（2011）

3. 交通节能技术

交通行业是资源占用型和能源消耗型行业，随着我国交通运输业的增长，其能源消耗的规模逐年上升。交通运输、仓储和邮政业能源消耗由1995年的5862.9万吨标准煤增加为2010年的26 068.47万吨标准煤，所占能源消费总量的比例也由4.47%增加为8.02%。在此背景下，大力推动交通节能技术对于交通领域节能减排具有重要意义。

交通运输业用能技术种类繁多，本章以提高燃料经济性和发展替代燃料为例。燃料经济性是指汽车在保证动力性的基础上，以最少的燃料消耗完成单位运输工作量的能力。车辆燃料经济性的改善来自多项技术的革新,例如,2010年由于采用M1型轻型乘用车①,燃料消耗限值标准形成的减排能力为837万吨CO_2(清华大学气候政策研究中心,2011)。在交通节能技术方面,目前替代燃料如乙醇和生物柴油等发展迅速,截止到2010年年底,我国试点地区累计销售乙醇汽油约8350万吨。中海油建设6万吨/年麻疯树生物柴油示范项目,该项目采用具有国内完全自主知识产权的高压酯交换技术,自2009年12月建成投产以来,运行效果良好。海南省于2010年11月开展生物柴油推广试运行工作,中国石油天然气集团公司、中国石油化工集团公司、国盛公司等石油销售企业积极参与。

二、去碳技术

CCS是目前主要的去碳技术,是低成本减缓温室气体排放对策的重要组成部分。IEA的分析结果表明,如果要将2050年的全球CO_2排放降低至2005年的水平,缺少CCS技术将使整体成本上升70%(IEA,2009)。IEA还指出,通过提高能效和增加可再生能源生产来减少CO_2排放的潜力仍是有限的,CCS是在10~20年可大大减少CO_2排放量的有潜力的技术(钱伯章,2008;刘铁男,2011)。因此,本书在介绍去碳技术时主要以CCS技术为主。

1. 我国CCS技术发展的政策环境

目前我国对CSS技术给予了积极的关注和高度重视。2007年6月4日,国家发改委发布的《中国应对气候变化国家方案》提出"大力开发二氧化碳捕获及利用、封存技术";2007年6月14日,科技部、发改委等部委联合发布《中国应对气候变化科技专项行动》,将"二氧化碳捕集、利用与封存技术"纳入重点任务;2008年10月29日,中华人民共和国国务院新闻办公室发布的《中国应对气候变化的政策与行动》白皮书指出,"中国已确定将重点研究的减缓温室气体排放技术包括二氧化碳捕集、利用与封存技术"。2011年11月9日,国务院常务会议通过的《"十二五"控制温室气体排放工作方案》明确提出,要"在火电、煤化工、水泥和钢铁行业中开展碳捕集试验项目,建设二氧化碳捕集、驱油、封存一体化示范工程"。

另外,政府还通过重大科研专项支持和促进CCS技术研发,借助国家重点基础研究发展计划("973"计划)、"863"计划等对CO_2的捕集、资源化利用与封存相关科学理论、关键技术等展开研究,旨在加强技术创新,促进能耗和成本降低,

---

① M1型轻型乘用车指包括驾驶员座位在内,座位数不超过9个,总质量不超过3500kg的汽车。

深化和拓展 CO_2 资源利用途径,提高其可持续发展效益(仲平等,2011)。

2. 我国 CCS 技术项目示范

我国能源企业积极投入 CCS 技术的研发和示范项目。2004 年中国华能集团公司率先在国内提出了绿色煤电计划,并于 2005 年年底联合中国大唐集团公司、中国华电集团公司等 7 家大型央企组建了绿色煤电公司,将用 10 年时间,分 3 个阶段开发出可推广的绿色煤电示范电站。2008 年,中国华能集团公司在华能北京热电厂建成投产了年回收能力 3000 吨的燃煤电厂烟气 CO_2 捕集试验系统。该项目是 CCS 技术首次在我国电力领域的应用。2009 年,中国华能集团公司在上海石洞口第二电厂启动了每年 10 万吨 CO_2 捕集示范项目,使用具有自主知识产权的燃烧后 CO_2 捕集技术。该项目总投资 1.5 亿元,是目前全球最大的燃煤电厂碳捕获项目(中国节能环保集团公司等,2010)。2010 年 1 月 25 日,由中国电力投资集团投资建设的首套大功率 CO_2 捕集装置在合川双槐火力发电厂正式投入运行,这是目前全国最大的碳捕集装置,每年将捕集 1 万吨浓度在 99.5% 以上的 CO_2。2010 年 6 月,全球首个将 CO_2 封存在咸水层的全流程 CCS 项目——神华集团 CCS 工业化示范项目开工,设计年捕获能力为 10 万吨。

3. 我国 CCS 技术国际合作

近年来 CCS 技术相关领域成为我国对外科技合作的热点,目前 CCS 中外合作项目主要有:中英 CCS 合作谅解备忘录框架下的中英煤炭利用近零排放合作项目、中欧碳捕集与封存合作项目、中欧碳捕获和封存监管活动支持项目、中欧地质埋存潜力评估项目,以及亚太清洁发展和气候伙伴关系框架下的中澳地质封存合作项目、中意 CCS 技术合作项目、碳收集领导人论坛全球 CCS 研究院多边框架下的交流与合作(朱发根等,2011)。2012 年 3 月 19 日,国家发改委应对气候变化司与全球碳捕集和封存研究院在北京签署合作谅解备忘录,确认双方将加大在该领域的技术研发、政策研究、项目示范等合作,并将努力实现 CCS 技术在中国的商业化推广应用。

总体而言,我国 CCS 技术与国外相比起步较晚,整体上处于研发和示范阶段,但我国政府和相关企业、科研机构对其予以高度重视,通过不懈努力,已经在政策制定、技术研发、项目示范、国际合作等方面取得了积极进展。

第三节　我国低碳城市发展实践与创新

城市是各国经济中最为活跃的地区,也是人类生产和生活的中心,但同时城市也是能源的主要消耗者和温室气体的主要排放者。目前城市温室气体排放占据了全球温室气体排放的75%左右。我国85%的能源被城镇消耗，85%的CO_2排放来自城镇。在此背景下，低碳城市逐渐成为世界各国包括我国低碳发展的重要领域。低碳城市建设是解决当前全球气候变化问题的迫切需要，是在能源短缺背景下寻求长远发展的必然选择（Grimm，2008），也是我国作为大国负责形象的展示、可持续发展和提升国家竞争力的必由之路。

目前关于低碳城市的定义尚未形成统一看法。按照世界自然基金会（World Wide Fund for Nature，WWF）的定义，低碳城市是指城市在经济高速发展的前提下，保持能源消耗和CO_2排放处于较低的水平（薛冰等，2012）。国内学者诸大建认为，低碳城市的内涵包括两方面的含义，从宏观层面讲低碳城市强调经济增长与能源消耗增长及CO_2排放相脱钩。从微观上的物质流过程来看，低碳经济包括三个方面的经济活动：在经济过程的进口环节，要用可再生能源替代化石能源等高碳性的能源；在经济过程的转化环节，要大幅度提高化石能源的利用效率；在经济过程的出口环节，要通过植树造林、保护湿地等增加地球的绿色面积，吸收经济活动所排放的CO_2。

总之，低碳城市关注的是在城市可持续发展过程中其经济发展模式、能源供应、生产和消费模式、技术发展、贸易活动、市民和公务管理层的理念和行为等是否体现为低碳化。不同的城市可根据自己的发展阶段寻求适合自己的低碳发展道路并采取相应的措施。

一、我国低碳城市发展实践

目前我国已积极开展了低碳城市的建设，整体来看关于低碳城市的建设探索主要集中于战略规划的研究，以及示范城市、示范园区或示范项目的探讨。2008年，WWF启动了"中国低碳城市发展项目"以推动城市发展模式的转型，保定和上海是首批试点城市（薛冰等，2012）。同年，国际NGO气候组织联同汇丰银行与气候伙伴同行项目正式推出"中国低碳领导力：城市"项目。2011年，气候组织又启动了"中国再设计"项目，该项目以助力城市实现低碳发展为行动目标，以"城市低碳解决方案孵化器"作为其运作模式，通过多维角度探索城市低碳实践路径。

2010年8月，国家发改委发布了《关于开展低碳省区和低碳城市试点工作的通知》，强调充分调动各方面的积极性，以及积累对不同地区和行业分类指导的工作经验，是推动落实我国控制温室气体排放行动目标的重要抓手，并确定首先在广东、辽宁、湖北、陕西、云南五省和天津、重庆、深圳、厦门、杭州、南昌、贵阳、保定八市开展试点工作。

目前,全国各地城市开展制订低碳发展规划活动。以吉林、南昌、深圳为例,吉林市2010年3月公布的《吉林市低碳发展计划》中列出了低碳城市的评价指标体系,这也是国内第一次公布低碳城市的评价指标体系[1],该评价指标体系主要从低碳生产力、低碳消费、低碳资源和低碳政策四个层面着眼。

2011年11月,在第二届世界低碳与生态经济大会上,南昌市人民政府发布了《南昌低碳城市发展规划》,其主要目标就是从国家低碳试点城市向示范城市迈进,主要任务是建立四大低碳示范区、建设低碳产业体系、形成低碳高效的城市结构。

2012年2月27日,深圳市政府常务会议审议并原则通过了《深圳市低碳发展中长期规划(2011~2020年)》。此专项规划提出了多项降低碳排放的具体举措,结合深圳低碳发展的情况提出了调控指标体系。根据该规划,深圳将充分发挥国家低碳城市试点作用,多层次、多渠道地开展示范和应用,积极探索低碳试点经验,加速深圳低碳发展进程。

截至2011年11月,我国正在规划建设的低碳城市,已经形成四大区域集聚发展的格局分布,即以环渤海、珠三角、长三角、西南地区四个经济区为重点聚集分布。以北京、保定、天津等城市为中心的环渤海地区,不仅拥有能源、化工、冶金、建筑、机械、纺织、汽车等传统工业,还拥有电子信息、生物制药、新材料等高新技术产业,工业结构调整已经初见成效,并形成了对低碳城市建设构成支撑作用的金融环境。以上海为代表的长三角地区融合了国际化理念与源远流长的江南文化,通过综合利用当地的产业、人才和观念优势,将经济增长、社会建设、民生改善融合于低碳城市的全面建设。

二、我国低碳城市发展存在的问题

低碳城市建设已成为国内城市共识,已有保定、上海、贵阳、杭州、德州、无锡、吉林、珠海、南昌、厦门等众多城市提出了建设低碳城市的构想,还有不少城市正在加入打造低碳城市名片的行列(刘文玲等,2010)。同时也应该看到,我国城市目前的低碳实践具有零散性和尝试性,尚未形成系统的低碳经济发展框架。城市决策者缺乏对"碳减排"背后的气候变化及能源安全相关背景的了解,缺乏对发展低碳经济紧迫性的认识,对低碳城市的内涵、建设路径及可能遇到的

---

[1] 国内首个低碳城市示范样本浮出水面. http://finance.sina.com.cn/roll/20100325/09517629939.shtml. 2010-03-25。

困难没有准确和充分的理解和认识，往往将低碳城市建设简单等同于循环经济、节能减排等内容，仅停留在城市发展低碳经济的层面，缺乏系统性的安排。

我国低碳城市建设面临八个方面的问题：一是对低碳生态技术的本地化、可普及性和规模效应重视不够；二是个别示范区绿色建筑标准低于国家标准；三是低碳生态城市考核数据监测、规划实施、过程监管工作滞后；四是与老城区距离较远，试点城市建设进展缓慢；五是交通网络结构类同于开发区；六是社会参与度不够，当前我国的低碳城市建设基本上都是以地方政府为主导，企业、金融机构与民众的参与度不够；七是缺乏系统的低碳城市评价指标体系，一些指标体系目前只适用于少数城市，而且仅适用于规划阶段，无法对低碳城市进行长期跟踪评估；八是尚未形成系统的低碳城市发展规划与框架，我国低碳城市建设还处于探索阶段，其中大部分城市侧重于某一个行业和领域，缺乏整体发展规划。

第四节 我国低碳转型的对策建议

1. 完善法律制度结构，构建完整的法律法规体系

尽管我国已经出台《节约能源法》、《清洁生产促进法》、《可再生能源法》、《循环经济法》等法律法规，构成我国当前低碳经济法律体系的重要内容，对保护和改善环境起到极大的促进作用，但还不够完善。对于发展低碳经济的基本原则、政策和适应问题缺乏足够关注。因此，应抓紧开展与能源利用、低碳经济相关的立法研究工作，尽早启动包括《应对气候变化法》等相关法律的立法程序，尽快完成《能源法》的立法工作。围绕低碳经济发展战略，建立低碳经济法律体系，制定《低碳经济促进法》，对于涉及能源、环保、资源等的法律进行相应的修改和完善。通过法律明确发展低碳经济的基本方针、基本原则、基本政策，协调《能源法》、《节约能源法》、《可再生能源法》、《循环经济法》等与低碳经济相关的规定，形成相对完整的低碳经济法律规范体系。研究制定石油、天然气、核能及节能减排等主要领域的单行法律法规，完善循环利用、节能环保等领域的制度体系。

2. 强化经济激励政策，完善市场机制建设

研究适合我国经济发展的产业政策，建立碳税、碳基金、新能源及可再生能源的补贴机制、排放交易机制和排放标准。借鉴发达国家的已有做法，尽快建立全国统一的碳交易市场，确定碳排放交易路线图。发展碳金融，构建包括碳基金、银行信贷、风险投资、碳保险、碳证券及一系列金融创新工具为支撑的多层

次、多元化的碳金融体系。加快建立生态补偿机制,将碳汇纳入国家森林生态价值的统计范畴,统一对外发布。尽快建立全国统一的、与国际接轨的碳汇计量、监测体系和标准。全面改革资源税,开征环境保护税,建立低碳发展的长效机制。加大政府财政资金投入,建立相应的资金保障机制,增加对低碳技术创新的支持,构建低碳经济发展的技术保障体系,建立优惠的融资制度,拓展融资渠道,建立多元化资金投入保障机制。

3. 调整经济结构,转变发展方式

在产业战略发展上,应重点支持低碳产业发展,并在财政、信贷等多方面进行大力扶持。调整我国目前技术含量、环保标准和附加值都比较低的出口产业结构,鼓励能效较高的产品出口,以应对各类环境贸易壁垒。加快产业结构战略性调整,推动产业升级,使服务业,特别是知识、技术和管理密集型的现代服务业,成为拉动经济增长的主要力量。加大调整高碳产业结构,逐步降低高碳产业特别是重化工业经济在整个国民经济中的比例;培育发展新兴产业和高技术产业、节能环保产业、电子信息产业、技术密集型的制造业等高加工度产业替代能源原材料工业。

4. 优化能源结构,大力发展低碳能源

要控制煤炭的过快增长,大力发展先进燃煤发电技术,提高煤炭转化效率;大力推进热电、热电冷联供等多联产技术,提高煤炭资源的综合利用效率;集中利用煤炭,提高电气化水平。大力发展电动汽车、生物燃料等节能与新能源汽车,加快发展公共交通,控制石油消费的过快增长。通过扩大国内天然气资源的开发利用和进口周边国家天然气及液化天然气(liquefied natural gas,LNG),增加天然气对煤炭和石油的替代,提高天然气在能源消费中的比例。进一步落实《可再生能源法》及相关配套法规和政策,大力开发风能,加快开发生物质能,积极开发利用太阳能、地热能和海洋能,着力提升可再生能源的比例。提升新能源在国家能源战略中的地位,做好新能源产业发展规划,加强新能源的技术研发,增加对新能源产业的投资,促进新能源的快速发展。加强低碳能源工程建设,着力推进大型核电、大型水电、西气东输、大型风电基地和清洁煤电基地等项目。建设坚固的电网骨架,扩大资源配置的范围,提高配电网对供需信息变化的反应能力。深入推进企业间废物交换利用、能量梯级利用、水的逐级利用和循环使用。进一步鼓励和支持农业生产者和相关企业采用先进或者适用技术,对农作物秸秆、畜禽粪便、农产品加工业副产品、废农用薄膜等进行综合利用,开发沼气等生物能源,推广秸秆气化、液化等技术。

5. 加强能源节约与综合利用，推进能源利用方式转型

要高度重视能源利用方式转型。各地、各企业要积极主动地采取节能减排等措施，继续完善节能、节水、节材和废物再利用、资源化等标准。按照节能降耗和削减污染物的要求，优先选择易降解、易回收、易拆解、无毒、无害或者低毒、低害的材料和设计方案。注重回收并利用余热、可燃气体等，进一步鼓励企业采用先进或者适用的回收技术、工艺和设备，对生产过程中产生的余热、余压等进行综合利用。继续支持农业部门采用节能、节水等先进节约型技术。进一步发挥公共机构使用节能型和环境友好型的产品、设备和设施的带头作用。深入推进餐饮、娱乐、宾馆等服务性企业采用节能、节水和其他有利于能源节约、环境保护的技术、设备和设施。继续完善高耗能行业的单位产品能耗监管制度，进一步鼓励和支持电力、石油石化、化工、钢铁、有色金属和建材等企业，以洁净煤、石油焦、天然气等清洁能源替代燃料油，停止使用不符合国家规定的燃油发电机组和燃油锅炉。

6. 重视技术的自主研发，加强国际合作

应根据我国经济社会发展状况和国际科技发展的趋势，形成具有自主知识产权的先进技术、适用技术的层次体系，做到各种技术之间互相协调。要高度重视CCS技术的研发与应用，重点关注节能技术的研发与应用，密切关注清洁能源技术进步的国际动向，积极参与清洁能源技术的研发，注重清洁能源研发人才的储备与培训。投入巨额到比较效益高、占据技术制高点的前沿低碳技术研发，重点加强农业、水资源、能源等领域适应气候变化和应对极端天气事件的科技支撑能力。出台企业低碳技术研发与推广的投入抵税等激励政策，鼓励低碳技术创新与产业化应用。针对一些量大面广的碳减排技术，加快相关方法学研究，争取更多的国际碳交易的技术、资金和能力建设合作。进一步加大科研投入、加强科研体制创新，跟上国际低碳技术发展节奏，争取在关键低碳技术领域率先取得突破，形成自己的技术优势。积极整合和利用国际资源，加强低碳经济的国际合作。

7. 推行绿色低碳教育，加大宣传普及力度

推进我国的绿色低碳发展，要把绿色低碳发展理念纳入国家教育体系中。中小学应开设绿色低碳发展的相关课程，中高等院校应陆续建立与此相关的专业，加强绿色低碳发展教育及科研基地建设。同时，学校教育要与家庭教育相结合，共同推进绿色低碳发展。利用世界环境日、世界气象日、世界无车日、全国科普日等主题日，举办一些以节能减排环保为主题的研讨会、展览会等多种活动，广泛地发动公众积极参与，以此提高公众对绿色低碳发展的认识。要通过加大宣传力度，让公众认识到绿色低碳发展与每个人的切身利益有着密切的关系。有条件的地区可以设立体验馆，免费向公众开放，使公众认识到践行绿色低碳发展就是走科学发展之路。深入开展节能减排全民行动，倡导与我国国情相适应的文明、节约、绿色的生产方式和消费方式。

第九章 长三角地区能源转型分析

温室气体特别是 CO_2 的排放主要来自化石能源的使用,能源转型是向低碳经济转型的关键领域,因此能否实现向低碳经济转型在很大程度上取决于能否实现能源转型。本章着重对长三角地区的能源转型进行分析。能源转型作为一种社会技术系统转型,是社会、经济、政治、生态多领域,包含技术、行为、习惯、规则、价值观等一系列要素的协同演化过程。多层次视角(MLP)是转型理论中的重要分析工具和理论框架,其在对场景、社会技术域和小生境三个层次的发展变化分析的基础上,为现有的转型过程提供一个具有高度弹性的启发式分析框架,从而为探索系统转型提供新的视角。因此,本部分采用 MLP 模型对长三角地区能源转型进行研究,从而为长三角地区能源转型路径的提出及能源转型管理提供新思路。

第一节 MLP 的分析框架及转型类型

一、MLP 框架的层次划分

MLP 的基本前提在于承认转型是一个非线性过程,转型的实现由社会技术系统中的三个层次的共同作用而决定,分别为场景、社会技术域和小生境。

社会技术域作为中观层,是 MLP 的核心层,转型在某种程度上可以被定义为从一种社会技术域向另一种社会技术域的转变过程。中观层一般包含三个维度:社会技术体系、行为主体,以及引导行为主体的准则。其中社会技术体系包含了与生产、分配及技术的使用有关的各种要素,如产业结构、消费者偏好、基础设施等;行为主体则包括社会技术系统中所涉及的组织、机构及社会团体等;引导行为主体的准则主要包括三类调控性、认知性及规范性规则,如法律、法规、标准属于调控性规则,角色关系、行为规范及价值观等属于规范性规则,而对问题的定义、搜索程序等属于认知性规则。

场景主要涉及宏观层面的物质和非物质因素,如政治文化、世界观、社会价值观、宏观经济、人口及自然环境等。场景层的变化将会对现有域产生影响，为创新的出现创造机会，同时其又独立于域内主体的影响之外。

在微观层次，小生境主要强调的是激进创新的典型场所和核心地带。域在整个社会技术体系中占据主导地位，其规模庞大并且结构稳定。而小生境往往规模较小且不稳定。产生于小生境层面的创新最初可能优势并不明显，表现并不突出，在社会技术体系的整体布局中也并不稳定，而小生境会起到"孵化室"的作用，以免这些创新被主流的市场选择抛弃。

二、基于 MLP 的转型分类

著名转型理论研究者 Geels 等（2007）根据上述三个层次相互作用的时间和特性，将转型分为四个类型：转换（transformation）、解组与重新排列（de-alignment and re-alignment）、技术替代（technological substitution）及重构（reconfiguration）。

（1）转换。场景层出现新的变化对现有域产生压力，迫使现有域做出变革，但这一压力可能并不剧烈，且具有一定的温和性；同时，这一时期小生境层面的创新发展可能并不充分，并且其创新具有一定程度的共生性，因而，现有的域就会逐步调整其发展路径，吸收来自小生境的创新从而适应来自场景层的压力。新的域会随着发展方向的调整，从原有域中演化出来，而原有域的基本架构依然保持稳定。

（2）解组与重新排列。如果场景层的变化是破坏性压力，且这种压力非常剧烈、突然，涉及范围广，那么这种突然性的巨大压力将可能导致现有域的瓦解，但这一时期小生境层的创新活动也可能并未充分发展，并未形成明确的替代域。这就为小生境层面各种创新的出现创造了空间，这些创新活动经过一定时间的竞争和相互作用之后，最终某一类创新会占据主导地位，并形成新的域。

（3）技术替代。场景层的变化性质同上述第二种类型相似，仍是剧烈的、有较大压力的，不同的是此时小生境的创新已经得到充分发展。在巨大的场景层压力尚未形成之前，小生境层的创新已经发展得较为充分，但占主导地位的现有域却阻碍了创新的进一步发展，并将其排斥在主流位置之外。当巨大的、突发的场景层压力出现后，其将直接替代现有域，形成新域。

（4）重构。场景层的变化同上述第一种类型相似，同样是温和式的压力。相对于现有域，来自小生境层面的创新是共生性的。因此，现有域会吸收小生境的创新来适应场景层的压力。这与第一种类型也非常相似，其不同之处在于这些被吸收的创新活动会促使现有域进行调整，最终促使其基本架构产生变化。

上述这四种转型类型只是一种理论上的分类，在现实生活中转型的发生可能连贯性地涉及这四种类型。发展低碳经济实质上是对现代经济进行一次深刻的能源转型，鉴于此，本章从场景、域及小生境三个层次对长三角地区能源转型作进一步分析，为制定长三角地区能源转型路径提供实证依据，进而为长三角地区向低碳经济转型提供政策建议。

第二节 场景层分析

目前，主要有三类场景层的变化对长三角地区现有的能源域产生压力，分别为环境压力、化石燃料能源供应安全及公众环境意识的增强。

一、环境压力

全球温室气体排放的逐渐增多，导致全球气候变暖，空气污染加剧，环境不断恶化。根据 IPCC 第四次评估报告《气候变化 2007 综合报告》，目前全球气候变暖，平均气温和海温升高，海平面逐渐上升，自 1993 年以来平均速率为每年 3.1 毫米。全球温度及海平面在 1985~2005 年不断上升，由此导致北半球积雪面积不断下降。

全球温室气体排放的增加在很大程度上是由于人类活动所引起的，CO_2 是最重要的人为温室气体。在 1970~2004 年，CO_2 的排放增加了大约 80%，而全球 CO_2 浓度的增加主要是由于化石燃料的使用所造成的。根据欧洲建设与发展银行和英国 Grantham 气候变化与环境研究所 2011 年联合发布的《低碳转型》（*The Low Carbon Transition*）报告，2008 年由于化石燃料使用而带来的 CO_2 排放同 1990 年相比，增加了 40.1%。在此背景下，改变以化石燃料为主的能源消费，实现能源低碳转型是必然选择。

二、化石燃料能源供应安全

从全世界范围看，化石燃料能源供应存在一定程度的安全隐患。化石燃料由于其不可再生性决定了其供应的有限性，为减少未来化石燃料能源供应隐患，必须改变目前以化石燃料为主的能源消费结构，实施能源转型。

从全国来看，2010 年年底全球石油探明储量为 13 832 亿桶，我国仅占总量的1.1%；全球天然气探明储量为187.1万亿米³，我国仅占总量的1.5%[1]。2010年我国能源消费总量中煤炭、石油及天然气的消费比例高达91.4%，能源消费较多地依赖于化石燃料；另外，石油、天然气的进口依存度近年来逐渐增加，据中国石油企业协会和中国石油大学研究显示，2011年中国石油、天然气的进口依存度分别达到56.5%和20%[2]。

从长三角地区来看，其能源消费仍以化石燃料为主，另外，一次能源中化石燃料自给率也极低。从图9-1中可以看出，一方面，长三角地区原煤、原油及天然气自给率极低，2010年长三角地区原煤自给率仅为5.25%，原油自给率仅为2.46%，天然气自给率仅为2.57%；另一方面，在"十一五"期间，长三角地区化石燃料一次能源自给率整体呈现下降趋势，其中原煤下降幅度为4.15%，原油下降幅度为0.9%，天然气下降幅度为8.84%。过低的自给率意味着长三角地区在未来能源发展中，为实现能源安全必须实行能源消费多样化，促进能源转型，降低化石燃料在其能源消费总量中的比例。

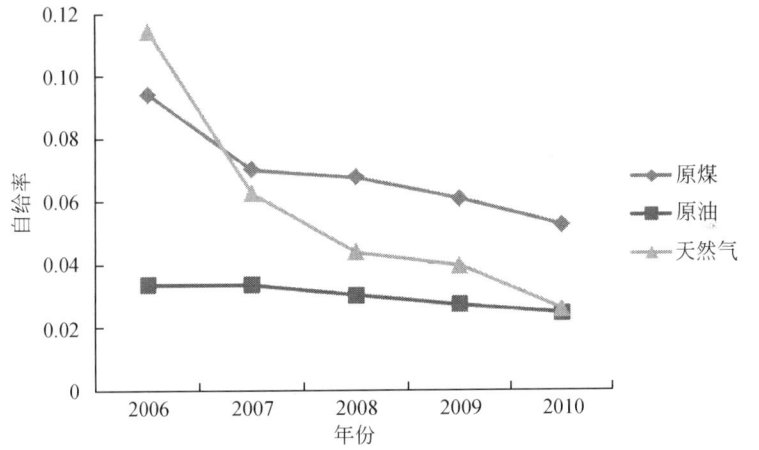

图9-1 "十一五"期间长三角地区原煤、原油、天然气自给率

三、公众环境意识的增强

随着我国经济的不断发展，在人民物质水平不断提高的同时，公众的环境意识也不断增强。特别是在环境变化的驱使下，公众对环境问题的关注不断增强。

---

[1] BP集团. BP世界能源年鉴2011。
[2] 腾讯网. http://finance.qq.com/a/20120327/007689.htm. 2012-04-09。

根据中国环境意识项目[①]于2007年所作的《中国公众环境意识调查》，环境意识的提高已经成为目前我国公众在环境保护方面的主要特征。81.5%的被调查者听说过至少1项有关环境保护的概念，表现出公众对环境保护的认知总体呈现高知晓率的特征。从环境保护普遍严重性判定看，公众认为环境污染问题已成为我国严重的社会问题，有77.4%的被调查者认为我国环境问题已经比较严重或非常严重，有82.9%的被调查者普遍认为自然资源并非取之不尽，必须重视环境问题，并且有67.8%的被调查者认为我国的自然环境已经发展到要特别加强保护的地步，表现出明显的环境保护的紧迫感。

综上所述，环境压力、化石燃料能源供应安全及公众环境意识的增强等因素对长三角地区现有能源域产生了较大压力，给现有能源域内主体的行为带来各种影响，但目前这种压力还较为温和，并没有发展成为大范围的破坏性压力。

第三节 社会技术域分析

能源本身并不包含一个非常明显、确切的社会技术域，但能源的供应是其他社会技术域能够运作的基本条件。因此，对各个社会技术域的能源消费或能源需求进行研究显得尤为重要。能源消费按行业可以分为农、林、牧、渔业，工业，建筑业，交通运输、仓储和邮政业，批发、零售业和住宿、餐饮业，其他行业，生活消费。其中工业部门的能源消费大致又可以分为三部分：采掘业，制造业，电力、煤气及水生产和供应业。采掘业和制造业属于终端能源消费，电力、煤气的生产则属于能源转换（图9-2）。在某些社会技术域中，能源消费是一个非常明显、重要的组成部分，如工业、交通运输业等；而在其他一些社会技术域中，能源消费则并不明显，如教育行业等。所有这些社会技术域所产生的能源需求以及由此带来的能源消费都是由所谓的能源社会技术域所满足和提供的。

目前长三角地区能源域是以化石燃料为主的能源消费占据主导地位，特别是煤炭和石油。具体而言，长三角地区的能源社会技术域可从三个维度衡量，分别为社会技术系统、行为主体和规则。

[①] 中国环境意识项目是由联合国开发计划署、国家环境保护总局和中华人民共和国商务部中国国际经济技术交流中心于2006年6月签署的为期三年的项目，其宗旨是通过开展全国范围的环境宣传教育活动提升中国公众的环境意识，并将环境方面的知识转化成保护环境的态度、行为和实践，以推动中国的可持续发展，实现中国的小康社会目标和联合国千年发展目标。

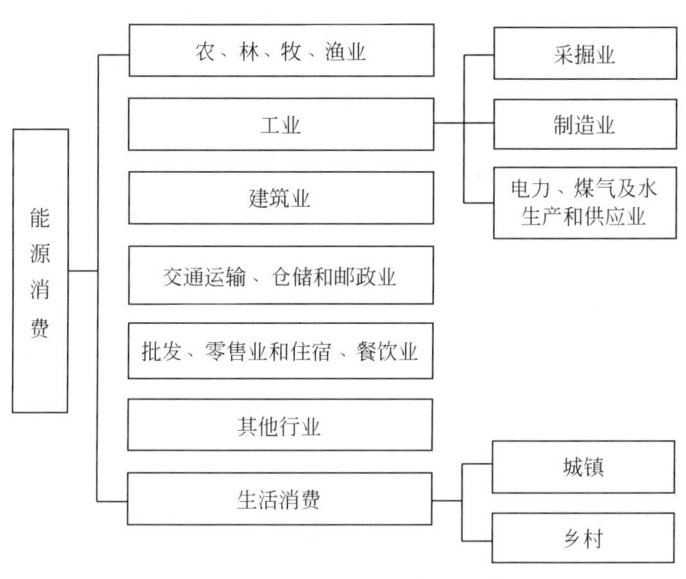

图 9-2 能源消费系统部门划分

一、社会技术系统

上述能源消费所包含的与生产、分配、交换及技术使用有关的各种要素，如产业结构、工艺结构、市场、消费者偏好、文化、基础设施等内容都属于能源社会技术体系的构成要素。因此，长三角地区现有能源社会技术域主要包括：能源消费结构、能源利用效率、市场、消费者、基础设施（包括能源开采、能源调入及进口、能源生产与转换、能源运输及配送等环节）、市场及消费者行为等要素。

从能源消费结构看，目前长三角地区仍然是以煤炭消费占据主导地位，其次是石油，天然气消费比例较低。

从能源消费部门看，工业部门是长三角地区最主要的能耗部门：2010 年长三角地区煤炭消费量为 42 925.86 万吨，其中 98.92% 为工业部门所消耗；电力消耗总量为 7891.17 亿千瓦时，其中 70.35% 用于工业部门；热力消耗总量为 103 289.63 万百万千焦，其中 83.73% 用于工业部门。

在工业部门所消耗的煤炭中，77.75% 的煤炭用于能源转换，而在能源转换中，绝大部分煤炭用于火力发电。2010 年长三角地区总发电量中 89.76% 为火力发电，其中绝大部分火力发电为燃煤发电。因此，提高长三角地区煤炭利用率、降低煤炭污染最主要的在于能源转换部门，特别是电力部门。

从油品消耗来看，长三角地区的原油绝大部分用于工业部门的能源转换，而汽油、煤油、柴油等油制品主要用于交通运输、仓储和邮政业。因此，提高油制品利用率、降低油制品污染主要在于交通运输业。

从基础设施来看，目前长三角地区能源基础设施建设仍然是以煤炭、石油、天然气等基础设施建设为主，开采、调入及进口、生产、运输等各个环节的基础设施以及电力生产与传输基础设施不断完善。根据《长江三角洲地区区域规划（2010—2015）》，未来长三角地区将进一步推进煤炭、石油、天然气的能源基础设施建设。

二、行为主体

能源社会技术域所涉及的相关主体主要包括：政府管理部门、开采商、生产商、供应商、运输配送商、消费者及相关设备制造商等。其中终端能源消费者包括个人和企业两类；设备制造商包括生产设备、终端用能设备等；政府作为其中重要的行为主体，主要通过相关的政策、法规来影响其他主体的行为和活动。以长三角地区电力行业为例，其涉及的相关主体主要包括煤炭等能源供应企业、能源运输企业、电力企业、用电消费者及政府。

从能源供应企业来看，长三角地区的电力企业主要采用火力发电，因此其电力行业的能源供应主要涉及煤炭供应企业。长三角地区原煤自给率极低，因此，绝大部分能源供应依靠外调，主要来自山西、安徽、陕西、河南等地。

能源运输企业主要是指负责煤炭运输的企业，目前长三角地区从外地调入的煤炭主要通过铁路和水路运输两种方式，运输途径主要有三条：北煤南运——水路运输；北煤南运——铁路运输；西煤东运——长江干线运输。

从电力行业来看，主要包括发电、输电、供电等多个环节和多种类型的企业，不同环节企业之间存在并网发电、供电服务、电力趸售等多种市场交易行为。当前长三角地区电力市场结构正由传统的垂直一体化垄断结构向竞争性市场结构转变，电力市场正在发育之中。

长三角地区的电力企业主要包括三类：发电企业、输电企业和供电企业。从发电企业来看，长三角地区已形成五大发电集团、地方发电企业、民营发电企业及其他中央发电企业等多元并存的格局。以江苏省为例，2009年中国国电集团公司、中国华能集团公司、中国电力投资集团公司、中国大唐集团公司、中国华电集团公司五大集团的发电量是江苏省2009年总发电量的36.23%，其余的发电量则由地方和民营等发电企业提供。

输电环节具有自然垄断性质，从我国整体来看，输电企业按照规模可以分为：国家电网公司为跨区域超大型输电企业，业务范围覆盖25个省（自治区、直辖市）；中国南方电网为跨省的区域性输电企业，业务范围覆盖5个省（自治区、直辖市）；内蒙古电力集团有限责任公司（简称"内蒙古电力公司"）等省级输电企业，在一省（自治区、直辖市）内独立经营。长三角地区的输电企业主要为国家电网。

供电企业是指在一个特定的区域内从事配电和售电业务的企业。这类企业数量众多，类型和层次也较为复杂。企业经营形态多样，大部分不是独立法人企业。按所有制划分涵括中央国有、地方国有、民营、股份制等多种类型；按经营管理形式可划分为直管、代管、独立经营等类型，同时还存在"自发自供"及"转供电"等特殊业务类型[①]。

从电力消费者来看，主要分为企业消费和家庭消费。如前所述，目前长三角地区的电力消费部门主要是工业部门。政府则通过各种政策、法律、法规来影响和调节以上各行为主体的活动和行为。

三、规则

1. 调控性规则

长三角地区能源域的调控性规则主要指对现有煤炭、石油占主导地位的能源消费结构进行相关调整，提高清洁能源比例，降低 CO_2 排放。以电力行业为例，从调控性规则来看，长三角地区各级政府对电力行业制定和执行的政策主要包括电价政策、电力产业政策及电力环保政策。

目前我国电力价格主要包括上网电价、输配电价和销售电价。对于不同的主体价格不一，即使是同一个企业，都有不同的价格匹配相应的发电主体。例如，风电、煤层气、生物质发电是政府指导价格、特许权招标定价；燃煤发电是标杆电价，遵循煤电联动机制；水电、核电一事一批，在保证还本付息合理的投资者回报基础上测算报批；输配电价、销售电价由政府监管。2002年开始，我国政府就出台了一系列的法律，如《可再生能源法》、《节约能源法》、《清洁生产促进法》等，为促进电力行业能效提高和可再生能源发展提供了制度保证。

现行的电力产业政策分为鼓励类、限制类和淘汰类三类。其中鼓励类包括核能发电、水力发电、可再生能源发电，以及单机容量600兆瓦以上火电、单机容量300兆瓦以上资源综合利用、500千伏交直流输变电。限制类包括单机容量300兆瓦及以下常规燃煤机组。淘汰类包括单机容量200兆瓦及以下火力发电机组。总体来说，要促进积极开发水电，优化建设煤电，加快建设核电，鼓励新能

---

① 中国经济信息网.2009 中国行业年度报告系列之电力.

源和可再生能源发电。《国民经济和社会发展第十二个五年规划纲要》明确提出,要建设新一代核电设备、大型风力发电机组及零部件、高效太阳能发电和热利用新组件、生物质能转换利用技术和智能电网装备等产业基地,实施海上风电、太阳能发电和生物质能规模化应用示范工程。要大力发展清洁高效、大容量燃煤机组,优先发展大中城市、工业园区热电联产机组,以及大型坑口燃煤电站和煤矸石等综合利用电站。

从电力环保政策来看,国家出台强制性环保政策。例如,新建燃煤机组必须同步建设脱硫设施,对现有燃煤机组必须进行脱硫改造,对小火电机组上网电价进行调整,实行节能调度,鼓励"上大压小"、热电联产,2010年前关停小火电机组5000万千瓦以上等。

2. 认知性规则

从认知性规则来看,在长三角地区,无论是政府还是企业界都普遍认为,当前以燃煤发电为主的电力生产结构极不合理,火力发电不仅污染严重,而且在能源供应安全方面存在巨大隐患。因此,必须向低碳能源转型。一方面,必须大力提高燃煤发电效率,发展节能减排技术;另一方面,要大力发展天然气发电、核能发电、水能发电、风能发电等,提高新能源和可再生能源比例。此外,还要积极发展 CCS 等技术。

3. 规范性规则

从规范性规则来看,目前长三角地区普遍增强了降低 CO_2 排放的商业意识,很多企业不再把降低 CO_2 排放当做法律或法规的约束,而是将其看做企业发展的机会。2009 年年初,全球知名的麦肯锡咨询公司对全球企业的低碳经济发展积极性进行了一项抽样调查,结果显示,全球 60% 的受调企业已经或正打算将低碳纳入企业发展规划中。其中,在中国受调企业中,长三角地区的企业对低碳经济发展的认知度最高,61% 的受调企业认为发展低碳经济将给企业带来机遇[①]。

综合来看,目前长三角地区能源域中,能源消费结构仍以化石燃料特别是煤炭和石油为主导地位。但在外部场景层的压力和内部创新驱动的双重作用下,无论从规则还是从技术层面看,其能源社会技术域同以往相比已经发生了较大的改变。在煤炭和石油消费占据主导地位的情况下,只有通过提高能源利用效率、发展新能源等措施,才能向低碳能源转型,进而形成新的能源域,逐步推动整个长三角地区向低碳经济转型。

---

① 政府助推政策扶持低碳经济长三角"高调"前行. 解放日报. 2009 年 8 月 10 日。

第四节 小生境层分析

虽然长三角地区目前的能源域保持一定的稳定性，但在小生境层已经出现了一系列创新活动。如果能够通过相关政策法规，来保证此类来自微观层次的创新活动得以持续发展，就有可能突破微观层的限制，进而促进现有社会技术域转型，即向低碳能源域转型。

一、节能机制创新

1. 上海市节能机制创新

上海市政府成立了由主要领导担任组长、3 位分管领导担任副组长，25 个职能部门的主要领导担任成员的节能减排工作领导小组，并成立了领导小组办公室。明确了市和区县发展改革行政管理部门负责对节能工作的综合协调和监督管理等；市和区县经济信息化、建设交通、商务、机关事务管理、旅游等行政管理部门分别负责相关领域的节能监督管理工作。形成了市级行业主管部门和区县政府"部门联动、条块结合"的管理模式。组织实施各区县节能目标责任考核。目前，上海市已形成市领导总负责，市发展和改革委员会总牵头，市经济和信息化委员会、市城乡建设和交通委员会、市商务委员会、市教育委员会、市卫生局、市旅游局、市人民政府机关事务管理局、市交通运输和港口管理局、市金融服务办公室分别负责相应领域的节能工作，市科学技术委员会、市财政局、市统计局、市质量技术监督局等部门按各自职责负责做好相关的节能管理工作，齐抓共管、协同推动的工作格局。各区县也相继成立了节能减排工作领导小组和办公室，建立了区县各相关部门共同推进的节能工作管理体制。

为贯彻落实这些重要部署和安排，2006 年以后，上海市市委、市政府每年都把节能减排工作列为年度重点工作，并召开全市节能减排工作会议进行全面动员，上海市节能减排工作领导小组办公室每季度召开会议协调推进。2008 年以后，上海市政府进一步细化分解各领域和区县年度节能目标，每年制定发布《上海市节能减排和应对气候变化重点工作安排》，明确提出当年重点工作任务、时间节点和责任部门。上海市人大常委会从 2007 年开始每年组织开展节能执法检查，每年选择不同的方面加强检查监督，督促落实《中华人民共和国节约能源法》、《上海市节约能源条例》和上海市人大常委会《关于进一步加强节约能源工作的决定》的各项任务要求。2008 年 4 月，上海市政府将节能减排统计、监测和考核制度化。从2008年开始，上海市节能减排工作领导小组办公室组织相关部门每年开展对区县节能工作的现场评价考核，全面检查和督促各区县节能目标措施落实情况，在一定范围内通报考核结果，并将考核结果纳入对区县党政领导班子绩效考核体系，赋予3%~5%的考核权重（王静江，2011）。

2. 浙江省节能机制创新

浙江省建立节能减排长效机制，完善节能统计、监测和考核三大体系，严格执行行业能耗限额标准。严肃目标责任制，分解落实到位。浙江省有关部门通力合作，协调配合，形成了工作合力。浙江省科技厅每年安排一批重点节能减排项目进行攻关，重点扶持新能源汽车、建筑节能、高端制造业等新兴产业。以钢铁、建材、轻工业、纺织业为重点，综合运用法律、技术、经济等手段，强化淘汰落后产能的约束机制①。自2006年以来，浙江省将节能减排任务完成情况作为领导干部综合考评的重要指标，实行问责制和一票否决制。浙江省政府制定出台了实施方案、监测、统计、考核和管理等一系列文件，将节能减排目标分解到各市、县、区和企业，逐步形成全社会的节能减排责任网络。浙江省还先后出台了一系列节能政策文件，各地也采取有力措施，建立相应的节能减排保证金制度。从调整产业结构、实施大批节能减排工程和规范企业行为入手，结合生态省建设和"811"环境污染整治行动，在浙江省全面推进节能减排工作。加快淘汰一批落后的化工、印染等产能。连续几年对电解铝、铁合金、电石、烧碱、水泥、钢铁、黄磷、锌冶炼8个行业实行差别电价政策，引导高耗能企业加快节能降耗技术改造，加快淘汰落后产能（吴妙丽，2010）。

3. 江苏省节能机制创新

江苏省将节能减排纳入领导干部业绩考核体系，并通过严把能耗源头关、坚决淘汰落后产能、编织节能监督网络来强化监督执法。节能监测网络能够对企业排污状况实施动态监督，企业非法排污行为将难以躲藏。目前，江苏省13个省辖市中均建立了节能监察（监测）机构，并组建省节能监察中心，建立千家和百家企业动态跟踪机制，全面实施节能监测，同时为政府推动节能工作提供技术支持。江苏省还建立了考评问责机制，江苏省各市、县政府主要负责人是本地区节能减排的第一责任人，企业主要负责人是本企业节能减排的第一责任人。2008年7月，江苏省省委、省政府出台节能减排工作意见，提出要把节能减排作为调整产业结构、转变经济发展方式的重要抓手，节能减排的工作重点首先在于优化

---

① 浙江"十一五"节能新进展：7%能耗支撑11.8%增长. 中国新闻网. 2011年4月8日。

"三个结构"——经济结构、工业结构和能源结构,使高技术、高效益、低消耗、低污染的"两高两低"产业比例明显提高(吴红萱,2008)。江苏省还是全国较早执行差别电价的省份,执行范围从最初的钢铁、水泥、电解铝等8大类高耗能行业,扩大到建材、化工、有色金属冶炼等行业中的限制类、淘汰类企业。

二、能源政策创新

长三角地区两省一市高度重视并大力推进低碳能源发展,在加强能源法制建设、监督指导和政策建议等方面开展了大量工作,出台了一系列与促进能源转型相关的法规文件、扶持政策及管理文件等。虽然这些政策法规并非有关低碳能源的专门政策法规,但内容涉及节能降耗、环境保护、体制机制建设等诸多领域,为推动长三角地区能源转型发挥了积极作用。长三角地区有关低碳发展的政策法规如表9-1、表9-2、表9-3所示。

表9-1 近年来上海市能源相关政策法规

发布日期	名称
2006年5月9日	上海市关于进一步加强上海市节能工作的若干意见(沪府发〔2006〕9号)
2007年8月7日	上海市节能减排工作实施方案(沪府发〔2007〕25号)
2008年1月29日	上海市人民政府关于印发《上海市固定资产投资项目节能评估和审查管理办法(试行)》的通知(沪府发〔2008〕6号)
2009年4月23日	上海市节约能源条例(修订)
2008年4月9日	上海市区县人民政府单位GDP能耗考核体系实施方案
2008年4月9日	上海市工业节能降耗考核实施方案
2008年6月12日	上海市人民政府办公厅关于转发市发展改革委、市财政局制订的《上海市节能减排专项资金管理办法》的通知(沪府办发〔2008〕18号)
2008年10月12日	上海市人民政府办公厅关于上海市深入开展全民节能行动的通知(沪府发〔2008〕43号)
2008年11月15日	上海市人民政府办公厅关于转发市发展改革委等五部门制订的《上海市分布式供能系统和燃气空调发展专项扶持办法》的通知(沪府办发〔2008〕48号)
2008年11月28日	上海市人民政府贯彻《国务院关于进一步加强节油节电工作通知》的通知(沪府发〔2008〕49号)

续表

发布日期	名称
2009年3月17日	上海市人民政府关于印发上海市2009年节能减排重点工作安排的通知（沪府发〔2008〕16号）
2009年5月31日	上海市人民政府办公厅关于转发市商务委等五部门制订的《上海市鼓励老旧汽车淘汰更新补贴暂行办法》的通知（沪府办发〔2009〕17号）
2009年6月30日	上海市人民政府办公厅关于转发市发展改革委等五部门制订的《上海市实施"节能产品惠民工程"节能空调地方补贴暂行办法》的通知（沪府办发〔2009〕19号）
2009年8月13日	上海市人民政府办公厅关于转发市发展改革委等三部门制订的《上海市高效照明产品地方补贴实施方案》的通知（沪府办发〔2009〕28号）
2009年9月30日	上海市人民政府办公厅关于转发市经济信息化委等三部门制订的《上海市危险化学品企业调整专项补助暂行办法》的通知（沪府办发〔2009〕40号）
2010年3月18日	上海市人民政府关于印发上海市2010年节能减排和应对气候变化重点工作安排的通知（沪府发〔2010〕8号）
2010年3月18日	上海市2010年节能减排和应对气候变化重点工作安排（沪府发〔2010〕8号）
2010年5月26日	上海市人民政府印发《关于上海市贯彻〈国务院关于进一步加大工作力度确保实现"十一五"节能减排目标的通知〉的意见》的通知（沪府发〔2010〕20号）
2010年5月26日	上海市人民政府办公厅转发市发展改革委等六部门关于上海市贯彻国务院办公厅通知精神加快推行合同能源管理促进节能服务产业发展实施意见的通知（沪府办发〔2010〕21号）
2010年5月31日	上海市人民政府办公厅转发上海市发展改革委等五部门关于上海市延长实施并调整高效节能空调地方财政配套补贴政策意见的通知（沪府办发〔2010〕22号）
2010年6月5日	上海市人民政府办公厅关于转发市经济信息化委等四部门制订的《上海市产业结构调整专项补助办法》的通知（沪府办发〔2010〕24号）
2010年9月17日	上海市建筑节能条例
2011年1月24日	上海市人民政府办公厅转发市发展改革委等四部门制订的《关于上海市推进农作物秸秆综合利用实施方案》的通知（沪府办发〔2011〕4号）
2011年8月1日	上海市节能降耗和应对气候变化基础工作及能力建设资金使用管理办法（试行）（沪发改环资〔2011〕073号）

资料来源：根据《上海节能减排报告（2006—2010）政策篇》内容整理而成

表9-2 近年来浙江省低碳发展相关政策文件

发布日期	名称
2005年7月28日	浙江省人民政府办公厅关于加强建筑节能工作的通知（浙政办发〔2005〕63号）
2005年2月16日	浙江省人民政府关于加强节约用电工作的意见（浙政发〔2005〕15号）
2006年10月23日	浙江省经济贸易委员会关于加强能源监察（监测）体系建设的意见（经资源〔2006〕67号）
2006年9月18日	关于印发《浙江省重点用能企业节能行动实施方案》的通知（浙经贸资源〔2006〕511号）
2006年6月9日	浙江省人民政府关于加强节能降耗工作的通知（浙政发〔2006〕35号）
2007年3月21日	浙江省人民政府办公厅关于进一步加强节能工作的实施意见（政办发〔2007〕17号）
2007年11月6日	浙江省人民政府关于印发节能减排综合性工作实施方案的通知（浙政发〔2007〕63号）
2007年8月20日	浙江省建筑节能管理办法（省政府令第234号）
2006年7月13日	浙江省环境污染监督管理办法（政令第216号）
2009年5月13日	浙江省人民政府办公厅关于进一步推进工业循环经济发展的意见（浙政办发〔2009〕61号）
2009年5月7日	浙江省人民政府办公厅关于加快光伏等新能源推广应用与产业发展的意见（浙政办发〔2009〕55号）
2009年10月29日	浙江省人民政府关于印发浙江省循环经济试点实施方案的通知（浙政发〔2009〕68号）
2009年8月27日	浙江省财政厅、省商务厅等十部门关于印发《浙江省汽车以旧换新实施细则》的通知（财企字〔2009〕194号）
2009年5月13日	浙江省人民政府办公厅关于进一步推进工业循环经济发展的意见（浙政办发〔2009〕61号）
2009年5月7日	浙江省人民政府办公厅关于加快光伏等新能源推广应用与产业发展的意见（浙政办发〔2009〕55号）
2010年11月15日	浙江省人民政府关于印发浙江省新能源产业发展规划的通知（浙政发〔2010〕59号）
2010年11月16日	浙江省人民政府关于加快循环经济发展的若干意见（浙政发〔2010〕63号）
2010年9月7日	浙江省人民政府关于印发浙江省超限额标准用能电价加价管理办法的通知（浙政发〔2010〕39号）

续表

发布日期	名称
2010年8月24日	浙江省人民政府关于印发浙江省固定资产投资项目节能评估和审查管理办法的通知（浙政办发〔2010〕35号）
2010年6月30日	中共浙江省委关于推进生态文明建设的决定
2010年10月26日	关于印发《浙江省工业固定资产投资项目节能评估报告审查程序（试行）》的通知（浙经信资源〔2010〕575号）
2010年10月20日	关于印发《浙江省工业固定资产投资项目节能评估机构备案管理办法（试行）》的通知（浙经信资源〔2010〕559号）
2010年7月19日	关于印发浙江省合同能源管理财政奖励资金管理实施细则的通知（浙财企〔2010〕232号）
2010年6月30日	关于印发《浙江省2010年财政补贴高效照明产品推广实施方案》的通知（浙经信资源〔2010〕363号）
2011年12月27日	浙江省人民政府关于印发浙江省循环经济"991"行动计划（2011—2015年）的通知（浙政发〔2011〕106号）
2011年11月17日	浙江省人民政府关于在全省开展单位地区生产总值能耗和能源消费总量"双控"工作的实施意见（浙政发〔2011〕83号）
2011年8月8日	浙江省人民政府关于积极推进绿色建筑发展的若干意见（浙政发〔2011〕56号）
2011年10月9日	关于加快推进战略性新兴产业培育发展工作的实施意见（浙经信投资〔2011〕553号）
2011年9月30日	浙江省资源综合利用促进条例（浙江省人民代表大会常务委员会第69号公告）

资料来源：由作者通过相关资料收集整理而成

表9-3 "十一五"以来江苏省低碳发展相关政策文件

发布日期	名称
2006年3月29日	中共江苏省委江苏省人民政府关于加快建设节约型社会的意见（苏发〔2006〕10号）
2006年5月4日	江苏省人民政府办公厅关于印发加快建设节约型社会重点任务分解方案的通知（苏政办发〔2006〕31号）
2006年5月4日	江苏省政府关于印发推进节约型社会建设若干政策措施的通知（苏政发〔2006〕60号）
2006年12月18日	江苏省政府关于加强节能工作的意见（苏政发〔2006〕152号）
2006年12月20日	江苏省人民政府办公厅关于印发江苏省"十一五"工业结构调整和发展规划纲要的通知（苏政办发〔2006〕第142号）

续表

发布日期	名称
2007年6月7日	江苏省节能减排工作实施意见（苏政发〔2007〕63号）
2007年8月29日	江苏省建设领域节能减排工作实施方案（苏建科〔2007〕275号）
2008年7月9日	中共江苏省委江苏省人民政府关于进一步加强节能减排促进可持续发展的意见（苏发〔2008〕9号）
2008年9月22日	江苏省省级节能减排（重点污染排放治理）专项引导资金管理暂行办法（苏财建〔2008〕157号）
2008年10月24日	江苏省建设厅关于贯彻落实住房和城乡建设部《关于做好2008年建设领域节能减排工作的实施意见》的通知（苏建科〔2008〕297号）
2008年10月27日	江苏省省级节能减排（节能与循环经济）专项引导资金管理暂行办法（苏财企〔2008〕179号、苏经贸环资〔2008〕861号）
2008年11月13日	江苏省省级节能减排（建筑节能）专项引导资金管理暂行办法（苏财建〔2008〕192号）
2009年4月30日	江苏省政府关于加快推进工业结构调整和优化升级的实施意见（苏政发〔2009〕69号）
2009年9月20日	江苏省政府关于印发江苏省应对气候变化方案的通知（苏政发〔2009〕124号）
2009年11月4日	江苏省建筑节能管理办法（江苏省人民政府令第59号）
2009年11月18日	江苏省关于推进节约型城乡建设工作的意见（苏政办发〔2009〕128号）
2010年4月7日	江苏省人民政府办公厅关于转发省发展改革委江苏省新能源汽车产业发展专项规划纲要（2009—2012年）的通知（苏政办发〔2010〕44号）
2010年4月10日	江苏省人民政府办公厅关于转发省经济和信息化委、省环保厅江苏省节能环保产业发展规划纲要（2009—2012年）的通知（苏政办发〔2010〕41号）
2010年11月18日	中共江苏省委、江苏省人民政府关于加快推进生态省建设全面提升生态文明水平的意见
2010年11月19日	江苏省节约能源条例（江苏省人民代表大会常务委员会公告第73号）
2010年12月29日	江苏省住房和城乡建设厅关于印发《江苏省建筑节能分部工程施工方案（标准化格式文本）》（试行）和《江苏省建筑节能分部工程监理实施细则（标准化格式文本）》（试行）的通知（苏建函科〔2010〕1102号）
2011年7月27日	江苏省政府关于进一步加强节能工作的意见（苏政发〔2011〕99号）
2011年8月26日	江苏省政府关于进一步加强污染减排工作的意见（苏政发〔2011〕119号）
2011年8月31日	中共江苏省委、江苏省人民政府关于推进生态文明建设工程的行动计划
2012年2月22日	2012年度江苏电网节能发电调度工作指导意见（江苏电监办和省经信委联合出台）

资料来源：由作者通过相关资料收集整理而成

三、新能源产业发展迅速

1. 上海市新能源产业发展概况

上海市以举办上海世博会为契机,率先探索大型海上风电、光伏建筑一体化、浅层地热能等新能源开发利用,积极优化能源结构,使新能源产业成为促进经济发展的新引擎。

(1) 新能源开发利用取得新成效。东海大桥10万千瓦海上风电场并网发电,成为亚洲首座大型海上风电场,全市风电装机达到21万千瓦,是"十五"时期末的9倍左右。建成世博园区中国馆和主题馆光伏建筑一体化发电项目,以及国内最大的屋顶光伏发电项目——京沪高铁虹桥站6.7兆瓦光伏发电项目,全市光伏电站装机达到20兆瓦,太阳能热水器集热面积达到350万米^2。建成2.5兆瓦老港垃圾填埋气发电一期项目,全市生物质能发电装机容量达4.5万千瓦。在世博园区建成国内第一个智能电网示范工程。在世博轴中成功实现浅层地热能和江水源热泵技术的集中应用。2010年,上海的非化石能源包括本地开发的风电、太阳能发电等新能源(不含太阳能热水系统),以及按国家计划分配的外来水电、核电,占一次能源消费的比例达到6%。

(2) 新能源装备产业形成新优势。明确将核电、风电、光伏发电和智能电网等作为战略性新兴产业发展的重点领域。吸引国内外具有实力的新能源企业落户,具备了大型海上风机自主开发能力,2兆瓦陆上风电机组实现产业化,3.6兆瓦海上风电机组获得首个订单,初步形成以风电设计、制造、安装、维护和咨询为一体的风电工程技术服务体系。建成国内第一条50兆瓦硅基薄膜太阳电池生产线,开工建设吉瓦级高效晶体硅光伏产业基地。核电设备集成能力国内领先,拥有核岛、常规岛、大型铸锻件、仪控系统的供货能力,形成了工程设计和设备制造一体化的核电系统服务能力。

(3) 新能源技术研发获得新突破。3.6兆瓦海上风机样机下线并安装试验,成为目前国内实际运行最大单机容量的风电机组,已形成3.6兆瓦海上风机自主开发能力和风力发电技术研发团队。高效晶体硅电池、兆瓦级光伏并网发电等技术获得重点突破,薄膜太阳电池研究水平国内领先,等离子体化学气相沉积镀膜和低压化学气相沉积镀膜等薄膜电池核心设备研制成功,在国内率先制定了红外检测等应用标准及测试规范。基本掌握了第二代改进型百万千瓦级核电站主设备关键技术。在国内率先研制了650安时钠硫单体电池,已建成年产2兆瓦的钠硫电池中试线,并开展了100千瓦示范工程,钠硫电池储能技术研发取得领先优势。

2. 浙江省新能源产业发展概况

浙江省区位优势明显,产业基础较好,科研及技术支撑资源丰富,与全球经济技术合作密切,发展新能源产业的综合配套条件较为优越。浙江省新能源产业起步较早,近年来呈现出良好的发展态势,2009年全省新能源产业销售收入560亿元。

(1) 新能源产业发展全面提速。太阳能光伏产业已初步形成从工业硅生产到光伏系统开发的完整产业链,光伏电池产能近1000兆瓦,光伏产业年销售收入约400亿元;光热产业已形成了一批全国有影响的产业发展集聚区,太阳能热水器产量约占全国的25%;风电产业粗具规模,自主研发的2.5兆瓦风机进入产业化阶段,企业自主研发能力不断增强,整机制造能力近1000兆瓦,整机制造及零配件生产企业年销售收入30亿元;生物质能产业中,循环流化床垃圾焚烧锅炉技术全国领先;核电站用高标准管材、阀门等附件,以及水电、潮汐能发电设备生产也有较大突破,形成了日趋成熟的水电及潮汐能产业链。同时,在非晶及微晶薄膜电池生产与装备制造、硅晶体材料切片、2.5兆瓦及以上风电机组研发与生产等领域形成了一批国内外技术水平领先的龙头企业。全省还拥有一批从事研发与产业化的高校及科研院所、一批拥有核心技术的企业研发中心及博士后流动站、一批国家级和省级技术创新平台,为新能源产业的进一步发展奠定了扎实的基础。

(2) 新能源产业发展重点明确。浙江省新能源产业发展的重点领域包括光伏产业、风电产业、生物质能利用装备产业、光热产业,以及水电、潮汐能、洋流能发电装备产业等。其中光伏产业重点是依托现有产业与研发优势,发展晶体硅电池和非晶及微晶硅、碲化镉、铜铟镓硒等薄膜太阳能电池等;风电产业重点是依托龙头骨干企业及研究机构,重点突破3兆瓦及以上海上、陆地风力发电机组整机及核心装备制造,偏航轴承、发电机和变频器等关键部件制造,竹纤维、碳纤维叶片及其他关键配套材料研发,兆瓦级以上风力发电机组用变流器、变浆制造和远程监控等智能化系统开发等技术;其他新能源产业重点突破生物质循环流化床气化炉及系统制造,生物质(秸秆)成型及成型燃料关键技术与设备生产,热泵机组的高压压缩机生产及循环系统的设计等技术。

(3) 新能源产业布局进一步优化。依托杭州、宁波、温州、湖州、嘉兴、绍兴、衢州等市在新能源产业化领域的先发优势,集中规划与布局一批新增新能源产业化项目,形成若干具有国际国内竞争力的产业集聚区,促进产业健康发展。①光伏产业主要是围绕高纯多晶硅材料、晶体硅电池、薄膜电池、生产及检测设备等关键环节,优化产业布局。以环杭州湾为核心,充分发挥晶体硅电池领域的整体优势,以晶体硅电池及组件为突破口,重点打造光伏垂直一体化产业,形成完整产业链,努力建设世界光伏产业基地。②风能装备产业要以杭州、温州为中心,发挥兆瓦级风电整机制造领域的优势,大力发展相关配套产业,在齿轮箱、发电机、叶片、偏航轴承和控制系统等领域积极发展配套企业,打造国内先进的风电整机及核心配套装备生产和研发基地。③太阳能光热产业主要是以海宁市及周边地区为中心,充分发挥太阳能光热企业集聚优势;以管式太阳能热水器为依托,逐步丰富产品门类,提升产品档次,打造世界一流的太阳能热水器生产基地。④水电及潮汐能产业主要是以桐庐县为中心,发挥重点水电设备制造企业在大型潮汐发电机组及大中型轴流水电机组领域的制造优势,带动其他潮汐能及水电配套装备的规模化集聚发展,打造国内先进的潮汐能及水电装备生产和研发基地。

3. 江苏省新能源产业发展概况

江苏省新能源产业快速发展,规模不断壮大,技术创新水平大幅提升。2008年,实现产值近900亿元,光伏产业规模居全国首位。在产业布局方面,连云港将重点打造新材料与新医药产业基地,盐城主导风电装备产业基地,南通建设海洋工程产业基地,昆山打造国家级可再生能源产业基地,徐州则努力打造"亚洲硅谷"和国际一流的光伏产业基地。

(1) 新能源产业规模化发展。太阳能电池产量达1580兆瓦,多晶硅产量迅速增加,部分企业的电池转换效率位居世界前列。已有290多家相互配套的关联企业,形成了从高纯多晶硅、硅片、电池、组件、集成系统设备到光伏应用产品较为完整的产业链。涌现了一批具有自主知识产权和自主品牌的重点骨干企业,8家光伏企业成功上市,近20家企业年产值超10亿元。风电整机制造能力达100万千瓦,风电装备成套机组制造企业数量居全国首位,风力发电机和高速齿轮箱、回转支承等关键零部件国内市场占有率达50%。风力发电1.5兆瓦机组形成批量生产,2兆瓦机组试制成功,3兆瓦机组研制进展顺利。生物质直燃锅炉、百万千瓦压水堆核电站核关键阀门等一批高新技术和产品填补国内空白,达到国际先进水平。

(2) 率先制订新能源产业发展规划。2009年在国家新能源发展规划出台之前,江苏省政府就率先推出第一份省级规划——《江苏省新能源产业调整和振兴规划纲要》(2009~2011年),内容涉及产业规模、产业结构、重点任务和保障措施等。该规划设定的发展目标是2009年实现销售收入1800亿元,2010年实现3000亿元,2011年实现4500亿元。其中光伏产业实现销售收入3500亿元,太阳能电池及组件形成10 000兆瓦左右生产能力;风电装备实现销售收入800亿元，形成 400 万千瓦整机制造能力；生物质能装备产业和核电装备产业实现销售收入 200 亿元。

（3）新能源产业园区优势明显。在由中国能源报、中国经济发展研究会、中国能源经济研究院联合举办的"2010 中国新能源产业园区百强"评选中，江苏省一枝独秀，遥遥领先其他省份，以 26 席位列全国榜首。从百强园区综合实力来看，前 10 名江苏省又占据一半席位，依旧领先于其他省份。因此，无论是从百强园区的数量还是质量来看，江苏省在新能源产业的发展上都要领先于国内其他省份，在地域上具有明显的优势[①]。

四、低碳技术创新

1. CCS 技术

2006 年，清华大学、华东理工大学、中国科学院地质与地球物理研究所、中国华能集团公司等十几家单位联合承担国家"863"重点项目——"二氧化碳的捕集与封存技术"（梁晓亮，2010）。2008 年 12 月 2 日，中国华能集团公司与上海电气集团股份有限公司在上海签订了《华能上海电气温室气体减排研究中心合作协议》，此协议将依托华能上海石洞口第二电厂[②]二期扩建工程，同步建设世界火电行业最大的 10 万吨/年的 CO_2 捕集装置[③]。

上海石洞口第二电厂碳捕获项目 2009 年 7 月在上海开工。2009 年 12 月，石洞口第二电厂 10 万吨级 CO_2 捕集项目顺利投产，开创了我国燃煤电站实现 CO_2 捕集规模化生产的先河。设计年运行 8000 小时，工程概算投资 1.59 亿人民币，年生产食品级 CO_2 10 万吨，是全球火电行业目前最大的 CO_2 捕集装置。捕获率在 80% 以上，CO_2 纯度在 99.6% 以上。整个装置采用了燃烧后化学吸收法，即在对烟气进行脱硝、除尘、脱硫的基础上，采用化学吸收法实现脱碳，获得纯度 99.5% 的 CO_2，再经过压缩、精制，最后可产生达到食品级标准纯度为 99.997% 的低温 CO_2 液体。

目前，上海市每年的 CO_2 用量为 15 万～18 万吨，华能上海石洞口第二电厂的碳捕集量就为 10 万吨/年，可满足整个市场需求量的近 2/3。华能上海石洞口

[①] "2010 中国新能源产业园区百强"评选名单公示. 中国能源报. 2010 年 12 月 6 日第 24 版.
[②] 华能国际电力股份有限公司上海石洞口第二电厂是我国首座建成 2×600MW 超临界机组的大型燃煤发电企业，于 1992 年投产.
[③] 华能集团. 华能二氧化碳捕集技术. http://www.chng.com.cn/n31539/n808901/n808904/n808911/c814949/content.html.

第二电厂的碳捕集技术已经走在国内前列,与国际水平基本同步。

2. 生物质能发电技术

2009年4月,浙江省首家以农林废弃物为燃料的生物质能热电联产项目——浙江恒鑫电力有限公司正式点火投产。该项目是浙江省重点项目、省生物质能发电示范项目。总投资约2.4亿元,建设规模为18万千瓦,分二期实施。一期工程装机容量为12万千瓦,采用了国际上较为成熟的秸秆生物燃烧发电技术,做到秸秆的充分利用。总装机容量1.8万千瓦,年燃烧谷壳、木屑、秸秆、废木料、竹子废料19.24万吨,设计年发电能力1.08亿千瓦时。主要以农作物秸秆、竹木生产加工废料直燃放热,加热为中温中压蒸汽,推动汽轮机机组发电。该项目符合我国《可再生能源法》的要求,属《国家产业政策鼓励发展的产业、产品和技术目录》鼓励类"生物质能发电"项目。

该项目既利用农林废弃物替代常规矿物燃料发电,又避免农林废弃物腐烂释放温室气体,是典型的清洁发展机制项目。利用该项目工艺过程中产生的渣灰生产的有机复合肥可直接施到农田,减少农村地面污染,具有良好的经济效益和社会效益。按同等规模燃煤热电厂计算,全年可节约标准煤8.27万吨,每年可减少SO_2排放291吨、烟尘排放425吨、CO_2排放15.3万吨,并可给周边农户带来约6000万元的秸秆等燃料收入①。

3. 生活垃圾发电技术

扬州市生活垃圾焚烧发电厂总体设计规模为1200吨/日的垃圾焚烧处理能力,项目一期为1000吨/日,二期为500吨/日。年运行8000小时,年处理垃圾36.5万吨,采用两条500吨/日垃圾焚烧线,配置两台9兆瓦汽轮发电机组,达产后年上网电量约1.09亿千瓦时。计划占地120亩,总投资4.8亿元,一期占地面积80 000米^2。整个工程于2009年5月6日经江苏省发展和改革委员会核准立项,2009年10月28日开工建设,2010年年底基本建成。正式并网发电后,该生活垃圾焚烧电厂日焚烧垃圾预期可以达到1500吨,满负荷运行每天可发电28万千瓦时左右,年可发电1亿千瓦时以上。

扬州市生活垃圾焚烧发电厂厂区红线外1米以内的属于垃圾焚烧的各项生产、辅助生产、附属设施的设计,运用现代化成熟技术,采用先进的垃圾焚烧工艺和技术装备,做到环保优先、节能减排,将其设计为一座"技术先进、工艺成

---

① 煤炭网.浙江省首家生物质能热电厂昨日点火.http://www.coal.com.cn/Gratis/2009-4-14/ArticleDisplay_186322.shtml。

熟"的生活垃圾焚烧发电厂。工程建成后在改善城市环境、提高城市整体形象、城市的可持续发展等方面都提供了有力帮助。在实现社会效益的同时，变废为宝，做到了资源的回收利用，每年将向社会供给 1.09 亿千瓦时的电量，实现了再生能源利用的节能发展目标[①]。

[①] 江苏扬州生活垃圾焚烧发电项目通过满负荷试运行. 科技日报. 2011 年 5 月 26 日。

第十章 长三角地区能源与低碳转型路径分析与对策建议

第一节 长三角地区能源与低碳转型的现实基础

长三角地区作为我国综合实力最强的区域，在国家建设全局中具有重要的战略地位和突出的带动作用，同时也是我国高耗能行业分布最密集的区域之一。在转型升级的关键时期，迫于经济增长与节能减排的双重压力，现有的发展模式已经不可维持。能源转型是低碳转型的核心环节，因此，在运用 MLP 框架对长三角地区能源转型进行分析的基础上，本章进一步结合长三角地区能源与低碳转型的现实基础与问题，提出长三角地区能源与低碳转型的对策建议。

一、长三角地区能源与低碳转型的现实基础

1. 能源消费总量持续增长，占全国的比例缓慢上升

自改革开放以来，长三角地区一直保持着较高的经济增长速度，成为我国经济发展最具活力的区域之一。GDP 由 2001 年的 21 565.3 亿元增加到 2010 年的 86 313.77 亿元，但同时其能源消费总量也从 2001 年的 21 229×10^4 吨标准煤增加到 2010 年的 53 840×10^4 吨标准煤。

长三角地区能源消费总量占全国能源消费总量的比例也呈现出整体上升的趋势（表 10-1）。从表中可以看出，2001~2010 年长三角地区能源消费总量占全国的比例整体呈上升趋势，由 2001 年的 14.11% 增加到 2010 年的 16.57%。其中上海市能源消费比例出现一定程度的下降，降幅为 0.42%，而江苏和浙江的比例则分别上升了 2.03% 和 0.85%。

表 10-1　2001~2010 年长三角地区能源消费占全国的比例　（单位:%）

年份	长三角地区能源消费占全国的比例	上海能源消费占全国的比例	江苏能源消费占全国的比例	浙江能源消费占全国的比例
2001	14.11	3.87	5.90	4.34

续表

年份	长三角地区能源消费占全国的比例	上海能源消费占全国的比例	江苏能源消费占全国的比例	浙江能源消费占全国的比例
2002	14.50	3.84	6.03	4.63
2003	14.30	3.64	6.02	4.64
2004	14.94	3.47	6.40	5.07
2005	15.86	3.49	7.27	5.10
2006	15.90	3.43	7.36	5.11
2007	16.10	3.45	7.47	5.18
2008	16.16	3.35	7.63	5.18
2009	16.19	3.38	7.73	5.08
2010	16.57	3.45	7.93	5.19

资料来源：由作者根据有关数据计算整理而成

2. 能源增长率呈下降趋势，但仍高于全国平均水平

虽然长三角地区能源消费总量不断增长，但同期能源消费的增长速度却远远低于 GDP 的增长速度。与 2001 年相比，2010 年能源消费量仅增长了 2.5 倍，2001～2010 年能源消费平均增长速度为 10.9%，支撑了 GDP 年平均 16.7% 的增长速度。其中 2010 年长三角地区 GDP 与 2009 年相比增长了 19.1%，能源消费却仅增长了 8.5%。图 10-1 显示，长三角地区能源消费增长率在 2004 年之后显

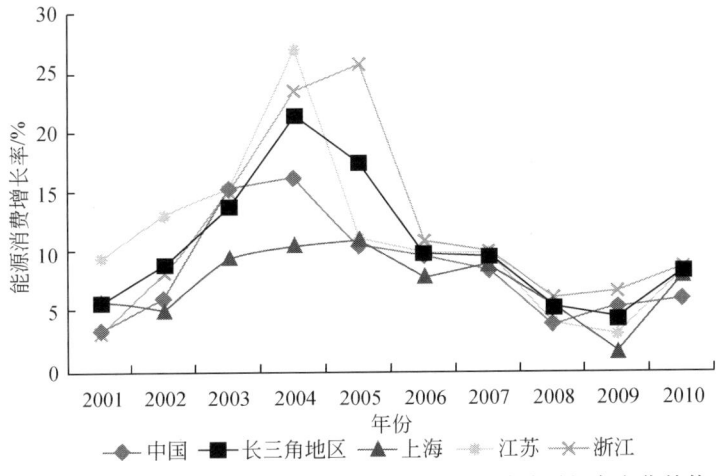

图 10-1　2001～2010 年全国及长三角地区能源消费增长率变化趋势

资料来源：2002～2011 年《中国能源统计年鉴》

示出快速下降的趋势,其中2009年上海、浙江能源消费同比增长率仅为1.57%和3.04%,远远低于全国的5.22%。尽管如此,与全国相比,长三角地区整体能源消费增长率仍然较快,除2003年和2009年外,样本期间其他年份的增长率均高于全国平均水平。2001~2010年长三角地区能源消费年均增长率为10.9%,远高于同期全国的8.9%。

3. 能源强度呈下降趋势,且低于全国平均水平

从图10-2可以看到:首先,长三角地区整体及其两省一市在过去的10年里,能源强度远远低于全国。其次,长三角地区能源强度整体呈下降趋势,2001~2003年长三角地区的能源强度从0.85吨标准煤/万元下降为0.83吨标准煤/万元;2003年之后能源强度下降的趋势开始逆转,2003~2005年长三角地区能源强度由0.83吨标准煤/万元上升为0.91吨标准煤/万元;2005~2010年长三角地区能源强度再次出现下降趋势,从0.91吨标准煤/万元下降为0.72吨标准煤/万元。最后,江苏和浙江的能源强度变化规律和拐点基本同长三角地区整体表现一致。值得一提的是,上海市能源强度在样本期间没有出现较大波动,呈稳步下降趋势,这说明上海市的能源利用效率在逐步提升。

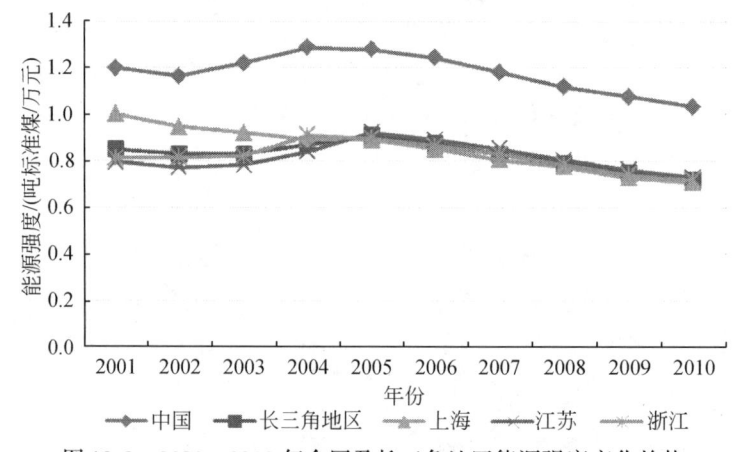

图10-2　2001~2010年全国及长三角地区能源强度变化趋势

资料来源:2002~2011年《中国能源统计年鉴》,2002~2011年《中国统计年鉴》

4. CO_2排放总量逐年增长,年增长率整体呈上升趋势

目前,长三角地区能源消费以煤炭、石油等化石燃料为主,导致其基于能源消费的CO_2排放量呈现逐年递增趋势。由图10-3可以看出:一方面,长三角地区CO_2排放量从2001年的64 300.72万吨逐渐增加到2010年的148 020.92万吨,

平均年增长率达到9.7%。另一方面,长三角地区CO_2排放量增长率呈现先上升、再下降、又上升的趋势,2001~2005年,其CO_2排放增长率由3.33%增长到18.66%,其后逐渐下降至2008年的3.30%,但从2009年开始又逐渐上升,2010年达到10.06%。

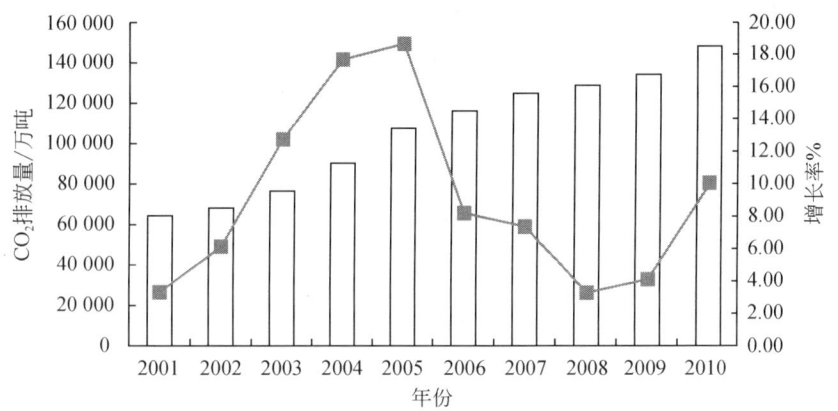

图10-3　2001~2010年长三角地区CO_2排放量变化趋势

资料来源:2002~2011年《中国能源统计年鉴》

5. 碳排放强度呈整体下降趋势,其中上海市降幅最大

碳排放强度的下降表明,随着经济的增长,CO_2排放量增长的速度小于经济增长的速度。表10-2是长三角地区及江浙沪两省一市2001~2010年的碳排放强度情况。

表10-2　长三角地区及江浙沪碳排放强度　　　（单位:吨/万元）

年份	长三角地区	上海	江苏	浙江
2001	2.57	3.36	2.40	2.24
2002	2.44	3.09	2.31	2.15
2003	2.42	3.04	2.33	2.11
2004	2.49	2.82	2.46	2.29
2005	2.61	2.69	2.74	2.37
2006	2.47	2.39	2.60	2.35
2007	2.31	2.13	2.42	2.28
2008	2.15	2.03	2.22	2.12
2009	2.03	1.87	2.09	2.03
2010	1.99	1.85	2.09	1.95

资料来源:由作者根据有关数据计算整理而成

注:所有GDP按照2005年不变价格计算

从表10-2可以看出，长三角地区碳排放强度整体呈下降趋势，2010年与2001年相比，下降了0.58吨/万元。其中上海降幅最大，达到1.51吨/万元，江苏和浙江分别为0.31吨/万元和0.29吨/万元。碳排放强度下降的原因主要是能源强度、能源结构及产业结构的调整。上海市能源强度在样本期间降幅最大，三大产业比例与江苏、浙江相比较优，其中工业所占比例为35.95%，而江苏、浙江分别为47.8%和45.75%；上海一次能源消费结构中煤炭的比例已经低于50%，能源结构较江苏、浙江更优。

6. 相关政策法规陆续出台

低碳发展离不开相关政策措施的支持。为了更好更快地促进低碳发展，长三角地区相继出台了有关政策和法规。浙江省先后出台《浙江省应对气候变化方案》、《浙江省节能减排工作实施方案》、《关于进一步完善生态补偿机制的若干意见》、《浙江省建筑节能管理办法》、《浙江省循环经济试点实施方案》、《关于推进生态文明建设的决定》、《关于加快循环经济发展的若干意见》、《浙江省清洁空气行动方案》等，上海市陆续发布《上海市环境保护条例》、《关于促进上海新能源产业发展的若干规定》、《关于促进上海新能源产业发展的若干规定》、《关于促进上海新能源汽车产业发展的若干政策规定》、《上海市节能和应对气候变化"十二五"规划》、《上海市"十二五"建筑节能专项规划》，江苏省也相继出台《江苏省应对气候变化方案》、《江苏省发展循环经济促进办法》、《江苏省环境保护条例》、《建设项目主要污染物排放总量区域平衡管理办法》、《江苏省省级节能减排（建筑节能）专项引导资金管理暂行办法》、《江苏省节能环保产业"十二五"发展规划》、《江苏省"十二五"建筑节能规划》等，这些政策法规为长三角地区低碳发展提供了有力保障。

7. 区域合作进一步深化

2004年，长三角地区两省一市发布了《长江三角洲区域环境合作倡议书》；2008年12月，上海、江苏、浙江长三角地区两省一市环境保护部门，根据国务院《进一步推进长江三角洲地区改革开放和经济社会发展的指导意见》和长三角地区两省一市主要领导座谈会精神，签署了《长江三角洲地区环境保护合作协议》（2009~2010年）；2009年，《长江三角洲地区企业环境行为信息公开工作实施办法（暂行）》出台；2010年，长三角两省一市又联合制定发布了《世博会期间长三角区域空气质量联动监测方案》，在提高区域环境准入和污染物排放标准，创新区域环境经济政策，重点推进太湖流域水环境综合治理，加强区域大气污染控制，建立健全区域环境监管与应急联动机制，完善区域环境信息共享与发布制度等方面深化了区域合作,大大推进了长三角地区环境保护和低碳经济发展的一体化进程。2010年国务院正式批准实施的《长江三角洲地区区域规划》,也进一步强调了环保、资源等区域内公共问题的政策协调。此外,长三角地区两省一市也积极开展有关环境与低碳发展的交流合作,如2008年在上海举办的"长三角地区城市化进程中农村生态建设研讨会",2009年在上海举办的"生态文明与长三角城市发展论坛",2011年在上海举办的主题为"低碳经济与碳排放权交易"的"长三角区域合作发展论坛"。

8. 民众低碳环保认知度较高

为了解当前长三角地区民众的低碳环保意识,本书研究团队以"长三角地区居民低碳生活调查"为主题,进行了专题调研。调查时间为2011年7月3日~9月15日,历时两个多月,采取问卷调查的形式。问卷重点从居民对低碳生活及环保意识的了解情况、居民的低碳环保生活行动等几个方面进行。此次调查选择了长三角地区较有代表性的地区,包括长三角地区16个核心城市:上海、南京、苏州、无锡、常州、镇江、南通、扬州、泰州、杭州、宁波、嘉兴、绍兴、湖州、舟山和台州。调查期间共发放调查问卷3500份,被调查者88%为当地居民,其余为随机调查人员。在发放问卷前课题组成员都会向被访问者做出必要的解释,因而问卷的回收率达到95%,有效率为93.8%。在此次的问卷调查中,问题设置采用逐层深入的方式进行,分为14道选择题,使问卷内容更具有针对性。

调查结果显示,长三角地区居民的低碳环保认知度较高。其中选择对"低碳"一词很熟悉的人达到52%;对"低碳"概念理解正确的人达到52.78%;考虑尽量选择低碳生活的人达到60%;愿为低碳产品承担高价格的人占17.39%;经常步行/乘坐公交车代替自己开车的人占到76%;在低碳生活实践方面,民众的选择较为多样化;63.35%的人表示愿意参与到低碳行动中来(调查问卷及结果见附录一)。可以看出,长三角地区居民的低碳环保认知度较高,但是在实践行动方面还需要提高,认知和实践存在一定偏差。这为长三角地区低碳转型提供了良好的群众基础,同时提醒有关政府部门应进一步加强低碳环保的政策导向作用,引导民众积极践行低碳生活,参与各类低碳实践。

二、长三角地区能源与低碳转型存在的问题

1. 人口密度过大,面临人口增长和消费结构升级的双重压力

上海、江苏、浙江的人口密度分别为为3654、767、535人/千米^2,远远高

于全国平均人口密度140人/千米²。此外，随着人均收入的不断增长，消费结构也逐步从食品、服装等生活品向以房产、汽车、高档消费品为主转移，带动了水泥、钢铁等相关产业的发展。人口增长为长三角地区的能源、生态、交通等方面带来了巨大压力。上海市的生活用能在"十一五"期间增长了56.32%，2010年生活用能达到1007.3万吨标准煤，民用车辆达到309.7万辆，生活用能中油质产品的消费从1995年的22.27万吨增加到2009年的212.59万吨。

2. 产业结构不合理，碳锁定现象短期内依然存在

长三角地区目前所面临的能源消费量大、对资源依赖性强等问题，一个重要的原因是由于本地区产业结构没有根本改变，高耗能行业比例大，资源耗费强度大。2010年江苏、浙江三大产业增加值中第二产业比例均超过50%（53.2%和51.9%），上海第二产业增加值比例虽然减少为42.32%，但上海2010年第一、第二、第三产业单位增加值能耗分别为0.713吨标准煤/万元、0.914吨标准煤/万元和0.423吨标准煤/万元，其中第二产业中的工业单位增加值能耗为0.953吨标准煤/万元。由此可见，第二产业特别是工业单位GDP能耗远远高于第三产业。因此，长三角地区产业结构虽然处于不断优化过程中，但在短期内长三角地区产业仍将被锁定在高碳密集型产业之中。

3. 能源自给率较低，能源消费结构较为单一

长三角地区在经济发展中，对能源消费增长存在依赖性，能源自给率相对较低，能源安全面临较为严重的威胁。图10-4显示，"十一五"期间，长三角地区原煤、原油及天然气的自给率逐年下降，2010年自给率分别仅为5.25%、2.46%、

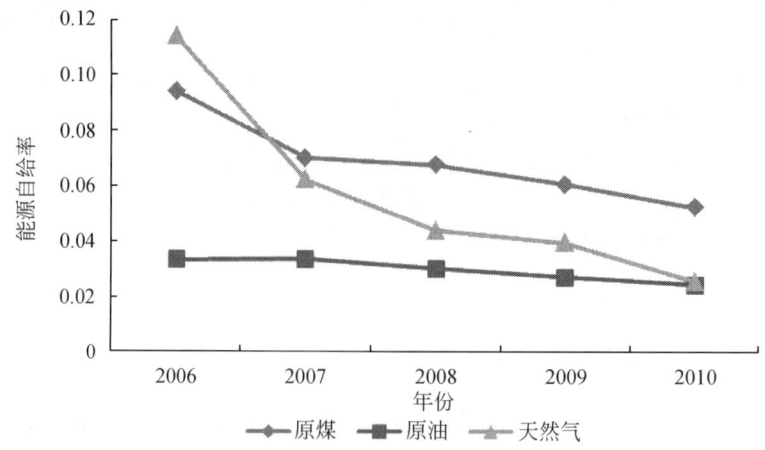

图10-4　2006~2010年长三角地区能源自给率变化趋势
资料来源：2007~2011年《中国能源统计年鉴》

2.57%。2010年上海原煤、原油及天然气的自给率仅为0、0.45%、7.24%；江苏仅为9.61%、6.20%、0.78%；浙江仅为0.11%、0和0。

从长三角地区能源结构来看，一次能源消费结构中煤炭所占的比例最高，超过50%，而天然气所占比例较小。按单位热当量燃料燃烧后排放的CO_2计算，煤炭产生的CO_2是石油的1.3倍，是天然气的1.7倍，核电、水电和其他可再生能源低排放或者零排放。因此，长三角地区低碳发展需要能源消费结构的进一步调整和优化。

4. 缺乏低碳核心技术，成果难以转化推广

根据联合国公布的《中国人类发展报告2009/10》，中国在低碳技术领域的创新能力仍很薄弱。报告发现，目前低碳技术所涉及的主要有62种关键支撑技术，其中有43种中国目前并不掌握其核心技术。2009年在上海动工的中国华能集团公司上海石洞口第二电厂碳捕获项目，由于技术、资金及项目执行等方面的原因，目前发展还比较缓慢。低碳技术创新能力不足、国际先进低碳技术难以获得且引进成本高昂、低碳技术成果难以转化推广等成为当前长三角地区发展低碳技术的主要障碍。

5. 生物碳汇能力亟待提高，湿地碳汇面临严峻挑战

生物固碳包括通过土地利用变化、造林、再造林，以及加强农业土壤吸收等措施，增加植物和土壤的固碳能力。这是固定大气中CO_2最便宜且副作用最小的方法，在减缓气候变化、实现人类可持续发展方面具有重要的意义。在生物固碳方面，林地和湿地是增加碳汇能力的重要途径。因此，扩大森林植被成为长三角地区增加碳汇的重要选择。截至2010年年底，上海的森林覆盖率为12.58%，江苏和浙江的森林覆盖率分别为20.64%和60.58%。尽管浙江省的森林覆盖率位于全国首列，但是上海的森林覆盖率还处在全国各大城市的较低水平。目前，上海、浙江、江苏的湿地总面积分别占其土地总面积的34.1%、22.7%和25.4%，但是对湿地的重要性认识不足，管理的协调能力不够，科研和技术支撑体系落后，滩涂围垦及外来物种入侵等多种原因，导致出现滩涂围垦与湿地保护矛盾突出，水质污染严重，湿地功能退化，湿地生物多样性下降，水土流失严重等问题。

第二节 长三角地区能源转型的路径分析

根据以上分析可以看出，长三角地区目前能源消费量大，对资源依赖性强，能源自给率低，产业结构未能实现根本优化，经济增长的动力仍主要来自工业、

建筑业及交通运输业等高耗能行业。因此，长三角地区要实现低碳发展，必须向低碳能源进行转型。基于上述章节分析和专家访谈，本章将提出长三角地区能源转型的具体路径。

一、优化能源消费结构

长三角地区能源结构调整必须坚持可持续发展战略，以改善大气环境质量目标要求为中心，兼顾经济合理性，大力引进和发展清洁能源，用优质能源替代燃煤，逐步减少并严格控制燃煤总量；将目前以原煤为主的污染型能源结构逐步转变为以天然气、电力等优质能源为主的清洁型能源结构。加快产业、产品结构调整的步伐，降低能源消费的增长速度。加强高新技术在能源供应和消费领域的推广应用，提高能源利用效率，降低单位产品能耗，特别是工业中重点用能行业的单耗。

1. 明确能源结构调整的目标和重点

短期内逐步降低煤炭等化石能源在一次能源消费中的比例，积极发展区域热电联产和分布式供能系统，提高气源供应和储备调峰能力，加大天然气替代力度。长期发展战略则要加大新能源和可再生能源扶持力度，积极推进生物质能的有效利用，优先发展太阳能，积极发展风能、水能和潮汐能，稳步发展核能，逐步提高新能源和可再生能源在能源生产、消费中的比例，构建多元化的能源结构。发展核能发电、风力发电、太阳能发电、生物质能利用和海洋能发电等可再生能源技术，规模化开发新能源，对优化长三角地区能源结构、促进能源可持续发展具有重要意义。

在终端能源消费品种方面，长三角地区能源结构调整的重点是大力发展天然气和电力等优质能源，使用各种优质能源替代城市民用和市区工业用煤，削减炼焦用煤，将已经基本达到寿命期的燃煤电厂改造为燃气发电厂，把现有燃煤总量降低下来。在产业终端能源构成方面，重点是降低工业部门的能源消费比例，逐步提高第三产业和城市生活的能源消费比例。同时，加强高新技术在能源领域的推广和应用，降低能耗，提高能源综合利用效率。

长三角地区的能源结构是在长期的发展过程中形成的，要将燃煤型的能源结构调整为以优质清洁能源为主的能源结构，任务十分艰巨，必须采取切实可行的强有力的措施，才能实现能源结构调整的目标。

2. 建立能源结构调整综合协调机制

能源结构调整是一项牵涉面广、时间长、任务重、政策性强、技术复杂、要求高的系统工程，长三角地区涉及两省一市众多部门的管理协调，因此需要建立一个高层次、有一定权威性的综合协调机制，解决实施过程中的问题。此外，还要编制各省市、各部门、各行业的能源消费品种结构调整规划和发展规划。加快调整产业、产品结构和工业布局。继续加快产业和产品结构及工业布局的调整步伐，大力发展高新技术产业和第三产业。运用法律、行政等手段保证能源结构调整顺利实施。要根据《中华人民共和国环境保护法》和《中华人民共和国节约能源法》等有关规定，进一步健全和完善长三角地区能源、环保法规体系和技术规范标准，满足能源结构调整和改善环境目标的要求。同时，加大执法力度，做到有法可依、执法必严。

3. 形成与能源结构调整方向一致的经济政策体系

合理和完善的经济政策措施是实施能源结构调整的重要保证。为适应能源结构调整的需要，要制定能源结构调整的经济政策，逐步提高 SO_2 排污收费标准、取消使用优质能源的各种源费和集资费、调整天然气价格、制定电采暖优惠电价、稳定采暖用液化气和轻柴油价格等。未来几年是能源结构调整的关键时期，除了争取中央资金支持和加大财政投入以外，还要调动各方面的积极性，特别是用户的投资积极性，鼓励国内外企业、个人参股投资，形成多元化的投资主体，大力支持投资主体从资金市场上直接或间接融资，保证能源结构调整和替煤项目顺利实施。还要加快有利于能源结构调整体制的改革，主要加快开放燃油市场、改变现行采暖收费体制、改变能源营运企业运营机制、改变目前支户线（包含电力配网）的投资体制改革等。

4. 构建多元化的能源消费结构

尽管长三角地区能源结构均明显优于我国其他地区，石油、天然气、外来电、热力和其他能源的比例也有不同程度的增加，但与世界平均水平相比，还存在较大的优化空间。近年来煤炭在一次能源消费结构中的比例在逐步下降，但其在能源结构中的基础地位短期内仍难以改变。因此，长三角地区必须进一步优化能源消费结构，加大对包括风电、水电、太阳能光伏发电等在内的新能源的开发力度，不断提高新能源和可再生能源在能源消费结构中的比例。一是要控制煤炭消费量，减少原煤直接燃烧的数量，提高煤炭用于发电的比例，发展煤炭气化和液化，提高转换效率。推广各种经济有效的煤炭洁净技术，加快洁净煤技术的应用，减少能源消耗和污染排放。二是要大力发展清洁优质能源，如风能、太阳能、生物质能、地热能、水能等可再生能源和替代能源。充分开发和利用较丰富的风能、太阳能、沼气等清洁能源，积极推进浙江和江苏的核能建设，促进长三角地区能源消费结构优化升级①。

二、促进能源科技和装备产业创新发展

能源科技创新具有战略性、公共性、前瞻性和系统性等特点,需要持续高水平投入及超前部署。投入大、重视基础研究及政府投入比例高,是发达国家在能源科技创新中占据领先地位的重要因素。因此,通过重大能源技术研发、装备研制、示范工程实施及技术创新平台建设,形成较为完善的能源科技创新体系,突破能源发展的技术瓶颈,提高能源生产和利用效率,对于长三角地区能源转型具有重要战略意义。

1. 能源加工与转化技术领域

开发煤炭液化、气化、煤基多联产集成技术,以及特殊气质天然气、煤制气及生物质制气的净化技术;开发加工重质、劣质原油和减少温室气体排放的炼油技术,实现炼油产品清洁化和功能化;开发新型气体加工分离技术和高效天然气吸附、贮氢等新型材料;开发煤炭气化、液化、煤基多联产与煤炭清洁高效转化技术,实现规模化、产业化应用;实现天然气管输干线与支线燃压机组的产业化。

2. 发电与输配电技术领域

重视对热端部件设计制造技术,超超临界发电机组的设计和制造技术,火电机组大容量 CO_2 捕集技术,大容量、近距离高电压输电关键技术的研发,不断提高电网输电能力和抵御自然灾害能力。在智能电网、间歇式电源的接入和大规模储能等方面进行技术攻关。积极开展大型潮汐电站双向灯泡贯流式机组核心关键技术、超导输电技术、特高压直流输电技术、电工新材料先进技术及相应的装备技术的应用研究。广泛应用智能电网、间歇式电源的接入和大规模储能等技术。

3. 加快推进新能源技术研发和产业化

提高太阳能电池效率,并实现低成本、大规模的产业化应用,发展100兆瓦级具有自主知识产权的多种太阳能集成与并网运行技术。发展以光伏发电为代表的分布式、间歇式能源系统,发展百万千瓦光伏发电集成及装备技术;开展多塔超临界太阳能热发电技术的研究和先进生物燃料技术产业化及高值化综合利用。

---

① 莫神星. 长三角能源结构优化路径. http://finance.ifeng.com/news/20100602/2267003.shtml。

重点发展高效晶体硅太阳能电池、薄膜太阳能电池及其核心装备，建设吉瓦级太阳能电池生产基地。突破柔性薄膜太阳能电池等先进技术，发展太阳能光热技术及装备。

开发储能和多能互补系统的关键技术，实现可再生能源的稳定运行。开发以木质纤维素为原料生产乙醇、丁醇等液体燃料及适应多种非粮原料的先进生物燃料产业化关键技术，开发农业废弃物生物燃气高效制备及其综合利用关键技术。聚焦新能源和分布式能源接入与控制、电力电子应用及核心器件、智能变电站系统及智能设备、电力储能、智能配电网与智能用户端等领域。打造以核电成套设备制造为主体，兼具核电设计、服务的产业集群，形成成套设备和系统设计能力。重点发展大功率海上风机、陆上风机和关键零部件等，着力提升风电装备研发制造能力。

4. 支持发展能源重大装备产业

长三角地区要加快推进行业体制机制创新和技术创新，着力提高重大技术装备和高技术装备的设计、制造和系统成套水平及自主化能力；重点发展清洁高效发电机组与关键辅机、核电与关联设备、高性能风能与太阳能利用设备、电力传输与节能设备，并积极推动生物质能、地热能、潮汐能等可再生能源开发技术及清洁煤技术发展。

依托重大工程，推进能源重大装备自主创新，积极推动 LNG 运输船、高效燃气轮机、航改型燃机、特高压输变电、深水海洋石油平台等先进能源装备产业的发展。支持高效超超临界燃煤火电机组、火电脱硝、热电联产、燃气输配和高效利用装备等传统能源装备产业加快发展。建设一批特色产业集聚区，培育一批具有国际竞争力的大型企业集团，创造一批高竞争力的装备产品，将长三角地区打造成为具有较强竞争力的能源装备制造业基地。

5. 积极培育能源服务产业

推行合同能源管理等多种市场化节能服务新体制，拓展节能服务领域，为社会提供节能诊断、设计、改造、管理等各种服务。鼓励节能服务公司通过兼并、联合、重组等方式，实行规模化、品牌化、网络化经营，形成一批拥有知名品牌，具有较强竞争力的大型服务企业；鼓励大型重点用能单位利用自己的技术优势和管理经验，组建专业化节能服务公司，为本行业其他用能单位提供节能服务。

积极发展能源生产型服务业，依托电力、燃气等能源企业，鼓励组建专业化能源服务公司。进一步提高电力、燃气等能源企业服务质量和水平。以能源技术进步和装备产业发展带动能源服务产业的发展，重点推进技术研发、工程设计施工、监造管理、投融资等。积极争取国家支持，组建一批国家级的核电、海上风电、太阳能、智能电网等技术和产品检测、认证及评估等中心。

三、加快新能源开发利用步伐

长三角地区新能源产业起步较早，近年来呈现出良好的发展态势，但仍然存在不少薄弱环节和制约瓶颈，与国内外领先地区相比还有一定的差距。长三角地区必须顺应国内外新能源产业发展的新趋势，紧紧抓住国家培育发展战略性新兴产业的有利时机，立足长三角地区的资源禀赋和发展条件，对新能源产业发展进行科学规划；以增强自主创新能力和扩大产业规模为主线，坚持自主创新和引进消化吸收相结合；建立健全新能源产业技术创新体系，培育自主知识产权和自主品牌；围绕提升新能源产业的核心竞争力、促进产业升级、壮大产业规模和优化产业布局，推动光伏产业和风电装备产业尽快做强；加快生物质能和核电装备制造产业规模化发展，把长三角地区建设成在国际国内具有重要地位和较强竞争力的新能源产业研发、制造和应用示范基地。

1. 大力发展光伏产业

以提高电池转化效率为核心，重点发展高效晶体硅电池及组件、薄膜电池组件制造产业。鼓励发展大面积超薄晶体硅切片，减少材料损耗，提高单晶硅电池转化效率。积极探索和改进硅材料提纯技术，降低产品能耗和控制污染物排放。积极培育和推进太阳能电池及组件生产用辅助材料产业。以现有的光伏设备制造技术为基础，重点开发低成本、低能耗、高质量的单晶和多晶硅材料生产装备、多晶硅铸锭炉、多线切割机及硅锭破锭设备、薄膜电池生产装备，以及相应的检测设备等。积极发展聚光塔式太阳能电站系统的集成及核心部件与设备。

依托现有产业与研发优势，大力发展晶体硅电池和非晶及微晶硅、碲化镉、铜铟镓硒等薄膜太阳能电池；积极研究开发高效聚光太阳能电池；鼓励发展光伏电池生产用乙烯-乙酸乙烯共聚物胶膜、聚氟乙烯复合膜、银浆和超白玻璃等关键辅材辅料。争取突破硅烷法（无氯硅烷法）、物理冶金法提纯高纯多晶硅材料技术；鼓励开发与推广太阳能光伏电池清洗、刻蚀、扩散、涂膜、丝网印刷、分检等关键装备和太阳能光伏并网发电系统集成的关键技术与设备，以及太阳能光伏建筑一体化系统及产品。

2. 提升发展风电产业

加快发展大功率双馈式发电机组、直驱式发电机组的设计制造，提高发电机、齿轮箱、大型结构件等关键零部件技术水平和制造能力。严格控制风电装备产能盲目扩张，鼓励优势企业向大型化、国际化方向发展。依托龙头骨干企业及研究机构，开展3兆瓦及以上海上、陆地风力发电机组整机及核心装备制造，偏航轴承、发电机和变频器等关键部件制造，竹纤维、碳纤维叶片及其他关键配套材料研发，以及兆瓦级以上风力发电机组用变流器、变浆制造和远程监控等智能化系统开发等。

大力发展风力发电装备。坚持市场导向，推进产业自主创新，实现大型海上风机产业化。发挥现有产业优势，以风电场的规模化建设带动风电装备产业化发展，推动产业标准化、系列化，建设风力发电和风电装备制造基地。提高发电机、叶片、塔筒、大功率风电齿轮箱等关键零部件技术水平和制造能力。重点开发变频、变浆控制、驱动设计制造技术，数字化风力发电场调度控制技术和并网控制系统等关键技术和产品，形成自主制造能力。

3. 培育发展生物质能利用装备产业

以关键技术突破为核心，加快发展生物质能装备系统及附件制造产业。建立生物质能关键技术研发与生产基地，重点突破生物质能（垃圾、污泥、秸秆等）资源化利用技术，推进餐厨垃圾生产沼气关键技术产业化，大力发展生物质能（垃圾、污泥、秸秆等）燃烧用循环流化床、炉排炉、气化炉、热解炉与控制系统及其他配套设备，提高关键装备生产能力。

加快生物质能装备产业体系建设，加大研发力度，推进产业健康有序发展。重点发展发电机组和关键部件制造，重点研制生物质直燃和掺烧发电、气化发电系统设备，以及秸秆发电、垃圾发电和沼气发电等发电机组。加快生物质能源产品制造装备的开发。积极研制生物质气体燃料、液体燃料、固体燃料等新型能源产品制造工艺和装备。培育一批生物柴油、生物乙醇、生物丁醇等工艺设计和装备制造高技术骨干企业。推进创新平台建设，充分发挥已有产业和技术优势，围绕生物质产业发电机组与关键设备、能源产品生产工艺与设备制造和应用等方面进行重大目标产品开发和技术升级。

4. 积极发展核电、水电、潮汐能、洋流能发电装备产业

抓住国家大力发展核电的机遇，积极开展有关装备技术攻关，通过引进国外先进技术、自主创新和集成创新，推进核电装备技术创新，形成产业体系和制造能力。大力发展优势关键零部件，提高核电站汽水管道用高等级不锈钢无缝管及钛合金管材、核电站用海绵锆、高等级输电电缆、大型高品质铸锻件等核电装备关键配件和材料的研发及制造能力。积极开展核电有关设备技术攻关，以及高等

级压力容器（核岛内蒸汽发生器、稳压器、安注箱等）、核电站用泵及阀门、核电用高压、超高压交直流输变电成套设备（包括交直流大型高效节能变压器、全封闭组合开关）等核电站机电设备的技术攻关与研发。

积极发展水电、潮汐能、洋流能发电装备产业。以大型装备为核心，重点发展大型潮汐发电机组、大中型灯泡贯流式机组、大中型混流式机组、大中型轴流式机组，着重推进抽水蓄能机组、大型冲击式水力发电设备开发及产业化。以关键部件为核心的零部件产业，重点发展大型水轮机组及潮汐能、洋流能装备配套的轴承、铸件、传动和控制系统，并结合现有产业优势，完善水电、潮汐能、洋流能装备产业链。

5. 稳步发展其他新能源产业

稳步发展以空气源、地源、水源热泵应用为核心的空气热能、地热能利用产业，加快研发生产资源和技术适用型的地源（空气源）热泵设备，重点突破换热设备和整机制造工艺的关键技术，发展高效的系统集成应用技术。研究和发展热泵低温发电技术，实现资源的高效循环利用。根据各地自然资源情况，重点推广空气源、地源、水源热泵装置。

整合发展光热产业。以企业整合为核心，实现产业转型升级。基于现有产业发展现状与市场竞争情况，光热企业通过整合进行资产重组，以产业化为目标，以资本和品牌为纽带，积极推进光热产业规模化、集约化经营，规避行业恶性竞争。以提高技术水平为核心，提升产业层次。着力提高真空管镀膜工艺，发展相关核心设备的生产装备，鼓励企业应用集热管镀膜、发泡生产、水箱、支架流水线生产设备，开发太阳能–热泵一体化热水系统。重点发展热管型集热器、平板型集热器、内置金属流道玻璃真空集热管，发展中高温光热产品，大力发展嵌入式数字化太阳能热水器，提升光热产品整体行业竞争力。

大力发展新能源汽车产业。以油电混合动力汽车和高性能纯电动汽车为主攻方向，以电池、电机、电控等关键零部件为突破口，同步支持燃料电池汽车降低成本、提高性能，加快抢占技术制高点和市场增长点，加快形成国内领先、具有国际竞争能力的新能源汽车产业体系和产业集群。

四、加强能源基础设施建设

为保证长三角地区能源长期安全供应，为经济社会发展提供坚强支撑，能源基础设施建设任务依然较重，需要继续加大投入建设力度。但随着土地资源供应趋紧和环境保护等约束增多，对能源基础设施尤其是电网、管网等的设计施工和建设要求不断提高，能源项目建设难度日益增加，必须采取多种措施加快推进，尽早形成完善的供应保障体系。

1. 构建区域能源安全体系，优化区域能源布局

长三角地区加强能源基础设施建设，应加快石油、天然气基础设施建设，共同推进石油和液化天然气码头建设，改善煤炭运输条件，研究规划建设大型储煤基地。优化电力基础设施建设与布局，加快核电的规划和建设，进一步做好江苏沿海等地区的风电项目规划建设。

在煤炭基础设施建设方面，重点建设宁波—舟山、连云港、盐城等沿海煤港，南京、镇江、扬州、泰州、南通等沿江煤港，以及徐州沿运河煤港，有选择地建设煤炭储备、配送基地，提高煤炭安全供应能力。疏浚京杭运河苏北段，提高大运河煤炭运力。

在油气基础设施建设方面，重点建设宁波—舟山石油中转港口，完善宁波北—上海、宁波北—南京的输油管道，规划建设日照—仪征输油管道连云港支线。在沿海规划布局油气储备基地，加强舟山等油气储备基地建设。加快舟山洋山港区、宁波大榭港区油品码头和台州大陈岛石油储运设施建设。开展区域石油流通枢纽和天然气交易中心建设的可行性研究，推动长三角地区天然气主干管网互联互通，保障区域能源供应。重点推进LNG项目建设，建成金坛大型天然气储气库，扩建上海五号沟LNG应急事故站。加快形成并完善环太湖天然气管网，完善苏中、苏北天然气管网，加快建设宁波—台州—温州和金华—丽水—温州天然气管网。

在电力基础设施建设方面，重点在沿海、沿江和天然气管道沿线地区新建或扩建电源点。扩建田湾核电站，建设浙江三门核电站，研究在具备条件的地方新建核电站的可行性。加快电网建设和改造，扩大西电东送、皖电东送和北电南送接收规模，为启东—崇明岛—上海过江电缆通道的建设创造条件。预留通道走廊，确保西电东送工程顺利实施。

2. 增加重要能源资源储备，提高能源保障能力

增加成品油和煤炭储备能力，优化石化工业布局。进一步优化加油站布局规划，结合高等级公路、产业基地、大型居住区、商业中心、公共交通枢纽和停车场等基础设施建设，规划建设一批功能齐全、设施先进、节能环保的加油站。同时，对搬迁加油站实施优先迁建，维护区域成品油供应安全。加快燃煤电厂现有煤场扩能改造，保障煤电基地的电煤供应安全。积极推进煤炭储备基地的建设，提高煤炭应急储备能力。

提高区域外能源资源的保障能力，鼓励能源企业"走出去"，加大对区域外能源项目的投资建设力度。支持长三角地区能源企业参与区域外电源建设，鼓励到国内资源丰富地区和海外参与石油、煤炭、天然气等一次能源资源的开发和利用。

3. 增加天然气供应和使用，发展天然气分布式能源

加大天然气主输气管网建设，增加气源供应，完善天然气安全和事故应急储备。提高气源供应和储备调峰能力，形成进口 LNG、西气、西气二线、川气和东海气等组成的多气源供应格局。充分利用现有煤气厂及有关储存设施，进一步扩大天然气服务覆盖范围和应急储备能力，提高天然气储气能力。完善天然气管网输配体系，继续加快建设天然气高压主干管网，积极支持并推进长三角地区天然气管网的互联互通，有序实施旧管网改造和区域天然气发展规划。加大天然气替代力度，加快人工煤气用户转换为天然气用户的进度。根据节能减排和环保整治的要求，配套进行天然气管网建设，划定无燃煤区、基本无燃煤区区划，腾出空间集中用于高效清洁发电项目。

发展天然气分布式能源。天然气分布式能源是指利用天然气为燃料，通过冷热电三联供等方式实现能源的梯级利用，综合能源利用效率在70%以上，并在负荷中心就近实现能源供应的现代能源供应方式，它是天然气高效利用的重要方式。与传统集中式供能方式相比，天然气分布式能源具有能效高、清洁环保、安全性好、削峰填谷、经济效益好等优点。长三角地区发展天然气分布式能源重点在能源负荷中心建设区域分布式能源系统和楼宇分布式能源系统，包括城市工业园区、旅游集中服务区、生态园区、大型商业设施等，在条件具备的地方结合太阳能、风能、地源热泵等可再生能源进行综合利用。

4. 全力推进电网建设，创新电力供应技术和方式

配合国家能源基地和电网主网架规划实施，增加区域外来电通道，加强输电通道之间的联络，增强通道间的相互支撑能力。在各级电网协调发展的基础上，运用现代信息技术、控制技术、储能技术和输电技术改造传统电网，初步建成与上海经济社会发展水平相适应的智能电网框架。推广新能源发电功率预测与运行控制技术，实现新能源与分布式能源的便捷接入和调度。结合新能源项目和变电站建设，实现兆瓦级储能系统示范应用。掌握柔性直流输电核心技术，率先实现示范应用。新设计变电站按照智能变电站标准建设。全面推进输变电设备状态监测工作，开展电能质量试点治理，以及高温超导电缆的前期研究与试点应用。在交通枢纽、办公楼宇、居住小区等开展智能楼宇和智能小区示范，促进电力削峰

填谷和综合节能。深化用电故障报修管理,提升优质服务水平。扩大电力光纤到户覆盖面,支撑智能电网建设。

加快优化电源结构,创新电力供应技术和方式。在布局上优先考虑靠近天然气门站或高压主干管网、对电网形成有效支撑的电源,提高电力调峰、调频保障能力。进一步优化煤电装机结构,研究论证建设新型高效燃煤发电示范项目的可行性,推进煤炭清洁高效利用,建设先进煤电示范工程。积极发展区域热电联产和分布式供能系统,结合智能电网等新技术的发展应用,在工业区及用能较集中区域,包括医院、宾馆、综合商务区等重点领域推广实施热电联产和分布式供能系统。

五、合理控制能源消费总量

我国"十二五"时期的规划纲要明确提出要合理控制能源消费总量,加快制订能源发展规划,明确总量控制目标和分解落实机制。合理控制能源消费总量可以形成有效的倒逼机制,抑制中国高耗能行业过快增长。开展能源消费总量控制是我国深入推进能源转型和低碳发展的重大制度创新。长三角地区作为我国能源消费量较高的地区,理应在控制能源消费总量方面采取积极措施,以确保低碳与能源转型的顺利实现。

1. 实施能源消费总量控制制度

根据国家对能源消费总量的控制要求,结合长三角地区经济发展趋势和国家下达的节能指标,按照"条块结合、分层管理、核定基数、分解增量"的原则,在实施单位生产总值能耗下降率指标考核的同时,进一步深化、细化地区"十二五"时期能耗总量控制目标及分解落实方案,把能源消费总量控制目标作为各市县节能目标考核和部门节能工作评价的重要内容。

分解用能总量和增量控制目标。根据长三角地区用能总量控制目标,按照各领域的用能需求增长趋势及节能潜力分解工业、交通运输业、建筑施工业、公共机构、商业、旅游、金融等领域的用能总量,按照各市、区、县产业结构、发展定位、节能潜力等因素,分解各市、区、县能耗总量控制目标,并进一步细化明确相关重点行业、开发区、用能单位等能耗总量和增量控制目标。

制订能源消费总量控制实施方案。将能耗总量控制性指标与单耗下降率约束性指标作为考核指标下达,并逐步提高能耗总量控制指标的考核权重和约束力。针对不同的总量控制对象,运用考核问责制度的同时,进一步健全、完善法规和配套政策,对超过总量控制目标的行为综合采取行政处罚、行业或区域限批、能源加价和交易机制等综合性措施，控制能耗总量的不合理增长，确保区域能耗总量控制目标的实现。

2. 建立能源消费总量控制考核制度

建立能源消费总量控制考核目标责任制。把"十二五"时期能源消费总量（增量）目标分解落实到各个市、县、开发区、重点行业和重点用能单位。各市、县、部门、开发区、重点用能单位用能总量目标纳入本地区、本部门、本单位"十二五"时期节能减排工作计划。

建立和完善能源统计、监测、预警管理体系。推进长三角地区能源管理信息系统建设，整合政府部门和企业相关能源信息资源，加强对市、区、县的能源运行监测，探索实行对重点用能企业用能情况的在线监测。建立和完善能源消费总量信息定期发布制度和预测预警机制，及时有效地控制能耗的不合理增长。

对新增用能项目实行严格的能评审查。进一步完善"批项目、核能耗"制度，对未经能评审查或能评审查未通过的项目，一律不准开工建设。建立新建固定资产投资项目的用能指标审核制度，对未经地区或行业用能总量平衡的项目，一律不予核准、审批、备案，确保地区或行业用能总量不突破。

3. 全面推行能源统计与审计

加快建立和完善能源统计、监测、计量和核查工作体系。完善对重点地区、重点行业和领域的数据质量监测。提升能源计量水平，科学细化能源计量体系，贯彻落实国家《用能单位能源计量器具配备和管理通则》、《能源计量监督管理办法》。加强用能单位能源计量器具规范化、标准化配置管理，树立示范标杆，实现能源计量数据的智能采集和有效应用。继续扩大国家机关办公建筑和大型公共建筑在线分项计量系统安装范围。完善能源统计核算制度，进一步加强对长三角地区能源流通消费的全过程统计，完善可再生能源利用统计制度。

全面推行用能单位能源审计。鼓励和支持用能单位开展能源审计，继续扩大用能单位的能源审计范围和领域。对重点用能单位存在未完成上年度节能目标、能源利用效率低于同行业平均水平等情形的，责令实施强制能源审计。深入推进能源审计。继续推进工业用能单位能源审计，进一步扩大政府机关办公楼和大型公共建筑的能源审计范围，组织开展交通、电信、金融等领域的能源审计。对重点用能单位和大型公共建筑实施分层、分类能源审计。充分利用能源审计报告成果，督促和推动用能单位按照审计报告的整改意见开展节能改造和强化节能管理。对节能潜力大的被审计单位，组织其与节能服务公司进行对接。加强对能源审计与节能改造效果的后评价。

4. 完善重点监控单位管理制度

按照节能法律法规及相关政策文件对加强节能管理的规定，严格落实重点用能单位和节能监控单位的各项责任义务。完善和深化重点监控单位节能管理，制定实施重点用能单位节能管理办法，建立统一的能耗能效监控平台，组织实施对重点用能单位的节能目标下达和考核。各市县政府要相应加强对重点监控单位的节能管理和监督。

完善非工业重点用能单位节能管理体系。在深入做好工业领域重点用能单位管理的同时，督促非工业重点用能单位全面落实能源利用状况报告、内部能源审计、能源管理岗位设立、节能培训制度等基础工作，加强节能培训指导和信息服务。

5. 强化重点领域节能

工业系统：加快优化布局、转型升级。加快调整和淘汰高能耗、高污染、高危险和低效益的劣势企业、劣势产品和落后工艺。完善重点用能单位的能效管理，推进能效审计、对标管理和清洁生产，继续实施工业用电设备节电、工业锅炉节能等技改专项工程。

交通系统：加强智能交通管理，实施交通设施节能技改和燃油替代工程。大力发展公共交通，积极推广节能环保型交通工具和运输方式，结合变电站、公共停车场、住宅小区等，鼓励使用新能源汽车。

建筑领域：进一步提高建筑节能标准和推广实施范围。新建建筑全面执行上海新出台的建筑设计标准，强制采用新型节能门窗、墙体材料等节能技术。以楼宇节电为重点，对公共建筑实施能耗定额管理制度，加强用能动态监测管理。加强既有建筑节能改造，提高建筑用能管理水平。

能源生产企业：进一步挖掘节能潜力。推进煤炭清洁高效利用，提高天然气利用效率，全面提高成品油标准。优化电厂调度，促进高效机组多发电。进一步强化厂用电率、线损和燃气产销差等指标考核，提高能源加工转换效率。

6. 加强能源需求侧管理

能源保障体制脆弱，是长三角地区经济发展过程中面临的巨大挑战。由于能源需求增长速度较快，当务之急是如何提高能源的使用效率，在宏观层面加大需求侧的管理。重点针对电力、燃气等峰谷差大的问题，更多地运用价格和技术手段，辅以法律、管理与宣传等措施，鼓励用户调整用能结构，优化用能方式，削峰填谷，缓解供需矛盾，提高用能效率，降低用能成本。支持节能服务业发展，采用合同能源管理等方式，推广应用高效节能技术、产品、设备等，提高用能管理水平。

制订电力需求侧管理规划、年度工作目标和实施方案，做好电力需求侧管理资源潜力调查、市场分析等工作。将通过需求侧管理节约的电力和电量，作为一种资源纳入电力工业发展规划、能源发展规划和地区经济发展规划。探索实行季节电价、高可靠性电价、可中断负荷电价等电价制度，支持实施电力需求侧管理。组织有关单位为其开展电力需求侧管理提供咨询服务，并鼓励节能服务公司积极发挥作用。电网企业应加强对电力用户用电信息的采集、分析，为电力用户实施电力需求侧管理提供技术支撑和信息服务。

第三节 长三角地区低碳转型的对策建议

目前长三角地区正处于工业化、城镇化的快速发展阶段，人口增长、消费结构升级和城市基础设施建设使得能源需求和温室气体排放量不断增长。在经济高速增长与节能减排的双重压力下，现有的高碳发展模式已经不可维持，必须转变经济发展方式，大力推进低碳发展模式，向低碳模式转型。低碳转型不仅是解决长三角地区经济、环境和资源瓶颈，实现区域可持续发展的必由之路，同时也是长三角地区抢占未来经济制高点，增强区域竞争优势的有效途径。

1. 建立低碳发展区域联动机制

低碳经济的发展是区域问题，需要区域统筹、区域联动。长三角地区作为中国最具活力的区域之一，"长三角一体化"也已经上升为国家战略。长三角地区联动发展，是实施国家区域发展总体战略的重要组成部分。目前，长三角地区联动发展已经具有良好的基础。两省一市已经形成了多层次的区域合作机制，并在交通、科技、环保、能源四大重点领域的合作交流上取得了积极进展。江浙沪两省一市应尽早联合建立长三角地区低碳经济合作与发展的领导小组或合作委员会，从整体布局长三角地区低碳发展规划。建立由决策层、协调层和执行层"三层运作"的区域合作新机制，来解决利益协调机制的缺乏、行政区划间协调难的问题。有关行业管理部门和各市县政府要进一步加强力量及队伍建设，加大工作力度，切实履行本行业、本领域和本地区节能和应对气候变化的管理职责。

2. 完善节能减排体制机制

节能减排是一项长期的工作，必须采取政策法规与激励措施相结合的机制，以市场化运作为抓手，形成长效机制。要按照"十二五"规划的要求，把节能减排作为促进科学发展的重要抓手，建立长三角地区两省一市能源管理联动机制。建立和健全节能减排调控机制和决策机制，完善相关政策法规及标准。实行节能目标责任制，把能源消费总量控制目标分解落实到各级政府部门。加大考核和监督力度，将能评作为控制地区能源消费增量和总量的重要抓手，切实形成工作导向。建立能源消费总量预测预警机制，对能源消费增长较快的地区实行预警调控。建立节能市场机制，完善财政激励、税收投融资等政策，推行合同能源管理，加大能效标志和节能产品认证实施力度。推进重点领域节能减排，着力抓好节能重点工程、环境治理重点工程、循环经济重点工程。建立节能减排技术遴选、评定及推广机制，积极引进、消化、吸收国外先进技术，加快技术的开发、示范和推广应用，有效提高能源利用效率，降低污染物排放。

3. 积极调整优化能源消费结构

目前，长三角地区能源消费结构中仍然以煤炭为主，煤炭消费所占的比例远远高于世界发达地区。因此，必须积极调整优化能源消费结构，控制煤炭消费量，减少原煤直接燃烧的数量，降低煤炭等化石能源在一次能源消费中的比例。推广各种经济有效的煤炭洁净技术，加快洁净煤技术的应用，减少能源消耗和污染排放。大力发展分布式能源，实现热电冷联产，推行优质能源梯级利用。加大新能源和可再生能源扶持力度，积极推进生物质能的有效利用，优先发展太阳能，积极发展风能、水能和潮汐能，稳步发展核能，逐步提高新能源和可再生能源在能源生产和消费中的比例，构建多元化的能源结构。

4. 推进产业结构优化升级

产业结构不合理是造成长三角地区碳排放量增加的主要原因之一。因此，长三角地区低碳发展不仅需要调整优化能源结构，也需要积极促进产业结构优化升级。通过发挥市场调节作用，合理优化产业结构和布局，推动能源生产和消费模式的转型升级。目前，上海第三产业增加值所占的比例已经超过50%，江苏和浙江的第三产业增加值所占的比例也已超过40%，但与世界先进地区相比，仍存在较大差距。因此，长三角地区要遵循优先发展现代服务业、做强做优先进制造业、加快发展新兴产业和巩固提升传统产业的产业布局战略，建立以服务业为主、制造业为辅的全面发展体系。积极发展战略性新兴产业，避免产业趋同，促进产业互补与错位发展。加快建设各类低碳产业集聚区和产业集群，促进三次产业融合发展。

5. 加强低碳技术研发

大力推进节能技术进步和节能方式创新，加快低碳技术开发、示范和推广，用高新技术和适用技术提升传统产业和传统产品，对高投入、高风险的项目给予经费支持，引导和鼓励企业进行低碳技术开发、设备制造和低碳能源生产，通过技术创新和进步提高投入产出效率。利用长三角地区对外开放优势，加强国际合作，加快引进、消化、吸收先进适用的低碳技术。建立双边或多边能源利用效率合作计划，在节能建筑、电机系统、热电联产、冶金和高效照明等重点领域开展合作。借助长三角地区技术、人才和资金优势，尽快缩小主要载能产品和终端用能设备与国际耗能水平的差距，争取在新型照明、节能型空调、燃气蒸汽联合循环发电、新能源汽车等领域取得重大突破。

6. 加强碳汇能力建设

按照"建设生态文明"的要求，对自然保护区、森林公园、湿地公园、重要集中式饮用水水源地和重要水源涵养区、浙江南部地区山体、江苏以及浙江的湖州和嘉兴两市的山体、沿海湿地等区域实施严格的保护，严格控制土地开发强度。要加强对高碳排放的土地利用类型的调控，在土地规划中考虑碳足迹效应，开发低碳排放的土地利用方式。加强区域生态管护，营造江海河湖防护林、绿色通道、城郊人居森林等生态林业工程，增强生产性土地的固碳效率，降低区域的碳排放水平和强度。增绿地、林地碳汇能力，积极推进以沿海防护林、水源涵养林、污染隔离林、通道防护林和农田林网为重点的林业建设。大力推动屋顶绿化、垂直绿化等立体绿化发展，提高新建公共建筑屋顶绿化比例。通过引进和推广生物多样性保护、污染控制、退化生境恢复、人工种植养殖等技术措施，提升滩涂湿地碳汇容量。

7. 深入开展低碳试点和示范

深入实施低碳城市试点、低碳发展实践区建设和低碳园区示范，组织推进节能低碳先进技术、理念和做法在试点示范区域的扩大应用，鼓励各试点示范区域积极探索区域低碳发展模式和路径，积累经验并积极拓展应用。深入推进一批低碳发展实践区开展试点，建立碳排放统计、评价和考核机制，适时制定并出台支持低碳发展的配套政策。鼓励各试点单位加大理念、管理、政策和技术创新力度，积极推广应用建筑、交通、工业和能源等领域节能低碳技术。结合试点实践区的实际推进效果，动态调整试点范围，及时推广经验并组织后续试点工作。鼓励开展低碳园区和社区示范。依托现有产业园区，建设以低碳能源供应和利用、低碳物流、低碳建筑为支撑的低碳产业园区，优化产业链布局和生产组织模式，集聚低碳型战略性新兴产业，研究确定示范园区低碳指标评价体系。结合大型居住区建设、新建社区和现有社区改造，鼓励开展低碳社区示范建设。

8. 引导公众参与节能减排

在全社会强化节能宣传教育，联合各类媒体，全方位、多视角、多层次地宣传节能减排的重要性和紧迫性。组织政府机关、企事业单位、学校、乡村及社区经常性地开展节能宣传活动，把节能降耗的重要成果和经验以及节能低碳生活方式、消费模式作为宣传重点，普及合理用能、提高能效、减少碳排放的低碳能源消费理念。推广节能减排先进做法和经验，揭露和曝光浪费能源的不良现象，树立崇尚节能低碳、反对污染浪费的社会风气。倡导绿色低碳生活方式和消费模式，综合运用政策引导、宣传教育、舆论监督等多种手段，积极引导全社会形成合理消费、适度消费、共享式消费等节能低碳消费观念和生活方式，引领和带动企业向消费者提供低碳产品和服务的转型升级。构建政府引导、企业运作、全社会共同参与的节能低碳工作格局，营造"节能减排，从我做起"的社会氛围。

第四节　长三角地区农村能源生态建设问题与对策 ——以浙江省为例

在我国，农村能源的概念可分为两个层面：一是从能源层面讲，特指适应当前农村需求，并可就地开发利用的能源；二是从经济层面讲，泛指我国农村地区能源的供需和管理。农村能源生态建设是指运用生态学理念，在农村地区因地制宜地开发利用薪柴、作物秸秆、人畜粪便（制沼气或直接燃烧）、小水电、太阳能、风能和地热能等可再生能源，为农民的生产生活提供清洁能源，同时促进各类资源的循环利用，保护农村生态环境。因此，加强农村能源生态建设对长三角地区低碳转型具有重要的现实意义。近年来，浙江省创新思路，以"发展再生清洁能源、建设生态富民家园"为目标，找准农村能源的着力点，与生态省建设、"千村示范万村整治"工程和节能减排等紧密结合，不断拓展农村能源生态建设的内涵和外延，以沼气工程为枢纽，通过技术攻关、抓点示范、项目带动等方式着力推进整村沼气集中供气、沼肥推广、太阳能光热电应用等农村能源综合利用，强化服务能力建设，大力推进农业废弃物能源化、肥料化、产业化，有力地促进了农业和农村经济的可持续发展。实践表明，浙江省农村能源生态建设模式兼具农村能源开发利用与生态环境保护双重功能，是推进农村能源生态建设的有效途径，值得借鉴和推广，故以浙江省为例探讨长三角地区农村能源生态建设问题。

一、浙江省农村能源生态建设成效

"十一五"时期以来,浙江省紧紧围绕生态省建设和现代农业发展,以农业"两区"(现代农业园区和粮食生产功能区)建设为平台,积极推广生态循环农业技术模式,开展农村可再生能源开发,推进农业和农村废弃物无害化处理和资源化利用,农村能源生态建设取得明显成效。

1. 沼气工程建设成绩突出

"十一五"期间,浙江省紧密结合"生态省"、"千村示范万村整治"工程建设和"811"环境污染整治行动,大力发展沼气工程建设,积极争取国家农村沼气国债项目,沼气工程建设取得了显著成效。自"811"环境整治行动实施以来,浙江省农业部门按照"减量化、无害化、资源化"的原则,因地制宜地制订规模化畜禽养殖场排泄物治理方案,在治理方案中90%左右采用了沼气工程治理模式。围绕新农村建设,在实施"千村示范万村整治"工程中,浙江省农业部门大力推广生活污水净化沼气技术,集中或分散处理农村生活污水。到2010年年底,全省累计建成各类沼气工程14 366处,户用沼气池15.4万只,生活污水净化沼气工程207万米^3,沼气普及率为12.8%。实现年产沼气1.77亿米^3,处理污水3亿吨,年节约标准煤64万吨,减排COD 33万吨,减排CO_2 265万吨。

2. 农作物秸秆能源化利用初见成效

为遏制秸秆焚烧现象,综合利用农作物秸秆资源,浙江省各地积极开展以秸秆沼气、固化为主的能源化技术攻关研究和开发,取得了重大突破,试点工程已获得成功。到2010年年底,浙江省已建成秸秆沼气集中供气试点工程25处,供气农户2898户;联户秸秆沼气工程1657处,供气农户11 898户;户用沼气池1287户;固化成型19处,年产量12 805吨;秸秆炭化点18处,年产量1986吨。

3. 农村节能减排工作稳步推进

一是加强领导。各级党委、政府对农业和农村节能减排工作高度重视,把农业和农村节能减排工作纳入新农村建设和生态省建设工作的重要内容。建立了由生态办、农办牵头协调,环保、农业、建设、水利、林业、卫生等部门密切配合,县(市、区)主抓,乡镇、村为责任主体的农村生态环保工作责任体系和合力推进农村环境保护工作机制。二是完善政策措施。省级各部门、各级党委政府积极出台加强农村环境保护工作的政策措施。为了从源头上控制农村工业污染,开展县域生态环境功能区规划,划定禁止准入、限制准入、重点准入和优化准入四类生态环境功能区,以此作为生产力布局和环境准入的重要依据。把农业和农村节能减排工作与优化农业经济结构、转变农业经济增长方式有机结合起来。村庄环境整治坚持规划先行,各地编制了村庄建设和城乡一体的垃圾、污水处理基础设施专项规划。三是强化责任机制。将农业和农村节能减排工作纳入生态省和新农村建设考核体系,严格考核项目,严肃追究责任,确保奖惩分明,将考核结果作为各级党政和领导政绩考核的重要内容之一。每年年初,制定下达年度工作任务,各地各部门将任务层层分解、签订责任书,确保任务到位、责任到位。

二、浙江省农村能源生态建设现存问题

1. 农村能源综合利用模式推广存在障碍

一是沼气工程长效机制不健全。随着农村沼气建设的快速发展,对沼气工程运行管护、进出料、沼肥配送等后续服务需求更为迫切。当前浙江省有些地方已有的服务网点因资金保障不到位、自身赢利能力弱的原因,缺乏长效管护机制。二是农村能源综合利用模式集成应用程度较低。养殖业业主对沼气、沼肥利用重视不够,使用沼气、沼肥需要的配套储液池、管网、槽罐车等设施一次性投入大,种植业业主积极性不高。由于参与主体目标取向差异,农村能源综合利用模式集成应用面不广,制约了综合效益的发挥。三是相关扶持力度不够。浙江省农村能源生态建设主要依靠中央财政收入和农户自筹,地方财政投入相对较少,与其他省份相比存在较大差距,例如,安徽、湖南、广西、云南等省或自治区每年沼气专项资金均超过亿元,江苏省 2011 年的投入为 2.2 亿元。此外,其他相应扶持力度也有待加强,例如,沼气自用或发电不上网,以及沼肥使用不享受补贴等。

2. 农村能源生态建设的法律法规不健全

虽然国家已颁布了《中华人民共和国可再生能源法》,浙江省也出台了《浙江省资源综合利用促进条例》、《浙江省固体废物污染环境防治条例》、《浙江省沼气开发利用促进办法》、《浙江省农业废弃物处理与利用促进办法》、《浙江省可再生能源开发利用促进条例(草案)》等法律法规。但浙江省还缺乏支持农村可再生能源、生物质能发展和农业环境保护的配套法规、政策措施和生态补偿机制。生物质能产品的收购流通体系和市场准入制度也有待进一步健全,在财政、

金融、市场开放等方面缺乏合理有效的激励政策。生物质能产品进入市场和享受政府补贴的障碍较多，生物质能的定价机制还没有体现出环境效益的因素。相关政策之间也存在着协调性差、难以落实等问题，还没有形成支持生物质能产业持续发展的长效机制。

3. 现代能源生态技术有待进一步提高

当前，在浙江省农村能源生态建设中，现代能源生态技术水平还有待提高，推广范围也非常有限。与沼气技术先进的国家相比，还有较大差距。平均池容产气率低，提纯压缩技术落后，沼气用途也有待拓展。同时，为提高低温情况下的产气率，在工艺技术和低温菌种等方面也还要加大研发和推广力度。一些技术仍处于产业化发展初期阶段，特别是缺乏具有自主知识产权的核心技术。此外，也缺乏专业设备的设计、生产制造能力和使用经验，专业技术人才非常匮乏。现有设备磨损严重、运行稳定性差且使用寿命较短，能耗较高。收集储运和预处理技术不完善，机械化水平低，相关标准缺乏。

三、浙江省农村能源生态建设对策建议

1. 完善政策制度，及时制订切实可行的补贴方案

（1）优化政策制度，健全法律法规。尽快制定加快浙江省农村能源生态建设的指导意见，明确工作任务及相应的财政、税收、金融等扶持政策，将农村能源生态建设纳入到各级政府规划中，作为各地发展生态循环农业、建设美丽乡村的具体内容和考核指标；省财政安排专项资金，用于"211"工程的建设、中央沼气项目和地方配套、"三沼"（沼气、沼渣、沼液）综合利用、后续服务补贴等。根据《可再生能源法》，研究制定支持农村能源生态建设的配套法规和政策措施。在现有《浙江省沼气开发利用促进办法》、《浙江省固体废物污染环境防治条例》、《秸秆能源化利用补助资金管理暂行办法》等法规政策基础上，尽快出台《浙江省生物质能产业发展意见》、《浙江省农业环境保护条例》或《浙江省农业生态环境保护办法》、《浙江省生物质能资源综合利用促进条例》等政策法规。

（2）完善优惠政策和激励机制，制订合理补贴方案。出台财政补贴、投资政策、税收优惠、用户补助等经济激励政策。加大农村能源综合利用产业的补贴力度，对从事农村能源综合利用技术研发和设备制造等企业给予所得税优惠。通过投资补贴、价格补贴、减免利润税，以及制定各种能源的消费税配额政策、惩

罚性税费等措施扶持农村能源的发展。认真落实节能减排、资源综合利用、再生资源回收等方面的税收优惠政策。对列入国家或省级农村能源生态建设项目的，要按照申报文件中的资金筹措方案落实当地财政扶持资金。支持企业、集体经济组织和个人增加对农村能源生态建设的投入，形成多渠道投入机制。

2. 加强组织管理，加强宣传教育

（1）加强组织领导，推进农村节能减排。根据区域特点，结合浙江省生态循环农业"2115"工程和"125"现代农业园区建设工程，推进农村能源综合利用。要建立健全议事协调机制，加强统筹规划和资源整合，形成合力。农村能源部门要具体做好农村能源生态建设的规划制订、组织实施等工作；其他相关部门要认真履行职责，加强协作，合力推进农村能源生态建设。结合村庄整治和美丽乡村建设，大力推进畜禽排泄物、农村生活污水、有机废弃物沼气处理工程建设，加快生物质燃料、浅层地热能开发利用，积极推广应用太阳能热水器、路灯、杀虫灯等太阳能光电热技术，扩大节能产品、节能技术在农村的应用面，改善农村生态环境。

（2）加大财税支持力度，拓宽融资渠道。探索构建政府引导、企业带动、社会参与、多方投入的农村能源产业建设机制，拓宽农村能源综合利用的融资渠道。设立农村能源综合利用专项资金，用于支持技术进步、人才培养、产业体系建设和新技术示范项目的建设。各级地方政府要按照《可再生能源法》和有关政策的要求，结合本地区实际，安排必要的财政资金支持农村能源综合利用。充分发挥政府投资的引导作用，调动企业自筹资金投入农村能源综合利用的主动性。创造良好的投资环境，积极争取金融部门、国际组织等的资金支持，广泛吸引社会、个人和外资的投入。

3. 注重分类指导，提倡因地制宜的开发利用

（1）分类指导，协调发展高新技术与适宜技术。按照项目化、工程化、集成化的思路，选择基础条件较好、管理服务能力较强的地区，综合运用沼气、太阳能、秸秆固化碳化等可再生能源开发技术，推进沼气供气发电、沼肥储运配送及太阳能光热技术等在农业生产、农村生活中的应用，实现种养结合、物质能量循环利用。农作物秸秆综合利用的近期方向是推广机械化秸秆还田，满足农业生产需要。远期方向应结合畜禽养殖污染防治和农村环境整治，重点推广秸秆气化集中供气、秸秆生物气化（沼气）、热解气化、固化成型及碳化等高新技术。此外，还要积极探索秸秆生产燃料乙醇技术，合理规划秸秆发电项目，逐步改善农村能源结构。

（2）因地制宜，积极推广各种农村能源综合利用模式。杭嘉湖平原地区可考虑把秸秆综合利用和农业产业结构调整相结合，建立秸秆还田、收集与储运体系，结合畜禽养殖污染防治和农村环境整治，以开发利用沼气为主，重点发展适度规模化养殖场沼气工程；浙中及西南丘陵地区继续推广农村户用沼气池及规模化畜禽养殖场大中型沼气工程，推行"猪—沼—作物"等能源生态模式；东南沿海地区，结合新农村建设，重点实施适度规模化畜禽养殖场沼气工程建设。

4. 加快实施沼气集中供气工程，推进"三沼"综合利用

（1）实施沼气集中供气工程，大力推进整村沼气集中供气。围绕农村可再生清洁能源开发，坚持原料来源多样化，结合中央沼气项目，深入实施"百万农户沼气工程"，提高沼气入户率。在畜禽养殖密集、秸秆丰富的地区，建设以自然村为单元的沼气集中供气工程，将畜禽粪便、农作物秸秆、有机废弃物等通过厌氧发酵转化为沼气，并通过管网集中供应农户使用；在山区县继续推进户用沼气建设，推进农业和农村废弃物资源化利用和农村再生清洁能源开发利用，优化农村能源结构。

（2）实施沼肥利用工程，大力推进沼肥应用。围绕农业转型升级和"两区三化"[①]建设，以沼气工程为枢纽，将畜牧业与种植业链接起来，利用畜禽粪便、农作物秸秆等农业废弃物生产沼气和沼肥。大力推进"三沼"综合利用，有效减少水、化肥、农药、能源等生产资料投入量，形成"种植业（饲料）→养殖业（粪便）→沼气池→种植业（优质农产品、饲料）→养殖业"的生态循环农业模式。通过就地利用、异地利用、综合利用等形式抓好储液池、管网、槽罐车等沼肥输配送体系建设，加快沼肥推广应用。大力推广生活污水净化沼气技术、太阳能光电热技术。大力推广农村太阳能热水器、太阳能路灯，扩大太阳能光热在设施农业中的应用。

5. 强化科技支撑，提升后续服务能力

（1）搭建科研平台，提升科技支撑力度。鼓励浙江大学、浙江农林大学、浙江省农科院等高等院校和科研机构重点开展对高效混合原料发酵、秸秆生物气化、沼气集中供气标准、沼肥综合利用、生物质固化气化及太阳能光电热等技术的科技攻关，增强自主创新能力。要引进吸收国外农村能源开发利用新技术、新工艺、新成果，改进和完善现有技术，不断提高科技开发水平。加快培养与引进

---

① "两区"指建设粮食生产功能区和现代化农业园区；"三化"指工业化、城镇化深入发展中同步推进农业现代化。

农村能源产业发展急需的科技创新人才和高层次管理人才，为农村能源产业的发展提供人才支撑。农村能源主管部门要加强农村能源新技术的集成应用和示范推广，扩大技术覆盖面。

（2）实施服务提升工程，加强农村能源工作队伍。按照"标准化管理、规范化实施"的要求，加强沼气产品、工程建设的管理，严格技术和操作规范，建立健全工程建设档案和质量追溯制度，确保工程质量。建立以基层农业公共服务机构为主导、服务网点为支撑的后续服务体系，鼓励发展沼气专业合作社，以及沼气设备经营、工程管护和技术服务等组织，开展合作社自我服务、专业性公司物业化服务等多种服务模式，提高服务水平，保障农村能源生态工程安全生产和持续高效运行。把农村能源生态公共服务工作作为基层农业公共服务中心建设内容之一，配备相关人员和设施装备。积极培育农村能源社会化服务组织，加强技术培训，提高从业人员素质能力。健全职业资格准入制度，抓好沼气生产工等专业工种的职业技能鉴定，保障工程建设管护质量。

第四篇　案例分析篇

第十一章 上海市低碳发展的典型案例

第一节 陈家镇低碳国际生态社区规划实践与模式

一、区域与社区概况

陈家镇地处上海市崇明岛东端，长江入海口。距上海市中心城区约45千米，距浦东国际航空港约50千米。独特的地理位置造就了其优越的生态环境和瞩目的战略空间。2003年10月，上海市市政府正式批准陈家镇为上海试点建设的一城九镇之一。2004年2月，公布其为全国重点建设城镇。陈家镇立足于建设上海生态示范城镇的目标，全面贯彻体现国际先进水平的生态城镇规划理念。规划城镇人口规模为12万人，建设用地15千米^2。规划采用组团式的生态城镇布局结构，形成"四片穿插，Y型组合"的城镇与田园相交融、人与自然相贴近的新型城镇布局格局，四个片区分别为：实验生态社区、森林型商务区、国际高教区、新型农村社区。

依照崇明三岛总体规划和地区发展定位，全岛空间布局形成崇西、崇北、崇中、崇南、崇东五大功能片区。陈家镇——东滩地区规划配置十大生态功能区。其中，国际实验生态社区、国际论坛商务区、裕安现代社区及东滩国际教育研发区四片功能区构成中心镇区，湿地观光区、滨江休闲运动区、绿色产业区、生态农业示范区、东滩生态示范区和主题乐园区六片功能区构成城镇外围度假旅游区或产业活动区。并确立生态休闲、会议商务、科教研发、绿色制造、生态农业五大产业作为其主要构成产业。

二、陈家镇低碳国际生态社区战略规划

陈家镇作为崇明岛近期开发建设的重点地区之一，将重点建设一个体现国际先进理念和水准的"低碳国际生态实验社区"。陈家镇低碳国际生态社区的用地面积为4.07千米^2，可容纳3万人居住。

1. 规划目标

低碳国际生态社区的规划建设目标为：以崇明建设"世界级生态岛"的战略目标为指引，通过低碳生态技术的应用，建设具有鲜明海岛田园特色的现代化低碳生态社区，成为上海市新一轮发展的"低碳生态示范城镇"和具有国际知名度的"低碳生态示范社区"。

2. 规划布局

在规划布局方面，强调以生态价值为取向。对地形进行改造时，采取合理改良措施，保护社区及周边的生态平衡和生物多样性；强调社区的适度开放，优先共享城镇级公共设施，配建的公共设施宜优先布置在外围区域，以便于对周边地块的开放；强调人车分流与慢速交通，从系统网络优化、道路景观设计、配套设施配备等方面构建一流的慢行交通系统，营造优美、舒适的慢行交通出行环境，建设自行车出行示范社区；强调合理设计建筑群的规划布局、单体建筑体形与朝向，以获得良好的日照及自然通风效果。从室外环境、节能、节水、节材、室内环境质量等方面对住宅和公共建筑设计提出控制性的要求。

3. 低碳设计

作为低碳国际生态社区的前期实践项目，崇明陈家镇生态办公楼应用了自然采光、自然通风、绿色建材的使用、新能源的综合利用等10项低碳建筑技术，使低碳示范楼节能指标达到75%以上，已经达到全国目前最高的节能水平，为社区的开发建设做了充分的前期技术准备（图11-1）。这幢5117米^{2}的低碳建筑通过围护结构节能体系、地源热泵空调系统、污水处理、中水回用和雨水收集等技术的应用，结合其周边场地环境，整体在运行中基本可做到零能耗和零排放。

图11-1 陈家镇生态示范楼

除低碳示范楼外，陈家镇其他低碳生态项目，如湿地污水处理、生态护坡、原生态保留与修复、可渗透人行道、生态绿化景观工程等，在保护原有生物群落等方面都发挥了不可替代的作用。

4. 管理机制

为推进国际低碳生态示范区建设，崇明县政府专门成立了低碳国际生态社区建设管理委员会，成员单位由县发展和改革委员会、县住房和城乡建设委员会、县建设和交通委员会、县规划和土地管理局、县住房保障和房屋管理局、县环境保护局、县绿化和市容管理局等政府行政主管部门组成，负责工程的规划审批、建设管理、督导与监察工作。2010年10月27日，崇明县政府颁布了《陈家镇低碳国际生态社区建设管理办法》，明确该社区开发建设实行规划控制、指标约束、企业运作、政府监管的管理模式，并规范了建设项目在立项可研、设计施工、竣工等阶段的行政管理程序。

三、崇明陈家镇低碳国际生态社区建设导则

上海市科学技术部、上海市科学技术委员会及崇明县政府组织相关技术力量，针对社区和不同建筑类型制定相适应的低碳建设指标体系，并从规划设计、施工和运营管理的建设全寿命周期角度出发，制定全面体现国际先进的低碳生态社区建设理念和科技水平的《崇明陈家镇低碳国际生态社区建设导则》。该导则为系列导则（图11-2），根据陈家镇低碳国际生态社区的开发建设进度分步研究完成，目前已经完成《低碳社区建设导则》、《低碳住宅建筑建设导则》、《低碳公共建筑建设导则》和《绿色施工导则》。此外，还出台了《崇明县陈家镇低碳国际生态社区建设管理办法》，推进实施陈家镇国际生态社区能源管理中心建设关键技术集成与示范项目，初步确立了国际生态社区能源管理中心的功能定位和技术路线。

1. 低碳社区建设导则

《低碳社区建设导则》所关注的内容均为一级开发商实施层面内容，除了考虑到对总碳减排有直接贡献的能源、交通和绿化以外，对体现国际生态社区品质的健康、舒适的社区环境，以及涵盖三网融合等智慧系统有相对较高的要求。同时充分表现崇明河网众多的江南水乡特色，因地制宜地对河网水系和雨水的利用进行了综合考虑。此外，体现公众参与的低碳人文也为《低碳社区建设导则》内容的重要组成部分，普及低碳意识、倡导低碳行为。

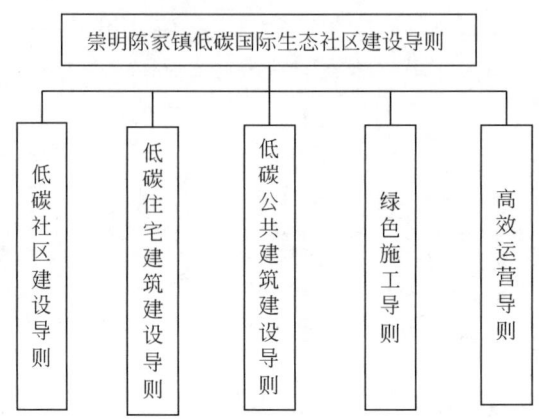

图 11-2　崇明陈家镇低碳国际生态社区建设导则框架

2. 低碳住宅导则

《低碳住宅建筑建设导则》由规划选址与室外环境、节能与能源利用、节水与水资源利用、节材与材料资源利用和室内环境质量共 5 个部分组成。《低碳住宅建筑建设导则》的节能与能源利用以实现综合节能率 65% 为目标，而室内环境部分则强调了保证居住品质的声、光、热和空气质量。

3. 低碳公共建筑导则

《低碳公共建筑建设导则》参考了我国《绿色建筑评价标准》（GB/T 50378—2006）的编写体例，涵盖节地与室外环境、节能与能源利用、节水与水资源利用、节材与材料资源利用和室内环境 5 个部分。同住宅建筑类似，重点强调了对碳减排贡献较大的节能部分，以及保障建筑性能品质的自然通风、建筑热环境和室内声、光环境。

4. 绿色施工导则

《绿色施工导则》包含了施工管理、施工节地、施工节能、施工节水、施工节材和环境保护 6 个部分。对施工环节的把控使得因施工建设对环境、资源的影响和消耗降至最低，以达到实现碳减排的目标。

四、重点建设项目

1. 湿地污水处理项目

该项目利用人工湿地处理污水的方式在绿化景观、野生动物栖息等方面提高了生态效益,并弥补了陈家镇地区无生活污水处理设施的不足。

2. 杜鹃河生态护坡项目

根据崇明的地质条件,在杜鹃河护坡工程中采用能使水体与岸坡进行能量与物质交换的新型混凝土材料。目前,工程已全部完工,达到了国内一流的生态技术水平。

3. 四号河疏浚中的原生态保留项目

在完成四号河疏浚工程的同时,尽可能保留其自然的肌理和水系的脉络,保护原有的生物群落,保留了原生态的自然风貌。

4. 可渗透人行道项目

裕安大道两侧4000米^{2}的全渗透人行道工程已全部建成并投入使用,对改变崇明水质型缺水的状况将发挥较好的示范作用。

5. 低碳小区建设项目

陈家镇配套商品房小区将建成上海具有领先水平的农民低碳居住小区。低碳小区应用了8项低碳技术。目前,该小区已竣工并通过了上海市"四高"示范小区[①]的验收。

6. 生态办公楼项目

生态办公楼项目实施的生态技术项目共10项,节能技术目标为综合节能75%~80%。目前,所有项目都已完成设备安装,处于调试和科研数据采集阶段。

7. 四号河生态绿化景观工程

该项目利用崇明乡土植物和地带性植被,通过多种植物互生互长,培育生物多样性,营造仿真自然生境与景观绿化相结合的效果,实现低养护的景观绿化生态管理。

五、未来展望

在《2009~2014年崇明国家可持续发展实验区建设规划》中已明确将低碳

---

① 四高指"高起点规划、高水平设计、高质量施工、高标准管理"。

国际生态社区列为示范工程重点建设项目，计划在 2010~2013 年投资 8000 万元，用于社区建设的科技支撑，包括能源中心、低碳建筑、绿色交通、绿色河道、绿地网络、资源循环等内容。陈家镇低碳国际生态社区的建设大幕已徐徐拉开，各区域的基础设施建设正在紧张有序推进之中，已完成包括揽海路、东滩大道一期、中滨路在内的骨干道路 11.68 千米，社区次干道 4 千米；开挖疏理河道 1.5 千米；陈东变电站、社区小型 LNG 储罐、气化供应站、日处理 2000 吨的人工湿地污水处理厂等建成。规划 2012 年前建设完成的低碳国际生态社区的实践中，经实践检验的低碳建设模式一定会为推进崇明、上海市乃至全国的社区建设提供有益参考和借鉴。

第二节　临港产业区创建低碳发展示范区

上海市临港产业区位于上海市东南角，地处长江口和杭州湾的交汇处，规划面积 241 千米^2。产业区具有得天独厚的区位优势，是目前世界上少有的集航空、海运、铁路、高速公路、内河运输五种交通功能于一体的区域。2010 年 1 月，产业区获得工业和信息化部"国家新型工业化产业示范基地"（装备产业、航空产业）两项授牌。2011 年，上海市市政府确定了首批共 8 个低碳发展实践区试点单位，临港产业区名列其中。临港产业区创建低碳发展示范区的主要做法如下。

一、强化政策引导，探索低碳认证制度

1. 建设能源数据统计和管理体系

在对临港产业区碳源和碳汇现状调查摸底的基础上，编制碳排放清单。建设临港产业区区域能源数据统计和管理体系，掌握区域能源消费结构和能耗水平。

2. 制定低碳发展标准

编制临港产业区低碳发展指标体系，引导和调控低碳发展进程。定期修改完善临港地区产业准入用能和污染物排放控制标准，严禁不符合标准的企业落户。探索产业区低碳认证模式，规范企业碳排放认证标准和认证程序。

3. 编制低碳建设导则

倡导绿色施工，推广节能、节地、节水等低碳施工技术，采用绿色工艺和节能材料，编制集经济性、适用性、安全性、低碳性为一体的重型工业厂房建设导则。

二、加快低碳转型，推动高端产业发展

促进高端制造业、生产型现代服务业、战略性新兴产业的发展，适度发展生态农业。

1. 大力发展新能源装备制造业

充分利用临港装备产业区形成的先发优势，加快形成新能源装备产业集群。推进第三代核电技术、海上风电关键技术、太阳能薄膜电池技术等的研发和 LED 芯片生产线；把握国家大力发展智能电网契机，重点发展输变电环节中的柔性交流输电系统、超高压特高压设备、特高压控制保护设备、数字化变电站、智能电表等关键组件设备，力争建成全国规模最大、业务最集中、技术最先进的新能源装备制造与研发基地。

2. 培育发展战略性新兴产业

结合临港区位特点，以及基础设施、环保承载力和主产业区、综合区的特点，重点推进节能环保产业、新一代信息技术产业、新材料、生物技术、航空工业、海洋工程装备产业的发展，建设若干个"节能环保示范园"、"新兴信息产业园"等特色园区。

3. 加快发展以现代物流业为主体的生产性服务业

加快建成港口物流、产业物流、特种物流协调发展的综合物流枢纽，推动物流产业向集约化、高端化、增值型发展，推进物流产业向供应链管理、保税交割仓储、分拨集拼中心、融资租赁、离岸金融等功能拓展，拓展物流产业的增值服务功能，着力提升物流业对区域经济的综合效益。积极推动临港产业区总承包、总集成和贸易展示、服务外包、科技研发、中介咨询、增值服务等生产性服务业的发展。通过发展智能仓储、自动装卸、低碳运输、绿色包装等多项技术和手段，建立无缝低碳物流系统和低碳物流园区。

4. 积极打造低碳示范工业园区

鼓励各产业园区和企业结合自身特点制订低碳发展方案，积极实施生产工艺的升级改造和生产流程的优化管理，降低工业生产过程中温室气体排放。推进卡特彼勒公司、三一重工股份有限公司等重点企业拓展汽车零部件、工程机械等再制造产业发展。

三、优化能源结构,促进低碳能源利用

1. 规模开发利用风电

充分利用临港的海上风力资源,加快推进东海大桥、临港等海上风电基地的建设。同时积极探索分布式风能资源开发,因地制宜地开发中小规模分布式和用户侧风力发电项目。

2. 促进太阳能综合利用

以国家实施金太阳示范工程为契机,选择部分可利用建筑面积大、电网接入条件好、电力需求集中的重型工业厂房建设太阳能光伏电站。推动太阳能热水器、太阳能地热供暖等在职工宿舍、社区、宾馆等集体用户的大面积应用。

3. 探索其他低碳能源利用

根据临港地区浅层地热利用经验,加大浅层地热在工业厂房中的推广应用。适度发展生物质能。选择符合条件的近海厂区进行海水源热泵等海洋能利用示范。探索 LNG 冷能利用的可行性。

四、提升能源效率,加强能源管理和服务

通过智能电网示范、分布式供能系统推广、高效技术和节能产品应用等提高工业能效。

1. 开展智能电网示范

推进上海电气临港重装备基地能源管理中心的建设,实现能源集中供能、就近控制、统一调度的精细化管理目标。在能源管理中心建成的基础上继续开展智能电网综合示范,实现园区微电网信息的高度集成和共享、能源资源的合理配置,提高能效,降低运行维护成本。

2. 普及推广节能产品

大力推广 LED 灯在工业厂房的使用,积极推动产业园通用变频器的节能改造。市政道路照明优先选用 LED 路灯、太阳能路灯及风光互补路灯。新建公共建筑必须选用节能环保空调,在办公楼和宾馆促进智能家居系统和产品的示范应用。

3. 建设节能技术服务体系

推广合同能源管理等市场化机制，扶持节能服务公司（energy service company，ESCO）发展，提高节能技术服务中心的服务水平和市场竞争力。开展重点用能企业的能源审计和能源服务，以能源消费计划为依据开展能源需求侧管理，引导用能单位改进用能方式，提高终端能源利用效率。

五、发展绿色公交，倡导绿色出行

通过完善公交体系、推进新能源汽车示范、鼓励慢行交通、试点汽车共享等措施打造临港低碳交通网络。

1. 完善区域公共交通体系

推进轨道交通21号线临港段及临港北站交通枢纽等交通设施建设，积极争取轨道交通进入重装备产业区和奉贤分区。结合区内轨道交通换乘站点建设区内快速公交系统，加强轨道交通短驳公交配置，提高产业区与快速轨道交通的匹配度，满足区域内部的快速公共交通需求。

2. 推广使用新能源汽车

结合上海市的"十城千辆"和"上海市私人购买新能源汽车"方案，新增公务用车全部采用新能源汽车；积极创造条件，探索电动汽车的消费模式，加快建设电动汽车充换电设施。

3. 探索汽车共享机制

建立员工出行信息化互动平台，试行员工上下班拼车模式。探索建立汽车共享俱乐部。

六、提高碳汇能力，减缓和适应气候变化

增加林地、绿地碳汇能力，修复湿地的碳汇功能。在应对气候变化的同时，加强灾害监测、防范和预警能力，以提高适应气候变化的能力。

1. 推广低维护高耗碳植物

以打造近自然景观为目标，科学布局绿化结构，规模种植适于临港盐碱地的

维护成本低、吸碳能力强的植物,改善绿地固碳能力。选用高耗碳树种建设海堤防风林和区内林带,形成产业区绿色生态走廊。

2. 修复水系和湿地生态

结合大芦线航道建设,大治河、泐马河等主要水系整治,建设集水利设施、河道景观、生产服务为一体的综合设施。保护和修复天然湿地生态系统,增强其碳汇功能。

3. 推进海底观测网建设

依托东海海底观测网的建设,加强对东海近海海域航运与工程安全、海洋生态环境及海洋灾害等的监测和预警,完善临港应对极端自然气候灾害的预警防控机制。

临港产业区作为国内最早开展低碳研究与实践探索的区域之一,开展上海市低碳实践区试点工作是临港产业区走新型工业化和新型城市化发展道路的迫切需求,也是实现产业区"十二五"时期规划目标的战略行动。当前,临港产业区正全面实施《上海临港产业区"十二五"规划纲要》,按照建设新型工业生态园区和促进可持续发展的要求,加强低碳技术示范应用,提高能源效率和管理水平,优化产业结构和能源结构,创新有利于低碳发展的机制体制,探索新型工业化和新型城市化道路,逐步建立"产业高端自主、生活宜居便捷、环境低碳生态、体制清晰高效"的临港低碳实践模式,为上海市乃至全国的低碳发展提供借鉴。

第十二章　浙江省低碳发展的典型案例

第一节　杭州市积极推进"六位一体"低碳城市建设

迈入21世纪以来，杭州市深入实施"环境立市"战略，采取了建设生态市、健康城市和国家森林城市，创建全国绿化模范城市、国家环保模范城市，打造"国内最清洁城市"，构筑"3+1"现代产业体系，实施西湖、西溪湿地、运河、市区河道等综合保护工程，推进节能减排，发展新能源产业，推广绿色建筑，打造"五位一体"大公交系统，探索垃圾清洁直运的"杭州模式"，规划建设中国杭州低碳科技馆等一系列举措，取得了积极成效。2009年11月，国务院提出我国2020年控制温室气体排放行动目标，杭州市主动落实中央决策部署，积极向国家发改委申请开展低碳试点工作，并迅速开展系列相关工作，于2010年7月成功获批为国家低碳试点城市[①]。

一、杭州市低碳城市的建设目标

通过努力，力争到2015年，低碳城市建设工作全面展开，"十大低碳示范建设工程"有序推进；力争单位地区生产总值CO_2排放在"十二五"期间下降20%左右，较2005年下降40%以上，"六位一体"的低碳城市建设取得良好成效。

1. 以低碳产业体系为核心的低碳经济基础初步形成

产业结构明显低碳化，服务业增加值占生产总值的比例达到54%左右，文化创意产业增加值占生产总值的比例达到13%以上，高新技术产业占工业销售产值的比例达到35%。循环经济模式逐步推广，单位地区生产总值能耗控制在

[①] 国家发改委2010年发布《关于开展低碳省区和低碳城市试点工作的通知》，明确将在广东、辽宁、湖北、陕西、云南五省和天津、重庆、深圳、厦门、杭州、南昌、贵阳、保定八市开展试点工作。

0.55吨/万元左右，非化石能源在初始能源消费结构中的比例达到10%，新能源、新材料、文化创意、休闲旅游等低碳战略产业和家电拆解、汽车拆解、再生资源加工等静脉产业成为区域主导产业，开展低碳认证工作，推动低碳企业和低碳产品快速发展。

2. 以节能技术应用为重点的低碳建筑得到广泛推广

出台低碳建筑设计、建造、用材、装修要求，新建建筑执行国家建筑节能标准率100%，推广建筑节能适用技术和材料，绿色建材应用占建材用量的40%以上，建成一批低碳、零碳示范建筑。开展城市"立体绿化"行动，结合低碳社区建设，逐步开展既有建筑节能改造，全面完成高能耗既有公共建筑节能改造。

3. 以低碳出行为主要特征的低碳交通体系更加健全

实现地铁、公交车、出租车、免费单车、水上巴士等交通方式便捷换乘，居民绿色出行比例达到35%以上。市区公共交通出行方式分担率达到40%以上，万人公交车拥有率达到25标台，实现城乡公交全覆盖（行政村通达率100%），新能源与节能型汽车比例达到15%以上，淘汰主城区全部高污染机动车辆（国三以下），全市新增新能源汽车2万辆，免费单车规模达到9万辆，逐步实现交通智能化管理。

4. 以绿色消费为特点的低碳品质生活方式逐渐形成

开展"万户低碳家庭"示范创建活动，新增三级能效比以上家用电器达到75%左右，高能耗旧家电更新率达到12%以上，市区垃圾分类家庭比率达到50%以上，逐步建立"垃圾清洁直运"模式。低碳教育宣传在社区的普及率达到85%，启动个人"碳中和"行动计划，一次性物品使用率降低50%左右。

5. 以增强碳汇能力为目标的低碳环境建设取得实效

建设国家森林城市，全市森林覆盖率达到65%以上，森林蓄积量达到4650万米^3，森林年固碳能力达到800万吨以上，建成区人均公园绿地面积保持在15米^{2}以上，开展全民义务植树活动，建设城市生态廊带，全面完成环境保护、节能减排和生态市建设目标任务。

6. 以新型城市管理为主体的低碳社会建设稳步推进

低碳城市建设和管理新模式基本成型，践行紧凑型城市发展理念，试行规划设计低碳评估工作，推进低碳型新城和城市综合体建设，建成低碳科技馆，建设百个"低碳社区(村)"、30 所"低碳学校",绿色办公、绿色饭店创建率达到 60%以上(表 12-1)。

表 12-1 杭州低碳城市建设主要指标现状及目标值

序号	指标	2010 年	2015 年	2020 年
1	单位地区生产总值 CO_2 排放/(吨/万元)*	…	[-40%]	[-50%]
2	第三产业比例/%	48.7	54	60
3	单位地区生产总值能耗/(吨/万元)*	0.68	0.55	—
4	低碳技术研发经费占总研发经费比例/%	4	5.5	7
5	非化石能源在初始能源消费结构中的比例/%	5.8 (2009 年)	10	15
6	新能源与节能型汽车比例/%	9	15	20
7	既有建筑节能改造比例/%	23	50	75
8	应用可再生能源的建筑面积在新建建筑面积中的比例/%	19	40	60
9	森林蓄积量/万米^3	4224	4650	5000
10	建成区绿化覆盖率/%	40.0	42	45
11	绿色出行所占比例/%	31	35	40
12	垃圾分类率/%	18	50	80

注:①加"[ ]"项目标值是以 2005 年数据为基准的累计下降数
②非化石能源在初始能源消费结构中的比例指标,这里非化石能源包含区外来电中的水电、核电和可再生能源发电
③CO_2 排放数据的确定以温室气体排放清单测算为准
④加*项最终目标值确定以国家和省下达指标要求为准

二、杭州市建设低碳城市的实施路径

1. 建设低碳产业集聚区,构建低碳产业载体

按照"工业兴市、服务业优先"的战略要求,大力扶持现代服务业发展,引导制造业服务化发展,稳步提升第三产业增加值占比,积极培育战略性新兴产业,用高新技术和先进适用技术改造提升传统产业,建立产业内外部的物质循环网络,有效降低万元生产总值碳排放强度。

(1)积极发展十大低碳重点产业。根据杭州市"3+1"现代产业体系分类及发展导向,结合低碳城市建设,选择都市农业、电子信息、生物医药、新能源、新材料、休闲旅游、文化创意、金融、商贸、现代物流等作为顺应低碳发展潮流

的重点产业，扶持一批行业重点项目。特别是深入实施"电子商务进企业"、"网商培育"、打造"中国电子商务之都"三年行动计划，发展互联网经济和物联网经济，把杭州市打造成中国乃至世界"电子商务"之都和"互联网经济大市"，成为低碳商业模式创新的示范城市。

（2）建设一批低碳产业集聚区。利用浙江省产业集聚区和循环经济试点基地建设契机，充分利用既有工业园区的产业基础，结合城市建设，以杭州高新开发区、杭州经济开发区、杭州钱江经济开发区、大江东新能源产业园、大江东汽车产业园、余杭创新基地、临安省级科创基地、新加坡科技园、静脉产业集聚区和一批现代服务业集聚区等为依托，建设一批低碳产业集聚区，与发达国家共建低碳产业示范园区。

（3）改造提升一批传统产业。大力推进工业节能减排减碳，应用新型技术对传统优势产业进行改造和提升，积极发展风力发电和潮汐发电设备制造产业，巩固发展核电设备制造产业，培育节能环保产业集群。不断提高产品科技含量和附加值，提高碳生产力。以机械装备、纺织服装、石化、轻工等行业龙头企业为示范，转变企业传统生产方式，逐步建立企业内外、行业内外、区域内外相互关联的循环经济生产模式。

2. 推广利用清洁能源，构建低碳能源体系

（1）积极利用低碳能源。大力推广应用太阳能、空气（地）热能、垃圾综合利用和沼气利用等技术成熟、经济性较好的可再生能源。深入实施国家"太阳能光电建筑应用示范项目"、"十城万盏半导体照明应用工程"、"金太阳示范工程"，浙江省"百万屋顶发电计划"，大力推进杭州市"阳光屋顶示范工程"、"百条道路太阳能照明计划"，启动地铁、东站枢纽、奥体博览中心、杭州师范大学新能源学院等光伏发电建筑应用试点工作。加快推进生活垃圾焚烧发电工程、填埋气体发电工程，加强农村沼气池建设，积极推广秸秆气化燃料和固化成型燃料。积极开展钱塘江潮汐能利用研究。

（2）加强工业节能减排减碳。抓好重大节能技术改造和示范工程，积极推进重点节能工程、重大节能项目和企业节能行动，支持钢铁、有色金属、电力、化工、建材等行业开展以水煤浆应用、余热余压利用、变频调速、系统能源优化等为主的节能技术改造。突出抓好重点耗能行业和年耗能3000吨标煤以上的企业节能工作，提出节能降耗目标和措施，加强企业低碳计量基础工作和跟踪指导。推进市区工业企业搬迁，以搬迁带动企业技改投入，提高企业工艺水平和产品档次，促进低碳生产。全面推行"清洁生产"审核，推进循环经济"991行动计划"、"770工程"。

3. 加大森林城市建设，构建固碳减碳载体

（1）推进国家森林城市建设，增加森林碳汇。重点发展碳汇林业、生态林业和特色林业，强势推进珍贵树种发展行动。不断完善集体林权制度改革，积极发展现代林业，改造林分结构，拓展林业碳汇功能。根据区域特色探索立体城市绿化，把住宅、公共建筑周围的植物景观纳入街道绿化。深化城市绿化、山区绿化，加强平原绿化、村庄绿化，开展全民义务植树活动。开展林业碳汇研究，加强森林固碳能力的计量与监测，探索建立区域性森林碳汇交易平台，鼓励大型企业、组织、团体出资营造碳汇林或自愿购买森林碳汇。

（2）打造"五水共导"城市，增加湿地碳汇。依托杭州江、河、湖、海、溪（湿地）的自然禀赋，保护钱塘江、富春江、新安江、浦阳江，以及湘湖、南湖、千岛湖、青山湖、分水江库区等水资源，深入实施西湖、西溪湿地、运河、市区河道综合保护工程，加快推进浦阳江生态区建设工程、新安江秀水保洁工程，打造"五水共导"的"生活品质之城"，增强湿地的固碳能力，保护生物多样性。

4. 加强低碳技术研发应用，构建低碳创新载体

（1）明确重点低碳技术。一是重点行业节能减排技术。针对低碳技术发展的重点行业，以低碳技术及设备研发应用为重要手段，进一步提高生产过程中资源能源利用效率，推进工业节能减排减碳。建筑行业重点开展新型墙体材料（含门窗）、可再生能源建筑应用系统的技术研发、建筑能耗监测和评价；城市节能领域重点开展城市供热和制冷技术、LED 产业技术和有机发光二极管（OLED）技术研究。二是清洁能源开发利用低碳技术。包括太阳能光伏开发利用技术，即高纯度多晶硅提纯、切片技术及晶体硅太阳能电池技术。三是 CCS 技术。包括高效碳汇林定向培育技术、森林碳汇的计量监测等技术、CCS 关键技术研发等。

（2）建设低碳技术产学研平台。坚持以市场为导向、企业为主体、科研机构为依托，发挥杭州市国家级高新技术基地的政策优势，发挥大型企业和高新技术企业的产业技术优势，依托工程研究中心、企业研发中心、重点实验室等平台载体作用，开展低碳关键技术的自主创新，促进低碳技术成果转化，鼓励专业的节能技术服务公司参与节能推广和节能改造，提高能源利用效率。

（3）建设低碳技术示范载体。积极鼓励企业加强低碳技术开发与应用，进一步推进低碳技术标准化、产业化和市场化发展。建设一批拥有自主知识产权、知名品牌和持续创新能力的低碳技术企业，发挥示范和带动作用。探索利用财政、税收等政策手段鼓励企业进行低碳技改，建立低碳企业认证制度，完善落后产能退出机制，实行固定资产投资项目节能评估和审查制度。对低碳技术产品开展低碳认证，将低碳技术与商业运作相结合，推动低碳技术和产品的应用。

5. 优化城市功能结构，构建低碳建筑载体

（1）以新城建设引领城市有机更新。坚持集聚发展，调整优化产业布局，结合产业集聚区和新城建设，大力推进市区退二进三、优二兴三，加快市区工业企业搬迁工作，鼓励企业在搬迁转移过程中提高工艺水平和产品档次，促进产业转型升级。将新城打造成为"紧凑型城市"发展模式的样板和集先进制造业基地、高教功能区、物流园区、生活居住区于一体的现代化城市中心区。

（2）以城市综合体强化城市功能培育。利用地铁站、火车站、汽车站、博览城、旅游区、大学城、商贸城等主体功能平台建设为契机，按照布局紧凑、功能复合、集约发展的要求，建设一批大型城市功能综合体，减少市民出行半径、降低城市居民生活成本和企业商务成本，降低建筑、交通、能源、产业、水及固废等系统的碳排放，提高城市运行效率。出台城市综合体建设指导意见，并选择一批综合体作为试点，鼓励城市综合体在建设中采用低碳设计、低碳材料、低碳布局，降低碳排放强度。

（3）加快地下空间开发。统筹考虑市区地下空间资源，加快规划地下空间综合利用。在满足安全要求的前提下，结合地下空间设置交通设施、商业街、商场、仓库、娱乐等设施，不仅节省大量建设用地，而且由于地下的恒温恒湿条件较好，还可节省大量空调能耗。

（4）大力推广低碳建筑。从实施绿色屋顶、既有建筑节能改造、可再生能源建筑应用等方面入手，努力打造低碳建筑。新建建筑从设计、施工、监督到验收等环节的全过程实行低碳监管制度，推进系统节能节地节水节材。实施绿色照明工程和城市"屋顶绿化"计划，促进立体绿化制度化推广。鼓励房屋建筑材料利用可循环和本土材料，推广精装修房屋。适时建立城市公共建筑单元CO_2排放的动态监测评价系统。

6. 建设低碳示范社区，构建低碳生活载体

（1）开展社区低碳宣传活动。一是从科普宣传入手，通过请专家举办低碳知识报告会，组织市民参加低碳知识竞赛开展科普宣传活动，编发低碳宣传资料，让"低碳理念"家喻户晓，提高居民的低碳科普素质。二是开展低碳家庭创建活动，制定评比标准和奖励办法，形成人人参与、家庭争先创优的良好氛围。三是组织开展青少年低碳行动，在中小学生中开展低碳实践活动，以家庭为载体，开展家庭低碳漫画、低碳童谣、家庭低碳案例等低碳实践活动，形成浓厚

的低碳社区建设氛围。

（2）开展低碳示范社区试点。借鉴国际低碳社区、"碳中和"社区成功经验，在全市范围内选择100个左右在资源节约或环境保护方面具备一定基础的社区（含村），或者规划新建、改造、安置的大型小区，公开征集示范社区建设方案，制定社区的能源、水、废弃物、环境和生态等指标的管理架构。建成一批标杆性"低碳社区"，并在杭州市范围内推广，推动宜居型城市建设。

（3）推进低碳社区规划建设。社区规划布局要与当地的季节风向、水系等生态环境紧密结合，注重住宅和交通的生态设计，一方面营造地区内舒适的微气候环境，另一方面减少建筑的季节性能源消耗。开展"阳光屋顶"工程，建立公共热泵系统，开发利用太阳能、地热等可再生能源，满足社区家庭的部分生活热水、供暖、制冷、发电等需求。开展雨水的循环再利用，提高社区内来自非传统途径的用水比例。

（4）加强低碳社区管理。提倡低碳物业管理，设立社区物品再生中心，负责社区废弃物分类回收和再生利用，监督社区居民的生活废水、废弃物的违规排放，组织开展社区闲置物品的交换、回购和再出售。逐步推动其他城区和农村地区的生活垃圾分类收集工作。新建太阳能科普画廊、太阳能楼道灯，新建或改建太阳能路灯或LED路灯，推广雨水收集回用等示范项目。加快制定低碳社区的评价体系和认定标准。

（5）倡导低碳生活方式。提倡生活简单、简约化。装修设计应坚持节能、节约原则，采用自然通风、采光，推行节能灯与LED节能灯，使用节能电器；倡导低碳着装；在购物时尽量选用本地产品、季节产品及包装简单的产品，减少商品在运输过程中的碳排放；组织编写低碳生活家庭行为手册，开展节能减排全民行动，推行"绿色居家准则"，落实《节能减排全民行动实施方案》，形成全民参与节能减排工作的良好氛围。

7. 发展公共交通，构建低碳交通体系

贯彻落实《关于深入实施公共交通优先发展战略、打造"品质公交"的实施意见》，加快建立以低碳为特征的城市交通体系，提高交通运输的能源效率，改善交通运输的用能结构，优化交通运输的发展方式。

（1）分层次建设轨道网通道。大力推进地铁、城际铁路等轨道交通发展，建设地方铁路专线（杭州—淳安），连接杭州铁路南站、富阳、桐庐、建德、淳安西部四县市及主要片区；杭州网络化大都市层面适当考虑市区轨道交通向外拓展。基本建成轨道交通二期工程，提高大容量公共交通供给水平。

（2）推进公交一体化进程。突出"公交优先"政策，推进公交一体化进程，构筑轨道交通（快速公交）、公共汽车、出租汽车、水上巴士、免费单车五位一体的公共交通服务体系。在都市圈层面推进"公交区域覆盖化"，促进城市之间的联系。在市域层面推进"公交市域一体化"，加强市域内部的紧密联系。在市区层面推进"公交市区提升化"，通过各层次公交体系的紧密衔接形成合力。主城区进一步完善城市主、次干道，支路网和人行过街设施，提高快速公交线路覆盖面，加快中心城区至新城、城市综合体和工业功能区的快速通道建设，积极建设入城口换乘场和旅客集散中心。

（3）建立和推广城市慢行系统。结合社区支路、景观支路、游步道等，建设自行车、步行道系统，重点解决机动车停车，以及公交与步行、公交与自行车接驳问题，构筑步行网络系统，为市民采用非机动车和步行方式出行，以及公交优先提供便利。

（4）加强机动车管理。鼓励购买小排量、新能源等环保节能型汽车，发展低排放、低能耗交通工具。严格执行机动车排放标准，新购或外地转入的机动车辆必须达到国三及以上排放标准，新增公交车辆执行欧Ⅳ排放标准，扩大市区高污染机动车辆限行范围，鼓励提前淘汰主城区高污染机动车辆，探索市区机动车增量控制措施。积极推进智能化交通设施建设，建立实时、准确、高效的运输综合管理系统，减少迂回运输、重复运输、空车运输，降低碳排放。

（5）加强交通基础设施建设和行业管理。积极实施《杭州市交通节能减排专项行动方案（2010—2012）》，积极开展道路运输结构优化、水路运输结构优化、公路工程建设优化、水路工程建设优化、港口设施节能改造、废旧沥青再生利用、隧道照明技术改造、驾培设施节能改造、汽车维修行业"五废"回收和"两废"控制等专项行动，同时大力推广应用船舶免停靠报港系统、高速公路不停车收费系统、低能耗耐久路面技术、路面维修废旧资源循环利用技术、公路隧道照明LED技术等示范项目。

三、杭州市低碳城市建设过程中的创新经验

1. 大力开展公共自行车服务

（1）管理思路创新。2007年年底，为解决居民出行"最后一千米"问题，杭州市市委、市政府决定发展公共自行车系统。2008年5月1日，杭州市公共自行车如期试水。在后续的几年里，杭州市公共自行车服务点迅速由西湖景区向全市蔓延。目前，主城区的日均租用量已达到25万人次，最高达到35万人次，约占居民非机动车出行量的12%，其在短距离交通中充分发挥了优势，已成为"五位一体"大公交体系中不可分割的部分。2011年9月，英国广播公司（British

Broadcasting Corporation，BBC）旅游频道将杭州市评为全球 8 个提供最棒公共自行车服务的城市之一。

（2）规划布点创新。2008 年，杭州市规划局组织编制了国内首个《公共自行车交通发展专项规划》，提出了公共自行车系统的功能定位和至 2010 年主城区公共自行车规模为 6 万辆的发展目标，确定了公共自行车系统架构，并对公共自行车服务点类型进行划分，提出了各类服务点的配车规模、布局原则和布局思路。2009 年 5 月，根据杭州市市委、市政府打造"品质公交"的要求和公共自行车的发展情况，启动了新一轮《杭州市公共自行车交通发展专项规划》编制工作。该规划提出了将中心城区公共自行车规模扩大至 24 万辆，其中 2015 年 6 城区 15 万辆的总体目标，确定公共自行车服务半径为 100~150 米；针对不同的用地特点，控规提出了服务点布局建议和控制要求。在公共自行车服务点布点方面，杭州市采用"四结合一公示"方式，"四结合"指城管、交警、公交和街道社区四部门共同选点，"一公示"是指基本选定的服务点需在杭州各大媒体公示 7 天，无异议才能施工。这样选出来的服务点，绝大多数围绕市民日常生活展开。现有 2416 个服务点中，公交车站附近的占 41.2%，住宅区 31.9%，商业网点 5.8%，学校、医院 2.4%。

（3）运作模式创新。杭州市公共自行车系统采用"政府引导、公司运作"的模式。政府是系统的推广者和监管者，其主要职责是在系统建设初期给予资金和政策扶持。由杭州公交集团与杭州公交广告公司共同出资组建的杭州公共自行车交通服务发展有限公司，负责系统车辆引进、租赁网点与配套设施建设，人员招聘培训、系统研发，以及运营管理等工作。目前，杭州公共自行车交通服务发展有限公司的收入来源主要有三块：一是租金收入；二是公共自行车服务点和自行车车身广告；三是公共自行车服务亭的综合利用，即将其引入品牌经营，获取租金或经营收入。依托政府给予的各方面扶持政策，后两项收入将是公司未来的主要收入。杭州公共自行车采取这种模式既能快速推进项目，有利于企业的长足发展，又能避免完全市场化带来的公益性缺失问题。在确保项目公益性的同时也能提供较好的服务，并逐步推动企业发展，减轻财政负担。

（4）收费模式创新。杭州市的公共自行车采用的"阶梯性收费"成为一项重要创新内容。市民可用公交 IC 卡及开通公交功能的市民卡借还自行车，没有市民卡的打工者或游客则可用 300 元押金办卡。公共自行车 1 小时内免费，之后 1~2 小时收取 1 元租车服务费，2~3 小时租车服务费为 2 元，超过 3 小时按每小时 3 元计费。为了鼓励公交与公共自行车的无缝衔接，只要在公交车 POS 机上刷卡乘车起的 90 分钟内租用公共自行车的，租车者的免费时间就可延长为一个半小时。"一小时免费制"实施后，9 成以上的公共自行车租用都是免费的。提出"一小时免费"制度,主要是吸引民众参与,提高自行车的使用效率,树立一种低碳出行理念。而"阶梯式收费"则主要是解决自行车的占有问题,速用速还,不能长时间占用。

2. 建成全球第一家低碳科技馆

杭州低碳科技馆是全球第一家以低碳为主题的大型科技馆,是集低碳科技普及、绿色建筑展示、低碳学术交流和低碳信息传播等职能为一体的公益性科普教育机构。总建筑面积33 656米^2。科技馆建筑体因地制宜地采用了太阳能光伏建筑一体化、日光利用与绿色照明技术、水源热泵和冰蓄冷等十大节能技术,场馆内部的布展材料及施工、展品材料及制造过程等均坚持绿色低碳。目前,中国杭州低碳科技馆已获得中华人民共和国住房和城乡建设部颁发的"三星级绿色建筑设计标志证书",是国内第一家获得此项认证的科技馆,是杭州市绿色建筑的典范。

杭州低碳科技馆以"低碳生活,人类必将选择的未来"为主题,以低碳为主线,设置了7个常设展厅,巨幕和球幕两座特种影院,1个临时展厅和学术报告厅,多个科普实验室。通过"碳的形成与存在"、"低碳生活面面观"和"漫游低碳未来"等100余个科学性、趣味性和互动性相结合的展项,向公众弘扬科学精神、倡导科学方法、传播科学思想、普及科学知识。杭州低碳科技馆将围绕"国内领先、世界一流"的目标,努力打造"低碳科技普及中心"、"低碳建筑展示中心"、"低碳学术交流中心"和"低碳信息资料中心"。

第二节　钱江经济开发区着力构建低碳科技城

一、钱江经济开发区发展概况

杭州市钱江经济开发区于2003年10月奠基,2006年3月,经浙江省省政府批准设立;2006年4月17日,由国家发改委公告核准为省级开发区。2008年12月,被杭州市市委、市政府确定为"杭州高新技术产业园";2009年2月,被规划为"杭州钱江科技城",正式纳入杭州市城市发展体系。

近几年,杭州市钱江经济开发区按照杭州市市委、市政府提出的打造"六位一体"低碳城市和"六大战略"的总体要求,倡导"建区"、"造城"同步推进的理念,积极发展低碳经济和相关产业。"十一五"期间,钱江经济开发区形成了太阳能光伏、半导体照明、节能环保、新材料、国际婴童和服务外包等绿色低碳产业的发展基础,取得了"国家半导体照明工程高新技术产业化基地"、"浙江省工业循环经济示范园区"、"浙江省整合提升试点园区"和"浙江省服务外包示范园区"等称号。截至 2011 年年底,开发区已累计引进企业 273 家,引进项目总投资超过 74 亿元。

二、钱江经济开发区总体发展规划

新一轮战略(概念)规划已确定开发区的功能定位是"活力创智谷、低碳科技城、生态宜居地",产业定位是"三基地、一新区",即先进制造业基地、高新技术产业基地、现代服务业基地和生态科技型新城区。目前,正在进行控制性详细规划和各类专项规划。根据新修编的战略(概念)规划,开发区将着力建设三大核心区域:中央智力核、新城复合功能核和品质生活体验核。

中央智力核为功能高度复合的综合性城市区域,融合了酒店、办公、商业、休闲、文化、娱乐、高级公寓等综合商务功能,是城市人流、空间流、智慧流汇聚之地。

新城复合功能核以多元服务发展轴、生态景观轴展开城市生活,水、城融为一体,是集商业、文化、休闲、娱乐、酒店会议、教育科研等功能于一体的城市公共生活中心。

品质生活体验核以运河文化为深厚底蕴,以西太洋和京杭大运河引入的密布水系构建生态化景观框架体系,是一个高品质的生态居住体验区域,也是钱江科技城独具特色的滨水休闲娱乐中心。随着这些区域的逐步建成,钱江经济开发区将成为一座真正意义上的宜居宜业生态和谐品质新城[①]。

三、钱江经济技术开发区构建低碳科技城的具体措施

1. 着力发展绿色节能产业

紧紧抓住国家、省、市大力支持培育节能环保、新能源、新材料及新能源汽车产业作为战略性产业的历史机遇,积极利用"国家半导体照明工程高新技术产业化基地"、"浙江省工业循环经济示范园区"等多块牌子和"一点多园"发展模式,以太阳能光伏、风电设备、LED 照明和动力电池等产业为主导,以光热设备、水处理和环保专用设备及其他节能环保相关制造业为辅,打造涵盖研发、制造、应用于一体的低碳绿色经济产业链,充分发挥战略性新兴产业对转型升级的

---

① 钱江经济技术开发区网站. http://www.qjeda.com/cms/list.action? nav2.id=21。

引领作用，打造经济增长新引擎，积极创建国家级绿色低碳经济示范园区和生态化建设示范基地。

（1）太阳能光伏产业。以中国·杭州能源与环境产业园为核心，以提高光伏转化率为重点，打造多晶硅太阳能和薄膜太阳能两大产业链。以建筑一体化太阳能光伏组件和集成系统为重点，加强光伏系统集成技术和控制器、逆变器等相关产品的研发，推进光伏技术应用。积极引进先进太阳能电池生产技术和项目，加强高效低成本晶体硅电池及组件封装工艺关键技术和新材料的研发、产业化，提升电池光电转换率，做精做强太阳能电池组件生产安装产业链。

（2）半导体照明产业。发挥"国家半导体照明工程高新技术产业化基地"核心区块的产业引领作用，积极打造杭州市新的LED产业集聚平台。以柏年光电标饰有限公司、中为光电技术股份有限公司、拓凡照明科技技术有限公司、创元光电科技有限公司、艾欧易迪光能科技有限公司等创新项目为基础，积极吸引国内外半导体照明企业集聚发展，重点推进高纯金属有机化合物（MO源）、LED背光模组、显示屏及半导体光电热一体化模块的研发制造，解决LED白光照明产品从标志功能向照明产业化方向发展的"热聚散度"和光效等问题，突破LED的芯片改造、眩光、散热、驱动电源和性价比五大难题，带动杭州市半导体照明产业的技术创新；引进一批具有LED核心技术的企业和研发机构，积极创建研发、检测、服务等平台，"十二五"期间创建LED技术中心（或实验室）五家，通过资源整合、产业合作，扶持企业做强做大，打造成为杭州市半导体照明技术交流中心。加快开发区LED产品在开发区道路、社区、公园、办公、厂房内的广泛应用。

（3）新型动力电池。以万好万家和极力新能源动力电池项目为基础，建设国际水平的大型新能源动力电源研发中心，引进一批动力电池、储能电池企业及总部，加大在新型动力电池及材料、超级电容器及电源系统等方面技术创新成果的工程化、产业化应用，打造新型动力电源生产基地。

（4）风电设备制造业。以浙江运达风电股份有限公司建设国家级重点实验室为契机，加快推动风力核心技术开发、风电机组大型化研发，提升兆瓦级以上成套机组设计研发能力；推进风电高速齿轮箱、机舱、轮毂、底盘等关键零部件发展，重点开发变频、变桨控制、驱动设计制造、数字化风力发电场调度控制和并网控制系统等关键技术，建设国内重要的风电设备制造基地。

（5）水处理和环保专用设备。以"浙江海洋经济发展带建设"为契机，立足现有海水淡化技术装备制造基础，拓展水处理设备产业链，打造国内水处理设备集群的领先品牌，建设具有国际先进水平的国家海水淡化技术装备制造基地。鼓励引进节能、环保设备的先进技术和项目，积极发展大气治理、固废治理设备研发制造业,将钱江经济开发区建设成为具有影响力的环保设备制造基地。

2. 加快发展健康产业

以研发孵化和服务功能为特色,以医疗器械制造为重点,推进保健品研发和制造,形成具有特色的医疗保健特色集聚区,成为杭州市健康领域的后起之秀。

(1) 医药制造。以引进医药新产品研发生产为突破口,积极开展与国内外生物制药园区、企业合作,突出发展创新药物、生物疫苗、诊断试剂、现代中药等重点领域;积极引进临床实验研究为主的医药研发外包公司,开展医药孵化,形成孵化研发集聚区。

(2) 医疗器械。大力引进国际大公司、研发中心和专业人才,重点引进医疗诊断、监护及治疗设备等基础医疗器械项目和技术,积极引进假肢、人工器官及植入器械、医疗外壳、兽用器械等医疗器械制造项目,以及以辅助治疗、保健、调理及监视为主要功能、以数字化与电子化为主要特点的便捷式家庭医疗器械研发项目和产业化项目。

(3) 保健品。积极争取引进国际优秀保健品制造企业,以抗疲劳、降血脂、增强免疫力及营养素补充类保健产品为重点,实现保健品产业突破。建立新型企业培育机制,着力培育新兴保健品企业。

3. 积极发展机会产业

以电子信息产业、婴童产业为重点,引进具有先进的核心技术优势、低污染、低消耗的机会项目,适度发展机会产业。

(1) 电子信息产业。依托杭州电子信息产业的优势,积极引进电子信息龙头企业,重点发展软件、通信设备、集成电路、新型元器件的研发、制造和销售。以远景综合性电子商务产业化项目为基础,积极吸引大型电子商务企业入驻,打造钱江电子商务园。积极跟踪物联网技术发展动态,大力引进芯片设计、制造和封装、传感器制造、物联网技术应用等项目。积极引进云计算管理平台、软硬件一体化的云存储平台研发机构和产业化项目,力争打造成为杭州市云计算产业集聚区之一。

(2) 婴童产业。"十二五"期间,重点发展婴幼儿食品及其物流业,利用电子商务平台打造婴童产业链。以贝因美公司6万吨干法配方奶粉、金色未来创业投资有限公司建设国际婴童总部大楼及金融服务、孵化(上市)基地等项目为龙头,建成全国首个以婴童总部为主的专业化产业园。以300亿物流量的现代化物流配送中心为基础,打造高端婴幼儿奶粉生产基地。加快建立婴童产业链,形成婴童产业孵化、转化、成长、壮大的块状产业集群,打造国际婴童产业基地。

以集聚婴童企业总部、销售、研发为主要发展目标，形成婴童产业的核心区，并在园区建立以婴童产业服务为基础的金融服务和金融孵化的开发区金融中心，打造杭州市国际婴童产业基地。

4. 大力发展现代服务业

以杭州市入选国家现代服务业综合改革试点城市为契机，以服务外包产业和文化创意产业为突破口，以楼宇（总部）经济为重要载体，配套发展金融、物流、设计咨询等生产性服务业，实现现代服务业与先进制造业良性互动，努力打造现代服务业发展集聚区。

（1）服务外包产业。以"浙江省国际服务外包示范园区"和"杭州市服务外包示范园区"为依托，以钱江创新创业产业园为载体，以软件及信息服务外包、呼叫中心为核心，积极培育电子商务数据处理中心、软件开发中心、科研孵化中心、呼叫中心，发展系统应用服务外包、数据中心服务外包，大力发展信息产业增值服务，打造成为科技含量高、人才密集的服务外包产业基地，力争成为国内知名的服务外包示范园区。

（2）楼宇（总部）经济。加快建设钱江欣北国际广场、钱江星河国际商业广场，打造杭州市北部城市综合体。积极引入管理水平高、品牌好的房地产开发公司，高标准进行规划设计，开发建设智能化程度高、设施齐全的高档商务楼，打造一批相对集中、功能完备、管理成熟的商务楼宇精品。大力培育商贸、集团总部楼、中介服务楼、文化创意楼、服务外包楼、研发楼等专业特色楼宇，大力引进研发、营销等全国性总部和区域性企业总部，培植一批税收千万元乃至亿元楼宇。

（3）生产性服务业。进一步完善金融发展环境，大力发展和引进各类金融机构，重点发展银行、证券、信托、保险、基金、租赁等现代金融业，建设多元化投融资体系。加强与银行等金融机构协作，推进投融资平台的金融创新，为开发区产业发展提供金融支持。以尽心医药、天天好医药为龙头，积极打造浙江省级医药现代物流基地。以贝因美现代化物流中心为重点，打造婴幼儿食品物流中心。大力发展设计、咨询、会计、资产评估等中介服务业和科技服务业。

（4）文化创意产业。以现代传媒业、设计服务业和动漫游戏业为重点，发展文化创意产业。以新宸宜文化创意产业园为载体，充分利用文化部授予的中国美术文化创作基地牌子，规划建设具有产品开发、创作交流、资源收藏和展示功能的文化创意总部经济园。以亨达万华文化创意产业园为主，打造电视传媒、现代出版等现代传媒产业和设计服务业。以中国美院创意基地为载体，建立国际美术馆群、名人名家工作室。以杭州碟海影视文化村为中心，创建室内影视拍摄制作中心;推进互联网和移动网络等新媒体和传统媒体融合;大力引进文化创意高层次人才,营造文化创意产业发展的良好环境。

第三节 庆元县打造全国首个"低碳经济示范县"

庆元县位于浙江省西南部,北面与丽水市的龙泉市、景宁畲族自治县接壤,东西、南面与福建省寿宁县、松溪县、政和县交界。南北长49千米,东西宽67千米。全县总面积1898千米^2,土地面积189.8万公顷。森林资源是庆元县最大的特色,森林覆盖率达到86.05%,整个县城几乎被覆盖在"绿海"当中,被誉为"浙南林海"。全县活立木总蓄积846.25万米^3,人均森林蓄积18.36米^3,远远高于全国平均水平。

近年来,庆元县立足生态优势,树立科学的生态观,用经济理念保护生态,用生态理念发展经济,实现生态经济与经济生态的良性互动,大力发展生态产业,促进生态优势的发挥和生态资本的保值增值。2004年,中国环境监测总站根据卫星遥感数据和生态环境现状调查数据,从生物丰度、植被覆盖、水网密度、土地退化、污染负荷五个方面,计算出全国各地生态环境质量指数[①]并进行排序,庆元县在全国2348个县(市、区)中名列第一,是名副其实的"中国生态环境第一县"。2008年,庆元县通过省级生态县创建验收,80%的乡镇达到省级生态乡镇的目标[②]。

一、庆元县促进低碳发展的主要措施

1. 编制低碳发展规划

庆元县县委、县政府于2010年9月底通过了《关于加快发展低碳经济进一步推进生态文明建设的决定》,这是全国县级行政单位第一个正式提出发展低碳经济的政府文件。该决定确立了生态立县的战略,要求庆元县发挥生态比较优势,加快低碳经济发展。同时,优化城乡生态环境,弘扬菇乡生态文化,着力完

---

① 环境质量指数(environmental quality index, EQI)是指在环境质量研究中,依据某种环境标准,用某种计算方法,求出的简明、概括地描述和评价环境质量的数值。它是环境质量参数和环境质量标准的复合值,被广泛应用于污染物排放评价、污染源控制或治理效果评价、环境污染程度评价及某些环境影响评价等方面。

② 庆元:中国生态环境第一县. http://qynews.zjol.com.cn/qynews/system/2009/11/11/011569799.shtml。

善体制机制，加快生态保障体系的建设。

在庆元国民经济与社会发展的"十二五"规划中，已将"低碳化"作为庆元县经济及社会发展的战略目标之一。在"十二五"规划提出的主要发展任务中，"强化生态环境保护，大力发展低碳经济"已经提上了日程，成为庆元县发展低碳经济的纲领。

与此同时，庆元县已经与北京环境交易所达成低碳战略合作共识。目前，双方正在制订专项的低碳发展规划和实践行动方案，主要内容包括：①全面评估庆元县的低碳发展情况；②摸清"碳家底"，建立地区碳排放监测体系；③结合能源强度和碳强度目标，制订针对建筑、交通、商业和居民部门等的低碳发展计划、促进实施体系；④初步建立一套低碳经济指标体系，确立低碳发展情况的考核和评估机制等内容。

2. 出台低碳配套政策

发展低碳经济不仅要有规划，同时需要相应的配套政策予以落实。庆元县县委、县政府通过了《关于加快发展低碳经济进一步推进生态文明建设的决定》，对于发展低碳经济提出初步框架，这一决定从全县层面奠定了庆元县进行低碳转型的实施基础。为了保证低碳转型的顺利进行，庆元县县委、县政府加强了领导机制，成立了发展低碳经济领导小组，由县委书记、县长等核心领导班子牵头挂帅，亲自协调全县的低碳经济发展，并予以政策支持和保证。同时，理顺组织协调机制，各乡镇政府在强化发展低碳经济工作统筹的同时，沟通左右，协调内外，充分调动各方面的力量，较好地履行了组织协调职能。各职能部门不断加大执法力度，各司其职，形成了有效的工作合力。

3. 积极壮大低碳产业

随着庆元县工业经济的不断发展壮大，全县产业结构也在不断进行调整，初步形成以传统产业为支柱、非资源型工业为支撑的工业发展格局，形成了竹木、铅笔、食品、汽摩配件四大主导产业。2011年，三次产业结构优化为15.1：46.1：38.8[①]，工业与服务业逐渐成为庆元县的主导产业。农业生产中食用菌、毛竹、山地蔬菜三大支柱产业已粗具规模，农民收入持续增长，农业和农村经济呈现良好的发展态势。按照新型工业化发展要求，庆元县大力发展环保型、科技型工业；工业经济持续快速增长，食用菌、竹木、铅笔、汽摩配件四大产业已具

---

① 关于庆元县2011年国民经济和社会发展计划执行情况与2012年国民经济和社会发展计划草案的报告. http://www.qyrd.gov.cn/bencandy-htm-fid-111-id-2405-page-1.htm。

备一定基础，工业园区发展迅速，初步形成了以资源型产业为基础，非资源型产业、生态产业为导向，传统优势产业为支柱的工业发展格局。近年来，"中国竹制品产业基地"、"中国铅笔生产基地"、"中国食用菌产业基地"、"台湾农民创业园"等先后落户庆元县，进一步明确了庆元县经济转型升级的目标和方向。

4. 增强森林碳汇能力

森林是陆地生态系统最大的碳库，森林资源是庆元县最大的特色，发展森林碳汇具有天然的优势。据林业部门调查显示，2000~2010年庆元县森林蓄积量增加近400万米^3，增长76.9%；森林覆盖率已由2000~2010年的82.4%提高到86%，居全国之首，被誉为华东地区最大的"天然氧吧"。庆元县林业局高级工程师吴士元算了一笔"生态账"：仅从CO_2吸收能力来说，2010年庆元拥有动态林木蓄积量1004万米^3，每年以5.9%的速度增长，按每立方米可吸收CO_2 1.83吨计，每年可吸收CO_2 108.48万吨，再加上39.2万亩竹林每年12.9万吨的"吸碳能力"，庆元县的"天然氧吧"每年吸碳达121.38万吨，相当于44.96万人年生活、工作的CO_2排放量。

5. 大力发展新能源

庆元县水利资源丰富，理论上可开发的水电资源约29万千瓦（不含抽水蓄能发电），实际可开发22万千瓦，现已开发18.6万千瓦。根据清洁发展机制项目测算，折合年CO_2减排约35万吨左右。在风能开发方面，浙江运达风电股份有限公司已在庆元县建立首批风电场数据采集点，开展前期观测和研究论证工作，准备在庆元县建设总装机容量超过20万千瓦、年发电量达到4亿千瓦时的风力发电站。抽水蓄能发电资源十分丰富，其中温峃背抽水蓄能电站项目正在研究论证中，该项目上库容量大，周调剂功能强，最大装机可达200万千瓦。在太阳能利用方面，全县已推广太阳能热水器集热管面积约12 000米^2，折合每年可减排CO_2约5500吨。生物质能开发方面，浙江富来森能源科技有限公司开发1万千瓦生物质气化发电项目即将开工建设，折合CO_2减排量约6万吨；庆元县已建成农村户用沼气7700多户，折合CO_2减排约3800吨。

二、庆元县创建"全国低碳经济示范县"的目标

1. 生态环境始终领先

不断巩固国家级生态示范区、省级生态县、省级卫生县城创建成果，全面完成主要污染物减排指标，生态环境持续改善，森林和城市绿化面积稳步提高，生

态安全保障体系基本形成，城乡环境不断优化，宜居水平不断提高，确保生态环境建设始终走在全国前列，永葆"中国生态环境第一县"形象。

2. 生态经济加快发展

完成国家下达的"十二五"时期单位生产总值能耗下降指标，高附加值、低消耗、低排放的产业结构初步形成，循环经济形成较大规模，清洁生产普遍实行，低碳经济不断增长，产业集聚集约发展，品牌建设巩固提升。

3. 生态文化日益繁荣

生态文化研究和生态文明教育不断加强，绿色创建活动广泛开展，生态文明理念深入人心，健康文明的生活方式初步形成，具有地方特色的香菇文化、廊桥文化、生态文化等得到良好保护和传承，初步形成相得益彰的菇乡原生态文化体系。

4. 体制机制更加完善

省、市下达的各项生态文明建设指标全面分解落实，政策体系比较完善，生态文明创建机制基本形成，生态文明建设考核评价、政策扶持、安全保障等各项机制得到全面有效实施。

三、庆元县打造"全国低碳经济示范县"的实施路径

1. 发挥生态比较优势，加快建设低碳县域经济体系

（1）构建低碳产业格局。大力实施食用菌"十大创新"、竹产业"八大创新"和铅笔产业"八方面创新"，做大做强食用菌、笋竹、山地蔬菜等主导优势产业，鼓励发展松花菜、甜橘柚、吊瓜、锥栗、茶叶、高山茭白等区域特色产业和娃娃鱼等特色新兴种养殖业，大力支持引导农民调整产业结构。大力推广应用绿色技术，支持企业开发和生产环境标志产品、节能产品、节水产品，开展中国环境标志认证、低碳认证和国际绿色认证，创建驰名商标、著名商标，突出项目带动、品牌战略、技术改造和新材料、新能源应用。积极发展低碳服务业，大力推进专业化科研咨询、信息咨询、科技培训、技术推广等科技信息服务业，培育现代物流、现代商贸、金融服务、文化创意等现代服务业，发展绿色餐饮等低碳环保型服务业。

（2）坚持集聚集约发展。培育特色专业园区，打造"四镇一线"工业走廊。完善黄田垟——五都工业园区基础设施，改造和提升其服务功能；推进竹口——

屏都低山缓坡开发，加快屏都综合新区建设，加大招商引资力度，巩固"中国竹制品产业基地"、"中国食用菌产业基地"和"中国铅笔生产基地"，努力形成若干个在浙江省具有规模经济优势和技术领先优势的生态工业示范园区。加强专业园区建设，建立台湾农民创业园、食用菌产业园，以休闲观光农业基地、循环农业示范基地、科普教育实践基地建设为抓手，努力建成百个符合"园区化、精品化、工厂化、品牌化、产业化"要求的现代农业示范园区。建立竹产业家庭加工业发展示范乡镇、示范村，建设笋竹产业高效示范园区，提升竹产业发展水平。鼓励企业运用高新技术发展精深加工，不断拓展生物医药、养生保健、食用菌精深加工等新领域，努力建设以低碳技术为先导、优势产业为支撑的低碳经济示范园区。

（3）培育生态休闲产业。加快推进重点旅游区块开发，重点建设县城"一溪两岸"休闲景观廊道、中国珍贵树木博览园、香菇文化主题公园、庆元国家森林公园、百山祖生态旅游区、高星级宾馆和西洋殿休闲度假养生基地，支持开发大济进士村、月山村、银坑硐矿山地质公园等特色旅游资源。大力培育文化旅游产业，有效整合风景名胜、文物古迹、历史文化等旅游资源，打造富有香菇文化、廊桥文化等特色文化的精品旅游线路。强化旅游酒店业、旅游休闲产品、旅游保健食品等产业链发展，紧紧依托良好的生态资源优势，以生态观光、文化访踪、休闲度假为主题，以差异性的错位开发为特质，不断强化项目包装，策划整合旅游资源，逐步把庆元县打造成"养生为方向、景区为基础、文化为支撑"的休闲养生度假旅游城市。

（4）深入推进循环经济。大力推行"种养加饲"一体化的生态立体农业循环模式，建设绿色高效循环农业示范基地。大力发展工业循环经济，培育一批循环经济示范企业，引进和培育一批新材料、新能源与节能环保的新兴产业项目，努力在食品加工、竹木制品、文教用品等行业构建循环型产业链。探索工业园区循环经济模式，推行基础设施共享、污染物集中处理、物质闭路循环，实现能源资源循环利用、综合利用和梯级利用。实施再生资源回收利用工程，倡导垃圾分类回收处理模式，实现再生资源回收和循环利用。支持企业开展 ISO14000 环境管理体系认证，依法开展清洁生产审核。

2. 优化城乡生态环境，加快生态屏障建设步伐

（1）加强生态环境治理。高度重视污染物减排工作，严格控制有毒、有害污染物排放。减少和控制使用农药化肥，加大农业面源污染防治力度。加强餐饮业环境整治，做好重点污染源及污水处理厂达标排放。实施"811"环境保护新三年行动计划，推进"一溪两岸"环境整治和"创卫八大行动"，促进城乡环境卫生整洁。加快城乡污水、垃圾处理等环保基础设施和城乡环卫一体化建设，推行农村生活垃圾"户集、村收、镇中转、县处理"，力争庆元县开展生活垃圾资源化利用和生活污水处理的行政村比例达到90%、70%以上。深入实施"千村示范万村整治"和农村环境"五整治一提高"工程，大力创建生态文明村，加快建设百个"美丽乡村"。

（2）实施生态修复保护。继续实施生态移民工程，通过中心集镇建设和农民异地转移，推进生态敏感区人口向县城和中心镇集聚。实施生态水利工程，加强河道采砂综合治理和渔业管理，切实做好饮用水源保护、生态防洪建设、松源溪流域治理保护。实施废弃矿山治理工程，开展绿色矿山建设，严格落实矿产资源开采环保前置审批制度、矿山自然生态环境治理备用金制度。实施生态林业保护工程，做好生态公益林建设、林相改造、中国珍贵树木博览园建设等，加快推进坡耕地及林地水土流失综合治理。实施生态城市建设改造工程，严格城市规划设计，加强城市管理。实施生态园区改造工程，积极引导企业节能减排，建设生态工业园区，深入推进新型工业化建设。实施土壤修复工程，加强污染耕地、污染场地及垃圾填埋场的环境修复，加大畜禽养殖、土法造纸等整治和监管，防止新污染源产生。大力推进移风易俗，加强"一沿四区"范围内硬化坟墓治理，推行生态公墓建设工程，形成健康向上、绿色环保的殡葬风尚。

（3）建设绿色生态屏障。以争创国家级生态县为契机，全面实施"七大工程"，推进"七大行动"，把庆元县建设成为名副其实的浙南绿色生态屏障。推进万里清水河道工程，加强闽江、瓯江、赛江等流域源头保护，加强生态功能保护区、重要水源涵养区建设，加强小流域治理。加强自然保护区管理，实施生物多样性保护工程建设。加强景观林道建设，建设百里绿色长廊。大力发展毛竹产业，打造万亩竹海生态公园。优化森林资源结构，提高森林资源质量，深化生态公益林体系建设。推进城市绿地建设，不断提高人均绿化面积。加快森林城市建设，形成区域独特的绿化体系，确保环境质量全国领先，永葆"中国生态环境第一县"品牌。

3. 弘扬菇乡生态文化，加快促进生活品质提升

（1）加强低碳经济理念教育与宣传普及。加强对党员干部的生态文明教育，将低碳经济、生态文明内容列入党委中心组学习计划和干部培训内容，不断提高党员干部的生态文明素质。培育、建设企业生态文化，强化企业家低碳理念和思维，促进企业生产方式的转变。把低碳经济、生态文明教育作为学生素质教育的一项重要内容，编写生态文化、香菇文化、廊桥文化乡土教材读本，引导中小学生树立生态责任意识。把提高市民生态环境意识列入市民素质教育的重要内容，

确立4月7日为庆元县的"生态日",积极组织开展非遗文化日、世界环保日、世界地球日、地球一小时、中国水周、全国土地日、中国植树节、浙江生态日等重要时节的纪念和宣传活动,使生态建设和环境保护成为人民群众的自觉行动。

(2)加快推进县乡文化服务中心建设。加快"三馆两院"(文化馆、图书馆、体育馆、剧院、多厅影院)和乡镇综合文化站建设,使其成为传播和弘扬生态文化的重要阵地。建成一批具有自然保护功能的森林公园、地质公园、湿地公园等,使其成为承载生态文化的重要平台。大力推进生态乡镇、生态村建设,加快"国家生态乡镇"创建进度,确保80%乡镇达到"国家级生态乡镇"标准,使其成为引领乡村生态文化建设的重要示范基地。

(3)推进民众开展低碳行动。大力开展"节能减排家庭社区行动"、"我为低碳发展做贡献"等活动,在全社会倡导勤俭节约的低碳生活。积极引导公众开展节能、节水、节材行动,广泛使用节能型家电和节水型设备。大力实施公交优先战略,鼓励选择公共交通、非机动车绿色出行,积极推广使用新能源机动车。深入实施家电、汽车以旧换新工作,自觉抵制"白色污染",鼓励购买适度包装、可重复使用的物品。积极鼓励绿色消费,引导公众购买节能、环保标志产品和无公害、绿色、有机食品。

四、评价及展望

庆元县区位优势明显,农林资源非常丰富,在产业发展中遵循绿色发展理念,与低碳经济发展理念相吻合。2011年7月,庆元县百山祖生态旅游开发低碳体验区工程和百山祖景区生态停车场工程开标,标志着庆元县已经率先创建全国低碳旅游示范景区。因此,庆元县作为"中国生态环境第一县",打造浙江省乃至全国首个"低碳经济示范县"顺理成章,这不仅是时代发展的趋势和要求,而且符合县域经济科学发展的需要。作为典型的以农林资源为主的地区,庆元县的低碳发展之路,对于探寻以农林资源为主地区如何实现人与自然和谐相处,特别是实现经济发展与生态保护的良性发展提供了有益借鉴。

第十三章　江苏省低碳发展的典型案例

第一节　无锡市全力打造低碳城市

一、无锡市低碳城市发展概况

无锡市政府先后编制完成《无锡市低碳城市战略规划》、《无锡市低碳城市建设规划》，作为无锡市开展低碳城市试点工作的总体纲领，为试点工作提供重要指导。制定出台《无锡市低碳城市建设实施方案》，提出了无锡市推进低碳城市建设的具体要求和重点任务，还出台了《固定资产投资项目节能评估和审查实施办法（试行）》等政策文件，为切实推进低碳发展提供保证。

2010年3月，《无锡市低碳城市发展战略规划》获专家组通过。规划提出了低碳城市目标：到2015年，初步形成政府主导、企业主体、社会参与的低碳城市；到2020年，初步建立良好的自然生态、高效的经济生态、文明的社会生态体系，形成科技含量高、经济效益好、能源消费少、碳排放少的低碳工业体系，使无锡成为全国低碳经济示范城市[①]。

2011年2月，无锡市顺利入选江苏省内唯一的低碳试点城市和交通部的低碳交通运输体系试点城市。

2012年2月，滨湖区、江苏宜兴经济开发区、江阴临港新天地等七家单位被确定为无锡市首批低碳经济试点单位。试点单位将承担推进低碳技术研发、低碳产品生产和产业链延伸、培育壮大低碳产业等方面的工作。

2012年3月，全国首个低碳交通运输体系规划课题研究《无锡市低碳交通运输体系建设战略规划研究》（简称"《规划研究》"）正式通过江苏省交通运输厅组织的专家评审。按照该《规划研究》，无锡市将通过基于物联网技术的智能交通系统、绿色货运工程、港口低碳化工程、清洁能源推广应用工程、低碳驾驶

[①] 孙彬，张展鹏．坚持转型发展无锡积极创建"低碳城市"．新华网．http：//www.js.xinhuanet.com/xin_ wen_ zhong_ xin/2010-04/27/content_ 19637579. htm。

培训工程、绿色汽修工程、城市公众低碳出行系统、低碳交通能力建设工程等八大重点工程的实施,到2015年初步建立低碳交通运输体系。

二、无锡市建设低碳城市的基础条件

1. 低碳理念广泛树立

"十一五"期间,无锡市率先成立了"无锡低碳城市发展研究中心",编写了《无锡市碳足迹现状及低碳城市建设对策研究》、《无锡市低碳城市发展战略规划》等报告,明确了低碳城市的发展战略定位和主要任务,制定了《无锡市固定资产投资项目节能评估审查实施细则(暂行)》、《无锡市节能监察办法》、《无锡市清洁生产审核工作管理办法》等有利于低碳发展的规章制度和文件,基本形成了较为完备的政策法规体系。各级部门积极开展低碳理念宣传,实施低碳项目,创建低碳园区,低碳化生产消费模式基本形成。2010年年初,无锡市被"低碳中国论坛"首届年会评选为"低碳中国贡献城市"。

2. 社会节能成效显著

"十一五"期间,无锡市累计关停"五小、三高两低"企业1900多家,鼓励支持发展循环经济。无锡市、江阴市被列为省循环经济试点城市。无锡市全市建设循环经济试点企业72个,试点园区11个,累计实施重点节能与循环经济项目459个,形成了10条独具特色的循环经济产业链。加强用能管理,工业增加值能耗总水平逐年下降。建筑节能的政策规章体系不断完善,新建建筑实行节能65%的标准,强化建设项目全过程监管,积极推动可再生能源在建设项目中的应用。天然气汽车数量不断增加,水路、公路、铁路运输低碳化程度不断提高。五年内全市单位地区生产总值能耗累计削减20%以上。

3. 低碳产业快速崛起

2010年无锡市地区生产总值达5758亿元,其中服务业增加值占地区生产总值比例达到42.8%,高新技术产业增加值占规模以上工业增加值比例45.7%,高效农业占农业用地面积比例提升到53.9%。三次产业就业人员比例由11.8∶55.1∶33.1调整为6.5∶54.8∶39.0。战略性新兴产业快速崛起,微电子、新能源、软件与服务外包等产业发展达到国际国内先进水平。已陆续出台了《无锡市更大力度培育发展战略性新兴产业六年行动计划(双倍增计划)》,编制完成了《无锡市"十二五"节能专项规划》、《无锡市"十二五"能源发展规划》等规划,低碳产业呈现蓬勃发展的良好势头。

4. 新能源利用粗具规模

"十一五"期间，以太阳能、风能等为重点的新能源产业迅速发展，涌现了一批以尚德太阳能和远景风能为代表的，具备自主知识产权和品牌的骨干龙头企业，并且太阳能热水系统和太阳能照明、沼气利用等新能源应用规模持续扩大。目前已建成七个光伏太阳能示范工程。全市天然气管道运输整体能力显著提升，清洁能源和新能源使用范围不断扩大。

5. 碳汇能力不断提高

高度注重生态环境保护和修复工作，持续开展大规模植树造林工作，大力加强森林、湿地和水体保护修复力度，全市林木覆盖率达到20.9%，建成区绿化覆盖率达到42.65%，综合碳汇能力约为70万吨/年（以碳元素计）。无锡市跻身国家生态文明建设试点城市行列，建成国家节水型城市、全国首个国家森林城市，率先建成国家生态城市和生态城市群，碳汇能力显著增强[①]。

三、无锡市低碳城市建设目标

无锡市提出力争在未来五年内，将无锡市建设成为生产生活环境优美、资源能源高效节约利用、CO_2排放保持较低水平、低碳文明理念深入人心，具有一流创新力的低碳技术创新核心区、具有国际竞争力的低碳产业发展集聚区和具有重大影响力的低碳发展示范区。具体目标为以下三个方面。

1. 低碳经济

把结构战略调整作为转型发展的主攻方向，加快构建以高新技术产业为先导、服务经济为主体、先进制造业为支撑、现代农业为基础的现代产业体系。到2015年，服务业增加值占GDP的比例达49.5%以上。大力发展循环经济，不断提高资源综合利用率，逐步提升产业低碳化发展水平。

2. 低碳社会

加快现代化综合交通系统建设，大力推广新能源交通工具，加快发展智能交通，提高交通管理水平。预计2015年公共交通分担率将达到30%。大力发展低碳节能建筑，加快改造既有高能耗建筑，加强建筑能耗监管，力争到2015年完

---

① 无锡市发展改革委. 无锡市"十二五"低碳城市建设规划.

成中心城区 173 千米² 建筑低碳化改造。构建低碳生活理念，提倡低碳消费，普及低碳绿色的生活方式。不断提高资源综合利用率，力争到 2015 年单位工业增加值用水下降 20%，工业固体废弃物综合利用率达到 100%。

3. 低碳生态环境

优化城市空间和功能布局，加强生态功能区、湿地保护和生态绿化的建设与保护，提高碳汇质量，增强碳汇总量。到 2015 年，全市林木覆盖率达 27% 以上，城镇绿化覆盖率达 45% 以上，建成国家生态园林城市和全国最佳人居环境城市（表 13-1）。

表 13-1　无锡市"十二五"低碳城市建设主要指标

类别	指标名称	2010 年	2015 年
低碳经济	单位 GDP 水耗/（米³/单位 GDP）	31.7	≤30
	第三产业增加值占比/%	42.5	49.5
	单位 GDP 能耗下降率/%	累计 20 以上	累计 20
	单位 GDP CO_2 排放减少率/%	—	20
	非化石能源占一次能源消耗比例/%		5
	高新技术产业增加值占规模以上工业增加值比例/%	45.7	55
	工业固体废物综合处置利用率/%	99	100
	主要污染物排放下降率/%		20
	工业用水重复利用率/%		≥80
低碳社会	城市化率/%	68	75
	可再生能源的使用占建筑总能耗的比例/%		≥15
	公交设施可达范围/米		500~800
	公交清洁燃料汽车拥有率/%		≥90
	市区公共交通分担率/%	25	30
	城市生活垃圾无害化处理率/%	100	100
	城镇生活污水集中处理率/%	91.33	98
	人均住房面积/米²		35
低碳生态环境	空气质量好于或等于二级标准的天数/（天/年）	—	≥350
	生活垃圾分类收集率/%	50	65
	建成区绿化覆盖率/%	43.35	45
	人工湿地水质	—	透明度 0.8~1.0 米
	人均公共绿地面积/米²	14.01	15
	区域噪声平均值/分贝		≤50
	水面积率/%	7.4	10

资料来源：《无锡市"十二五"低碳城市建设规划》

四、无锡市建设低碳城市的实施路径

(一) 全力打造低碳社会

以建设低碳生态文明创新城市为发展理念，加快建设完善城市现代化综合交通体系，不断提高交通运输领域的能源节约和资源利用水平，大力发展绿色低碳建筑，提倡低碳消费，普及低碳生活方式，全面构建低碳化社会发展模式。

1. 发展低碳交通

(1) 构建低碳交通体系。优先发展水路运输和公共交通。推进航道升级整治和港口建设改造，确保"十二五"末形成两横（京杭运河和芜申运河）六纵（申张线、苏张线、锡澄运河、锡溧漕河、锡十一圩线、玉祁线+直湖港+杭湖锡线）的干线航道网。加快建设轨道交通和城区快速公交系统，以公交站为中心合理配置完善的服务设施，形成市内公交与周边镇区公交的有效衔接。加快发展铁路运输及客运专线建设，推进货运铁路改造，完善铁路车站的集疏运系统。稳步发展公路运输，重点发展民航运输，加快建设苏南硕放国际机场。

(2) 提高交通管理水平。加强科学管理，提高现代交通管理和运输服务水平，增强公共交通智能化调度能力，加快物联网技术在"智能交通"建设中的应用。进一步加强机动车管理，深化公务用车制度改革，引导合理使用公务用车。改善自行车、步行交通系统和驻车换乘条件，倡导绿色环保出行。

(3) 促进交通节能减排。全面实施国家第四阶段机动车尾气排放标准，扩大市区高污染机动车辆限行范围，鼓励提前淘汰主城区高污染机动车辆。开展机动车专项整治行动，强化机动车排气污染检测场站的指导和服务，实现机动车尾气污染的源头控制。建立健全全市汽车尾气监控和联动处置机制，实现机动车尾气污染监管信息网络化和标志化管理。加大力度促进交通工具节能减排技术改造，减少机动车主要污染物排放。

(4) 鼓励新能源汽车发展。政策鼓励新增出租车、公交车、校车、清洁车全部选购使用新能源汽车，推动私人购买新能源汽车，加快新能源汽车配套设施建设。积极应用清洁新能源公共交通工具，推广应用高效低碳甲醇燃料等清洁能源，提高公共交通车辆的环保水平，提高混合燃料消费量占常规汽柴油燃料消费总量比例，增加市区新能源汽车数量。

2. 促进建筑节能

(1) 新建低碳节能建筑。建立健全低能耗、超低能耗建筑、绿色建筑的实施和认证标志。积极推广环保型建材，提倡适度装修。新建建筑严格执行节能65%的标准。在新建大型公共建筑中，全面推广区域供冷或水冷式空调系统、建筑外墙保温隔热、屋顶绿化等先进节能技术，建设一批具有示范意义的绿色建筑和低耗能示范项目。

（2）改造既有高能耗建筑。积极开展既有建筑状况调查，制订既有建筑节能改造计划，分步骤实施分类改造。重点完成无锡市机关办公建筑和大型公共建筑的能耗统计、能源审计工作，建立江苏省机关办公建筑和大型公共建筑能耗监测系统无锡市分中心，实施无锡市公共建筑的能耗能效审计和定额管理。实施政府强制采购节能产品制度，提高建筑工程节能改造效果。积极鼓励在农村集中居住点统一设计、安装太阳能热水系统，大力推广应用新型建筑节能结构体系和新技术在城乡建筑中的应用。

（3）加强建筑能耗监管。参照国家和国际绿色节能建筑标准，制定"可持续建筑标准"，推广实施地方性建筑节能办法，出台城市建筑全生命周期能耗管理办法。重点抓好新建建筑、机关办公建筑和大型公共建筑节能监管体系建设。切实发挥低能耗、绿色建筑示范带动作用，大力推动农村住房节能改造。加大建筑节能执法监督力度，提高建筑能耗智能化管理水平，不断促进建筑运行节能。

3. 倡导低碳生活

以建设节约型社会为核心，通过各种方式引导全社会形成低碳发展理念和低碳生活风尚，鼓励市民积极践行低碳环保的生活消费方式。

（1）普及低碳生活理念。普及低碳生活方式，夯实全社会的低碳文明意识基础。开展"低碳社区"、"低碳学校"、"低碳乡镇"等系列活动，动员全社会关注气候变化，节约资源。开展"低碳社会宣传月"、"低碳节能救地球"、"居家生活低碳秀"等宣传实践活动，动员市民群众人人争当"低碳生活模范"。发动党员干部以身作则，带头垂范，使全民养成节水、节电、节能、减碳的生活消费习惯。

（2）降低生活能耗。推广自然采光、雨水再利用等节能技术在低碳建筑的应用。强化控制城市灯光设施管理制度，以降低夜间光污染和节能为原则，完善城市亮化工程的方案。通过优化城市绿地系统布局，增加建成区广场和道路用地中透水面积的比例，改善城市热岛效应，提高工矿企业冷却水循环利用率，减少城市热源排放，降低能源消耗。积极引导和鼓励市民购买节能、节水产品和可再生利用产品，培养低碳消费习惯。

（二）加强生态环境建设

坚持环保优先、节约优先，全面加快资源节约型、环境友好型社会建设，深入推进国家可持续发展实验区和国家低碳示范城市建设,大力完善生态发展体系,推动由环境保护为主向全面建设生态系统转变,探索具有无锡特色的生态文明发展道路,建设低碳生态文明城市。

1. 提升碳汇能力

(1) 提高碳汇质量。注重并加快湿地和市区山体风景资源的保护,加大太湖湖体(含蠡湖)市区京杭运河、环城古运河等主要河流水系保护和沿线生态景观建设。调整优化中心城区绿地系统空间布局,控制土地开发强度。增加林木覆盖率,维护并提高生物多样性,改良树种碳汇效果,全面优化农作物种植品种,提高碳汇能力和碳汇质量。

(2) 增加碳汇总量。严格推进保护森林公园、景观生态区、湿地等生态敏感区,继续开展湿地保护与生态修复以及林相改造工作。大力推进森林公园、自然保护区、城市公园、郊野公园、居住区公园等组成的多层次公园体系建设。全面实行立体绿化,积极开展绿道网建设,鼓励面积在 500 米^2 以上的屋顶继续绿化,大力推广立面绿化,推行道路绿地生态改造,建设完善的城市绿地系统。

2. 打造低碳人居环境

以建设全国最佳人居环境城市为目标,优化城市空间布局,完善城市功能,加强生态功能区建设和保护,打造全国一流的低碳宜居城市环境。

(1) 优化城市空间布局。严格保护限制开发区域、禁止开发区域和优化开发区域,优化城乡建设空间布局。顺应高铁、城铁、地铁等建设对城市功能布局变化的要求,发展和完善"一体两翼、七区一体"城乡建设空间格局。着力加强各区域之间规划、公共设施和基础设施的有机衔接、整体配套,推进"一体两翼、七区一体"功能配套互补、交通快速便捷和基础设施无缝对接。

(2) 加强生态功能区建设和保护。严格实施生态功能区的保护和建设。根据不同生态功能区的生态功能要求和建设重点,配套相应的投资、产业、土地和财政等引导政策,发展生态经济,维护区域生态安全,进行生态修复,平衡人居环境与经济发展,打造中心都市生态景观,改善人居健康环境。

(3) 完善城市功能。强化差别功能定位,加快新城开发建设,提升中心城市和副中心城市功能,发展新型卫星城,改善城市品质和整体面貌,全面推进区域城市化和城市现代化进程。推动新城、新城镇、新型农村社区联动发展,优化城乡资源要素配置,有序开展村庄优化调整和土地管理,统筹规划建设公共服务设施,提高农民享受公共服务水平。

(4) 完善人居环境建设。坚持"完善设施、打造环境、塑造形象、提升功能"原则，促进市政公用基础设施共建共享，完善设施体系，加快实现城乡全覆盖的公共服务均等化。优化完善生活垃圾收集、运输、处置设施，提高环卫作业机械化水平，重点加强农村生态环境治理。加快推进"感知无锡"建设，重点实施交通、电力、健康等领域的感知应用示范工程项目建设，加快形成信息资源统筹共享体系。

3. 推进"低碳示范"建设

以低碳示范城建设为引导，加快城市低碳新城建设，全面推进建成区低碳化改造，全方位促进城市低碳化发展。

（1）加快低碳新城示范建设。按照将中瑞低碳生态城打造成中国一流、世界有影响力的低碳生态精品工程目标要求，高起点推进太湖新城-国家低碳生态城示范区建设，高标准完成中瑞低碳生态城规划设计方案。推广、支持以服务经济为特色的低碳实践区的建设，强化科技、人才、资金、政策等各项资源支撑。加快推进蠡湖新城、锡东新城、江阴、宜兴中心城低碳化建设。发挥太湖新城低碳生态城示范带动作用，制定针对低碳实践区约束性的低碳生态指标，全面促进新建城镇低碳化建设。

（2）创建低碳发展实践区。制定无锡市低碳发展实践区指南，由"二市七区"和各产业园区申请建设低碳发展实践区、低碳社区实践区、低碳园区实践区。以点带面，逐步推进低碳实践区建设领域和覆盖范围。

（3）推进建成区低碳化改造。明确低碳城市建设相关标准，以建成低碳建筑、低碳交通、低碳社区为目标，以社区为单位，全力推进中心城区低碳化改造。大力推进企业的低碳化改造，重点推进企业提高清洁能源使用率和节能降耗，促进企业实现清洁生产。大力推进公共交通低碳化发展，有效提高建成区公共交通分担率，重点提高清洁能源和新能源公共交通工具数量，控制机动车行驶范围。大力推广新能源应用，重点推广太阳能等新能源在交通信号灯、公园、景区、小区照明、建筑节能改造等方面的应用。

（三）强化低碳技术创新与应用

1. 加强自身创新优势

以国家创新型城市试点建设为动力，坚持自主创新、重点跨越，突出应用性、产业化发展方向，加快技术创新，制定低碳技术政策和标准，提升建设创新能力，加快培养和形成自身在国内领先的优势创新体系，保持无锡的创新优势。

（1）加快技术创新。以建设国家创新型城市试点为契机，集聚全市低碳技术创新优势，引导企业开展低碳技术研发、关键技术攻关和产业化。推进减碳技术研发与应用，重点推进工业节能、高效照明节能、建筑物节能、区域热电联产等技术研究；积极拓展无碳技术攻关，着力于太阳能、核能、生物质能、风能、新能源汽车、储能电站及智能电网七大领域的共性关键技术研发与攻关；积极探索 CO_2 封存、捕集和综合利用等去碳技术。

（2）制定低碳技术政策和标准。结合实际制定低碳发展的低碳技术目录，定期更新并向社会公布。参照国际标杆城市，编制低碳技术领域相关行业标准和技术规范，构建无锡低碳产业技术标准体系。鼓励低碳技术专利申报，形成一批具有核心竞争力的自主知识产权低碳技术。

（3）提升技术创新能力。加强人才队伍建设，将低碳技术领域科技人才纳入人才引进优惠政策范畴。加强研发平台建设，在低碳技术领域建设一批市级企业工程研究中心、技术中心，加大产业化关键技术研发，保持低碳科技创新优势。加强学科建设，鼓励在锡院校开设低碳发展领域及关联学科，逐步建立起门类齐全、结构合理的低碳发展领域学科体系，形成产学研一体化的学科建设模式。

2. 加快低碳技术推广应用

（1）加快推进新能源技术应用。充分发挥无锡市在太阳能、风能、生物质能技术、资源、产业基础等方面的优势，大力开发利用可再生能源。激励能源生产部门积极应用高能效发电技术，试验应用 CCS 技术，使电力碳含量逐步降低。

（2）加快推广节能技术。积极推广汽车氢燃料技术、混合动力技术及汽车的天然气改造。加快推进建筑维护结构和采暖空调系统技术改造，重点推广中央空调系统风机、水泵变频调速节电技术等，加快开发推广新能源、新材料、新产品在公共与民用建筑上的应用。大力推广促进煤炭高效利用和清洁利用技术，推广高压、超高压交流输电技术，推广采用节能型输变电、配电设备，提高电力使用效率。

（3）加快技术成果转化应用。不断完善以产业为龙头、企业为主体、市场为导向的产学研创新体系，加快新能源技术成果推广应用，建立江苏宜兴环保科技公共技术服务中心、东南大学中国环保装备产业基地技术研究中心、中国环境科学研究院太湖研究基地等一批产学研相结合的技术创新平台，推动技术成果的研发及转化应用。

第二节 武进高新区打造江苏省首家低碳示范区

武进低碳示范区，总规划面积 27.8 千米^2，布局总体框架为"一心六轴四片"。"一心"，即示范区的商务、办公、商业和金融中心；"六轴"，即"三纵三横"交通轴线与空间发展轴线；"四片"，即滨湖生态片、生活与服务片（应用示范区、低碳生活睦邻体验区、配套低碳居住区)、东北部与东南部的制造产业片。具体产业分区包括先进低碳装备产业区、新能源产业区、新光源产业区、其他低碳产业区四大产业片区。

示范区是以低碳产业发展为重点,以低碳研发机构和研发人员为支撑,以低碳社区建设为载体,以低碳环境营造为保障的集低碳制造业的集聚区、低碳现代服务业的集聚区、低碳示范应用的集聚区等"三位一体"的国家级低碳生态示范区和国际低碳新技术交流推广基地。

一、武进低碳示范区的发展历程

1. 2009 年

2009 年 11 月,武进高新区正式启动低碳示范区规划建设工作,初步规划 27.8 千米^2 的低碳示范区,并向国家发改委、住房和城乡建设部、江苏省发展和改革委员会、江苏省住房和城乡建设厅等部门的领导进行了汇报,得到了各级领导和部门的肯定和支持。

2. 2010 年

2010 年 1 月,起草编制《常州市低碳示范区发展规划》。

4 月 23 日,由江苏省发展和改革委员会牵头对发展规划进行了评审,专家组一致同意通过规划评审。

5 月份,经几轮修改完善后,《常州市低碳示范区发展规划》和《常州市低碳示范区实施方案》正式上报省发展和改革委员会。

6 月 1 日,江苏省发展和改革委员会批复同意武进高新区为江苏省低碳示范区试点单位。

6 月 6 日,江苏省发展和改革委员会、常州市人民政府和武进区人民政府在上海世博园联合馆联合举办新闻发布会,正式宣布武进高新区成为江苏第一个低碳示范区。

7 月 25 日,武进高新区与西宁国家低碳产业基金投资管理有限公司签署了总额达 50 亿元的战略合作协议。

8 月 17 日,武进高新区与吉林省新能源投资有限公司结成战略联盟,全面合作发展低碳事业[①]。

---

① 武进高新技术开发区网低碳示范区专题. http://www.wiz.com.cn/xg/index.asp。

10月31日，江苏省低碳示范区暨低碳科技创新基地、建筑节能和绿色建筑示范区，在武进高新区正式启动。英国零碳中心（中国）建筑设计研究院、中技天正（武进）低碳建筑技术研究院、江苏现代低碳技术研究院、国家半导体照明产品质量监督检验中心、武进工业设计园等20家研发企业和创新平台，也集体入驻示范区（李莉等，2010）。

3. 2011年

3月4日，武进出台《关于低碳武进建设的意见》，同时发出了《低碳武进建设三年行动纲要》的征求意见稿。

10月20日，住房和城乡建设部为常州武进正式授牌全国首个"绿色建筑产业集聚示范区"[①]。

10月28日，英国伊尔姆环境资源管理咨询有限公司、江苏现代低碳技术研究院及南京工业大学，共同签署了中英低碳垃圾处理繁荣基金项目合作书。项目旨在通过对常州武进区的垃圾碳足迹追踪，分析研究和探索垃圾低碳管理可行性管理办法。

12月2日，武进区城市管理局发布《2011年低碳武进建设工作总结及2012年工作思路》。

4. 2012年

2月23日，2012武进（上海）资本对接恳谈会在上海国际会议中心隆重举行。

3月23日，武进区加速创新驱动一季度重点项目集中开工启动暨瑞声新能源发展（常州）有限公司锂离子电池项目奠基仪式，在武进高新区隆重举行。此次集中开工的42个重点项目，计划总投资达186亿元，年度计划完成71.5亿元，全部达产后将形成近500亿元的产值。项目主要集中在高端智能装备制造、新材料、电子信息、健康产业、现代服务业等领域，其中单体规模10亿元以上项目6个，5亿~10亿元项目7个[②]。

二、武进低碳示范区的定位、原则和目标

1. 低碳示范区建设定位

武进高新区在加快发展、科学发展的进程中，积极响应国家与江苏省"开展

---

① 武进网. 住建部绿色建筑产业集聚示范区正式花落武进. http://www.wj001.com/news/jinriyaowen/2011-10-20/67584.html。

② 常州日报. 武进42个重点项目集中开工总投资186亿. 2012年3月23日。

低碳经济试点示范"的要求,把发展低碳经济作为促进经济转型升级、加快发展方式转变的重要举措,抢占发展先机。力争用3~5年时间,把低碳示范区建设成集低碳产业生产、创新创业、研发孵化、检验检测、展示交易、教育培训、低碳社区、低碳环境等多种功能于一体的国家级低碳生态示范区。

围绕"建成集低碳制造业的集聚区、低碳现代服务业的集聚区、低碳示范应用的集聚区等'三位一体'的国家级低碳生态示范区"的总体目标,以低碳产业发展为重点,以低碳研发机构和研发人员为支撑,以低碳社区建设为载体,以低碳环境营造为保障,通过新能源、新技术、新工艺的应用,大力营造具有低碳经济理念的生产与生活方式,把武进高新区加快建设成为全省领先、全国一流、国际知名的低碳示范区。

2. 低碳示范区建设原则

节能减排的原则,再生能源和清洁能源利用的原则,科技创新的原则,全民参与的原则,循序渐进的原则。

3. 低碳示范区建设目标

根据规划,示范区计划在五年内力争实现"七个一千":一是要实现减排1000万吨CO_2的目标;二是要打造千亿元低碳产业规模;三是将引进1000家符合低碳产业重点发展要求的各类制造业、服务业和海外创新创业人才团队;四是将引进1000名各类高端低碳人才;五是将在武进西太湖东岸规划建设1000万米^{2}的各类低碳建筑;六是围绕低碳产业发展,有效投入将超过1000亿元;七是要引进1000项低碳新技术。

三、武进低碳示范区总体规划

低碳示范区的规划面积为27.8千米^2,规划空间布局总体框架为"一心六轴四片"。按照建设节能体系规划,低碳示范区具体分为零碳区、微碳区和低碳区三个部分。

低碳示范区重点发展七大产业。一是在LED及其他新光源领域,依托"半导体照明高技术特色产业基地",大力发展新型节能光源、新型LED显示屏、新型清洁节能灯、LED配件及外延等。二是在新能源汽车领域,以混合动力汽车、纯电动汽车为主攻方向,依托江苏益茂、中科来方,大力发展新能源整车及关键零部件、新型汽车、环保材料等。三是在新材料领域,大力发展新型墙体材料与产品、防水和保温材料与产品、结构部件等。四是在智能电网领域,大力发展储能材料、储能装备等。五是在太阳能领域,大力发展薄膜太阳能电池、太阳能光伏建筑一体化、太阳能-LED 光电产品等。六是在风电设备领域,大力发展风电控制设备、分离发电机组关键零部件制造、新型风机设备制造等。七是在服务业领域,大力发展低碳研发、孵化、检测、交易、会展、金融等低碳现代服务业。

着力完善技术标准、规范认证与评价指标体系。编制了包括能耗控制、碳排放控制、低碳社区建设、低碳交通、低碳建筑、生态建设六个方面内容的低碳示范区技术标准、规范认证与评价指标体系,指导和推进低碳建设实践。

(一) 低碳制造业集聚区

武进高新区认真贯彻落实《国务院关于加快培育和发展战略性新兴产业的决定》文件精神,按照"集聚、集约、创新、开放、生态"的发展要求,近年来形成了以 LED 新光源、太阳能光伏光热、风力发电为主的三大低碳节能支柱产业。武进高新区还积极鼓励和引导园区企业实行设备的节能技术改造,使企业逐步利用数字化、自动化设备替代传统设备,大大降低了生产能耗,目前园区内企业成套设备和传统产业整机产品信息化率已达到30% (表13-2)。

表13-2 武进高新区低碳产业培育目标

年份	产业名称	LED 及其他新光源	太阳能光伏光热	风电产业	合计	成套设备和传统产业整机产品信息化率/%
2010	产值/亿元	4.5	35.5	0	50	30
	产能/兆瓦	228	300	10	538	
	节电能力/亿度	30.03	26.28	0.88	57.17	
	相应减少 CO_2 排放量/万吨	299	262	9	570	
2012	产值/亿元	60	150	65	275	40
	产能/兆瓦	385	1200	600	2185	
	节电能力/亿度	50.75	105.12	52.56	208	
	相应减少 CO_2 排放量/万吨	506	1048	524	2078	
2015	产值/亿元	200	430	120	750	50
	产能/兆瓦	845	2500	800	4145	
	节电能力/亿度	112	219	70	401	
	相应减少 CO_2 排放量/万吨	1112	2183	699	3994	

（二）低碳服务业集聚区

示范区内设有低碳科技创新基地，规划面积为2.6千米^2，主要规划建设为低碳制造业发展提供全面支撑的现代低碳服务业体系，包括创新创业、研发孵化、检验检测、展示交易、规划设计、低碳金融、信息资讯、教育培训、系统集成等。启动的一期占地面积31万米^2，建设规模为35.8万米^2，主要包括：低碳科技展示中心、低碳研发集聚中心、低碳科技企业加速器、低碳高新技术创业服务中心、江苏省武进留学人员创业园及低碳生活配套中心工程建设六大工程。目前，已经有英国零碳中心（中国）建筑设计研究院、中技天正（武进）低碳建筑技术研究院、甘肃自然能源研究院华东分院、江苏现代低碳技术研究院、清华大学EPGB教育部重点实验室江苏省低碳示范区联合研究中心等20余个创新平台或研发机构入驻[①]。

（三）低碳示范应用集聚区

1. 低碳小镇

武进低碳小镇是国家发改委批准设立的低碳小镇，也是住房和城乡建设部批准设立的第一家国家绿色建筑产业集聚示范区的先导区，定位为绿色、低碳研发机构的办公、展示、配套服务基地。规划用地面积为51 705米^2，建筑占地面积7745米^2，总建筑面积18 238.6米^2，投资约2亿元，绿化率达到87%，主要应用了智能通风屋盖、单向透气保温墙、光热转换储能技术、快装式木结构连接系统、雨污水回用蒸发制冷技术、生活废弃物排放技术、主动式安全节能控制系统、局域式再生能源配电系统八类节能产品，全生命周期的碳排放量为零，真正实现了零排放。

该工程的主要理念为六个"零"：一是"零工地"，利用快速拼装施工工法，实现系统建造节能80%。二是"零能耗"，采用新型保温透气的木结构建筑材料、被动式节能空调技术和清洁能源集成应用等技术，将建筑全生命周期能耗降到最低，实现使用节能70%。三是"零排放"，利用雨污水回用系统，木结构降低粉尘及渣物处理，使CO_2、污水和污物排放被杜绝，实现节水60%。四是"零污染"，利用风光互补太阳能发电系统，工厂化预制，搭建化施工，使建筑过程无噪声、无大气污染、无污水排放，实现减少CO_2排放78%。五是"零现场"，

---

① 武进高新区党工委副书记、管委会副主任罗文祥武进高新区在线访谈．http://www.changzhou.gov.cn/vipchat/home/site/1/60/article.html．

快速拼装施工工法，工厂化预制，提高作业功效、缩短施工周期，实现"零现场"施工装配；"零距离"，随时随地地通过物联网智能控制系统操控屋内耗能设备，实现零距离连接，实现系统节能20%。六是"零资源"，利用光合作用、木结构通风屋盖与保温墙体系统，最大限度以木材和其他可再生资源作为建筑材料，利用森林循环生产技术、纤维复合材料技术和木结构技术，实现材料物化节能90%。

2. 绿色工厂

光宝科技（常州）有限公司、贝亲母婴用品（常州）有限公司、江苏恒立高压油缸有限公司等企业在厂房建设与运营过程中，完美融合绿能科技与环境保护技术，一年可节省电力622万千瓦时，或减少6000吨CO_2排放量，相当于植树造林330公顷。

3. 绿色建筑

（1）武进出口加工区综合服务大楼。位于阳湖路与凤林路西南交叉口，建筑面积为24 787.88米^2，为乙类公共建筑，申报三星级绿色建筑，节能率为80%，采用绿色交通、室外环境优化（声、光、水、固体废弃物、绿化、地下空间）、外围护结构优化、可再生能源、高效空调系统、高效照明系统、余热回收、能耗分项计量监测、雨水综合利用、中水回用技术、节水灌溉、可再循环材料利用、灵活空间利用、土建装修一体化、自然通风自然采光优化、空气质量监测、智能化设计等节能技术。

（2）武进区南夏墅街道卫生院。位于武宜路与夏二路西北交叉口，建筑面积为22 416米^2，为乙类公共建筑，申报三星级绿色建筑，节能率为80%，采用绿色交通、室外环境优化（声、光、水、固体废弃物、绿化、地下空间）、外围护结构优化、可再生能源、高效空调系统、高效照明系统、余热回收、能耗分项计量监测、雨水综合利用、节水灌溉、高强度钢、土建装修一体化、自然通风自然采光优化、空气质量监测、智能化设计等节能技术。

（3）国家LED中心及常州质量计量检测基地1号楼。位于西湖路南侧，建筑面积为19 881.44米^2，为甲类公共建筑，申报一星级绿色建筑，节能率为70%，采用绿色交通、室外环境优化（声、光、水、绿化）、高效空调系统、高效照明系统、能耗分项计量监测、雨水综合利用、节水灌溉、可再循环材料利用、自然通风自然采光优化、空气质量监测、智能化设计等节能技术。

（4）廉租房、经济适用房。位于武进大道与新仪路西南角，建筑面积79 914米^2，为居住建筑，申报一星级绿色建筑，节能率为65%，采用绿色交通、室外环境优化（声、光、水、绿化、地下空间）、可再生能源、高效照明系统、能耗分项计量监测、雨水综合利用、节水灌溉、可再循环材料利用、土建装修一体化、自然通风自然采光优化、智能化设计等节能技术。

（5）玉柴重工第二生产基地研发中心办公楼。位于阳湖路与常武路东南交叉口，建筑面积为18 087.4米^2，为乙类公共建筑，申报二星级绿色建筑，节能率为70%，采用绿色交通、室外环境优化（声、光、水、绿化）、可再生能源、地源热泵系统、高效照明系统、余热回收、能耗分项计量监测、雨水综合利用、节水灌溉、可再循环材料利用、土建装修一体化、自然通风自然采光优化、空气质量监测、智能化设计等节能技术。

（6）柳工常州挖掘机有限公司办公研发楼。位于武南路与淹城路西南交叉口，建筑面积为14 801.2米^2，为乙类公共建筑，申报LEED白金奖，节能率为70%，采用绿色交通、室外环境优化（声、光、水、绿化）、可再生能源、地源热泵系统、高效照明系统、余热回收、能耗分项计量监测、雨水综合利用、节水灌溉、可再循环材料利用、土建装修一体化、自然通风自然采光优化、空气质量监测、智能化设计等节能技术。

4. 低碳主题公园

紧临西太湖东岸，面积约51公顷，在纵向上利用天然资源"水、岸、坡、林"作为线型元素，在横向上以滨湖路的主要观湖景观视线作为分隔区域依据。总共分为四个活动区域，每个区域都分别承载纵向的四个线型元素"水、岸、坡、林"，组成不同的景观空间，各功能景观之间通过环路低碳科普走廊（低碳科普走廊主要由太阳能路灯、宣传绿色低碳知识的指示系统、音响等元素构成）相联系组合。

5. 低碳产品应用

（1）太阳能光伏屋顶发电并网。由中国光大国际有限公司投资，分三个区：第一区为出口加工区，主要包括光宝科技（常州）有限公司、晶品光电（常州）有限公司、江苏武进出口加工区投资建设有限公司和江苏顺风光电科技有限公司四个企业单位，可使用屋顶面积约8万米^2；第二区为津通工业园区，主要包括津通集团、瑞声光电科技（常州）有限公司、常州晋美光电科技有限公司、常州五洲生物科技有限公司、海关商检办公楼、管委会办公楼等单位，屋顶面积共计约8万米^2；第三区为武建工业园区，包括建安标准厂房、博力伊博（常州）服饰有限公司和常州双佳纺织有限公司三家单位，屋顶面积约为2.6万米^2。三个区可使用的屋顶面积共计18.6万米^2，总装机容量为14兆瓦。建成后，每年可为电网提供 396.4 万千瓦时，相当于每年可节约标煤 1228.9 吨，相应每年可减少 SO_2 排放量约 28 吨，CO_2 约 3518 吨，NO_x 10 吨，同时还可节约大量淡水资源。

（2）太阳能公交候车亭。目前武进高新区内在常武路与阳湖路上共设置了 18 个太阳能公交候车亭，另外，对 14 个公交站台的灯箱进行了 LED 改造，3 个公交站台新建了 LED 灯箱。

（3）LED 路灯。目前武进高新区内凤林路 514 盏、龙潜路 74 盏、龙惠路 53 盏、出口加工区 531 盏，总计 1172 盏。

四、武进低碳示范区扶持政策

为了促进低碳产业发展、人才集聚，低碳技术以及产品的研发、生产及应用，提升区域竞争力，武进高新区制定出台了《加快推进低碳示范区建设的扶持政策》，从财政预算中安排 5000 万元，作为低碳示范区建设的专项扶持资金，对区内低碳产业、低碳建筑、低碳创新、低碳生产、低碳生活方式等领域的企业和项目，通过补贴、资助、奖励等方式给予资金扶持。其中入驻单位建设的低碳建筑达到绿色星级技术标准并申报成功的，将对其给予一次性奖励和补贴，奖励标准分别为三星 60 元/米^2、二星 40 元/米^2、一星 30 元/米^2，同时给予申报补贴，分别为三星 30 万元、二星 20 万元、一星 10 万元；获得美国建筑环保认证 LEED 白金奖、金奖、银奖[①]的分别按照三星、二星、一星的标准给予一次性奖励和补贴；入驻单位建筑系统利用可再生能源的，每项给予 5 万~30 万元一次性奖励；对既有建筑节能改造项目，按改造建筑面积给予 10~20 元/米^2 一次性奖励。

此外，武进高新区还委托中国建筑科学研究院结合高新区实际，创造性地编制了《武进高新区低碳单位创建评价办法（试行）》，从组织创建、低碳宣传、低碳行为、低碳环境、低碳建筑、低碳应用、低碳创新、产业标准等方面指导各单位（家庭）创建低碳单位（家庭）；制定印发了《关于开展创建低碳单位活动的实施意见》，全面发动武进高新区机关、企业、社区、医院、学校、家庭开展低碳单位创建活动，营造了浓厚的低碳单位创建氛围，2011 年评选出低碳单位创建先进单位 50 个。

---

① 绿色建筑评估体系（Leadership in Energy & Environmental Design Building Rating System，LEEDTM）是美国民间绿色建筑认证奖项，由非盈利组织美国绿色建筑协会（USGBC）于 2003 年开始运作。目前在世界各国的各类建筑环保评估、绿色建筑评估及建筑可持续性评估标准中被认为是最完善、最有影响力的评估标准。

第三节　金坛市以低碳产业为支柱的低碳发展之路

江苏省金坛市地处苏南，为宁（南京）、沪（上海）、杭（杭州）三角地带之中枢。近年来，金坛市先后荣获全国综合实力百强县（市）、国家生态市、国家园林城市、中国优秀旅游城市、全国科技进步先进县（市）、中国和谐名城、全国十佳节约型中小城市、全国绿化模范市、全国基本农田保护工作先进单位、全国文化先进单位、江苏省社会治安安全市等称号。金坛长期以来在淘汰落后产能和发展新能源产业尤其是光伏产业方面取得了显著成效，并且被授予"江苏金坛光伏产业园"、"江苏省光伏高技术特色产业基地"和"江苏省金坛光伏科技产业园"的称号。无论在环境建设还是在经济发展上，金坛都已经开始朝低碳方向前进。在发展低碳产业、建设低碳城市方面，金坛市具有坚实的基础和独特的优势。

一、以低碳产业为核心的低碳探索

1. 坚持规划先行原则

金坛市把建设生产发展、生活富裕、生态良好、怡人宜居，具有江南特色的生态城市作为城市发展的定位。从这个定位出发，编制了涵盖水系绿化、资源、环境等生态建设的《金坛市生态市建设规划》，构建起较为完善的规划体系。按照区域经济与资源、环境协调发展的原则，结合金坛的资源禀赋、环境容量、生态状况，金坛市还编制了《金坛市循环经济发展规划》。在金坛市"十二五"规划纲要中，提出加快发展新能源、高端装备制造、新材料、生物医药及节能环保等新兴产业。

此外，还先后制定了《光伏新能源产业三年倍增计划》等发展战略，大力发展光伏新能源产业，鼓励和支持服装等传统产业改造提升，积极促进企业塑品牌创特色，推动盐化工产业走循环经济、低碳高效之路，全力提高产品附加值，提升企业竞争力。

2. 新能源产业占据核心地位

目前，光伏产业已成为金坛市的支柱产业之一，较为完整的光伏产业链已经形成。近年来，金坛市支持常州亿晶光电科技有限公司实施500兆瓦晶体电池垂直一体化、江苏华盛天龙光电设备股份有限公司光伏设备、凡登（常州）新型金属材料技术有限公司超硬复合材料等一批重大光伏产业项目，完善升级光伏园区基础设施，建成江苏省光伏高技术特色产业基地，光伏新能源战略新兴产业地位已经显现。龙头企业亿晶光电科技股份有限公司是全球最大的单晶垂直一体化光伏企业，江苏华盛天龙光电设备股份有限公司的单晶硅切割设备市场占有率全国第一，也是江苏省唯一的光伏设备制造上市公司。同时，金坛市在加快制定并实施的《光伏新能源产业三年倍增计划》中，力图通过系统集成、产业链延伸、关键技术突破及扩大应用领域等举措进一步推动光伏产业的发展，培育一批龙头企业和知名品牌，打造完整的光伏新能源产业链。

3. 探索资源综合开发利用

近年来，金坛市通过展开"点循环"，推进"线循环"，实施"面循环"，从不同层面大力发展农业循环经济。一开始，政府着力培育盐化工产业链，在盐化工产业积极推行循环利用，逐步使金坛成为亚洲规模最大、技术领先、具有产业组合和循环经济特色的盐化工示范基地。对一些规模较大的企业进行生态化组合，采取生产原料互补、资源充分利用、废物综合利用的方式，走出了一条"资源—生产/消费—再生资源"的循环型经济发展道路。

金坛市还积极推广应用畜禽粪便堆积发酵、池塘养鱼，以及生产沼气和生产肥料等无害化处理技术。"十一五"期间，金坛市共建成大型沼气发电工程4座、300立方米中型沼气工程2座、200立方米小型沼气工程14座，规模化畜禽养殖场粪便综合处理利用率达100%。近年来，该市积极推广秸秆综合利用技术，禁止就地焚烧秸秆。金坛还是"中国食用菌之乡"，全年利用秸秆作为食用菌生产基料达7万吨以上。采取秸秆直接还田、生产蘑菇和用作饲料、燃料、沼气等方式综合利用秸秆，实现秸秆综合利用率达97%。

4. 大力推进节能减排

金坛市先后淘汰关闭了17条机立窑水泥生产线，2条湿法旋窑水泥生产线，并于2009年9月最终关闭了该市最后2条机立窑生产线。在纺织行业中，金坛市卿卿针织厂、江苏利步瑞服装有限公司等服装企业开展的染锅冷却水循环利用项目改造，节约了大量水资源；缝纫设备及后整理设备的节电改造，也大大节省了煤电油的消耗。在清洁生产方面，金坛重点对水泥、电力、纺织印染、化工等高耗能高污染企业开始清洁生产审核。对一部分企业还采取必要的强制措施。自2001年开始，已完成了约90家企业的清洁生产审核工作。

对于新上的高耗能项目，则积极引导企业采用节能减排新技术，从源头上控制高耗能的增长。例如，中盐金坛盐化有限责任公司实施的真实制盐二期工程，采用的是当前国际最先进的热泵技术，比一期工程的真空蒸发技术能耗降低了

25.56%。同时,其盐厂中水回用工程每年将盐厂约 161 万立方米制盐泛水回用于矿山采卤循环利用,可减排 COD 193 吨。此外,盐厂的蒸汽冷凝水回收利用每年还向社会提供了 50 万吨的生产、生活用水。

二、金坛市促进低碳发展的具体措施

1. 加快发展新兴产业

加快发展新能源、高端装备制造、新材料、生物医药、节能环保五大新兴产业,突破一批关键核心技术,创建一批自主知识产权和知名品牌,培养一批规模企业集团和优势企业,打造一批特色产业基地。

(1) 新能源产业。积极抢抓低碳经济发展机遇,大力发展新能源产业,依托常州亿晶光电科技有限公司、常州华盛恒能光电有限公司等龙头企业,大力整合集聚上下游产业,引进超薄硅片、逆变器等各类光伏配套企业,在多晶硅原料、晶体硅太阳能电池、非晶硅薄膜电池及太阳能装备领域,实施高效低成本太阳能电池技术、兆瓦级太阳能关键技术、太阳能制氢技术,构建较为完整的产业体系,打造全国产学研结合最紧密、垂直一体化程度最高、产业配套最齐全的光伏新能源城市。加快发展风电装备、太阳能建筑一体化设备等新能源产业。

(2) 高端装备制造业。引进装备制造龙头型企业和项目,主攻高端制造环节,提高自主设计、制造和成套生产能力。着力在光伏装备、轨道交通装备、精密机床、新型电力装备、石油勘探设备等领域提升装备制造水平。

(3) 新材料产业。引导企业紧密跟踪新型材料技术的研究开发,重点发展新能源材料、新型金属合金材料、LED 新型显示材料、核辐射改性材料、环保阻燃新型高分子功能材料、高性能密封材料、节能环保型建筑材料等新材料产业。

(4) 生物医药产业。积极引进国内外知名生物医药企业与培植壮大现有医药企业相结合,加大自主创新力度,加快培育具有自主知识产权及自主品牌的生物医药产品。加快培育发展生物制药、生物试剂、医用材料、医疗器械等产业,建设省级生物技术创新中心、省级医药平台,打造生物医药产业基地。

(5) 节能环保产业。加快发展高效节能技术装备及产品,实现稀土电机、节能照明等关键技术突破;加快先进环保装备的研发和产业化生产;建立以先进技术为支撑的废旧商品回收利用体系,积极发展资源循环利用产业。

2. 加速发展现代服务业

大力实施服务业发展提速计划,加快旅游、现代物流、科技服务、金融服务等服务业发展步伐,形成与经济社会发展相匹配、与先进制造业相融合、与城市现代化相协调、与群众需求相适应的现代服务业发展体系，不断提升服务业占全市经济总量的比例。

（1）大力发展旅游业。完善旅游业总体布局，完善旅游基础设施，依托深厚的文化底蕴和秀美的山水资源，加快茅山风景区、长荡湖风景区建设。茅山风景区以道教文化名山为依托，打造以盐湖体验为特色，道教养生文化为内涵，融山水胜境、礼佛文化、盐文化、温泉旅游为一体的国家级养生休闲度假胜地、中国健康旅游示范基地。全力推进东方盐湖城项目建设。长荡湖风景区：依托常溧高速长荡湖道口优势，高起点科学规划，合理布局，推进环湖公路、湿地公园建设；以湖鲜美食为特色名片，组织好"长荡湖湖鲜美食节"等特色节庆活动，集聚旅游人气。积极整合长荡湖水城、大涪山、儒林"八卦阵村落"等人文旅游资源，加快形成具有高品质、高知名度的旅游度假风景区。

（2）加快发展现代物流业。紧紧抓住当前推进产业集聚、资源集约利用的有利时机，加强物流资源整合，加快发展第三方物流，培育壮大一批有竞争力的物流企业集团。依托高速公路道口和经济开发区、金东工业园和金西工业园等重点区域，大力发展综合物流中心、专业物流中心和配送中心，推进现代物流基地建设。

（3）大力推进科技服务业。探索建立科技财政金融体系，引导企业构建以提供前沿技术、重大共性和关键技术为主的技术研发平台，推进建设以提供检验检测、试验条件为主的检测实验平台，以提供科技文献、标准、情报等信息服务为主的科技信息平台，以提供促进科技成果转化服务为主的技术转移平台。大力发展面向市场，从事科技咨询、科技评估、科技培训、信息服务、专利服务、无形资产评估等特色业务的科技中介机构，为企业创新、创业提供专业技术支撑，为科技创新活动提供配套服务。

（4）积极发展金融服务业。加快支持直接融资和间接融资的步伐，大力引进各类股份制商业银行和保险公司，培育提升担保、风投、创投，积极发展农村小额贷款公司和科技小额贷款公司等非银行金融机构，促进人流、物流、资金流、信息流等金融服务业要素在空间上的聚集，为企业提供多元化的金融产品与服务。规范发展金融中介服务，建立贴近市场、促进创新、信息共享、风险可控的金融监管平台和制度，打造具有金坛特色的县域金融体系。

3. 加快提升传统产业

推进工业化和信息化融合发展，运用高新技术提升和改造传统产业，引导传统产业通过产品技术的换代升级，延伸产业链进入新兴产业领域，促进传统产品向价值链高端攀升，实现传统产业与新兴产业的互动发展，使传统产业成为新兴产业链的重要一环。

（1）纺织服装业。鼓励服装企业增加研发投入，提升装备水平，发展高档面料、服装辅料等，做精做优服装制作，拉长产业链，提升价值链，强化与国际国内顶尖品牌的合作，参与设计、研发、营销，增强产业核心竞争力。引导企业坚持贴牌和创牌并举，大力实施品牌战略，倾力打造知名品牌。推动服装大市向服装强市跨越，推动金坛市由"中国出口服装制造名城"向"中国服装产业名城"转变。

（2）机械电子业。加快推进机电一体化进程，引导企业加快技术创新步伐，进一步提升现有纺织机械、农业机械装备、电子元器件等制造业装备整体水平。着力增强汽车零部件的制造和配套能力，在求新、求特方面取得新进展。

（3）盐化工业。以丰富的岩盐资源为依托，以大型的氯碱装置为龙头，发展下游延伸产品，并在此基础上进一步形成循环经济，建成以卤水为主要原料、真空制盐和氯碱项目为支撑的盐化工特色产业基地，向百亿产业集群进军，跻身中盐集团全国五大产业基地行列，打造新兴盐都。

同时，把改造传统产业与发展新兴产业相结合，支持引导传统产业向新兴产业转移，不断提升产业层次和核心竞争力。引导建安企业多元化发展，积极营造建安大产业发展氛围，拉长建安产业链，进一步打响建筑之乡品牌。

4. 大力发展现代农业

发挥资源优势，优化农业布局，建设具有较强竞争力的区域特色农业产业集聚区：西部丘陵林果、旅游、生态农业区，中部圩区优质粮油产业区，南部湖荡水产、食用菌产业区，东部平原花木产业区和城郊园艺产业区。大力发展高效设施农业，建设一批现代农业产业园区；积极发展绿色生态农业，做强特色精品农业，推动农业专业化、规模化、产业化、品牌化发展。

（1）优质高效农业。推进高标准农田、万顷良田、基本农田示范区建设，推广普及农业机械化，提升农业的综合生产能力。以时令水果、优质大米、小麦、畜禽等农产品保鲜加工为内容，积极建设一批有特色、上档次、上规模的农产品加工企业。

（2）绿色生态农业。遵循"减量化、再利用、资源化"的农业循环经济理念，积极推广高效生态农业种养模式，为市场提供优质安全农产品。统筹城乡绿化布局，加快农村村庄绿化和农田林网建设步伐，改善城乡生态环境。积极开展农业面源污染治理，提高全市高效生态农业建设的整体水平。

（3）特色精品农业。在"金坛雀舌茶"证明商标区域共用基础上，积极推进整合"长荡湖大闸蟹"、"金坛无节水芹"、"建昌红香芋"、"天下茅山"等区域共用品牌，加快具有明显区域特色的产品申报国家地理标志产品保护。

在低碳转型的大方向下，金坛市应当大胆创新和努力尝试。首先，金坛市的新能源产业发展已粗具规模，其光伏产业及风能设备生产取得了较好成绩。下一步可在新能源产业发展的长远规划方面下工夫，如何正确定位，确定"新能源带动低碳经济"的思路尤为关键。与此同时，探讨引入市场机制如开发清洁发展机制项目的可行性，也是一条新的思路。其次，金坛市盐矿资源丰富，具有发展盐化工产业的独特优势。如何在产业发展之初就融入低碳发展的理念至关重要，避免走传统产业高碳发展然后再投入巨资低碳转型的老路。此外，金坛市制造业如服装、机电等发达，产品出口度大。应从"碳标签"入手，从产品生产的全生命周期考虑，打造低碳产品，提高国际国内竞争力。最后，金坛市旅游业虽有发展，但与周边地区相比还处于不发达状态。正可借此契机，利用低碳转型的政策优势，推动以"低碳"为核心的旅游规划。

主要参考文献

毕晓航,单胜道,薛奕曦. 2011. 长三角低碳发展现状与实现路径研究//2011年长三角区域经济社会协调发展理论研讨会论文集. 无锡:上海哲学社会科学规划办公室,江苏哲学社会科学规划办公室,浙江哲学社会科学规划办公室. 2011:42-46.

常康,薛峰,杨卫东. 2009. 中国智能电网基本特征及其技术进展评述. 电力系统自动化,33(17):10-15.

"长三角能源科技分论坛"组委会. 2004. 开展能源科技合作实施能源经济一体化发展——"长三角"能源科技分论坛总结. 上海节能,(6):6-7.

陈超. 2010-10-13. 太湖新城确立低碳目标. 现代快报. 第C5版

陈伟. 2009. 推行低碳经济建设,应对能源气候挑战——英国低碳转型战略计划解读. 新材料产业,(11):72-75.

陈震,尤建新,马军杰,等. 2011. 技术进步对我国碳排放绩效影响动态效应研究. 中国管理科学(专辑),19(10):750-754.

崔奕,郝寿义,张立新. 2010. 高碳经济如何向低碳经济转变. 生态经济,(4):29-38.

邓玉勇,杜铭华,雷仲敏. 2006. 基于能源-经济-环境(3E)系统的模型方法研究综述. 甘肃社会科学,(3):209-212.

董岩,田国兴. 2011. 美国智能电网的低碳法律政策及启示. 改革与战略,27(10):171-174.

段红霞. 2010. 国际低碳发展的趋势和中国气候政策的选择. 国际问题研究,(1):62-68.

费喆. 2011-09-26. 江苏省新能源汽车产业发展现状. 江苏经济报.

冯之浚,周荣. 2010. 低碳经济:中国实现绿色发展的根本途径. 中国人口·资源与环境,20(4):1-7.

符晓玲,商云龙,崔纳新. 2011. 电动汽车电池管理系统研究现状及发展趋势. 电力电子技术,45(12):27-31.

付加锋,庄贵阳,高庆先. 2010. 低碳经济的概念辨识及评价指标体系构建. 中国人口·资源与环境,20(8):38-43.

高月霞,韩继红,安宇,等. 2011. 崇明陈家镇低碳国际生态社区建设模式及导则研究//城市发展研究——第7届国际绿色建筑与建筑节能大会论文集. 北京:中国城市科学研究会,中国建筑节能协会,中国城市科学研究会绿色建筑与节能专业委员会:462-464.

关华. 2011. 能源-经济-环境系统协调可持续发展研究. 天津大学博士学位论文.

郭鸿鹏,马成林,杨印生. 2011. 美国低碳农业实践之借鉴. 环境保护,(21):71-73.

国家发展和改革委员会．2010．长江三角洲地区区域规划．
国家发展和改革委员会应对气候变化司．2011．英国应对气候变化的战略与政策．中国投资，(6)：66-67．
国务院．2008．关于进一步推进长江三角洲地区改革开放和经济社会发展的指导意见．
国务院发展研究中心"重点产业调整转型升级"课题组．2009．新能源产业的发展思路和政策建议．发展研究，(12)：43-46．
杭州市人民政府．2011．杭州市国民经济和社会发展第十二个五年规划纲要．
何秋斌．2010-02-04．江苏省计量院组建能源计量数据监控中心．中国质量报．第4版．
何尧军，单胜道．2009．循环经济理论与实践．北京：科学出版社．
洪进，郑梅，余文涛．2010．转型管理：环境治理的新模式．中国人口·资源与环境，20（9）：78-83．
洪霄，钱忠好．2011．低碳产业园区的建设及发展对策研究．扬州大学学报：人文社会科学版，15（6）：40-45．
胡大立，丁帅．2010．低碳经济评价指标体系研究．科技进步与对策，27（22）：160-164．
黄玥．2011．构建崇明世界级现代化低碳生态岛．上海节能，(9)：13-15．
贾佳，单胜道，温国胜．2012．浙江省竹产业循环经济发展研究．浙江农林大学学报，29（3）：440-445．
江苏省环境保护厅．2011．江苏省环境状况公报（2010）．
江苏省人民政府．2011．江苏省国民经济和社会发展第十二个五年规划纲要．
蒋建平，刘加平，李安桂．2009．屋顶夜间辐射对顶层房间热负荷的影响．西安科技大学学报，29（4）：445-448．
蒋金荷，吴滨．2010．低碳经济模型现状和几个理论问题探讨．资源科学，32（2）：242-247．
蒋耘莛．2011．国外低碳经济战略分析及启示．中国经贸导刊，(12)：84-85．
雷仲敏，曾燕红．2011．低碳经济理论方法与政策模型研究的综述．能源与节能，(1)：18-28．
李峻，张晟，邓仕杰．2010．能源效率研究综述．邵阳学院学报：社会科学版，9（2）：33-37．
李莉，范圣楠，闫艳，等．2010-12-01．江苏低碳示范区建设启动．中国环境报．
李梅，苗润莲．2011．韩国低碳绿色乡村建设现状及对我国的启示．环境保护与循环经济，(11)：24-27．
李鹏，仲伟周．2012．多行政区域的能源资源开发利用的优化宏观经济模型．工程数学学报，29（3）：317-324．
李晴，石龙宇，唐立娜，等．2011．日本发展低碳经济的政策体系综述．中国人口·资源与环境，21（3）：489-492．
李士，方虹，刘春平．2011．中国低碳经济发展研究报告．北京：科学出版社．
李增福，郑友环．2010．低碳城市的实现机制研究．经济地理，30（6）：949-955．
李忠民，姚宇，陈向涛．2010．低碳经济的三重含义和我国的战略选择——一个低碳经济研究综述．青海社会科学，(5)：26-30．
李佐军．2011-08-11．"十二五"推进我国低碳发展的思路和对策．中国经济时报．
联合国开发计划署．2010．2009/10．中国人类发展报告——迈向低碳经济和社会的可持续未来. 北京：中国对外翻译出版公司.

梁晓亮. 2010-07-21. 碳捕集技术推广应用前景广阔. 经济日报. 第14版.

林伯强. 2009-09-28. "低碳经济"究竟该如何定义. 第一财经日报. 第A14版.

林伯强. 2011. 2011中国能源发展报告. 北京：清华大学出版社.

刘春玲. 2011. 低碳经济的定义、内涵及相关概念辨析. 商业时代, (21)：10-11.

刘红军. 2011. 浅析我国太阳能光伏产业现状. 科技资讯, (37)：78.

刘铁男. 2011. 中国能源发展报告2011. 北京：经济科学出版社.

刘文玲, 王灿. 2010. 低碳城市发展实践与发展模式. 中国人口·资源与环境, 20（4）：17-22.

刘燕华, 冯之浚, 邓继海. 2012. 从德班会议看中国绿色转型之路. 群言, (2)：16-17.

刘燕华, 冯之浚. 2010. 走中国特色的低碳经济发展道路. 科学学与科学技术管理, (6)：5-6.

刘叶志. 2008. 关于新能源界定的探讨. 能源与环境, (2)：43-44.

龙楠, 刘川, 耿强. 2011. 长三角地区能源效率及其影响因素分析. 南京邮电大学学报：社会科学版, 13（1）：53-56.

吕连宏, 罗宏, 张征. 2009. 中国"能源-环境-经济"复合系统的协调性分析. 北京林业大学学报：社会科学版, 8（2）：80-83.

骆华, 费方域. 2011. 英国和美国发展低碳经济的策略及其启示. 软科学, 25（11）：85-88.

莫尚林, 章建明, 周鑫志, 等. 2011. 我国智能电网发展综述. 今日财富, (10)：161.

穆献中, 刘炳义, 李艳梅, 等. 2009. 新能源和可再生能源发展与产业化研究. 北京：石油工业出版社.

潘家华, 庄贵阳, 郑艳, 等. 2010. 低碳经济的概念辨识及核心要素分析. 国际经济评论, (4)：88-101.

潘家华. 2010. 低碳转型的背景与途径——从哥本哈根会议说起. 阅江学刊, (4)：85-89.

钱伯章. 2008. 碳捕捉与封存（CCS）技术的发展现状与前景. 中国环保产业, (12)：57-61.

清华大学气候政策研究中心. 2011. 中国低碳发展报告（2011～2012）. 北京：社会科学文献出版社.

邱大雄. 1995. 能源规划与系统分析. 北京：清华大学出版社.

单胜道, 毕晓航. 2012-02-06. "后德班"时代我国低碳消费模式探析. 中国能源报. 第24版.

单胜道, 毕晓航. 2012-02-20. 长三角能源消费特征及合理控制对策. 中国能源报. 第24版.

单胜道, 何尧军, 吴思. 2007. 循环经济实施主体与保障体系. 北京：研究出版社.

单胜道, 邵峰, 周珊. 2009. 浙江省农村废弃物调查. 北京：科学出版社.

上海市发展和改革委员会. 2011. 上海市发展改革委关于在虹桥商务区等8个区域开展低碳发展实践区试点工作的通知.

上海市环境保护局. 2011. 上海市环境状况公报（2010年度）.

上海市人民政府. 2011. 上海市国民经济与社会发展第十二个五年规划纲要（2011—2015）[Z].

上海市人民政府. 2012. 上海市节能和应对气候变化"十二五"规划.

世界自然基金会全球能源课题组.2007.气候变化解决方案——WWF2050展望.

帅军庆.2009.创新发展建设智能电网——华东高级调度中心项目群建设的实践.中国电力企业管理,(4):19-21.

苏小惠.2011.基于低碳技术视角探究中国低碳经济发展.山西师大学报:社会科学版,(38):29-31.

孙美楠,易露霞.2011.欧盟主要国家低碳经济发展经验及对中国的启示.特区经济,(11):107-109.

孙西辉.2011.低碳经济时代的美国新能源战略析论.理论学刊,(9):60-63.

孙一清,王子龙.2011.江苏省能源消费与经济增长的互动关系研究.工业技术经济,(10):80-87.

王蓓.2011.低碳技术:发展低碳经济的关键.中国经贸导刊,(3):56-57.

王发明,毛荐其.2011.低碳技术:低碳经济发展的动力与核心.山东工商学院学报,25(2):29-32.

王国倩,庄贵阳.2011.低碳经济的认识差异与低碳城市建设模式.学习与探索,(2):134-138.

王剑锋.2011.上海崇明陈家镇:致力产业低碳高端发展.经济,(7):84-85.

王静江.2011-05-06.上海建立节能减排管理体制机制.中国环境报.第7版.

王敏.2011."坚强智能电网——21世纪能源发展驱动力"2011智能电网国际论坛综述.华东电力,39(12):1899-1992.

王诗乐,陈敏鹏,王克,等.2010.中国电力行业低碳政策及其社会经济影响分析.中国人口·资源与环境,20(50):14-18.

王世玲.2011-2-22.低碳转型的目标和原则.21世纪经济报道.第23版.

王文军,赵黛青,陈勇.2011.我国低碳技术的现状、问题与发展模式研究.中国软科学,(12):84-91.

王文军.2010.低碳经济的概念及发展模式研究.科学经济社会,28(2):69-77.

王颖,管清友.2009.碳货币本位设想:基于全新的体系构建.世界经济与政治,(12):69-78.

王子忠.2010.气候变化:政治绑架科学.北京:中国财政经济出版社.

魏楚,沈满洪.2009.能源效率研究发展及趋势:一个综述.浙江大学学报:人文社会科学版,39(3):56-63.

魏楚.2009.中国能源效率问题研究.浙江大学博士学位论文.

魏一鸣,廖华.2010.能源效率的七类测度指标及其测度方法.中国软科学,1:128-137.

魏一鸣,吴刚,刘兰翠,等.2005.能源-经济-环境复杂系统建模与应用进展.管理学报,2(2):159-170.

无锡市发展和改革委员会.2011.无锡市"十二五"低碳城市建设规划.

吴红萱,樊华,匡恒铭.2008-07-23.江苏节能减排立足机制创新.中国财经报.

吴妙丽.2010-06-27.节能减排勇攻坚——浙江生态文明建设纪实.浙江日报.

夏堃堡.2008.发展低碳经济实现城市可持续发展.环境保护,(3):44-46.

谢飞，孟祥明，胡烨. 2010-01-20. 清洁发展机制：撬动发展中国家低碳经济杠杆. 中国财经报.

熊焰. 2011. 低碳转型路线图：国际经验、中国选择与地方实践. 北京：中国经济出版社.

徐国泉. 2008. 中国能源效率问题研究. 大连理工大学博士学位论文.

徐伟光. 2010. 汽车的燃料经济性浅析. 黑龙江对外经贸, (4)：141-142.

薛冰，鹿晨昱，耿涌，等. 2012. 中国低碳城市试点计划评述与发展展望. 经济地理, 32 (1)：51-56.

薛进军，赵忠秀. 2011. 中国低碳经济发展报告 (2012). 北京：社会科学文献出版社.

薛睿. 2011. 中国低碳经济发展的政策研究. 中共中央党校博士学位论文.

薛轶，张向军，卢世刚. 2011. 我国电动汽车用动力电池的工程科技中长期发展战略研究. 新材料产业, (1)：30-33.

闫整，房文娟，肖华斌. 2011. 上海低碳生态城市的规划实践进展与启示. 山东建筑大学学报, 26 (3)：266-275.

杨海霞. 2010. 发展低碳经济没有捷径可走——专访国家发改委能源研究所副所长李俊峰. 中国投资, (2)：41-43.

杨立民. 2012. 可持续发展的巴西模式. 瞭望, 25：58-59.

杨文培，严向军，丁祖荣. 2007. 能源-经济-环境系统的可持续发展研究——基于浙江的实证分析. 杭州：浙江大学出版社.

杨子江. 2005. 建筑屋面节能技术. 工业建筑, 35 (2)：40-43.

叶勇飞. 2008. "绿色信贷"的"赤道"之旅. 环境保护, (4)：46-48.

尤建新，陈震，张玲红，等. 2012. 我国全要素连续性CO_2排放绩效空间差异及成因研究. 预测, 31 (2)：57-61.

余江涛. 2011. 南美洲的低碳先行国家——解读巴西的低碳模型. 低碳世界, (6)：66-69.

余艳艳，单胜道，何尧军. 2007. 资源节约与综合利用. 北京：研究出版社.

张丽峰. 2006. 中国能源供求预测模型及发展对策研究. 首都经济贸易大学博士学位论文.

张树伟. 2010. 能源经济环境模型研究现状与趋势评述. 能源技术经济, 22 (2)：43-49.

赵丹丹. 2011-02-24. 江苏公布 24 个低碳经济试点单位. 现代快报.

赵洗尘. 2010. 循环经济文献综述. 哈尔滨：哈尔滨工业大学出版社.

赵志凌，黄贤金，赵荣钦，等. 2011. 江苏低碳经济发展策略. 经济研究参考, (21)：68-76.

浙江省人民政府. 2011. 浙江海洋经济发展示范区规划.

郑怀志. 2011. 武进高新区低碳经济发展的对策建议. 中小企业管理与科技：下旬刊, (11)：108-110.

郑江绥. 2010. 能源效率及其测度指标体系研究. 求索, (8)：11-13.

中国节能环保集团公司，中国工业节能与情节生产协会. 2010. 2010 中国节能减排产业发展报告——探索低碳经济之路. 北京：中国水利水电出版社.

中国能源经济研究院. 2011. 中国新能源和可再生能源政策法规汇编 (1986~2011). 北京：经济管理出版社.

仲平，彭斯震，贾莉，等. 2011. 中国碳捕集利用与封存技术研发与示范. 中国人口·资源与环境, 21 (12): 41-45.

周冯琦. 2010. 上海资源环境发展报告 (2010). 北京: 社会科学文献出版社.

周伏秋. 2006. 国际能源评价指标体系及对我国的启示. 中国能源, 28 (11): 39-41.

周三多. 2009. 管理学. 2版. 北京: 高等教育出版社.

周万清. 2009. 吉林省能源利用与经济可持续发展研究. 吉林大学博士学位论文.

周扬军. 2011. 杭州公共自行车交通系统. 交通与运输, (6): 36-37.

周毅. 2010. 低碳: 从技术、经济到国际政治. 城市问题, (8): 75-78.

朱发根, 陈磊. 2011. 我国 CCS 发展的现状、前景及障碍. 能源技术经济, 23 (1): 46-49.

朱勤. 2011. 中国人口、消费与碳排放研究. 上海: 复旦大学出版社.

朱姝霖. 2011. 长三角煤炭水路运输现状及发展策略分析. 航海, (5): 46-49.

诸大建. 2009-06-22. 低碳经济能成为新的经济增长点吗. 解放日报.

庄贵阳, 潘家华, 朱守先. 2011. 低碳经济的内涵及综合评价指标体系构建. 经济学动态, (1): 132-136.

庄贵阳. 2009. 以低碳城市为主线, 打造绿色中国. 绿叶, (1): 62-64.

Ackerman L S. 1982. Transition management: an in-depth look at managing complex change. Organizational Dynamics, 11 (1): 46-66.

Bi X H, Shan S D. 2011. Eco-efficiency analysis of cities: a Malmquist index approach//Emergency Management and Management Sciences. Beijing: IEEE: 637-639.

Bosseboeuf D, Chateau B, Lapillonne B. 1997. Cross-country comparison on energy efficiency indicators: the on-going effort towards a common methodology. Energy Policy, 25 (9): 673-682.

Chappin E J L. 2011. Simulating energy transitions. Delft University of Technology.

Chen Z, Lao S Q, You J X, et al. 2010. Study on Spatial Panel Analysis of Inter-provincial Carbon Emissions Based on STIRPAT Model in China. International Conference on Digital Manufacturing and Automation.

Chen Z, You J X, Ma J J. 2011. Inter-provincial Difference and Causes Analysis of Total Factor CO_2 Emissions Performance in China. Asia-Pacific Power and Energy Engineering Conference.

De Haan J. 2010. Towards transition theory. Erasmus Universiteit Rotterdam.

De Vries J L, te Riele H R M. 2006. Playing with hyenas: renovating environmental product policy Strategy. Journal of Industrial Ecology, 10 (3): 111-127.

Faber A, Frenken K. 2009. Models in evolutionary economics and environmental policy: towards an evolutionary environmental economics. Technological Forecasting and Social Change, 76 (4): 462-470.

Frantzeskaki N, de Haan H. 2009. Transitions: two steps from theory to policy. Futures, 41 (9): 596-606.

Geels F W. 2002. Technological transitions as evolutionary reconfiguration processes: a multi-level perspective and a case-study. Research Policy, (31): 1257-1274.

Geels F W, Schot J. 2007. Typology of sociotechnical transition pathways. Research Policy, (36): 399-417.

Genus A, Coles A M. 2008. Rethinking the multi-level perspective of technological transitions. Research Policy, (37): 1436-1445.

Great Britain: Department of Trade and Industry. 2003. Energy White Paper: Our Energy Future-Creating a Low Carbon Economy. London: The Stationery Office.

Grimm N B, Faeth S H, Golubiewski N E, et al. 2008. Global change and the ecology of cities. Science, 319 (5864): 756-760.

IEA. 1997. Indicators of Energy Use and Efficiency: Understanding the Link between Energy and Human Activity.

IEA. 2008. Energy Technology Perspectives 2008: Scenarios and Strategies to 2050.

IEA. 2009. 技术路线图——CO_2捕集和埋存.

Kemp R, Avelino F, Bressers N. 2011. Transition management as a model for sustainable mobility. European Transport / Trasporti Europein, (47): 25-46.

Kemp R, Loorbach D, Rotmans J. 2007. Transition management as a model for managing processes of co-evolution towards sustainable development. International Journal of Sustainable Development and World Ecology, 4 (1): 78-91.

Loorbach D, van der Brugge R, Taanman M. 2008. Governance in the energy transition: practice of transition management in the Netherlands. International Journal of Environmental Technology and Management, 9 (2/3): 294-314.

Loorbach D. 2007. Transition Management: New Mode of Governance for Sustainable Development. Utrecht: International Books.

Loorbach D. 2010. Transition management for sustainable development: a prescriptive, complexity-based governance framework. Governance, 23 (1): 161-183.

Marks M L, Mirvis P H. 2000. Managing mergers, acquisitions, and alliances: creating an effective transition structure, Organizational Dynamics, 28 (3): 35-47.

Nelson R R, Winter S G. 1982. An Evolutionary Theory of Economic Change. Cambridge: Bellknap Press.

Patterson M G. 1996. What is energy efficiency? Concepts, indicators and methodological issues. Energy Policy, 24 (5): 377-390.

Rip A, Kemp R. 1998. Technological Change// Rayner S, Malone E L. Human Choice and Climate Change: an International Assessment. Washington D. C.: Batelle Press.

Rotmans J, Kemp R, van Asselt M. 2001. More evolution than revolution: transition management in public policy. Foresight, 3 (1): 15-31.

Rotmans J. 1994. Transitions on the Move. Global Dynamics and Sustainable Development. Bilthoven: National Institute of Public Health and Environment Protection (RIVM).

Shackley S, Green K. 2007. A conceptual framework for exploring transitions to decarbonised energy systems in the United Kingdom. Energy, (32): 221-236.

Shan S D, Bi X H. 2012. Low carbon development of China's Yangtze River Delta Region. Problems of Sustainable Development, 7 (2): 33-41.

Shove E, Walker G. 2007. CAUTION! Transitions ahead: politics, practice, and sustainable transition management. Environment and Planning A, 39 (4): 763-770.

Tukker A, Butter M. 2007. Governance of sustainable transitions: about the 4 (0) ways to change the world. Journal of Cleaner Production, 15: 94-103.

United Nations Conference on Trade and Development. 2010. Renewable Energy Technologies for Rural Development.

Van Bree B, Verbong G P J, Kramer G J. 2010. A multi-level perspective on the introduction of hydrogen and battery- electric vehicles. Technological Forecasting and Social Change, (77): 529-540.

Van der Brugge R, Rotmans J, Loorbach D. 2005. The transition in Dutch water management. Regional Environmental Change, (5): 113-135.

Wiek A, Binder C, Scholz R W. 2006. Functions of scenarios in transition processes. Futures, (38): 740-766.

Xue Y X. 2010. Performance Evaluation of Green Supply Chain. E-Business and Information System Security.

附录一　长三角地区居民低碳生活调查问卷与结果

1. 您对"低碳"这个词熟悉吗？（　　）
   A. 很熟悉　　　　　B. 比较熟悉　　　　C. 不是很熟悉

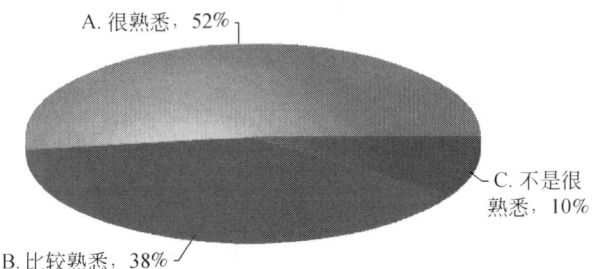

2. 您认为什么是"低碳"？（　　）
   A. 降低碳的使用量
   B. 降低二氧化碳的排放量
   C. 降低含有碳物质的使用量、排放量
   D. 降低所有有害的碳物质的使用量、排放量
   E. 没有听说过，不清楚是什么

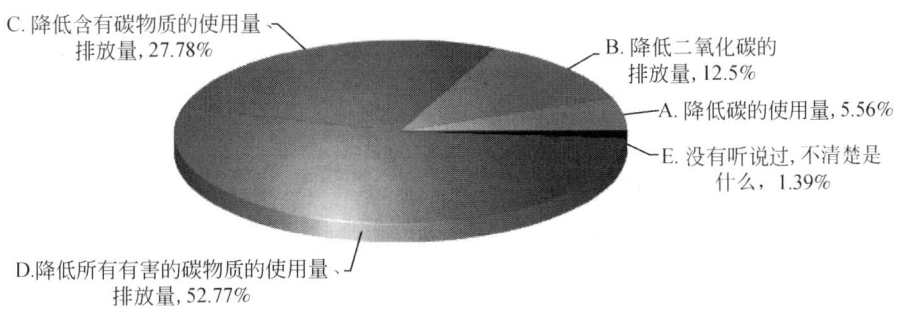

3. 您是通过何种途径了解到"低碳生活"的相关知识？（可多选）（　　）
   A. 电视　　　　　　B. 网络　　　　　　C. 报纸

D. 书籍 E. 课堂 F. 身边人介绍
G. 相关宣传活动 H. 其他

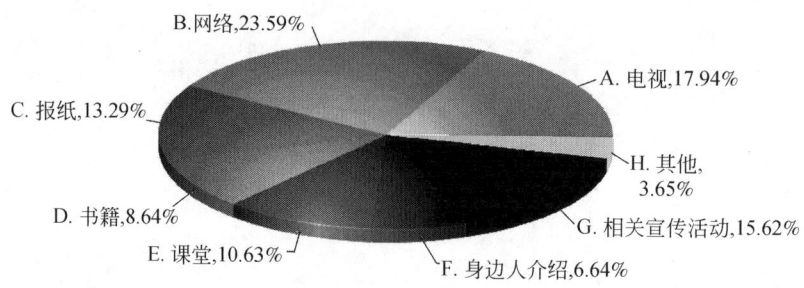

4. 下列有关低碳的关键词里，您听说过的有？（可多选）（　　）
   A. 哥本哈根气候会议 B. 全球变暖
   C. 低碳生活、低碳经济 D. 京都议定书
   E. IPPCC 气候报告 F. 碳中和

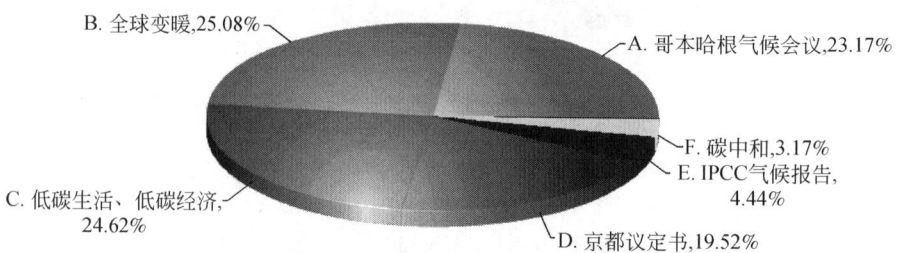

5. 您是否考虑过您日常生活方式的碳排放对环境的影响？（　　）
   A. 考虑过，也尽量低碳生活 B. 考虑过，但很难做到
   C. 没考虑过，想要了解 D. 不考虑

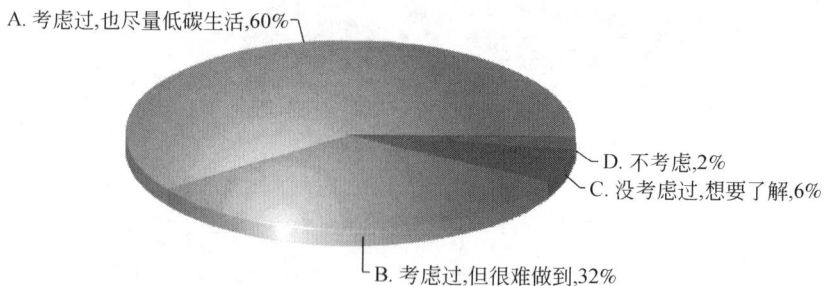

6. 当看电视、看报纸或上网时,如果遇到有关低碳的相关报道和知识,您会( )。
   A. 认真地看　　　　　　　　　　B. 大概看一下
   C. 只看标题和结果　　　　　　　D. 跳过去

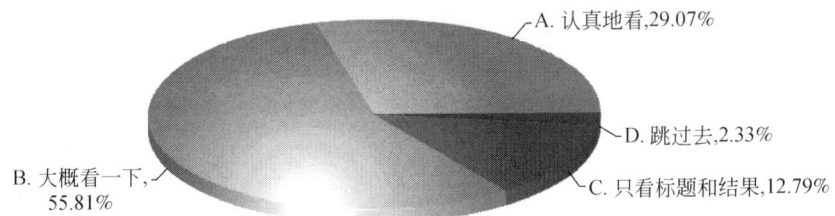

7. 在日常生活中,您过去购买的产品由于采用低碳包装而提高价格,您会( )。
   A. 继续购买
   B. 选择价格较低的其他普通同类产品
   C. 看情况

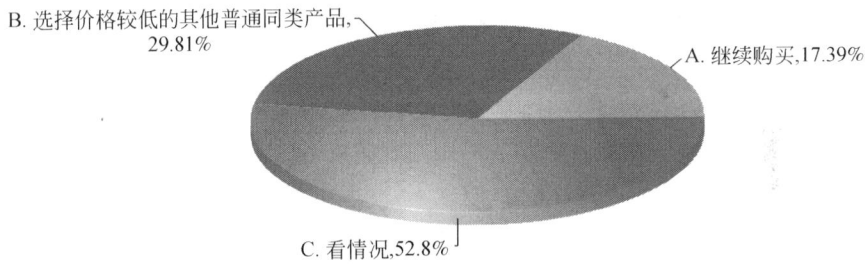

8. 在炎热的夏季,您在办公室工作或在家里休息时一般把空调调到多少度?( )
   A. 26度或以上　　　B. 20~25度　　　C. 16~20度

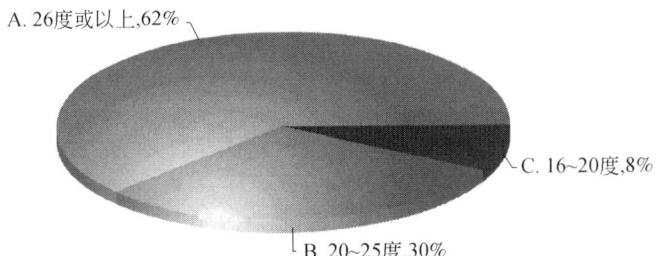

9. 您所生活的周围是否有低碳环保相关的宣传栏或者宣传活动？（   ）
   A. 有一些   B. 很少
   C. 没有   D. 没有注意

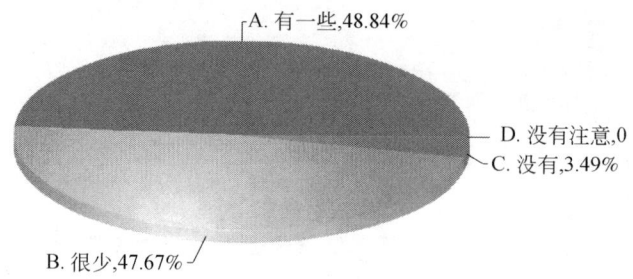

10. 在时间允许的情况下，您是否会尽量使用步行/乘坐公交车代替自己开车？（   ）
    A. 经常   B. 很少   C. 几乎没有

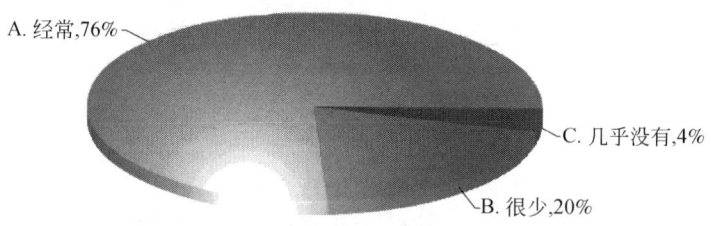

11. 您的房间或办公室无人时是否会关灯？（   ）
    A. 关灯   B. 不一定   C. 不关灯

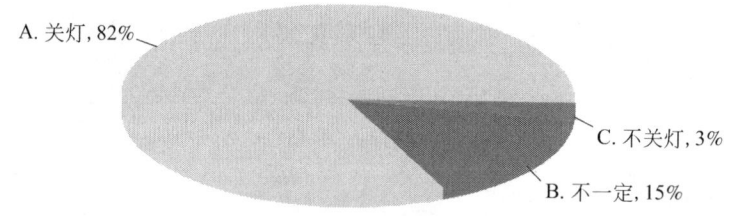

12. 在"低碳生活"实践方面，目前为止您做到了下列哪些？（可多选）（   ）（注意，这里选择的是经常做到的行为，偶尔做到一两次的不计入其中）
    A. 多使用棉布衣服，少用化纤衣服   B. 出门就餐自带餐具
    C. 尽量不用一次性餐具   D. 多吃素，少吃肉
    E. 出门购物自备购物袋
    F. 出门尽量步行，使用自行车或乘坐公交、地铁，少开汽车

G. 使用节能环保产品　　　　　　　　H. 少用电器，随手关灯

I. 开空调时温度控制在 25～26 度　　J. 洗脸、洗衣用水用来冲厕所

K. 多种些花草树木　L. 垃圾分类　　M. 废品改造循环再利用

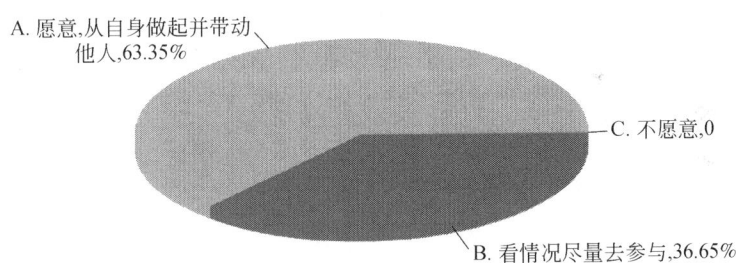

E. 出门购物自备购物袋,10.55%
D. 多吃素,少吃肉,4.87%
C. 尽量不用一次性餐具,10.95%
F. 出门尽量步行,使用自行车或乘坐公交、地铁,少开汽车,11.16%
B. 出门就餐自带餐具,4.06%
A. 多使用棉布衣服,少用化纤衣服,5.68%
G. 使用节能环保产品,9.94%
M. 废品改造循环再利用,4.67%
L. 垃圾分类,4.46%
H. 少用电器,随手关灯,12.37%
K. 多种些花草树木,5.68%
I. 开空调时温度控制在25～26度,5.48%
J. 洗脸、洗衣用水用来冲厕所,10.13%

13. 您今后是否愿意更多地参与到下列行动中来？拒绝塑料袋、巧用废旧品、远离一次性、提倡水循环、出行少开车、用电节约化、办公无纸化、购物需谨慎、植物常点缀、争做志愿者。（　　　）

A. 愿意，从自身做起并带动他人

B. 看情况尽量去参与

C. 不愿意

A. 愿意,从自身做起并带动他人,63.35%
C. 不愿意,0
B. 看情况尽量去参与,36.65%

14. 您认为可以在哪些方面采取行动实现低碳生活？（可多选）（　　　）

A. 家庭用电　　　　　　　　　　　B. 家庭用暖

C. 交通工具的选择　　　　　　　　D. 采购环保的家庭用品

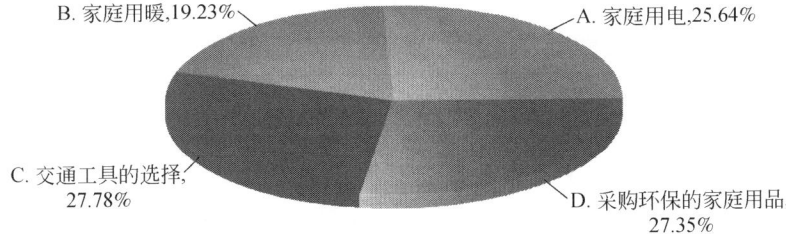

B. 家庭用暖,19.23%
A. 家庭用电,25.64%
C. 交通工具的选择,27.78%
D. 采购环保的家庭用品,27.35%

附录二 能源领域相关附表

附表1 2010年世界主要国家能源消费量及消费结构

国家	石油	天然气	煤炭	核能	水力	合计
美国能源消费量/	938.8	566.9	567.3	187.5	65.9	2326.4
百万吨油当量比例%	40.40	24.40	24.40	8.10	2.80	100.00
加拿大能源消费量/	98.8	87	35	22.3	79.3	322.3
百万吨油当量比例%	30.70	27.00	10.70	6.90	24.60	100.00
法国能源消费量/	92.8	40.6	13.1	102.1	13.9	262.6
百万吨油当量比例%	35.30	15.50	5.00	38.90	5.30	100.00
德国能源消费量/	123.5	78.5	82.4	37.9	6.3	328.6
百万吨油当量比例%	37.60	23.90	25.10	11.50	1.90	100.00
意大利能源消费量/	85.7	69.4	17.4	—	9.7	182.2
百万吨油当量比例%	47.00	38.10	9.50	—	5.30	100.00
英国能源消费量/	82.2	81.7	43.8	17	1.9	226.6
百万吨油当量比例%	36.30	36.10	19.20	7.50	0.80	100.00
俄罗斯能源消费量/	128.5	388.9	111.5	35.4	39.6	704.9
百万吨油当量比例%	18.20	55.20	16.00	5.00	5.60	100.00
日本能源消费量/	235	76.1	119.1	68.6	21.5	520.3
百万吨油当量比例%	45.20	14.60	22.90	13.20	4.10	100.00
韩国能源消费量/	105.3	30.8	54.8	33.7	1.2	225.8
百万吨油当量比例%	46.60	13.60	24.30	14.90	0.50	100.00
印度能源消费量/	120.3	35.8	237.7	4	25.4	423.2
百万吨油当量比例%	28.40	8.50	56.20	2.10	6.00	100.00
中国能源消费量/	363	52.2	1198.8	12.3	94.3	1720.7
百万吨油当量比例%	21.10	3.00	69.70	0.70	5.50	100.00
世界合计/	3889.8	2574.9	3090.1	635.5	688.1	10878.5
百万吨油当量比例%	35.80	23.70	28.40	5.80	6.30	100.00

资料来源：《新能源行业调查报告》

附表2 我国"十二五"时期各地区节能目标

地区	单位国内生产总值能耗降低率/%		
	"十一五"时期	"十二五"时期	2006~2015年累计
全国	19.06	16	32.01
北京	26.59	17	39.07
天津	21.00	18	35.22
河北	20.11	17	33.69
山西	22.66	16	35.03
内蒙古	22.62	15	34.23
辽宁	20.01	17	33.61
吉林	22.04	16	34.51
黑龙江	20.79	16	33.46
上海	20.00	18	34.40
江苏	20.45	18	34.77
浙江	20.01	18	34.41
安徽	20.36	16	33.10
福建	16.45	16	29.82
江西	20.04	16	32.83
山东	22.09	17	35.33
河南	20.12	16	32.90
湖北	21.67	16	34.20
湖南	20.43	16	33.16
广东	16.42	18	31.46
广西	15.22	15	27.94
海南	12.14	10	20.93
重庆	20.95	16	33.60
四川	20.31	16	33.06
贵州	20.06	15	32.05
云南	17.41	15	29.80
西藏	12.00	10	20.80
陕西	20.25	16	33.01
甘肃	20.26	15	32.22
青海	17.04	10	25.34
宁夏	20.09	15	32.08
新疆	8.91	10	18.02

资料来源：国务院《"十二五"节能减排综合性工作方案》（国发〔2011〕26号）

注："十一五"各地区单位GDP能耗降低率除新疆外均为国家统计局最终公布数据，新疆为初步核实数据，港澳台数据暂缺

附表3 我国"十二五"时期主要节能指标

	指标	2010年	2015年	变化幅度/变化率
工业	单位工业增加值（规模以上）能耗/%	—	—	[-21%左右]
	火电供电煤耗/(克标准煤/千瓦时)	333	325	-8
	火电厂厂用电率/%	6.33	6.2	-0.13
	电网综合线损率/%	6.53	6.3	-0.23
	吨钢综合能耗/千克标准煤	605	580	-25
	铝锭综合交流电耗/(千克标准煤/吨)	14013	13300	-713
	铜冶炼综合能耗/(千克标准煤/吨)	350	300	-50
	原油加工综合能耗/(千克标准煤/吨)	99	86	-13
	乙烯综合能耗/(千克标准煤/吨)	886	857	-29
	合成氨综合能耗/(千克标准煤/吨)	1402	1350	-52
	烧碱（离子膜）综合能耗/(千克标准煤/吨)	351	330	-21
	水泥熟料综合能耗/(千克标准煤/吨)	115	112	-3
	平板玻璃综合能耗/(千克标准煤/重量箱)	17	15	-2
	纸及纸板综合能耗/(千克标准煤/吨)	680	530	-150
	纸浆综合能耗/(千克标准煤/吨)	450	370	-80
	日用陶瓷综合能耗/(千克标准煤/吨)	1190	1110	-80
建筑	北方采暖地区既有居住建筑改造面积/亿米^2	1.8	5.8	4
	城镇新建绿色建筑标准执行率/%	1	15	14
交通运输	铁路单位运输工作量综合能耗/(吨标准煤/百万换算吨千米)	5.01	4.76	[-5%]
	营运车辆单位运输周转量能耗/(千克标准煤/百吨千米)	7.9	7.5	[-5%]
	营运船舶单位运输周转量能耗/(千克标准煤/千吨千米)	6.99	6.29	[-10%]
	民航业单位运输周转量能耗/(千克标准煤/吨千米)	0.450	0.428	[-5%]
公共机构	公共机构单位建筑面积能耗/(千克标准煤/米^2)	23.9	21	[-12%]
	公共机构人均能耗/(千克标准煤/人)	447.4	380	[15%]

续表

指标		2010年	2015年	变化幅度/变化率
终端用能设备能效	燃煤工业锅炉（运行）/%	65	70~75	5~10
	三相异步电动机（设计）/%	90	92~94	2~4
	容积式空气压缩机输入比功率/[千瓦/(米³·分)]	10.7	8.5~9.3	−1.4~−2.2
	电力变压器损耗/千瓦	空载：43 负载：170	空载：30~33 负载：151~153	−10~−13 −17~−19
	汽车（乘用车）平均油耗/(升/百千米)	8	6.9	−1.1
	房间空调器（能效比）	3.3	3.5~4.5	0.2~1.2
	电冰箱（能效指数）/%	49	40~46	−3~−9
	家用燃气热水器（热效率)/%	87~90	93~97	3~10

资料来源：国务院《节能减排"十二五"规划》（国发〔2012〕40号）

注："[ ]"内为变化率

附表4 我国高效节能产业发展路线图

时间节点	2015年	2020年
发展目标	重大节能技术装备得到推广应用，主要终端用能产品能效接近国际先进水平，高效节能产品市场占有率大幅提升，采用合同能源管理机制的节能服务业销售额年均增长30%以上	形成适合我国国情的节能技术装备和产品体系，主要节能装备、主要行业单位产出能耗指标达到国际先进水平
重大行动	• 关键技术开发：重点开发高效内燃机和混合动力汽车，高压变频调速、稀土永磁无铁芯电机等电机节能技术，蓄热式高温空气燃烧、等离子点火等高效锅炉窑炉技术，高效换热器及系统优化等能源梯次利用技术，中低品位余热余压回收利用技术，能源优化技术等 • 产业化：大力推广重点节能技术和产品，开展重点节能技术示范、产品产业化及推广应用。实施节能产品惠民工程、重大节能技术与装备产业化工程，推进重点领域节能改造 • 商业模式创新：推广合同能源管理，开展节能量交易	
重大政策	• 严格实施固定资产投资项目节能评估和审查制度 • 制定重点用能产品能效标准和重点行业能耗限额标准，扩大能效标志实施范围，推行能效领跑者制度 • 加大财政支持力度，完善能源价格机制	

资料来源：国务院《"十二五"国家战略性新兴产业发展规划》（国发〔2012〕28号）

附录三 能源领域相关附图

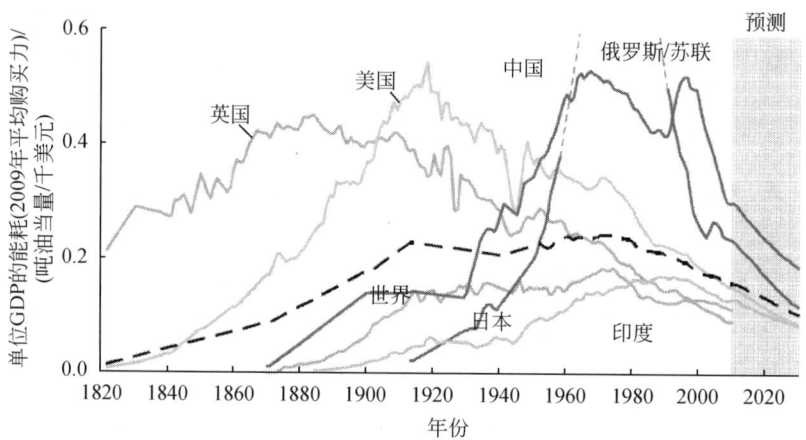

附图1 世界各国单位GDP的能耗历史变化趋势
资料来源：《BP 2030世界能源报告》

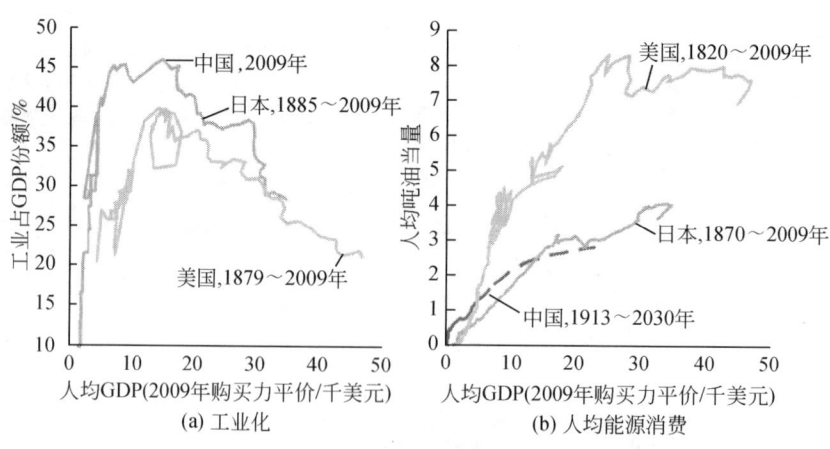

(a) 工业化　　　　　　　　　(b) 人均能源消费

附图2 中国工业化发展水平与各国的比较
资料来源：《BP 2030世界能源报告》

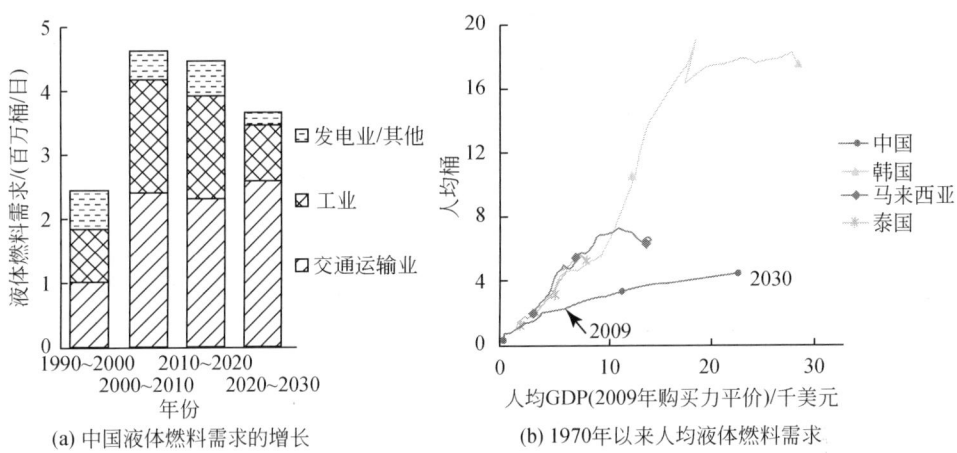

(a) 中国液体燃料需求的增长　　(b) 1970年以来人均液体燃料需求

附图3　中国液体燃料需求图

资料来源：《BP 2030 世界能源报告》

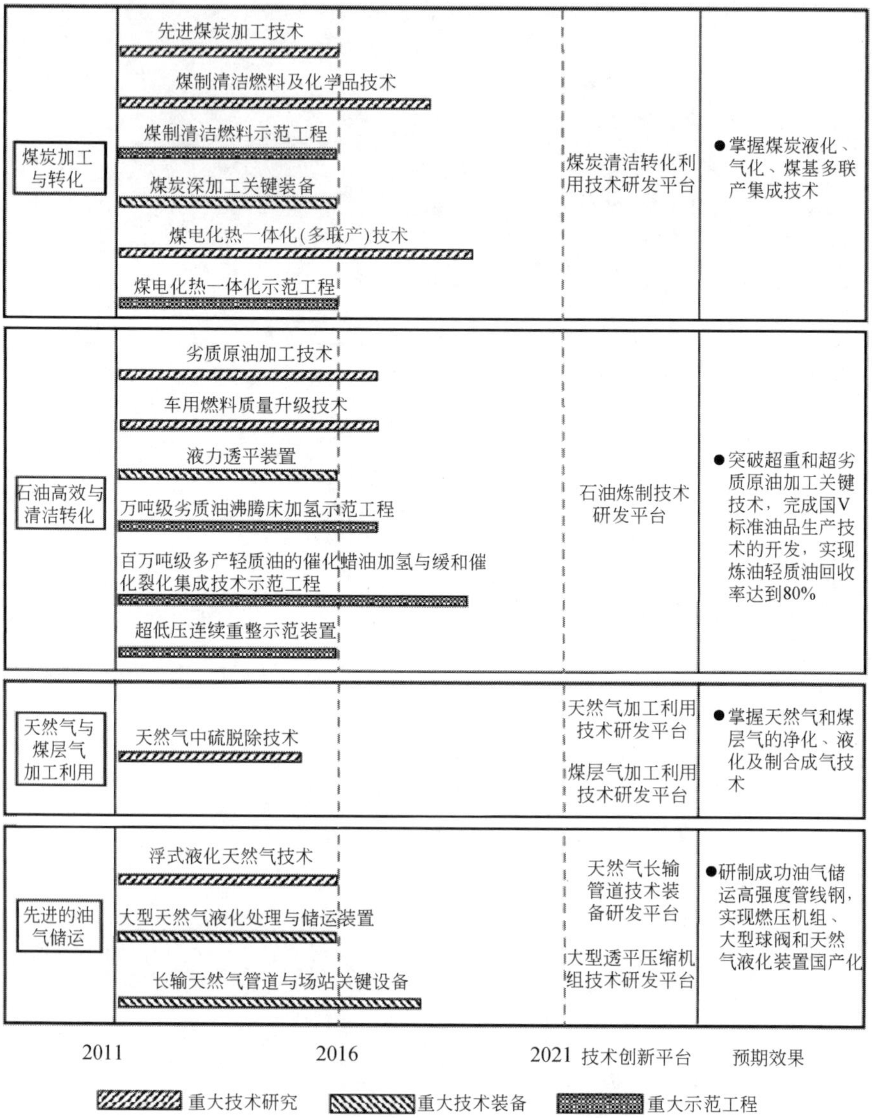

煤炭加工与转化	先进煤炭加工技术		煤炭清洁转化利用技术研发平台	● 掌握煤炭液化、气化、煤基多联产集成技术
	煤制清洁燃料及化学品技术			
	煤制清洁燃料示范工程			
	煤炭深加工关键装备			
	煤电化热一体化(多联产)技术			
	煤电化热一体化示范工程			
石油高效与清洁转化	劣质原油加工技术		石油炼制技术研发平台	● 突破超重和超劣质原油加工关键技术，完成国V标准油品生产技术的开发，实现炼油轻质油回收率达到80%
	车用燃料质量升级技术			
	液力透平装置			
	万吨级劣质油沸腾床加氢示范工程			
	百万吨级多产轻质油的催化蜡油加氢与缓和催化裂化集成技术示范工程			
	超低压连续重整示范装置			
天然气与煤层气加工利用	天然气中硫脱除技术		天然气加工利用技术研发平台 / 煤层气加工利用技术研发平台	● 掌握天然气和煤层气的净化、液化及制合成气技术
先进的油气储运	浮式液化天然气技术		天然气长输管道技术装备研发平台 / 大型透平压缩机组技术研发平台	● 研制成功油气储运高强度管线钢，实现燃压机组、大型球阀和天然气液化装置国产化
	大型天然气液化处理与储运装置			
	长输天然气管道与场站关键设备			
2011		2016	2021 技术创新平台	预期效果

▨ 重大技术研究　▨ 重大技术装备　▨ 重大示范工程

附图4　"十二五"我国能源加工与转换技术路线图

资料来源：国家能源局. 国家能源科技"十二五"规划. 2011年12月

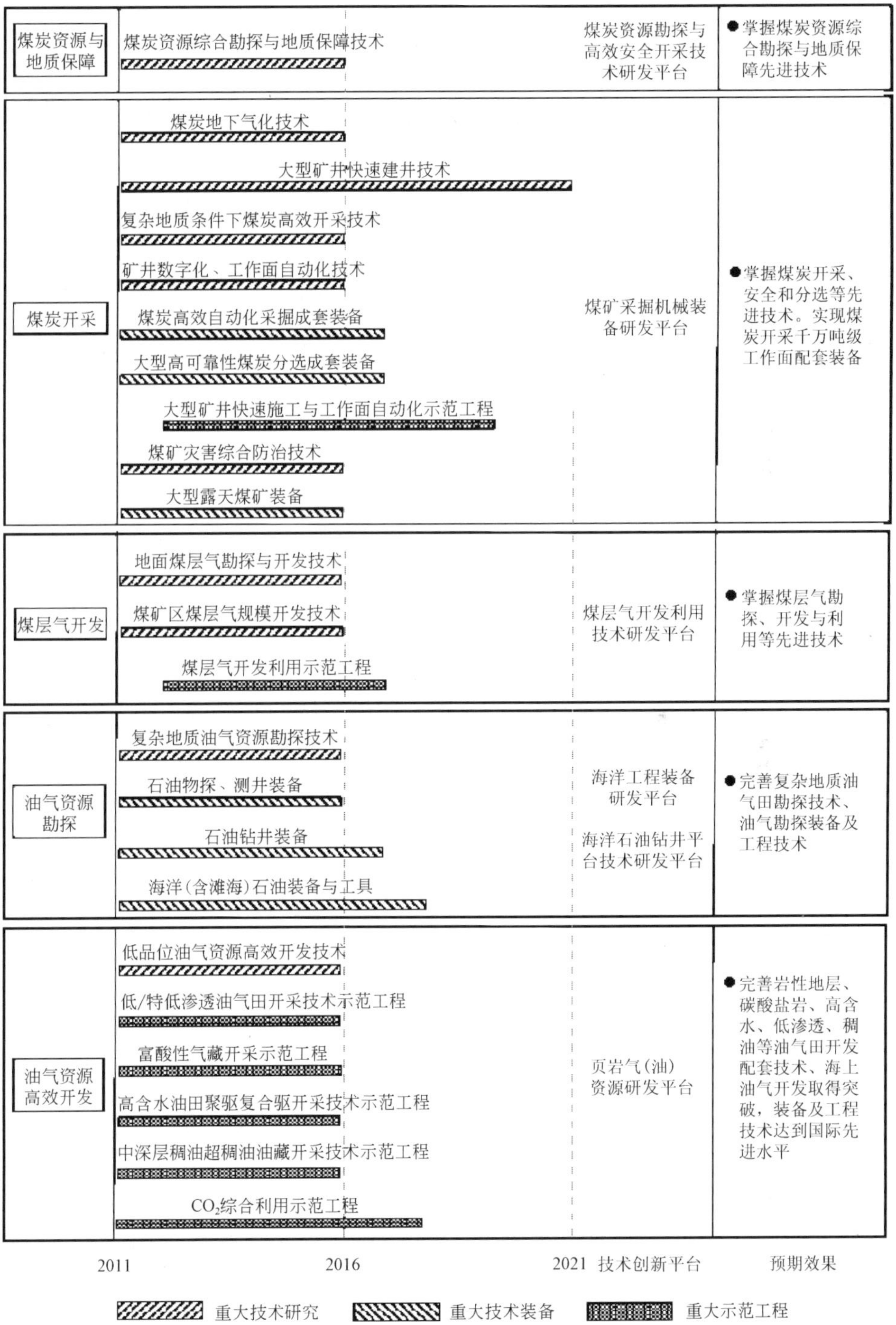

附录三 能源领域相关附图

领域	技术/工程	技术创新平台	预期效果
煤炭资源与地质保障	煤炭资源综合勘探与地质保障技术	煤炭资源勘探与高效安全开采技术研发平台	● 掌握煤炭资源综合勘探与地质保障先进技术
煤炭开采	煤炭地下气化技术 大型矿井快速建井技术 复杂地质条件下煤炭高效开采技术 矿井数字化、工作面自动化技术 煤炭高效自动化采掘成套装备 大型高可靠性煤炭分选成套装备 大型矿井快速施工与工作面自动化示范工程 煤矿灾害综合防治技术 大型露天煤矿装备	煤矿采掘机械装备研发平台	● 掌握煤炭开采、安全和分选等先进技术。实现煤炭开采千万吨级工作面配套装备
煤层气开发	地面煤层气勘探与开发技术 煤矿区煤层气规模开发技术 煤层气开发利用示范工程	煤层气开发利用技术研发平台	● 掌握煤层气勘探、开发与利用等先进技术
油气资源勘探	复杂地质油气资源勘探技术 石油物探、测井装备 石油钻井装备 海洋(含滩海)石油装备与工具	海洋工程装备研发平台 海洋石油钻井平台技术研发平台	● 完善复杂地质油气田勘探技术、油气勘探装备及工程技术
油气资源高效开发	低品位油气资源高效开发技术 低/特低渗透油气田开采技术示范工程 富酸性气藏开采示范工程 高含水油田聚驱复合驱开采技术示范工程 中深层稠油超稠油油藏开采技术示范工程 CO_2综合利用示范工程	页岩气(油)资源研发平台	● 完善岩性地层、碳酸盐岩、高含水、低渗透、稠油等油气田开发配套技术、海上油气开发取得突破,装备及工程技术达到国际先进水平

2011　　　　　　　2016　　　　　　　2021 技术创新平台　　预期效果

▨▨▨ 重大技术研究　　▧▧▧ 重大技术装备　　▦▦▦ 重大示范工程

附图5 "十二五"我国能源勘探与开采技术路线图

资料来源:国家能源局. 国家能源科技"十二五"规划. 2011年12月

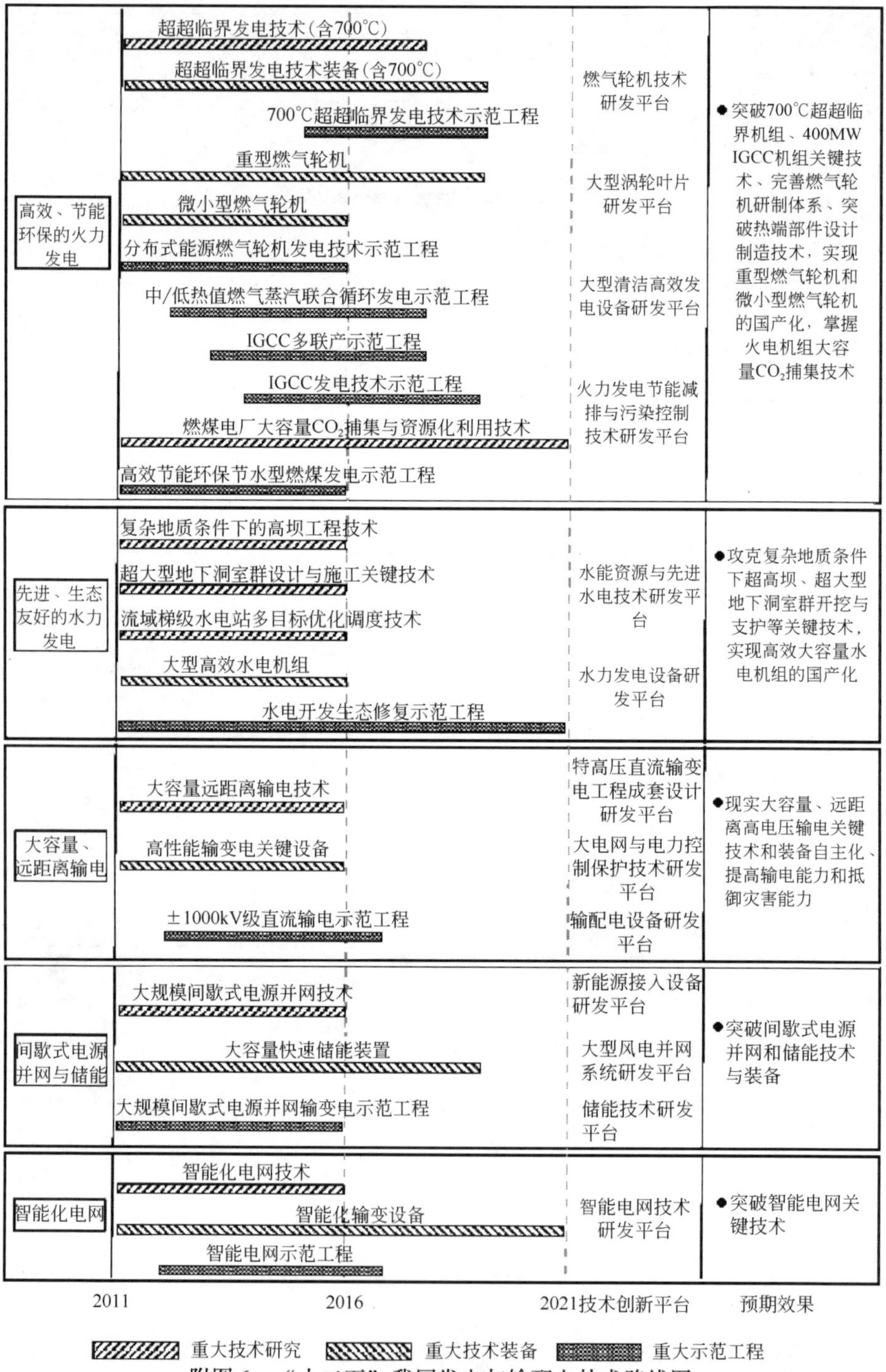

类别	技术/工程	技术创新平台	预期效果
高效、节能环保的火力发电	超超临界发电技术(含700℃) 超超临界发电技术装备(含700℃) 700℃超超临界发电技术示范工程 重型燃气轮机 微小型燃气轮机 分布式能源燃气轮机发电技术示范工程 中/低热值燃气蒸汽联合循环发电示范工程 IGCC多联产示范工程 IGCC发电技术示范工程 燃煤电厂大容量CO_2捕集与资源化利用技术 高效节能环保节水型燃煤发电示范工程	燃气轮机技术研发平台 大型涡轮叶片研发平台 大型清洁高效发电设备研发平台 火力发电节能减排与污染控制技术研发平台	●突破700℃超超临界机组、400MW IGCC机组关键技术、完善燃气轮机研制体系、突破热端部件设计制造技术，实现重型燃气轮机和微小型燃气轮机的国产化，掌握火电机组大容量CO_2捕集技术
先进、生态友好的水力发电	复杂地质条件下的高坝工程技术 超大型地下洞室群设计与施工关键技术 流域梯级水电站多目标优化调度技术 大型高效水电机组 水电开发生态修复示范工程	水能资源与先进水电技术研发平台 水力发电设备研发平台	●攻克复杂地质条件下超高坝、超大型地下洞室群开挖与支护等关键技术，实现高效大容量水电机组的国产化
大容量、远距离输电	大容量远距离输电技术 高性能输变电关键设备 ±1000kV级直流输电示范工程	特高压直流输变电工程成套设计研发平台 大电网与电力控制保护技术研发平台 输配电设备研发平台	●现实大容量、远距离高电压输电关键技术和装备自主化、提高输电能力和抵御灾害能力
间歇式电源并网与储能	大规模间歇式电源并网技术 大容量快速储能装置 大规模间歇式电源并网输变电示范工程	新能源接入设备研发平台 大型风电并网系统研发平台 储能技术研发平台	●突破间歇式电源并网和储能技术与装备
智能化电网	智能化电网技术 智能化输变设备 智能电网示范工程	智能电网技术研发平台	●突破智能电网关键技术

2011　　　　2016　　　　2021

▨ 重大技术研究　　▧ 重大技术装备　　▦ 重大示范工程

附图6 "十二五"我国发电与输配电技术路线图

资料来源：国家能源局. 国家能源科技"十二五"规划. 2011年12月

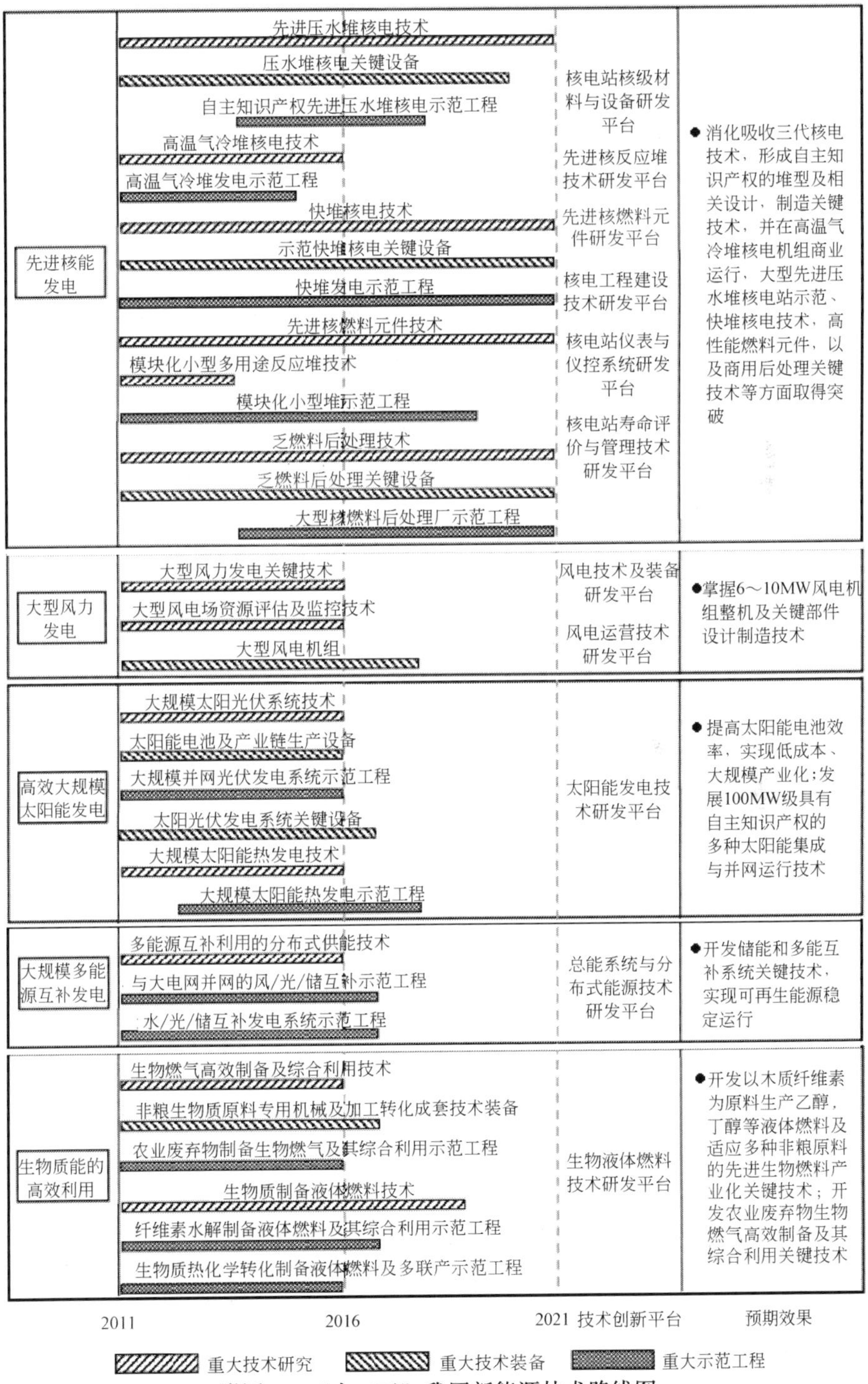

附图7 "十二五"我国新能源技术路线图

领域	技术/工程（2011—2021时间轴）	技术创新平台	预期效果
先进核能发电	先进压水堆核电技术；压水堆核电关键设备；自主知识产权先进压水堆核电示范工程；高温气冷堆核电技术；高温气冷堆发电示范工程；快堆核电技术；示范快堆核电关键设备；快堆发电示范工程；先进核燃料元件技术；模块化小型多用途反应堆技术；模块化小型堆示范工程；乏燃料后处理技术；乏燃料后处理关键设备；大型核燃料后处理厂示范工程	核电站核级材料与设备研发平台；先进核反应堆技术研发平台；先进核燃料元件研发平台；核电工程建设技术研发平台；核电站仪表与仪控系统研发平台；核电站寿命评价与管理技术研发平台	● 消化吸收三代核电技术，形成自主知识产权的堆型及相关设计、制造关键技术，并在高温气冷堆核电机组商业运行、大型先进压水堆核电站示范、快堆核电技术，高性能燃料元件，以及商用后处理关键技术等方面取得突破
大型风力发电	大型风力发电关键技术；大型风电场资源评估及监控技术；大型风电机组	风电技术及装备研发平台；风电运营技术研发平台	● 掌握6～10MW风电机组整机及关键部件设计制造技术
高效大规模太阳能发电	大规模太阳光伏系统技术；太阳能电池及产业链生产设备；大规模并网光伏发电系统示范工程；太阳光伏发电系统关键设备；大规模太阳能热发电技术；大规模太阳能热发电示范工程	太阳能发电技术研发平台	● 提高太阳能电池效率，实现低成本、大规模产业化；发展100MW级具有自主知识产权的多种太阳能集成与并网运行技术
大规模多能源互补发电	多能源互补利用的分布式供能技术；与大电网并网的风/光/储示范工程；水/光/储互补发电系统示范工程	总能系统与分布式能源技术研发平台	● 开发储能和多能互补系统关键技术，实现可再生能源稳定运行
生物质能的高效利用	生物燃气高效制备及综合利用技术；非粮生物质原料专用机械及加工转化成套技术装备；农业废弃物制备生物燃气及其综合利用示范工程；生物质制备液体燃料技术；纤维素水解制备液体燃料及其综合利用示范工程；生物质热化学转化制备液体燃料及多联产示范工程	生物液体燃料技术研发平台	● 开发以木质纤维素为原料生产乙醇、丁醇等液体燃料及适应多种非粮原料的先进生物燃料产业化关键技术；开发农业废弃物生物燃气高效制备及其综合利用关键技术

图例：▨▨ 重大技术研究　▩▩ 重大技术装备　▬▬ 重大示范工程

资料来源：国家能源局. 国家能源科技"十二五"规划. 2011年12月

后　　记

　　本课题研究人员自 2005 年开始从事能源低碳、生态循环发展领域研究以来，先后承担国家科技支撑计划项目、国家社科基金项目、国家发改委项目、浙江省社科重大招标项目、浙江省科技厅重点软科学项目和世界银行项目等有关能源与低碳领域的研究课题。尤其对我国长三角地区能源利用与低碳发展有较为深入的研究，在承担 2011 年度江浙沪社科规划办联合招标、浙江省社科规划办立项的"长三角区域合作研究"专项课题《长三角低碳经济发展研究》之后，进一步对长三角地区能源与低碳转型进行了深入调查和研究。主要研究人员包括嘉兴职业技术学院院长、同济大学兼职博士生导师单胜道教授；浙江省农村能源办公室王志荣工程师；同济大学毕晓航博士、薛奕曦博士、陈震博士；浙江农林大学朱恺军教授、张仁桥博士、张方方讲师、蒋春华讲师、吴亚琪讲师、张燕飞讲师，以及硕士研究生贾佳、钱淑琼、袁小利；杭州万向职业技术学院吴思副教授、李德贵讲师；嘉兴职业技术学院向天勇副教授、张正红副教授、宋哲岳助教。

　　在课题调研过程中，得到了全国人大环境与资源保护委员会、中华人民共和国国务院参事室、国家发改委、工业和信息化部、中华人民共和国环境保护部等国家有关部委领导的关心和指导，得到了长三角两省一市发展和改革委员会、经济和信息化委员会、环保局（厅）、统计局等有关部门的大力支持，并得到了很多宝贵的意见和建议。在课题研究和本书撰写过程中，得到了浙江省、上海市和江苏省社会科学规划办公室的具体指导，嘉兴职业技术学院、同济大学、浙江农林大学、浙江省农村能源办公室等课题参与单位的有关领导也给予了大力支持和指导，在此谨表感谢！

尤其值得特别感谢的是，在本书形成过程中，有幸得到国务院参事冯之浚教授的支持和指导，并欣然为本书作序。本书的部分研究成果曾在江苏、浙江、上海两省一市社会科学规划办公室共同主办的2011年"长三角区域经济社会协调发展"理论研讨会等学术会议上报告交流，听取了大量同行专家的意见。部分研究成果发表在国内外专业学术期刊和媒体上，在此期间匿名审稿专家的评论和意见亦对本书的形成有很大帮助。此外，本书在撰写过程中参考了国内外能源与低碳领域众多学者的研究文献和数据资料，在此谨向这些研究者们卓有成效的工作致以敬意和谢忱！由于水平有限，同时受限于资料与时间准备，不足之处敬请读者批评指正。

作者

2012年12月